刑法原理实务解析(分论)

Practice Analysis of Criminal Law Principles (Sub - Pandect)

主　编｜魏　红

撰稿人（以编写章节为序）｜李润生　尹丹丹　高志文　魏　红　沈　鑫　方庆展　石小玉　杨智婷　刘　莉

法律出版社

始创于1954年

www. lawpress. com. cn

好书,同好老师和好学生分享

主编简介

魏　红　女，山东阳谷县人；贵州大学法学院教授、法学博士、硕士研究生导师；中国刑法学研究会理事、贵州省刑法学研究会副会长、贵州省法学教育研究会副会长、贵州省犯罪研究会副会长、贵州省高校哲学社会科学学术带头人、贵州省纪委监察厅疑难案件评审专家、贵州省人民检察院学术理论咨询专家、贵州省高级人民法院特邀咨询专家、贵州省高级专业技术职务资格评审专家、贵州省普法依法治省讲师团成员。

近年来主持完成国家、省部级科研项目三十余项，其中主持完成国家社会科学规划基金项目一项、贵州省哲学社会科学规划重大招标课题三项。研究成果曾获国家民委民族问题研究优秀成果三等奖、贵州省哲学社会科学优秀成果三等奖、贵州省高校社会科学成果三等奖、贵州省高等教育省级教学成果二等奖，并获宝钢教育基金会“宝钢教师优秀奖”。先后在《政治与法律》《政法论丛》《国际刑法评论》《刑事法学研究》《贵州社会科学》《贵州民族研究》等刊物发表论文四十余篇，主编论丛两套，主编教材两部，独著作品一部，参编教材三部。

编写说明

本书以刑法分论各类罪名为框架，旨在通过案例分析的形式使原本晦涩难懂的刑法理论知识变得更加接近生活、容易理解，真正实现理论与实践相结合，为更多对刑法有兴趣并准备深入了解刑事法律的人士，提供较为生动直观的学习方法。本书共六章，十六个案例，分别从危害国家安全罪、危害公共安全罪、侵害公民人身权利民主权利罪、侵犯财产罪、妨害社会管理秩序罪、贪污贿赂罪与渎职罪共七类犯罪中，选取了较为典型和引发社会热议的疑难罪名进行讨论，如孕妇为夫猎艳杀人案、山东招远涉邪教故意杀人案、秦某某寻衅滋事罪等。案例分析结合了每类犯罪的核心理论问题，从个罪着手，通过分析与讨论，最终落脚于司法实务中争议较大的问题，不仅具有法律理论与司法实务结合的特点，而且能够实现从具体问题到一般原理性认识的升华。

本书结合时下社会较为关注的热点案例，分析其中的理论问题，以总论基本理论结合分论罪名认定的方式，实现对刑法理论知识的融会贯通。同时，本书也结合讨论了分论中存在较大争议的问题，以案例作为引子，带入相关的理论及争议进行运用与讨论，较为全面地对刑法分论及总论中的问题予以讨论与讲解。

本书不仅对刑法分论个罪中存在的理论争议进行了阐释与分析，界定与厘清了基础性理论问题，也为个罪与刑法总论及其他法学理论的联系研究作了较好的示范。本书不仅能够为公、检、法、司等实务部门从业人员提供参考与借鉴，也是法学专业学习者与爱好者很好的学习与参考书籍。

本书主编魏红教授长期从事刑事法学教学与研究工作，参编者包括高校教师、司法实务部门检察官以及部分刑法学研究生，包括：贵州大学法学院副教授刘莉博士，贵州大学法学院讲师杨智婷，贵州省铜仁市人民检察院侦查监督处副处长、二级检察官沈鑫，中国人民解放军陆军工程大学政治工作系副教授尹丹丹，以及贵州大学法学院刑法学专业部分硕士研究生。

按照参编章节的先后顺序为:

第一章　李润生　尹丹丹

第二章　李润生　高志文　魏　红

第三章　沈　鑫　方庆展　石小玉　魏　红

第四章　沈　鑫　杨智婷

第五章　尹丹丹　沈　鑫

第六章　刘　莉　沈　鑫

在此一并感谢杨智婷老师、刘琳同学在文字校对、编排等方面给予的支持;感谢法律出版社陈慧编辑认真、严谨和负责的工作态度及大量艰辛的付出!

编　者

2019 年 4 月 28 日

目　录

第一章　危害国家安全罪

第一节　黄某某颠覆国家政权案

——犯罪构成比较分析

■ 案例基本内容

[案情简介][1]

涉案人黄某某，于2003年1月在境外"博讯"新闻网站上以"清水君"之名组织、策划成立所谓"中华爱国民主党"，并在互联网上发表由其亲自制定的《中华爱国民主党党章》（征求意见稿）。该党章在总则中确定："中华爱国民主党"的短、中、长期目标是"意志坚决地反对和揭露中共独裁集团的黑暗势力和垄断制度"、"深刻批判和反思独裁集团祸国殃民的罪行"、最终"建立大中华民主联盟"。此后，黄某某以"中华爱国民主党"筹委会负责人"清水君"的名义，在"博讯"新闻网上发表由其撰写的《颠覆无罪、民主有理》《珍惜经济成就，共建伟大中华——CPDP中华爱国民主党成立宣言》等大量文章，攻击我国的政治制度是"独裁政权"，提出"三权分立，双重首长制"，建立"强大的政治替代组织"及"爱民"根据地，最终实现"大中华民主联盟"的政治目标。另外，黄某某在互联网上还发布了《中华爱国民主党入党申请书》，招募了多名预备党员，发表了《爱国民主工作指南》《我们的爱国民主行动纲领》《关于建立地方机构深化组织工作的通知》等大量文章，具体指导如何开展所谓"中华爱国民主党"工作的方法，唆使成立"中华爱国民主党"支部，发展党员，扩大组织，散发传单，以达到颠覆国家

---

〔1〕 参见黄某某颠覆国家政权案，载北大法宝网：http://www.pkulaw.cn/Case/，最后访问日期：2017年9月16日。出于尊重隐私的考虑，以下将对该案裁判文书中的人名进行技术性处理。

政权、推翻社会主义制度目的。2003 年 8 月,黄某某归国后先后在昆明、绵竹、连云港等地上网发表文章或发放印有“中华爱国民主党”创办人“清水君”的名片,宣传“中华爱国民主党”的核心“思想”,为颠覆国家政权积极进行组织活动。

2004 年 1 月 9 日,黄某某因涉嫌颠覆国家政权罪被逮捕。

[**裁判结果**]

江苏省常州市中级人民法院经审理认为,被告人黄某某无视国法,以所谓“中华爱国民主党”筹委会负责人的身份,在互联网发表文章号召并积极组织、策划、实施颠覆我国国家政权,推翻我国社会主义制度,其行为已构成颠覆国家政权罪,且罪行重大,依法应予惩处。据此,该院依判决被告人黄某某犯颠覆国家政权罪,判处有期徒刑 12 年,剥夺政治权利 4 年;对查获的供犯罪使用的名片等物品,予以没收。

本案一审宣判后,被告人黄某某不服提出上诉。

江苏省高级人民法院经二审审理后认为,原判决定性准确,适用法律正确,审判程序合法,遂裁定驳回上诉,维持原判。

◻ 问题要点

犯罪构成理论是刑法学研究的基础问题,在我国刑法学界也始终占据着重要位置。学者们在日益认识到其研究必要性与现实性的同时,犯罪构成四要件说与三阶层说两大主要理论的分歧也逐渐产生。但是,两种理论实则都并非完美,选择适当的犯罪构成理论要考虑的因素繁多,不仅涉及国家客观的法治发展现状,更与历史的延续和发展息息相关。

彻底否定四要件体系或者提倡对其进行变革都是不够理性的,结合历史发展与现实情况,努力完善当前的犯罪构成四要件理论才是顺应时代发展和法治国家建设的明智选择。因此,将大陆法系三阶层犯罪构成理论中的期待可能性、违法阻却事由理论合理地纳入我国刑事立法与司法解释当中,是顺应我国法治建设,推进司法实践发展的最佳途径。

◇ 问题分析

一、犯罪构成是刑法理论的基石

犯罪构成始终是刑法理论的基石,其产生和发展过程历经坎坷,但是斐然的成果使其如今仍在世界范围内保持着勃勃生机,一代又一代学者投入大量精力对它的“前世今生”作着持续的研究。这其中有一个需要明确的前提,即犯罪构成与犯罪构成理论并不能相提并论。犯罪构成对应的是一个特定国家的实体法规定;而犯罪构成理论则孕育发展于整个世界刑法学界。犯罪构成理论往往始于某一个国家的具体犯罪构成要素,并最终会被整合为一系列成立犯罪的基础条件。

对于如何就犯罪构成的概念加以定性这一问题,由于侧重点的不同往往会得到不同的结论。从刑事立法的角度,由于行为主体的行为囊括了理论上对犯罪概括的所有要件,所以该行为主体之行为才被认定为犯罪;而将此概念置于我国社会背景之下,遵从我国刑法之规定,一个具有社会危害性的行为若要被认定为犯罪,其在客观和主观的要件上必须与《刑法》的具体规定保持一致,也即行为主体所实施的具体行为应当相应地符合犯罪主体、犯罪客体、犯罪主观方面和犯罪客观方面。

在当前世界范围内,犯罪构成理论主要由三种类型构成:英美法系双阶层类型的并行理论、大陆法系的三阶层理论以及我国当前使用的犯罪构成四要件理论。我国诸多学者在犯罪构成四要件理论的基础之上提倡吸收和借鉴大陆法系三阶层理论,所以将上述提到的后两者进行比较和研究具有更深层次的意义。既是由于犯罪行为在不同人类社会所表现出的类似性,也始于人们对犯罪所抱有的相近看法及价值观,世界各国对犯罪的事实及内容方面有大致相同的认知,进而也导致他们对犯罪构成的要件作出了基本等同的归纳。犯罪构成要件往往不外乎以下四点:行为主体实施犯罪所应具备的行为能力、决定犯罪得以实施的客观条件、对实施之行为的违法性判断、行为主体实施行为时的主观状态。

犯罪构成理论因其独特的属性,得以成为定罪量刑的规则甚至标准。该理论不仅有判断特定行为是否构成犯罪的评价功能,更能够预测犯罪、解释犯罪,甚至得以借由其自身的犯罪构成模式实现对新罪名的创制。处于刑法理论核心的犯罪构成理论,所具有的对人权的绝对尊重和保障、对法治国家建设的重要推动作用,要求我们在理论上不断更新,在实践中严格贯彻。

二、四要件与三阶层之比较分析

(一)四要件与三阶层之概述

深刻的历史原因让我国成为较晚摆脱封建、推行法治的国家之一,历史、现实等客观方面的原因,让中国在20世纪50年代决定引入苏联模式的犯罪构成理论,并以此为基础,对之进行了适合我国实际情况的改造,才让我国的刑法学理论研究得以度过那一段没有体系化犯罪构成理论的尴尬时期。需要承认的是,这一选择有其历史性和必然性,况且正是由于苏联模式犯罪构成理论的存在,才让我国的刑法理论研究获得了长足的发展与进步。[2] 在法治国家建设进程稳步向前的今天,我国在立法模式上不断借鉴世界各国的先进理念,与此同时,司法实践工作经验也获得了空前的积累。经过多年的理论研究,终于形成了以犯罪客观方面、犯罪主观方面、犯罪客体与犯罪主体四个方面为主体内容的犯罪构成四要件理论。

始于大陆法系国家的三阶层犯罪构成理论,因为需要三个呈现阶梯式递进关系的内容构成而得名。该理论源于贝林和李斯特,他们为区分违法性与责任提出了最早的三阶层古典犯罪论体系,而后,德国刑法理论界对其进行了充分的研究和发展,日本学者也同时对其予以批判与继承,由此,在世界范围内产生深远影响的三阶层犯罪构成理论才真正形成。[3] 该理论不仅有明确的具体内容,更有固定的逻辑递进关系,只有对以下三者作逐一递进的考察判断,才能对一个具体行为是否构成犯罪作出完整的评价:首先是构成要件符合性,即行为主体所实施之行为是否符合刑事立法中所规定的要求出现之具体犯罪事实;其次是违法性,即行为是否对刑法所保护之法益构成了侵犯;最后是有责性,即行为主体是否有为其行为承担相应责任的可能,这要取决于其自身是否具备有责性所要求的条件。

(二)四要件理论的学术纷争

犯罪构成四要件理论被沿用至今,必然说明了其合理性以及与我国国情的适应性。但是,随着学者们对三阶层甚至双阶层这样的外国先进理论有着日益深刻的了解,是否需要对我国目前的四要件理论作出进一步改革的问题逐渐引发了他

---

〔2〕 参见张明楷:《犯罪构成理论的课题》,载《环球法律评论》2003年第3期。

〔3〕 参见高铭暄:《关于中国刑法学犯罪构成理论的思考》,载《法学》2010年第2期。

们的思考,国内学者就此纷纷表达了他们的不同态度与立场。

1. 维持之态度

对该问题态度相对保守的学者认为,我国应当继续维系对犯罪构成四要件理论的适用。他们对四要件和三阶层理论进行了细致的比较,认为两者各有千秋:传统犯罪构成理论的缺陷是可以通过改进而被完善的;三阶层理论虽然更为先进,但是并不能在短时间内与我国现行《刑法》达到完美的融合;所以,保持对我国传统犯罪构成理论的沿用才是当下最好的选择。

维持派的学者并非完全认可传统的犯罪构成理论,他们对该理论的更多细节之处进行了深入的思考,特别是对四个要件应当采取怎样的逻辑顺序这一点有着不同的观点:其一,传统犯罪构成理论四要件的排列顺序应当被坚持,从客观要件开始,实现从客观到主观的考查是符合司法实践的;其二,对主观要件应当加以优先关注,特别是在判断是否构成犯罪时;其三,主体与客体应被作为首要对象进行考虑,其次再判断主观要件与客观要件。他们的目光始终聚焦在传统犯罪构成理论之上,从而对四要件理论的具体内容进行了更为丰富全面的解释,也为刑事立法的解释赋予了更多内涵。

2. 改良之立场

坚持改良立场的学者,试图通过对传统犯罪构成理论去粗取精,向其他犯罪构成理论汲取营养的方式,使我国的传统犯罪构成理论再次焕发生机。传统理论吸收了来自其他理论的优点,既避免了复杂的理论体系重构,又实现了理论的积极改善。优化传统理论是建立在对其深刻认识与理性分析基础之上的,对传统理论批判性的扬弃与对外来观点的吸收,促进了国内外犯罪构成理论的相互借鉴与共同发展。

首先,改良派对犯罪构成要件的数量有不同的见解。两要件说认为,应当将犯罪的构成要件简化为犯罪的客观方面与主观方面,支持该说的学者认为,仅靠此二者就足以对犯罪行为作完整的评价,而不需考虑主体与客体的内容;三要件说并非大陆法系的三阶层理论,而是改良派学者将传统的四要件解构并重组为犯罪的主体、行为和结果,这三个要素将传统四要件完整地囊括其中,同时也增强了犯罪构成理论的逻辑性;五要件说则是在传统基础上又增加了“犯罪行为”这一要素,为的是使理论更加全面。与此同时,改良派认为应当坚持四要件传统的逻辑先后顺序,优化该理论应当采取解释学的分析路径。改良者们实则是在坚持传统犯罪构成理论的基础上,进一步维护其科学性与合理性。

3. 重构之理念

坚持重构犯罪构成理论的学者认为,对四要件理论进行调整甚至修改是无济于事的,重新构建犯罪构成理论体系才能更切实地解决实际问题。[4] 否定传统犯罪构成理论的原因不外乎两个方面:其一,四要件理论诞生于中华人民共和国成立初期浓厚的苏联政治背景当中,其深远的政治性与法治的发展是相悖的,更不可能符合理论发展的科学性要求;其二,正是因为前述原因持续发展而产生的诸多弊病,导致当前的四要件理论已经不足以解决棘手的现实问题,只有重构理论才能打破僵局。

支持重构犯罪构成理论的学者主要选择了这样两条道路:第一种,以德日为代表的大陆法系国家所推崇的犯罪构成三阶层理论不仅科学性与合理性毋庸置疑,更是十分适合我国实际发展的需求;[5] 第二种,以英美法系的两阶层犯罪构成理论为基础,结合当前法治国家建设的客观情况,构建全新的犯罪构成体系也是一个绝佳的机会。[6]

(三)三阶层理论的优势与弊端

三阶层犯罪构成理论有相当深远的理论背景,其最初由德国的刑法学家施恩特·贝林提出,以贝林为代表的古典派犯罪构成理论被更多学者所熟知,也受到了来自各方的理性批判。在贝林的古典理论基础之上,德国刑法学家梅兹格对犯罪构成的含义加以丰富,从而建立起犯罪构成理论的新古典学派,他的最大贡献在于让犯罪构成理论与犯罪论体系实现了更完美的结合。[7]

1. 三阶层理论的优势

众所周知,三阶层的犯罪构成理论之所以能够力排众议成为学术纷争中最具有说服力的理论重构根基,不得不归功于其具有的深厚理论基础与优势。

首先,从三阶层理论的命名即可看出其具有的极强逻辑性,这是该理论最为突出的特征。三阶层自身具有的逻辑递进顺序,使针对行为主体特定行为的定罪量刑过程更为严谨。根据构成要件符合性对特定行为进行事实认定,是对罪刑法

---

〔4〕 参见马克昌:《简评三阶层犯罪论体系》,载《刑法论丛》2009 年第 3 期。
〔5〕 参见陈兴良:《刑法知识的去苏俄化》,载《政法论坛》2006 年第 5 期。
〔6〕 参见陈兴良:《四要件:没有构成要件的犯罪构成》,载《法学家》2010 年第 1 期。
〔7〕 参见郑军男:《德日构成要件理论的嬗变——贝林及其之后的理论发展》,载《当代法学》2009 年第 6 期。

定原则的贯彻；以此为基础，才能对行为的违法性及违法性阻却事由加以判断；最终，讨论行为主体是否应当承担刑事责任的现实性才能得以出现。

其次，适用三阶层的犯罪构成理论对特定行为进行评价，实现了形式判断与实质判断的完美融合。以构成要件符合性为起点，此时对行为主体之行为所作的就是形式的判断；而当对其违法性进行评价时，特定行为与刑事立法的比较分析正是实质的判断。三阶层在不同的评价阶段，对行为分别进行了形式与实质的评价，既让二者呈现呼应之势，又泾渭分明，且极具可操作性，使针对定罪量刑应作的判断更为全面。[8]

再次，三阶层理论可以更好地实现控辩关系的平衡。控诉与辩护的平等对立是刑事诉讼法领域的重要内容，更需要将刑法的实际运用与其进行密切配合。我国秉承源自古代的传统职权主义诉讼制度，往往将控诉方置于刑事审判工作的主导位置；而大陆法系历来坚持当事人主义的诉讼制度，强调控辩双方在刑事审判中的平等地位，从而让整个庭审更具有实际的价值。三阶层理论的应用，给予了辩护方更多的审判利益，而控辩方也可以将更多精力投入到证明行为主体之行为是否符合犯罪构成要件的工作中去。

最后，三阶层理论是对客观主义思想的彻底贯彻。刑法理论应始终重视对客观主义的讨论，不仅应强调评价行为主体所实施行为的外在客观特征，同时应当着重考虑相应行为造成的实际结果，并且在确定行为主体应否承担刑事责任时参考与案件有关的客观现实条件。相比之下，我国沿用至今的四要件犯罪构成理论是处在一个平面之上的，逻辑顺序的欠缺给予了法官更多机会进行自由心证，这导致客观主义并不能在所有案件的审判中都得到彻底的贯彻。更甚者，客观主义时常在刑事法律适用中变得形同虚设，这进一步导致了传统犯罪构成理论在保障人权中的疏漏。然而，三阶层理论却实现了对客观主义的严格遵守。由于适用三阶层理论判断具体行为之顺序是绝对固定的，以构成要件符合性为起点，重点考察的是行为主体之客观行为是否符合刑事立法所对应的具体犯罪规定；行为主体的主观意志并不是三阶层理论作出判断的重要依据，从而能够更为客观公正地对具体行为作出评价。只有明确了行为人的单纯主观意志错误是不能随意被处罚的，才能将审判法官肆意的自由裁量权限制在最小的范围之内。

---

〔8〕 参见陈兴良：《犯罪要件：犯罪论体系核心概念的反拨与再造》，载《法学研究》2011 年第 2 期。

2. 三阶层理论的弊端

在理论研究和司法实践中,相比传统的四要件理论,三阶层理论固然有其优势,但是,因此就认为其可以对传统理论取而代之,成为作为定罪量刑的新依据,仍缺乏全面的考量。将三阶层理论与传统理论进行细致的比较,并结合我国的刑事司法实际情况,本书认为,大陆法系的三阶层理论至少存在以下四点不足:

其一,整个三阶层理论的体系十分复杂。自从施恩特·贝林创立古典学派的犯罪构成理论以来,经过梅兹格的新古典学派改良以及"二战"后对目的主义主观因素的引入,三阶层理论更是在威尔泽尔的坚持下,主张实现犯罪构成要件在主客观上的一致性。虽然三阶层理论从宏观上看有明确的逻辑层次,能够为定罪量刑工作指明方向;然而其内部理论的纷争及各阶层相关要素的理论观点众多,使司法实践中就应当如何进行具体适用的问题始终无法达成统一标准。

其二,始终未能明确对于故意及过失问题的态度。这是三阶层理论至今没有彻底明确的问题,自古典学派以来,至目的主义理论的繁荣,对于是否应当承认故意与过失在整个犯罪构成的地位问题始终争论不休。三种不同的学说对此得出了不同的答案:行为构成要件说认为,故意与过失同属于主观要素之列,所以应当把它们排除在犯罪构成以外;违法行为类型说主张,该理论对形式与实质方面的评价同等重要,他们认为评价具体行为时考虑故意与过失的内容是必然的,事实的违法性应当得到关注;违法有责类型说虽然承认故意与过失在犯罪构成理论中的地位,但是不认同将其与犯罪构成、有责性之概念置于同一层级。各学说支持者在故意与过失问题上不能得出统一结论,容易造成司法实践中的混乱。[9]

其三,三阶层理论不能彻底实现主客观相一致。客观与主观是刑法理论研究的一个重要领域,客观方面主要研究具体案件的事实、经过及结果,主观方面着眼于对行为主体主观意志的评断。在犯罪构成理论中,重视主客观的协调一致对犯罪评价机制有积极的意义。传统的四要件犯罪构成理论,由于对客观与主观方面作了明确的区分,特别是在主观方面将行为主体的主观形态分为故意与过失,这样的划分让犯罪构成将主客观内容全部囊括在内,两者的平等地位与相互补充能够实现更好的犯罪评价。但是三阶层理论在这方面就有所欠缺,不仅是因为各种学说对于故意及过失问题的争论,更是因为主客观不能在三阶层理论中实现真正

---

〔9〕 参见莫洪宪、彭文华:《德日犯罪论体系之利弊分析》,载《刑法论丛》2009年第3期。

的协调,从而抑制犯罪的评价机制有效运行。

其四,三阶层理论抽象程度过高。无论是深远的理论背景,还是复杂的学说体系构成,都使三阶层理论的研究更偏向于抽象化,而逐渐呈现脱离实践的态势。研究犯罪构成理论的宗旨是为了服务于实践,让司法人员能够利用体系完备的理论知识对相应的犯罪行为作出切实准确的评价和判断。处于大陆法系刑法理论主导地位的德日刑法学界,对于三阶层理论的研究从未中断过,学说的纷争和体系的日益复杂化昭示了对该理论卓越的研究深度。然而相比过去更为抽象化的三阶层理论,需要对其进行更多契合司法实践的研究才能使之得以更好地应用。但是若在已经得到娴熟运用的四要件理论基础上进行改善和优化,则可以在当前司法实践中获得更好的成效。

(四)四要件理论的合理之处

相比三阶层理论所具有的复杂体系性、过度抽象化等特点,传统的四要件理论不仅内容具体明确、逻辑清晰,而且更为符合我国当前的国情与司法实践需要。

我国现行《刑法》就是在传统四要件理论的基础之上创立的,因此,该理论能够实现与《刑法》规定之罪责的一一呼应。正是由于同四要件犯罪构成理论的完美契合,才使在司法实践中能够清晰地判别罪与非罪、此罪与彼罪。更因为传统理论对具体行为在客观与主观上的全面考察,才使其不仅坚持了主客观相一致原则,更维护了《刑法》权威。

四要件理论被诸多学者诟病的一大原因在于,他们认为该理论的四个主要内容是处于同一个平面的,并没有如三阶层理论那样具有严密的逻辑性。然而,本书认为,正是传统理论四要件的平等地位,才给予了司法实务工作者在解决具体案件时对它们予以自由排列的可能性。这种在实务定罪量刑中灵活使用传统犯罪构成理论的情形,并不会同《刑法》的基本原则或者司法公正相违背。而且,对于司法实务中的定罪量刑工作,其实实务界早已经形成了习惯,即从案件的客观事实出发进行分析,再逐渐转向对行为主体主观方面的认定。相比之下,三阶层严谨的逻辑并非始终是该理论的优势,其时而也会因为缺乏灵活性而使司法工作陷入被动。但是应当明确,指导这两种理论的思想基础与逻辑方式是存在差异的,三阶层理论是从行为的整体进行考察,从不同的属性出发作递进式的犯罪认定;而四要件理论则是将具体行为分成了主客观两个方面,结合案件实际情况作进一步的分析。对于两种理论皆不能予以彻底的吸收或者作全盘否定,应当在正视他们不同的体系合理性基础上,对相应的内容进行辩证的扬弃。

在我国,犯罪构成的四要件理论之所以能够形成,不仅是因为它是被历史选择的结果,更是因为这是一种历史发展的必然。[10] 纵观我国的法治进程,犯罪构成理论属于法律文化的一部分,更深植国民文化之中,被数代人持续传承至今。传统理论是我国立法者在当时对苏联模式的主动选择,不是建立空中楼阁,而是结合了对经济、政治、文化和法治诸方面建设发展的综合考量。[11] 四要件理论植根于我国的传统文化土壤,逐渐与我国的哲学基础、法治理念互相融合吸收,培育出专属于我国的文化传承属性。而适用三阶层犯罪构成理论,则会与我国的刑法思维模式产生不可避免的摩擦甚至冲突。

四要件理论同我国的刑事立法一同发展并走向成熟,虽然其在逻辑性方面被诸多学者诟病,但是其在实践工作中所具有的极强可操作性是不容被否认的。三阶层理论即使是在其实际应用的国家,也往往会因为其体系与理论的复杂多样性而给司法工作者带来困扰。可以想象,将这样繁杂的理论放置在我国当前的司法环境下很可能造成不必要的混乱。所以,有学者才会认为,在不能切实结合我国司法现状与客观情况时,盲目地解构甚至重组犯罪构成理论,不免缺乏合理性与科学性,甚至是在过于盲目地追求国外的先进犯罪构成理论。[12]

三、对四要件理论的坚持与完善

(一)坚持四要件理论的科学与合理性

无论学界关于三阶层和四要件理论存在怎样的争论,本书始终认为应当将刑法规范作为犯罪构成理论的基石,这同时也是传统犯罪构成理论得以应用的前提。对具体行为的充分把握成了犯罪构成的基础,在这样的情形下,当前的传统犯罪构成理论依然能够满足我国司法实践中的需求。所以,有关四要件理论的科学性与合理性应当被继续坚持下去。

---

〔10〕 参见高铭暄:《对主张以三阶层犯罪成立体系取代我国通行犯罪构成理论者的回应》,载《刑法论丛》2009年第3期。

〔11〕 参见高铭暄:《论四要件犯罪构成理论的合理性暨对中国刑法学体系的坚持》,载《中国法学》2009年第2期。

〔12〕 参见于改之、郭献朝:《两大法系犯罪论体系的比较与借鉴》,载《法学论坛》2006年第1期。

将现有的犯罪构成理论推翻后重新建构，这样的想法没有建立在更宽广的视角之下。犯罪构成理论在刑法学界占据着如此重要的位置，更敦促我们应当从更广阔的角度去进行审视和研究。[13] 仅因为传统犯罪构成理论具有政治性就对其予以否定，是不够理智的做法。犯罪构成与国家的政治意志没有绝对的关系，我们应当更多地考虑其是否能够对犯罪活动作出全面评价，以及是否能够积极促进我国的司法实践工作。再者，传统犯罪构成理论的现实合理性是不应当受到质疑的。自中华人民共和国成立以来，四要件理论就始终指导着我国的司法实践，该理论作为我国法治建设的重要部分，应当得到重视和坚持。[14]

（二）当前四要件理论存在的缺陷

学术争鸣应当为我们所坚持，因为这是促进学术理论发展的绝佳途径。前文中提到的，对于我国犯罪构成理论的维持、改良以及重构之理念，无不证明了我国学者对该学术问题展开的积极、独立的思考。理论的发展与完善，从来都是在学术的纷争中实现的。[15] 本书认为，若要为我国寻求更高效更合理的犯罪构成理论，必然应当摒弃此前普遍出现的单纯学术纷争。这里并不是否定学术争论的重要意义与价值，而是期冀可以从更现实有效的角度去思考这个问题，否则终将化为另一场远离了实际的辩论。考虑更为实际的解决方案，而非为了获得辩论的胜利，应当抱持这样的态度为我国的犯罪构成理论作出抉择。[16]

对于四要件理论的缺陷，本书认为，首先，应当正视该理论的封闭性及其在逻辑层次方面的欠缺。传统四要件犯罪理论体系下，是由法官主导定罪量刑的整个过程，如此一来必然无法均衡控辩双方的地位与力量。这样不仅会使构成要件处于被动地位，更可能有违程序正义的要求而无法有效维护辩护方的利益。犯罪构成的四个要件是被展开在一个平面之上的，在对行为主体之行为予以判断时，因为它们之间没有先后顺序之分，也常常会造成定罪量刑工作的混乱。[17] 而且由于构成要件的适用顺序缺乏逻辑性，才给予了法官更多机会进行自由心证，在可

---

〔13〕 参见黎宏：《我国犯罪构成体系不必重构》，载《法学研究》2006 年第 1 期。

〔14〕 参见高铭暄：《主张对三阶层犯罪成立体系取代我国通行犯罪构成理论者的回应》，载《刑法论丛》2009 年第 3 期。

〔15〕 参见周详：《四要件与三阶层犯罪论体系共生论》，载《中外法学》2012 年第 3 期。

〔16〕 参见赵秉志、王志祥：《犯罪构成理论的发展历程与未来走向》，载《刑法论丛》2009 年第 3 期。

〔17〕 参见王勇：《中国传统犯罪构成理论缺陷分析》，载《当代法学》2009 年第 4 期。

能导致冤假错案的同时更是有违司法公正。[18]

其次,传统理论针对罪与非罪的认定标准也并非十分健全。将该理论适用于认定犯罪时,需要考虑的不仅是四个构成要件,往往还要对特定行为是否构成正当防卫或紧急避险加以考察。这样的情形印证了传统犯罪构成理论体系依然存在漏洞,其虽然可以应用于实践但是其缺陷也不能否认。况且,三阶层理论拥有独特的阶梯递进式逻辑体系,可以呈现更直观的定罪量刑过程;而四要件理论的构成要件却完全无法做到这点,相对模糊的定罪量刑过程无法切实保障公民的基本诉讼权利。

最后,传统四要件理论对人权的保障程度仍然有待提升。三阶层理论因为其缜密的阶梯递进式定罪过程,能够在每个独立阶层对行为进行评价时都进行是否出罪的判断。这样就给予了行为主体三次接受严谨定罪评价的机会,从而实现了对人权最大程度的维护。而相比之下,由于传统的四要件理论囊括的构成要件呈现"平铺"状态,故其对于行为主体真正意义上的定罪评价仅有一次,这也就在一定程度上造成了对人权保障的疏忽。在主客观相一致原则的实现程度上,大陆法系的三阶层理论也更胜一筹。传统四要件理论更侧重于把相应的构成要件与具体的事实行为一一对应,主要进行的是事实判断;而三阶层理论除了第一层次的构成要件符合性对应的是事实判断之外,之后的违法性与有责性均对应的是价值判断。三阶层理论对价值判断的重视,使其能够对犯罪行为作出更合理的评价,也就能更好地实现了刑法的人权保障机能。正如那些认为应当以三阶层理论取代四要件理论的学者所坚持的,后者的另一个重大缺陷在于没有将违法阻却事由完整地包含在犯罪构成理论之中。[19] 违法性阻却事由具体包括正当防卫、紧急避险、被害人承诺、命令行为、无或者限制刑事责任能力的状态以及期待可能性等。我国刑法在正当防卫及紧急避险方面存在明确的规定,但是对其他违法性阻却事由上的认定却是有所欠缺的。

(三)对四要件理论的完善建议

经过上文的阐述,可以较为全面地对四要件与三阶层理论各自的合理与缺失之处有所了解。但是,如何为当前的法治国家建设选择最为合适的犯罪构成理

---

〔18〕 参见刘艳红:《犯罪构成体系平面化之批判》,载《法学研究》2011 年第 5 期。

〔19〕 参见周光权:《违法性判断的独立性兼及我国犯罪构成理论的改造》,载《中外法学》2007 年第 6 期。

论,则需要在对国内外理论进行系统学习掌握的基础之上,作出最理性化的取舍。本书认为,在坚持传统四要件理论的基础上,对大陆法系犯罪构成理论中契合我国国情、有利于司法实践的内容作合理的吸收融合,是我国当前犯罪构成理论发展的最佳途径。

其一,本书认为,我国刑法理论存在吸收大陆法系期待可能性理论的天然土壤。期待可能性,是指即使存在法律施加的诸多压力,仍然无法期待行为主体不去实施违法行为。期待可能性更多体现的是刑法宽容的一面,是对人性最基本的尊重。只有在行为主体除了实施犯罪行为别无他法时,刑法理论才认为该行为主体是欠缺期待可能性的。我国在封建时期的"亲亲得相隐匿"制度,可以充分证明宽容的刑法理念在我国早有渊源。但是,在司法实践中,我国始终是以刑事立法为基础,以罪刑法定为原则的。参照三阶层理论将期待可能性纳入整个犯罪构成理论之中,对于我国的司法现状而言是不能被允许的,这样做只会导致刑法理论与刑事立法的不协调。本书认为,作为符合人类普遍价值观念的期待可能性理论,应当在司法实践特别是定罪量刑中被充分考虑。而若要使该理论能够在我国司法现状下得到充分的应用,将其纳入刑事立法的范畴之下加以规定和解释,是最为合理的做法。

其二,违法性阻却事由也应当被合理纳入我国当前的整体犯罪构成理论体系当中。此概念也来自大陆法系,在出现行为主体之行为存在违法可能但是对其另有规定时,则不认为其构成犯罪。有学者认为,将三阶层理论中的违法性阻却事由直接纳入我国的犯罪构成当中是很合理的。[20] 虽然我国的犯罪构成理论呈现的是平面式结构,其中也没有明确违法性阻却事由这一概念,但是刑事立法中仍对类型情形有着具体的规定,比如对正当防卫的规定。[21] 紧急避险也是被加以具体规定的另一种违法阻却事由的情形,相比大陆法系把包括这两者在内的多种情形囊括进一个概念,我国则是在刑法中进行了列举式但不够完备的规定。[22] 若我国可以在刑事立法与司法解释的层面,对违法阻却事由的具体情形加以补充规定,则能够更好地填补在这方面的缺失,从而使当前的犯罪构成体系得到进一

〔20〕 参见张明楷:《构建犯罪论体系的方法论》,载《中外法学》2010 年第 1 期。

〔21〕 参见杨兴培:《论犯罪构成与犯罪阻却事由的关系》,载《政法论坛》2002 年第 3 期。

〔22〕 参见陈兴良:《四要件犯罪构成的结构性缺失及其颠覆——从正当行为切入的学术史考察》,载《现代法学》2009 年第 6 期。

步完善。

▲ 本案分析

犯罪构成理论始终是刑法理论的研究核心之一,不同国家基于各自的文化历史、哲学背景和迥异的思维方式形成了各自独特的犯罪构成体系。以德日为首的大陆法系国家,他们的三阶层理论为犯罪行为的评价设置了一种递进式的判断机制;而我国的传统四要件理论,则是以对客观事实的认知为基础,对行为主体的特定行为在主客观方面都进行了具体而全面的评价。经过前文的阐述,本书坚持认为我国的犯罪构成理论没有被推翻重构的必要。在对国外先进犯罪构成理论进行全面考察之后,将违法阻却事由及期待可能性等理论在刑事立法与司法解释中加以规定是更契合我国实际的解决途径。

当我们针对本书的具体案例——黄某某颠覆国家政权案——分别适用大陆法系的三阶层犯罪构成理论及我国的传统四要件理论进行评价时,就可以清晰地感受到两种理论各自的优缺点。回归到我国的司法现状,若将期待可能性与违法阻却事由加入对特定行为的评价过程,则可以更好地实现对特定行为的全面评价。

首先,对黄某某的行为适用三阶层理论加以分析。第一步,对黄某某的行为作细致的划分,判断其是否与刑法中关于颠覆国家政权罪的各项犯罪构成要件一一对应。黄某某自2003年起,在境外的“博讯”新闻网站上,相继展开了组织、策划所谓“中华爱国民主党”的一系列活动,之后又发表阐述相关“党章”“政治目标”等内容的文章数篇,并在互联网上发布了相应的“入党申请书”从而招录到多名“预备党员”。2003年回国后,其在昆明、绵竹等地印发“中华爱国民主党”创办人的名片,宣传其颠覆国家政权的极端思想并组织相关的活动。黄某某的这一系列行为,完全符合我国《刑法》第105条颠覆国家政权罪中关于“组织、策划、实施颠覆国家政权、推翻社会主义制度”的相关规定,可以认定达到三阶层理论的构成要件符合性标准。第二步,对黄某某的行为是够具有违法性作进一步分析。黄某某在国外新闻网站上发布颠覆我国国家政权的文章、招募相应“预备党员”,在归国后进一步组织相应活动,无视我国刑法的具体规定,其行为所具有的违法性毋庸置疑。第三步,对黄某某是否应当承担相应的刑事责任作全面的判断。通过分析案件事实可知,黄某某在实施上述一系列行为时不具备无或者限制刑事责任能力、紧急避险等违法阻却事由。其实施犯罪行为的主动自愿性也完全证明了其不存在相应的期待可能性。由此可见,黄某某具备承当相应刑事责任的各项条件。黄某某的行为经过了三阶层理论前后三次的全面判断,最终被认定其行为构成犯罪,彰显了该理论对认定行为主体构成犯罪的极度谨慎态度。但是,该理论适用的最重大问题在于,我国刑法中没有对期待可能性及违法阻却事由中除了正当防卫、紧急避险意外的情形作明确规定,所以并不能使罪刑相适应原则得到彻底的实现。

其次,对黄某某的行为适用传统的四要件理论进行分析。依照我国司法实践的惯例,最先会对行为主体的客观行为事实进行评价,也即对犯罪的客观方面进行分析。黄某某的行为在上文已经有较为详细的描述,所以在此不再赘述。从客观方面的角度入手,行为主体所实施之犯罪行为也完全符合我国刑法的相关规定。再考虑犯罪客体的因素,黄某某的行为完全侵犯到《刑法》第105条所要保护的我国稳定的政治制度的法益。将视线回归到行为主体黄某某,其不存在未达到刑事责任年龄或者精神状况异常等情形;经过其从国外自国内实施的一系列颠覆国家政权的行为,可以看出其实施之行为完全出于自愿,即系故意。综合对四个要件进行全面评价之后,可以对黄某某作出触犯颠覆国家政权罪的判断。

综上所述,三阶层理论能够对行为主体进行前后三次的独立评价,大大提高了行为主体被出罪的可能性,实现了对人权最大限度的保障。但是该理论与我国现有的刑事立法有先天的不兼容性。四要件理论结合了四个方面的综合判断,能对行为主体进行一次彻底的定罪判断,但相比三阶层理论,其对人权的保障有所欠缺,在违法性、有责性层面上对特定行为无法像三阶层理论一样作出更为全面的价值判断,在期待可能性、违法阻却事由的判断上也不够充分且于法无据。若能够在四要件理论的基础上,将上述二者更为切实地应用到定罪量刑工作之中,必然能够使我国刑事法律在司法实践方面实现更全面的发展。

经过上文的阐释,本书认为以三阶层理论替代我国当前的犯罪构成理论并不现实。但将其中的期待可能性、违法阻却事由等理论在刑事立法及司法解释中加以吸收并作出具体规定,能够为我国司法实践的定罪量刑工作提供更具操作性的依据。

第二节　黄某出卖国家秘密犯间谍罪案

——间谍罪认定的疑难问题及死刑适用问题

■ 案例基本内容

[**案情简介**][23]

黄某曾在某涉密科研单位工作。由于能力平平,工作态度不端正,业绩始终靠后而被解职。为泄愤,黄某将自己工作中复制下来的涉密内容,出卖给境外间谍机关。2002～2011 年,黄宇主动向境外间谍机关提供 15 万余份资料,其中包括绝密级国家秘密 90 项、机密级国家秘密 292 项、秘密级国家秘密 1674 项,对我国党、政、军、金融等多个部门的密码通信安全造成难以估量的损失。

[**裁判结果**]

依据我国《刑法》第 110 条和第 113 条的规定,参加间谍组织或者接受间谍组织及其代理人任务,从事间谍活动,危害国家安全的,处 10 年以上有期徒刑或者无期徒刑;对国家和人民危害特别严重,情节特别恶劣的,可以判处死刑。黄宇因"间谍罪"被依法判处死刑,剥夺政治权利终身,并收缴间谍经费。其妻子唐某、姐夫谭某因犯过失泄露国家秘密罪,被分别判处 5 年、3 年有期徒刑,有关单位的 29 名责任人受到不同程度的处分。[24]

---

〔23〕 参见《致命的密码:身边的"暗战"(一)》,载 CCTV 节目官网:http//tv. cctv. com/2016/04/18/VIDE36J37No OySPeCa0lL2NM160418. shtml,最后访问日期:2016 年 4 月 18 日。

〔24〕 2005 年 12 月 29 日,最高人民检察院第十届检察委员会第四十九次会议通过《关于渎职侵权犯罪案件立案标准的规定》第 1 条第 4 款规定:过失泄露国家秘密罪是指国家机关工作人员或者非国家机关工作人员违反保守国家秘密法,过失泄露国家秘密,或者遗失国家秘密载体,致使国家秘密被不应知悉者知悉或者超出了限定的接触范围,情节严重的行为。涉嫌下列情形之一的,应予立案:(1)泄露绝密级国家秘密 1 项(件)以上的;(2)泄露机密级国家秘密 3 项(件)以上的;(3)泄露秘密级国家秘密 4 项(件)以上的;(4)违反保密规定,将涉及国家秘密的计算机或者计算机信息系统与互联网相连接,泄露国家秘密的;(5)泄露国家秘密或者遗失国家秘密载体,隐瞒不报、不如实提供有关情况或者不采取补救措施的;(6)其他情节严重的情形。

问题要点

2000~2014 年中国裁判文书网共计 46 名间谍犯,其中 7 人被判处无期徒刑,11 人被判处 10 年及以下有期徒刑,除此之外的绝大多数人均被判处 10 年以上有期徒刑、无期徒刑或死缓,可见凡犯有间谍罪的,少有情节较轻的。此次男子黄某向境外间谍机构出售 15 万份资料,获利 70 万美元被判死刑,则是因为"危害特别严重、情节特别恶劣"。黄某的行为危害的是国家安全,对这一问题该怎样认识?什么是间谍罪?间谍罪如何定罪量刑如何?黄某的行为判处死刑是否适当?对间谍罪应当作怎样的预防?

问题分析

一、间谍罪的特点

习近平总书记在中央国家安全委员会第一次会议上指出,必须坚持总体国家安全观,以人民安全为宗旨,以政治安全为根本,以经济安全为基础,以军事、文化、社会安全为保障,以促进国际安全为依托,走出一条中国特色国家安全道路。作为社会安全的最后和最重要的保障法,刑法的整体机制将因这一新政策而作出相应的调整和变化。[25]

1997 年刑法修订时将"危害国家安全罪"单独列章,体现了立法者对危害国家安全犯罪的重视。[26] 危害国家安全罪是《刑法》分则第一章的罪名,共 12 条规定了 12 个罪名,都是危害国家安全及相关重大利益的犯罪行为。这一类犯罪在我国每年的刑事犯罪总量中虽然数量不大,且在司法实践中受关注度低,但社会危害性极其严重,侵犯的客体是我国国家安全,因此也是在《刑法》分则中规定死刑最集中的章节。间谍罪是危害国家安全罪中的高发性罪名,并且与一国的政治、军事、外交密切相关,故该罪具有特殊的社会政治属性,具有一定的特殊性。

(一)危害性强

间谍活动的行为后果是一国核心机密的泄露,危害到国家政治、经济、军事等各个方面的利益,甚至危害一国领土完整,政权稳定。作为《刑法》分则中危险性最大的犯罪,中外刑法都对其进行了严厉的规制,无论是战争时期还是和平时代,

---

〔25〕 参见陈璐:《新国家安全观要求刑法转变整体机制》,载《中国社会科学报》2014 年第 8 期。

〔26〕 参见刘远:《论危害国家安全罪的立法特点和立法思想》,载《河北法学》1998 年第 6 期。

间谍活动如定时炸弹随时都可能爆炸,给一国国家安全带来极大的安全威胁。发生于2001年的美国间谍侦察机入境与我国战斗机相撞迫降海南,就是外国实施情报侦查活动一角。

(二)隐蔽性高

保密是间谍活动的生命线,间谍活动的实施及其隐蔽,因此间谍活动又被称为"没有硝烟的战场"。近年来,国外间谍组织通过网络选择发展对象,收集情报,间谍器材科技含量高,一般人难以识别。间谍人员通常受过专门训练,身份、行动目标、行动方式都具有极高的隐蔽性。间谍罪的行为人大多都有身份掩护潜伏在我国机要单位,潜伏周期长不易被发觉,甚至有些行为人以外交人员身份作掩护,游离于各国法律之外,受国际法的保护。例如,在美国历史上重大的间谍案之一的罗伯特·菲利普·汉森案中,犯罪分子汉森在美国联邦调查局(FBI)工作27年都未被识破其间谍身份。

(三)涉外性

《反间谍法》规定的间谍行为有:一是境外机构、组织、个人实施的间谍行为;二是境外机构、组织、个人指使、资助他人实施的间谍行为;三是境外机构、组织、个人与境内机构、组织、个人相互勾结实施的间谍行为。间谍犯罪都是为实现国外特定目的实施犯罪,且大多间谍情报机关都是外国政府机构的组成部分,具有国家行为性质,为实现他国政治、军事、金融等领域的目的服务。

(四)组织性

间谍成员一般都为某间谍组织成员,他们按照组织下达的命令实施行动,并定期向组织报告。现代间谍组织,是指在境外国家和地区的政府或者政治性组织中,以搜集其他国家或者地区的情报或者从事策反、心战、颠覆等危害其他国家的国家安全和利益为任务的组织、机构。[27]

二、间谍罪认定的主客观要件的分析

新颁布的《反间谍法》对间谍行为采用了混合式的规定,先列举了五种间谍行为,明确了原国家安全法规定的危害国家安全行为,是境外相关主体直接或间接实施的,或者境内外相互勾结实施的危害我国国家安全的行为,该列举式规定具

---

〔27〕 参见国家安全部政治部编:《国家安全法律简明教程》,内部发行1993年版,第90~91页。

体明确,便于理解和执行。[28]

参加间谍组织或者接受间谍组织及其代理人的任务和为敌人指示轰击目标三种行为方式,本罪侵犯的客体是狭义上的国家安全,这一点不存在争议,但在具体罪名认定时主客观方面仍存在以下问题。

(一)犯罪客观方面

怎样理解"参加间谍组织"? 间谍组织,主要是指外国政府建立的旨在策反我公职人员,向我国国家机构和各种组织进行渗透、窃取、刺探、收买、非法提供国家秘密和情报,进行颠覆和破坏活动的组织。参加间谍组织,是指行为人履行一定的加入手续如挑选、登记、专门训练等,或者在非常情况下虽未按常规正式加入,但事实上已作为该间谍组织的成员进行活动。[29] 这一问题的争议焦点在于,行为人是否需要履行一定的手续才能认定为已加入间谍组织。有学者认为,参加间谍组织,是指"行为人履行一定的手续,加入间谍组织,成为间谍组织的成员"。[30] 也就是说,行为人要成为间谍组织的成员,无论实质是不是,都必须要履行一定的手续,有一定的仪式感。反对的学者认为,参加间谍组织,可以是行为人履行了正式地加入手续,也可以是通过间谍组织的代理人单线发展而没有履行正式地加入手续。[31] 本书同意第二种观点,即只要有证据表明行为人事实上已经成为间谍组织成员,就可以认定其已加入间谍组织。例如,在何某某参加间谍组织涉嫌间谍罪一案中,被告人何某某曾因盗窃等犯罪行为被公安机关立案侦查,为了逃避刑事处罚,越境逃往国外。在此期间,何某某向该国的间谍组织提供了我国政治、军事和经济等情报。在此之后,何某某才开始被该间谍组织招募。又过了大约一年,何某某才正式履行了其加入该间谍组织的手续。随后,何某某两次接受该间谍组织的任务,以秘密手段潜入我国境内进行间谍活动。当何某某夹带间谍侦查的专用器材和间谍活动的经费,第二次秘密潜入我国境内企图进行间谍活动时,才被捕获。

我国《刑法》对危害国家犯罪的制裁极其严厉,犯罪分子为隐藏真实身份,行

---

〔28〕 参见全国人大常委会法制工作委员会刑法室编:《反间谍法解读》,中国法制出版社 2015 年版,第 19 页。

〔29〕 参见金辉:《论间谍犯罪》,华东政法学院 2007 年硕士学位论文,第 35 页。

〔30〕 朱建华主编:《刑法分论》,法律出版社 2011 年版,第 28 页。

〔31〕 参见高铭暄、马克昌主编:《刑法学》,高等教育出版社 2007 年版,第 161 页、第 374 ~ 375 页。

为方式通常都较为隐蔽,成为组织成员的程序性减弱,刑法规定“参加间谍组织”的本质是认定其参加进去作为组织成员,而怎样加入或是否履行手续都不影响罪名的成立。[32] 相对而言,国外的刑事立法正注重犯罪的实质性,对是否加入间谍组织并未做限制性规定,对境外组织、人员是否属于间谍组织或者代理人也未作要求,只要是将本国的秘密情报提供给外国政府,出卖本国的利益,危害本国的国家安全,就能认定为是加入了间谍组织。根据《越南刑法》的规定,对于仅“担任间谍身份,而未实施交付的间谍任务,并主动向国家职能机关自首,坦白交代的,可以免除刑事责任”。

如美国法典第81编第749条规定:“行为人明知或有理由相信下列物品将被用于损害美国利益、或有利于外国的情况下,无论直接还是间接,向无论美国政府是否承认的外国政府或外国境内的任何势力、党派、军队、海军及其代表、官员、间谍、职员、国民、军民传递、交付、传送或者试图传递、交付、传送任何与国防安全有关的文件、卷宗、密码手册、信号手册、设计草稿、照片、摄影底片、蓝图、计划、地图、模型、记录、设备、装置或涉及国防安全的信息。”[33]

对于“接受间谍组织及其代理人的任务”的解读。这一客观行为方式定义对行为人的身份已作出限制,因为有“参加间谍组织”这一行为方式在先,“接受间谍组织及其代理人的任务”的行为人一般应认为是还未加入间谍组织。已经加入的不用多此一举再作规定,已加入间谍组织的行为目的就是完成间谍组织及其代理人交付的任务。本书认为,在间谍罪的认定中,只要行为人接受了间谍组织及其代理人的任务,就符合间谍罪在客观行为方式的要求,无论行为人是否实施,以及实施的结果如何都不影响罪名的成立。

对于“间谍组织及其代理人”的理解尤其重要。无论是《反间谍法》还是《刑法》都没有直接对“间谍组织”作出明确规定,但根据《国家安全法实施细则》第4条第2款的规定,其确认权属于中华人民共和国国家安全部。[34] 所谓“间谍组织”,主要是指危害国家的国防安全和经济利益的组织,其组织的成立的意义就是在收集情报或国家秘密,有组织的进行间谍活动和秘密进行颠覆破坏等活动。[35]

---

〔32〕 参见钊作俊:《间谍罪若干问题研析》,载《河北法学》2002年第3期。

〔33〕 参见金辉:《论间谍犯罪》,华东政法学院2007年硕士学位论文,第31页。

〔34〕 参见钊作俊:《间谍罪若干问题研析》,载《河北法学》2002年第3期。

〔35〕 参见杨铁:《间谍犯罪行为认定研究》,吉林大学2016年硕士学位论文,第16页。

对间谍组织的认定不仅是境外的组织，还包括我国国内的间谍组织，如中国台湾地区。根据《国家安全法实施细则》第 4 条的规定，“间谍组织代理人”，是指受间谍组织或者其成员的指使、委托、资助，进行或者授意、指使他人进行危害中华人民共和国国家安全活动的人。在本案中，黄某就是一次次接受间谍组织及代理人的任务以出卖国家秘密换取金钱。

对于“为敌人指示轰击目标”的认定。这一行为是指为敌人指明或者标示打击对象、袭击目标，不以前两个行为为成立要件，即为敌人指示轰击目标的行为“不以行为人是否参加间谍组织或是否接受间谍组织及其代理人的任务为限，行为人只要实施为敌人指示轰击目标的行为，就构成间谍罪”[36]。在这一行为方式中，有争议的是“敌人”的概念，这里的“敌人”仅包括境外的敌人？还是也包括国内的恐怖组织。有学者认为，“这里的敌人不应当有境内外或国内外的限制，其范围既可以是国外或境外的敌对力量和敌对营垒，也可以是境内的敌对力量和敌对营垒，只要是属于敌视我国国家政权和制度、危害我国国家安全的力量和营垒，都属于这里的敌人”。[37] 也有学者认为，“‘为敌人指示轰击目标’这一行为仅仅是指为军事侵略我国国家的敌国提供攸关我国安全的重大军事设施、建设项目、城市等目标的行为”。[38] 本书认为，在相关法律法规没有明确规定的情况下，依据危害国家安全罪的立法目的进行解释，只要是危害国家安全的人无论境内外，都可以被认定为“敌人”。

理论界普遍认为，“只要实施了参加间谍组织、接受间谍组织及其代理人的任务、为敌人指示轰击目标三种间谍行为之一，即构成既遂。至于行为人参与间谍组织后是否实施了进一步的间谍活动；接受外国间谍组织或者其代理人派遣的任务后是否完成了任务等都不影响犯罪既遂的成立”。[39] 参加了间谍组织，就意味着要从事间谍活动，但构成间谍罪，不以已经从事间谍活动为要件，只要参加了间谍组织，即使尚未从事间谍活动，也构成犯罪。[40]

有学者认为，这一规定有违背罪刑法定原则的嫌疑，“只有对法益的攻击行

---

〔36〕 冒国军：《危害国家安全罪法律实务》，法律出版社 2012 年版，第 108 页。

〔37〕 胡江：《〈反间谍法〉颁行后间谍罪认定的疑难问题研究》，载《南都学坛》2015 年第 5 期。

〔38〕 陈瑞鑫：《间谍犯罪若干问题研究》，复旦大学 2008 年硕士学位论文，第 18 页。

〔39〕 高铭暄、马克昌：《刑法学》，高等教育出版社 2000 年版，第 350 页。

〔40〕 参见周道鸾、张军：《刑法罪名精释》，人民法院出版社 1998 年版，第 54 页。

为,即侵害法益或者使法益蒙受危险的行为才是犯罪"。[41] 本书认同这一观点,只有危害了国家安全的行为才构成间谍罪,对间谍罪的处罚应当依据法律规定,针对不同的情节,正确量刑。

如李某涉嫌间谍罪一案。外籍人士李某在我国长期居住,在回祖国探求访友期间,被该国家的间谍组织煽动,主动接受该间谍组织所派遣的任务,参与该间谍组织的间谍活动训练,并向该间谍组织非法提供了我国部分省份领导班子成员的个人基本信息。当其于同年 12 月再次回到中国后, 还先后三次采取各种秘密方法,按照间谍组织的规定多次与该间谍组织联络,向该间谍组织传递了我国空军的新式战斗机机型和我军进行军事培训的基地方位等军事秘密情报。之后,该行为人又多次向该组织非法提供了我国国家领导人与外国使节和外国代表团的谈话内容。[42] 虽李某在此案中实施了"接受间谍组织及其代理人的任务"和"为敌人指示轰击目标"两种行为,但只能按照间谍罪一个罪名认定。

(二)主观要件

主观要件是否只能为故意? 刑法中的故意包含直接故意和间接故意。所谓直接故意,是指行为人明知自己的行为必然发生或可能发生危害社会的结果,并且希望这种结果发生的心理态度。[43] 间接故意,是指行为人明知自己的行为可能造成危害社会的结果,并且放任这种危害结果发生的心理态度。[44] 犯罪故意中"明知"的含义以及内容究竟是什么,在理论上存在较大的争议,形成了狭义说、广义说、折中说等不同的观点。[45] 而间谍犯罪的目的并非全是以危害国家安全为目标。在谍报术语中有个"SMICE"公式,它由 SEX(色情)、MONEY(金钱)、IDEOLOGY(意识形态)、COMPROMISE(胁迫)、EGO(自负)这五个单词的字头组成,意指凡充当间谍的无论男女都出不了这五个原因,而策反间谍时也出不了这五种手段。[46] 本案中的黄某就是出于泄愤和金钱的诱惑,实施间谍活动,无论行为人出于以上五个原因中的哪一个,行为结果都必然导致国家安全受到一定程

〔41〕 [日]大塚仁:《犯罪论的基本问题》,冯军译,中国政法大学出版社 1993 年版,第 4 页。

〔42〕 参见钊作俊:《间谍罪若干问题研析》,载《河北法学》2002 年第 3 期。

〔43〕 参见刘宪权:《刑法学》,上海人民出版社 2005 年版,第 155 页。

〔44〕 参见刘宪权:《刑法学》,上海人民出版社 2005 年版,第 155 页。

〔45〕 参见梅传强:《犯罪故意中"明知"的含义与内容》,载《四川师范大学学报》(社会科学版)2005 年第 1 期。

〔46〕 参见饶榕:《他们为什么选择背叛——SMICE 公式与间谍策反》,载《半月刊》2004 年第 2 期。

度的侵害。

理论界就这一问题存在一定争议。有学者认为,间谍罪的主观方面是直接故意,无论行为人实施何种具体行为,其犯罪的故意都表现为明知自己的行为会发生危害国家安全的结果,并且希望这种结果的发生。[47] 另一种观点认为,当行为人为了物质利益、出国留学等为间谍组织及其代理人服务,行为人在主观方面是间接故意。[48] 就这一问题,本书同意第二种观点,当行为人是以追求危害国家安全为目的实施犯罪时,其主观方面就是直接故意。有的犯罪分子虽然实施间谍活动追求的是其他后果,且明知这一行为必然导致危害国家的结果发生,而放任这种危害结果的发生,这时犯罪的主观方面应当是间接故意。如"参加间谍组织或者接受间谍组织代理人任务",行为人对加入间谍组织或接受间谍任务是明知,甚至是主动实施,并且清楚实施该行为的带来的结果,虽然或许犯罪的目的各有不同,但实施这一行为出于主动追求或是放任对国家安全的损害,则对这一行为可以是直接故意也可以是间接故意。或者"为敌人指示轰击目标"即明知为敌人指示轰炸目标会对我国国家利益造成严重损害,依然"指示",实施这一行为,是直接故意。

(三)犯罪主体

本罪的主体应为一般主体,所以间谍罪的主体可能是中国公民,也可能是外国人,还有可能是无国籍人。实践中可能出现这样的情况,一个外国人或者是无国籍人参加了间谍组织,上述人员在我国开展间谍活动,且该间谍活动针对的是第三国。现实中这样的情况是可能出现的,但我国如果要追究上述人员的法律责任,将面临无法可依的尴尬,因为已经超越了主权范围。[49]

虽然我国《刑法》第 8 条规定:"外国人在中华人民共和国领域外对中华人民共和国国家或者公民犯罪,而按本法规定的最低刑为三年以上有期徒刑的,可以适用本法……"即刑法的保护管辖原则,但是在司法实践中,即使是一个身份明确的国外间谍进入我国领域,只要其没有实施针对我国的间谍活动,或者无法证实其实施了针对我国的间谍活动危害了国家安全,是无法对其按照间谍罪处罚的。但根据我国刑法的规定,其加入间谍组织或者接受间谍组织任务的行为又已经构

---

〔47〕 参见高铭暄、马克昌:《刑法学》,高等教育出版社 2011 年版,第 335 页。

〔48〕 参见于志刚:《危害国家安全罪》,中国人民公安大学出版社 2003 年版,第 331 页。

〔49〕 参见赵惠华:《论新形势下国家安全机关刑事管辖范围的调整》,上海大学 2006 年硕士学位论文。

成间谍罪,此时司法机关将面临两难境地。

三、间谍罪及相关犯罪的区别

(一)"为境外窃取、刺探、收买、非法提供国家秘密、情报罪"与"间谍罪"

2014 年《反间谍法》的附则中,认定间谍行为包括窃取、刺探、收买或者非法提供国家秘密、情报的这种犯罪行为。这一认定导致间谍罪与"为境外窃取、刺探、收买、非法提供国家秘密、情报罪"在犯罪行为的认定上出现重复,这对罪名的认定造成了困扰。就本案中黄某的行为对应以上犯罪行为的认定,也符合"为境外窃取、刺探、收买、非法提供国家秘密、情报罪"的犯罪构成要件。那么,怎样区别两罪?界限在哪里?

国家秘密的密级分为绝密、机密、秘密三级。2010 年修订的《中华人民共和国保密法》第 10 条第 2 款对于三种密级作了如下规定:"绝密级国家秘密是最重要的国家秘密,泄露会使国家安全和利益遭受特别严重的损害;机密级国家秘密是重要的国家秘密,泄露会使国家安全和利益遭受严重的损害;秘密级国家秘密是一般的国家秘密,泄露会使国家安全和利益遭受损害。"该法第 11 条第 1、2 款规定:"国家秘密及其密级的具体范围,由国家保密行政管理部门分别会同外交、公安、国家安全和其他中央有关机关规定。军事方面的国家秘密及其密级的具体范围,由中央军事委员会规定。"该法第 15 条第 1 款规定:"国家秘密的保密期限,应当根据事项的性质和特点,按照维护国家安全和利益的需要,限定在必要的期限内;不能确定期限的,应当确定解密的条件。"三者保密期限分别是:绝密级不超过 30 年、机密级不超过 20 年、秘密级不超过 10 年。在本案中,黄某出卖绝密级国家秘密 90 项、机密级国家秘密 292 项、秘密级国家秘密 1674 项,数量之大带来的危害也是巨大的。2001 年发布的最高人民法院、国家保密局《关于执行〈关于审理为境外窃取、刺探、收买、非法提供国家秘密、情报案件具体应用法律若干问题的解释〉有关问题的通知》规定:"人民法院审理为境外窃取、刺探、收买、非法提供情报案件,需要对有关事项是否属于情报进行鉴定的,由国家保密工作部门或者省、自治区、直辖市保密工作部门鉴定。"

根据 2001 年最高人民法院《关于审理为境外窃取、刺探、收买、非法提供国家秘密、情报案件具体应用法律若干问题的解释》第 1 条第 2 款的规定,情报,是指"关系国家安全和利益、尚未公开或者依照有关规定不应公开的事项"。

1997 年《刑法》将"为敌人窃取、刺探、提供情报"从间谍罪的规定中删除。这时有学者认为，如果行为人是为拥有间谍背景的境外机构、组织或个人以窃取、刺探等手段，非法提供我国国家秘密或军事情报的，就应以间谍罪的罪名论处。[50]也有学者认为，凡是为境外机构、组织、人员窃取、刺探、收买、非法提供国家秘密、情报的，无论对方是否为间谍组织，也无论行为人是否明知对方是间谍组织及其代理人，均应构成为境外窃取、刺探、收买、非法提供国家秘密、情报罪。如果行为人参加了间谍组织，或者接受了间谍组织及其代理人的任务，作为间谍分子执行间谍任务，内容就是为该间谍组织窃取、刺探、收买、非法提供国家秘密、情报，对于这种情况，应当视为牵连犯。[51] 笔者认为这两种观点都有可取之处，两罪分别依据境外机构、组织或个人是否有间谍性质作为区分标准，但都要求行为人在主观上也要认识到对方是否具有间谍性质，而这一要求在实践中难以辨别，如明知是间谍组织或者代理人为其提供情报，则毫无异议可认定为间谍罪，但实践中存在行为人不知道或者无法获知对方是否是间谍组织或代理人而提供了秘密和情报的情况，不具有共同犯罪的故意就不能以间谍罪论处，此时，应以《刑法》第111条——为境外窃取、刺探、收买、非法提供国家秘密、情报罪这一罪名来定罪处罚。如台湾籍男子郑某窃取情报一案。被告人郑某在我国某省军事港口，通过技术手段偷拍我军军事机密，并计划将其提供给境外。当郑某被抓获后，对其进行起诉时，由于根据当时的法律法规和其他限制无法明确确认该境外的组织是否具有间谍性质，同时郑某也拒绝承认其知晓对方的间谍属性，因此对郑某无法用间谍罪来定罪，只能以《刑法》第111条为境外窃取、刺探、收买、非法提供国家秘密、情报罪判处。此案证明了在司法实践中，司法机关往往难以证明犯罪嫌疑人主观上是否明知对方是不是间谍组织，因此两罪的区别就在于，行为人是否明知境外机构、组织、个人具有间谍背景。

（二）“投敌叛变罪”与“间谍罪”

这两个罪名都属于危害国家安全的犯罪，两者在实践中的认定有相似之处，区别则在于主体方面：间谍罪为一般主体，可以是中国公民也可以是外国人和无国籍人士；而投敌叛变的主体只能是中国公民。投敌叛变的行为方式是背叛国家、投奔敌人营垒或者在被敌人俘虏后变节，出卖国家和人民利益，这一表现与间谍罪的本质有相似之处，出卖国家机密情报也是背叛国家的表现，但两者的行为

---

〔50〕 参见高西江：《中华人民共和国刑法的修订与适用》，中国方正出版社1997年版，第342~343页。
〔51〕 参见于志刚：《危害国家安全罪》，中国人民公安大学出版社2003年版，第346页。

方式不同,间谍罪的行为方式是参加间谍组织或者接受间谍组织及其代理人的间谍活动任务,为敌人指示轰击目标,从行为方式的表现来看间谍罪更为积极主动。

(三)"间谍罪"与"故意泄露军事秘密罪"

国家秘密包括军事秘密,军事秘密是国家秘密的一部分。军事秘密可以被称为涉及国防军事方面的国家秘密。我国的法律并未将涉及军事秘密的间谍犯罪作出单独规定,间谍罪中存在泄露国家军事秘密的情况,但两者仍有不同,故意泄露军事秘密罪的主体是现役军人,属于军职犯罪,侵犯客体的是国家军事秘密的管理制度。

四、间谍罪的处罚

(一)严酷性

由于间谍罪严重的社会危害性,其足以危及国家安全,关键时候甚至可以决定国家的生死存亡,所以古今中外对间谍罪的处罚都是积极严厉的,我国对间谍罪的最高刑罚是死刑,本案中黄某的犯罪行为符合间谍罪死刑判定的标准。从世界范围看,尽管当代废除死刑的呼声甚嚣尘上,但是韩国、泰国、越南、意大利、美国等国立法中仍规定间谍罪可以处死刑。[52] 死刑执行对其他潜在的间谍是一种警告和威慑,由于间谍罪的犯罪分子具有丰富的作案经验,且一般为间谍组织,受过系统全面的培训,处罚力度不足会造成再次背叛的发生。间谍活动与国家安全和军事领域的斗争密不可分,间谍活动在战争时期可以导致国家覆灭,和平时期也会导致国家秘密的泄露,为国家安全领域带来不可估量的损失。在本案中,黄某连续10年将国家秘密、机密、绝密级材料出卖给境外间谍机关,对我国党、政、军、金融等多个部门的密码通信安全造成的损失不可想象。

(二)宽容性

为了尽可能地降低间谍行为对国家安全和利益的损害,我国对间谍罪采取的是从严打击和从宽处理结合的方式,主要体现在,对间谍罪的处罚上,依据《国家安全法实施细则》第24条的规定,犯间谍罪自首或有立功表现的,可以从轻、减轻或者免除处罚,有重大立功表现的,给予奖励。这一规定表明,只要行为人有自首的情节,无论其犯罪情节轻重,都可以从轻、减轻或者免除处罚,有重大立功表现

---

〔52〕 参见金辉:《论间谍犯罪》,华东政法学院2007年硕士学位论文,第52页。

者,还给予奖励。对于没有自首的间谍犯罪分子,若有立功表现的,也可以从轻、减轻或者免除处罚,有重大立功表现的,还应给予奖励。这一处罚的特殊性也与间谍罪危害大,隐蔽性高,侦破难度大等特点密切相关。

(三)战争时期的特殊性

1977 年《日内瓦公约》第一附加议定书第 46 条对间谍的认定及其待遇作了如下规定,即"一、尽管有各公约或本议定书的任何其他规定,在从事间谍行为时落于敌方权力下的冲突一方武装部队的任何人员,不应享受战俘身份的权利,而得予以间谍的待遇。二、在敌方控制领土内为冲突一方搜集或企图搜集情报的该方武装部队人员,如果在其行事时穿着其武装部队的制服,即不应视为从事间谍行为。三、冲突一方武装部队的人员,如果是敌方占领领土的居民而在该领土内为其所依附的冲突一方搜集或企图搜集具有军事价值的情报,除其通过虚假行为或故意以秘密方式搜集或企图搜集情报外,即不应视为从事间谍行为。而且,这类居民除在从事间谍行为时被俘外,不应丧失其享有战俘身份的权利,并不得予以间谍的待遇。四、冲突一方武装部队人员,如果不是敌方占领领土的居民而在该领土内从事间谍行为,除在重返其所属武装部队前被俘外,不应丧失其享有战俘身份的权利,并不得予以间谍的待遇"。按照该公约的规定,间谍人员在战争中如果被敌对势力所俘虏,不享有一般战俘的待遇,而是应给予其间谍的待遇。但如果要对他们处刑,则要经过军事法庭审判。[53]

依据刑法规定,对间谍罪的处罚有三个档次:情节较轻,量刑幅度为 3 年以上 10 年以下有期徒刑;实施了间谍罪的基本犯罪行为,量刑幅度在 10 年以上有期徒刑至无期徒刑;对国家和人民危害特别严重、情节特别恶劣的,法定最高刑可以是死刑。在实践中,对如何把握三个层次的量刑有研究的必要,一般情况下应结合行为人实施犯罪的目的和动机、行为手段等方面因素,综合判断犯罪行为的危害程度。若行为人虽参加间谍组织但从未实施任何间谍活动,行为人接受间谍组织及其代理的任务但并未执行且并未给国家安全造成危害的情况是否要接受处罚?或行为人为敌人指示轰击目标,但指示错误并未给我国人员财产带来损害,是否可以认定为情节较轻?本书认为,在认定行为人的犯罪行为时应结合其主观态度,综合判断行为人的主观恶性和社会危害性。有的行为人虽客观上并未造成实

---

〔53〕 黄志雄:《论间谍活动的国际法规制——兼评 2014 年美国起诉中国军人事件》,载《当代法学》2015 年第 1 期。

际危害或危害较小,但其反社会倾向严重,危害国家安全目的明确,具有较大的社会危害性,也不可认定为情节较轻。

由于间谍罪处罚的危害性,各国在立法严罚间谍犯罪的同时,对间谍犯罪人具有主动坦白自首情节的一般都不予以严厉惩罚,甚至还可以根据其贡献大小予以奖励,以达到分化瓦解敌方间谍的目的,使反间谍工作达到事半功倍的效果。[54] 我国《国家安全法实施细则》以附属刑法的规定制定了针对间谍犯罪的特殊刑事政策,该细则第24条规定:凡间谍罪自首或者有立功表现的,可以从轻、减轻或者免除处罚;有重大立功表现的,给予奖励。这种从严打击和从宽处理的方式,可以通过鼓励自首,立功等方式发现间谍犯罪的线索,规避风险。《反间谍法》第28条规定:"在境外受胁迫或者受诱骗参加敌对组织、间谍组织,从事危害中华人民共和国国家安全的活动,及时向中华人民共和国驻外机构如实说明情况,或者入境后直接或者通过所在单位及时向国家安全机关、公安机关如实说明情况,并有悔改表现的,可以不予追究。"

五、间谍罪死刑的适用的合理性之证

本案中,黄某犯间谍罪被处以死刑的合理性引起了人们对死刑适用的讨论。间谍罪被判处死刑需要同时具备两个条件:一是对国家和人民危害特别严重,二是犯罪情节特别恶劣。所谓"对国家和人民危害特别严重、情节特别恶劣",一般包括下述情形:间谍行为致使我国经济、政治、军事等利益遭受特别重大损害的;多次实施间谍活动,极端仇视我国人民民主专政政权和社会主义制度,犯罪动机恶劣的;实施行为的过程中,又实施了其他严重危害国家安全的犯罪活动,造成重大财产损失或者严重破坏军事设施等。[55]

目前,在联合国会员国195个独立国家中,只有36个国家依然维持死刑,仅占总数的18%。此时,距离委内瑞拉成为第一个废止死刑的国家已经过去了154年。我国理论界关于废止死刑的讨论从未停歇,我国是世界上适用死刑罪名最多的国家,但近年来我国坚持少杀、慎杀的政策,废除的死刑罪名接近1/3。《刑法修正案(八)》和《刑法修正案(九)》共废除了22个罪名的死刑规定,主要是非暴力经济犯罪,其相对于危害国家安全而言,直接侵犯公民生命、健康的暴力犯罪的社会危害性要小,体现了我国坚持废除死刑、逐步减少适用死刑罪名的大方向,至此

---

〔54〕 参见金辉:《论间谍犯罪》,华东政法学院2007年硕士学位论文,第53页。

〔55〕 参见赵秉志:《危害国家安全罪暨相关犯罪的法律适用》,中国法制出版社2016年版,第8页。

《刑法》共有46个死刑罪名。

"国家安全高于一切是一条极为普通的道德准则。刑罚的价值应当与保护的利益等价,刑罚既然是作为犯罪的对立面而存在,其强度是否足以否定犯罪,直接关系到刑罚之稳固与强化守法者守法意识功能的发挥。死刑之于杀人、强奸、抢劫之类的对个人的严重犯罪以及对一些国家安全的犯罪的存在,最能体现国家对此类犯罪的严厉否定,从而突出了刑法对这些犯罪所侵害的价值的保护。"〔56〕死刑适用的是"罪行极其严重的犯罪",由于危害国家安全罪侵害的是我国人民民主专政的政权和社会主义制度,侵犯的是全国人民的根本利益,事关国家生死存亡,社会危害性大于一般的犯罪,可以说罪行极其严重,因此,对此类犯罪适用刑罚的最高刑死刑是合理的。在危害国家安全类罪中,《刑法》第103条规定的煽动分裂国家罪、第105条规定的颠覆国家政权罪和煽动颠覆国家政权罪、第107条规定的资助危害国家安全犯罪活动犯罪以及第109条规定的叛逃罪不适用死刑。贝卡里亚在《论犯罪与刑罚》中指出:"刑罚的目的既不是要摧残一个感知者,也不是要消除业已犯下的罪行……刑罚的目的仅仅在于阻止罪犯再重新侵害公民,并规诫其他人不要重蹈覆辙。"〔57〕但需要注意的是,贝卡里亚并未主张必须要彻底废除死刑,他认为只有在两种情况下才应对罪犯实施死刑。一是公民虽被剥夺自由,但仍具有危害国家安全的力量,或者可能引起现有政府体制发生危险的动乱。二是判处公民死刑是预防他人犯罪的根本和唯一的防范手段。〔58〕也就是在维护国家利益和政权稳定的基础上,是可以保留死刑的,甚至是必要的。

死刑的目的是通过处死具有极大社会危害性的犯罪分子达到消除对国家安全和社会稳定的结果,是消灭已经危害并且可能仍有继续危害社会潜质的人,并非以残暴手段折磨罪犯。死刑在危害国家安全罪上的适用是合理的,这类犯罪嫌疑人的社会危害性大,侵害的是一国最重要的利益,且罪犯的犯罪手段多样,隐蔽性高,死刑的适用可以震慑和警示潜在的罪犯。

一些犯罪分子气焰相当嚣张、屡教不改,只有保留死刑才有利于抑制这些极为严重的犯罪,才有利于警戒社会不安定分子以身试法,而且死刑的安抚、平息作

---

〔56〕 邱兴隆、许章润:《刑罚学》,中国政法大学出版社1999年版,第165页。

〔57〕 [意]切萨雷·贝卡里亚:《论犯罪与刑罚》,黄风译,北京大学出版社2008年版,第82页。

〔58〕 [意]切萨雷·贝卡里亚:《论犯罪与刑罚》,黄风译,北京大学出版社2008年版,第65页。

用在当下以及今后很长一段时间也有着不可替代的地位。[59] 是否保留死刑,需要视具体的历史情况和国家的实际需要而定,它也不一定只是某些历史时期的存在,相反它可能是从废除到恢复,或是从恢复到废除,如此循环往复,随着人类的始终。[60] 近30年来,世界各地废止死刑运动也出现了反复,如乍得共和国,虽于2014年废除死刑,但第二年就恢复了对恐怖主义者的死刑。整个美国在1967年废除了死刑,但在较高暴力犯罪率及民意支持下,部分州又恢复了死刑,如纽约州废除死刑30年后又恢复了死刑;堪萨斯州1994年也恢复了死刑;从1990年起,亚利桑那州、加利福尼亚州、科罗拉多州、肯塔基州、俄勒冈州、华盛顿州和怀俄明州均在中断近30年的死刑执行后又恢复了死刑执行。[61] 死刑的存在不能说明社会文明程度低,如在新加坡、日本、美国等资本主义发达国家,死刑依然存在。近年来,有些国家用人权来抨击我国的死刑适用,几乎所有的人权公约和相关文件的主张都是"限制死刑"。我国近年来也在不断减少死刑适用的罪名,我国目前对死刑的基本政策是在保留死刑的基础上慎用死刑,即坚持少杀慎杀,反对多杀、错杀,这充分体现了我国《宪法》的人权保障原则。[62] 我国《刑法》第48条也将死刑适用的条件严格限定为"罪行极其严重"。目前,由于我国社会矛盾复杂以及受传统刑罚观念的影响,死刑的保留仍具有重要意义,若在法律无法保障民众整体夙愿的情况下贸然废除死刑,就会刺激国民脆弱的心理,公众的不满情绪也会大大增加,甚至可能推动私刑、报复等不利后果的出现,治安形势将可能趋于恶化。[63] 在近年来的一系列社会热点案件,如黄洋案、药家鑫案、李昌奎案等都能反映民众对死刑的支持。

刑法已对间谍罪适用死刑的条件作了严格的限制,对多次实施间谍任务,对国家和人民利益危害严重的犯罪分子绝不姑息。例如,2006年4月,原中国人民解放军某部54分队中尉排长戴义彪通过互联网与我国台湾地区间谍组织取得联系,通过互联网将116份军事秘密电子文档提供给间谍组织代理人林某,其中有9份属于绝密级、35份属于机密级、55份属于秘密级,我国台湾地区间谍组织为此先后支付82160元给戴义彪作为酬金。南京军区军事法院审理后认为,戴义彪主

---

〔59〕 参见白海英、张凌:《论我国现阶段保留死刑的必要性》,载《消费导刊》2007年第9期。

〔60〕 参见李妍:《关于刑罚及"合法伤害权"几个问题的思考》,载《贵州社会科学》2006年第1期。

〔61〕 参见王伟臣:《死刑的废止之路》,载《检察风云》2017年第37期。

〔62〕 参见张新甦:《终身自由刑替代死刑制度研究》,吉林大学2013年博士学位论文,第70页。

〔63〕 参见白海英、张凌:《论我国现阶段保留死刑的必要性》,载《消费导刊》2007年第9期。

动与我国台湾地区间谍组织勾连，为其提供大量军事秘密，其行为已构成间谍罪，情节特别恶劣，危害特别严重，遂以间谍罪判处戴义彪死刑，剥夺政治权利终身。

本案黄某出卖情报密级之高，数量之大，时间之久，危害之重远超戴义彪，对我国政治、经济、军事领域造成了不可估量的损失，对其适用死刑是也是罪责刑相适应原则的体现，是罚当其罪。死刑的威慑力来自死刑适用的必要性和慎重性，只有在必要的场合谨慎适用死刑，才能保持死刑的威慑力度，体现出对生命的尊重。[64] 本书认为，我国的死刑改革正在路上，渐进式的消减死刑的罪名已取得一定成效，基于我国当前社会发展水平以及法制化程度，在现阶段，对死刑应当有所保留，尤其是那些对社会和国家具有极大危害性的犯罪，依然需要死刑予以规制，这也是大部分民众的夙愿。

▲ 本案分析

随着我国综合国力的不断增强，我国日益成为境外间谍组织目标，国家安全保密领域面临的挑战越来越严峻。黄某间谍案暴露出我国保密单位工作的漏洞，其长期大量出卖了我国密码领域大量机密情报，对我国党政军等核心要害部门安全构成了重大威胁，这一问题不可小觑。对间谍犯罪的防控应受到国家重视。犯罪防控有两种基本策略：一是如何控制并减少犯罪的数量，二是如何控制和减少犯罪人员的数量。[65]

第一，完善法律保障制度。危害国家安全罪相关立法的薄弱会影响我国的国家安全和国际形象。目前，我国理论界对间谍罪的研究并不深入，各法律之间的衔接仍存在一定的漏洞和缺陷，对间谍犯罪在有些情况下起不到有力的规制作用。不可否认近年来我国起草颁布了一系列新法律法规，如《国家安全法》《反间谍法》，但就它们与《刑法》相关法律之间的对接，以及协调、互动的统一反间谍的法律防线的形成还需进一步完善。

第二，加强保密法制教育。国家秘密关系事关国家安全和利益，保密法制教育不可或缺，尤其是党政机关、涉密单位，任何危害国家秘密安全的行为，必须受到法律追究，应当逐步将《保密法》及其实施条例等保密教育内容纳入国民

---

〔64〕 参见刘钊：《聚焦现实再谈中国有限保留死刑的必要性》，载《职大学报》2012 年第 2 期。

〔65〕 参见李玫瑾：《犯罪心理研究》，中国人民公安大学出版社 2010 年版，第 206 页。

教育,提高全民的保密法制意识。继续强化党政机关、涉密单位工作人员的“两识”教育,对涉密人员严格执行岗前审查、持证上岗、在岗培训、离岗管理等保密要求,努力确保涉密人员的思想过硬、忠诚可靠。[66]

第三,提高全民安全防范意识。全民防范意识是预防间谍犯罪的思想前提,对危害国家安全的间谍活动的防治需要全民的支持。间谍分子可以把政府、军事、金融等国家重要机构作为活动目标,盗窃国家机密,策反涉密人员,具有较高隐蔽性,这使防范难度大,复杂程度高。间谍活动具有隐蔽性,犯罪分子的潜伏期一般较长,威胁无处不在,仅靠公安机关和国家安全部门难以顾全,只有进一步强化全民的国家安全防范意识,使人人成为国家安全的捍卫者,建起全民安全防线,才能使间谍活动没有生长的土壤。

2014 年 4 月,国家安全委员会第一次全体会议上,习近平总书记正式提出了“总体国家安全观”,要求既要重视传统安全,又要重视非传统安全,构建一个集传统安全和非传统安全于一体的新的国家安全体系。间谍罪作为危害国家安全罪中的多发性罪名,其犯罪行为直接损害国家安全和利益,2014 年 11 月 1 日《反间谍法》的出台证明了国家对此罪的重视,黄某案例更是为我国国家安全领域的防范敲响了警钟。

---

〔66〕 参见范荣:《从黄宇间谍窃密案谈加强保密管理对策》,载《保密工作》2016 年第 5 期。

第二章　危害公共安全罪

第一节　宋某投放危险物质案

——具体危险犯的中止形态认定

■ 案例基本内容

[**案情简介**][1]

2016年5月初,被告人宋某在吉林省公主岭市龙山乡和平村一组吴林沟附近的自家责任田周围,投撒伴有鼠药的玉米粒七八斤,几天后被告人宋某又在位于公主岭市龙山乡和平村一组王某一家南山附近和龙山乡和平村一组吴林沟地边周围,投撒伴有鼠药的玉米粒三四斤。被告人宋某在两次投放鼠药之后并未插放明显警示标识。经中华人民共和国公安部鉴定,在其所投放的玉米粒中检出溴敌隆、呋喃丹。2016年5月10日,被告人宋某被公安机关传唤到案。

[**裁判结果**]

吉林省公主岭市人民法院认为,被告人宋某投放毒害性物质,而未有任何防护措施,危害公共安全,尚未造成严重后果,其行为已构成投放危险物质罪。公诉机关指控被告人宋某犯投放危险物质罪罪名成立,予以采纳。鉴于被告人宋某经依法传唤后,自动投案并如实供述犯罪事实,是自首,依法可以减轻处罚。依据《刑法》第114条投放危险物质罪、第67条第1款自首的规定,以被告人宋某犯投放危险物质罪,判处有期徒刑2年。

---

[1] 参见宋某投放危险物质案,载北大法宝网:http://www.pkulaw.cn/case/pfnl_1970324846067557.html? keywords=%E6%8A%95%E6%94%BE%E5%8D%B1%E9%99%A9%E7%89%A9%E8%B4%A8&match=Exact,最后访问日期:2017年11月5日。

本案一审宣判后,被告人宋某不服提出上诉。上诉人宋某的上诉理由为,其没有危害公共安全的故意,系自首,认罪悔罪,且系初犯、偶犯,原审判决量刑过重,请求依法改判。

吉林省四平市中级人民法院认为,上诉人宋某投放毒害性物质,而未有任何防护措施,危害公共安全,虽尚未造成严重后果,其行为已构成投放危险物质罪。原审判决认定事实清楚,证据确实、充分,定罪准确。审判程序合法。综合考虑上诉人的行为仅是出于自家务农需要,主观恶性小,未造成危害后果,并能够主动及时补偿相关经济损失及自首等情节,按刑法谦抑性原则,可进一步对上诉人减轻处罚,对上诉人的上诉理由予以采纳,对出庭检察员的相关量刑意见不予支持。依照《刑事诉讼法》第 225 条第 1 款第 2 项和《刑法》第 114 条投放危险物质罪、第 67 条第 1 款自首之规定,依法判决:撤销吉林省公主岭市人民法院(2016)吉 0381 刑初 940 号刑事判决,即"被告人宋某犯投放危险物质罪,判处有期徒刑 2 年";上诉人宋某犯投放危险物质罪,应判处有期徒刑 1 年。

▢ 问题要点

投放危险物质罪,是法院在案件事实的基础上对宋某之行为作出的认定,该罪与我国《刑法》第 114 条规定的其他犯罪均属于具体危险犯。目前具体危险犯是否存在中止始终是理论界争议的焦点之一,学者之间仍有较多的争论。有学者认为,该观点违反了刑法的基本理论,并且相悖于犯罪中止的一般条件;而坚持具体危险犯存在中止的也不在少数,只是目前尚无统一结论。

本书意图借由该案例讨论的问题是,假设行为人宋某在投撒伴有鼠药的玉米粒后能够及时进行回收,则对于该情形,能否将宋某认定为中止的具体危险犯。值得关注的焦点问题是,该情形出现的时间点应当视作危险状态出现而实害结果未产生,或应当认作危险状态还未形成之时。简言之,即分析当行为人已造成危险状态的出现时出于自己的意志使危险状态得以消除,能否成立中止的具体危险犯的问题。针对这一问题,本章首先分析了具体危险犯存在中止问题的特殊性所在,借由对具体危险的判断、对犯罪中止形态的认定,明确对通说的支持——成立具体危险犯中止的必备条件之一,是危险状态尚未出现。其次,具体危险犯的中止有着多种学说纷争,本章在简要介绍的基础上,对此进行了比较和分析。最后,深度剖析了理论分歧产生的原因,得出结论——危险状态产生后不能再成立具体危险犯的中止。

◇ 问题分析

一、问题的提出：有毒玉米粒若能被宋某及时回收，该行为能否成立犯罪中止

本案行为人宋某的行为构成投放危险物质罪无疑。《刑法》第114条规定的具体危险犯的争议问题在刑法理论界始终占据着一定的地位。笔者试图通过提出假设，即在本案行为人宋某将伴有鼠药的玉米粒投放完毕后、被予以追诉之前，若危险状态被及时地解除，能否对其行为作具体危险犯中止的认定。讨论之核心在于，在行为人之行为业已造成危险状态之产生，但其自动的、积极的行为又及时消除了此危险状态的情形下，有无成立具体危险犯中止之可能。

二、具体危险犯中止问题之纷争

本书坚持我国关于危险犯理论的通说，即危险犯的既遂是形成于危险状态产生后、实害后果出现前的，且该危险状态是由行为人之行为所导致的。法条对涉及危险的构成要件是否作出了明确规定，是使危险犯存在具体与抽象之分的原因。[2] 具体危险犯所反映的危险并非简单的“法益受到侵害”，更是该危险已然达到了具体现实化之程度。具体危险犯之所以独立于其他危险犯，是由于其要求的并非是实害结果的出现，而是危险状态的产生，但该特殊性并不影响未遂、中止等停止形态的存在。普通犯罪的中止往往存在于因行为所致的危害结果出现前，而具体危险犯则不同，其不以危害结果的出现为既遂，也就不能以此作中止的判断；具体危险犯的既遂，也是根据危害结果之出现来认定的。另一个特殊性在于，具体危险犯既遂时间的提前导致了中止时间段的缩短，即限于危险状态出现前。简言之，具体危险犯的中止，即行为人通过主动且积极之行为，有效防止了危险结果的出现。

（一）具体危险犯的界定

“危险”能否被放置在结果的范畴中，这依然是值得讨论的话题。“危险概念是一个危险的概念。”[3] 危险这一概念，一般存在狭义与广义之分。行为人的人身危险与再犯可能性，是狭义的危险之两面。客观行为对法益之危及，即广义的

---

〔2〕 参见李侠：《中国刑法语境下的危险犯研究》，西南财经大学2014年博士学位论文。

〔3〕 ［日］木村龟二：《新刑法读本》，法文社1959年版，第263页。

危险,包括行为本身与作为结果两个层面。前者考察行为的实质,着重判断其导致危险结果的概率;后者的关注点则是危及法益之危险状态的形成。但在实践中,对上述两者加以区分的难度依然是很大的。本书的观点是,危险犯中"危险",应指行为导致法益遭受侵害的可能性,即广义的危险。

依据大陆法系的刑法理论通说,所谓"结果"之出现,即法益受到了侵害抑或法益有受到侵害的危险。[4] 显而易见,这里所指的"侵害的危险"即作为结果之危险,大陆法系国家以此为根据进一步将犯罪区分为侵害犯和危险犯。对法益所受实际之损害予以处罚的,即侵害犯;处罚造成法益侵害之可能性的,即危险犯。下述的四种观点,从不同角度对危险犯之抽象与具体进行了界分。第一种观点认为,具体危险犯以危险之发生作为其构成要件要素,抽象危险犯相较而言也以危险的发生作为处罚依据,但并不以此作为犯罪的构成要件要素;第二种观点认为,两者均以"法益有受到侵害之危险"为处罚依据,但是具体的危险依赖司法之具体认定,而抽象的危险则是在立法上进行推定;第三种观点认为,具体危险犯的危险源于行为所致的危险状态,也即结果的危险,而在抽象危险犯层面的则是行为的危险,是产生于行为自身的;第四种观点认为,构成犯罪所要求之危险程度的高低,是两者间形成分野的关键。

本书认为,具体危险犯指向的是现实危险,这是构成要件所明确的,需要结合事实情况加以司法认定,重在评价行为是否造成针对实害结果发生的紧迫危险;对于抽象危险犯的评价标准是低于具体危险犯的,往往以一般的社会经验为判断之基础,而非司法层面的具体认知。刑法理论的通说认为,具体危险犯为广义的结果犯,而抽象危险犯由于行为本身即被法律所禁止,往往在危险行为出现时即构成既遂,所以抽象危险犯不存在中止的形态。两者的实质区别取决于危险之现实性与紧迫性,相比抽象危险犯的法律拟制危险,具体危险犯的危险则是现实存在的危险。

(二)具体危险的判断方法

对具体危险犯的判断标准实则同于结果犯,即分别对行为、结果及两者间的关系予以认定。虽然刑法条文对该类犯罪的行为大多有着类型化的描述,但是由于仍采用了"……危险""足以……"等表述形式,并不能对何为真正的危害结果

---

〔4〕 参见[日]平野龙一:《刑法总论》,有斐阁1972年版,第118页。

进行足够准确的认定。判断具体危险犯的核心正在于认定具体危险。具体危险犯是以现实危险之出现作为既遂标准的犯罪正确掌握具体危险的判断方法,能为确定行为人之行为处于何种犯罪形态提供标准。就具体危险犯的中止问题,在理论界存在诸多纷争。马克昌教授认为,在犯罪的实行行为没有实施终了、预期之结果未发生前,行为人能够基于本意避免预期危害结果的出现。[5] 高铭暄教授则认为,犯罪中止不可能成立于既遂之后,这一结论对于危险犯也同样适用。[6]

在国内理论界对该问题尚无统一结论时,德国刑法学界已经形成了较为成熟的危险判断理论。对于具体危险的判断,德国的司法实务界一致秉承客观主义,长期采用发生损害的"密接可能性"标准。例如,早期的帝国法院采取的就是"优势可能性"的理论,即出现危险比从未发生的可能性更高,但是后来联邦法院认为用统计学原理判断危险是不够合理的,之后更新颖的"接近性"方法将之取代;"接近性"方法认识到了具体危险的紧迫性但依然缺乏可行性,并最后发展出"偶然性说"理论。该理论认为,首先要假设一种危机的情形,即相应法益正被某种危险紧张而强烈地危及着,而能否演变为现实侵害的唯一要件则是偶然的事件。德国刑法学家霍恩(Eckhard Horn)对该"偶然"进行了解释,认为它是无法由自然科学规律释明的理由;他认为损害结果之发生本属必然,但最终却没能如期出现,其原因未能由科学规律作出合理解释,从而导致了具体的危险。但是这一解释方法因为缺乏统一的判断标准而经不起推敲。德国的许内曼(Bernd Schunemann)教授则把这种"偶然"具体到了人的活动中,认为这是一种通过人们的活动不能达到的偶然结果,也即"人们无法相信会出现的情形"。[7]

我国刑法学界对具体危险的判断方法有两大学说,即周光权教授的"综合判断说"[8]与张明楷教授的"客观危险说"[9],但是二者均缺乏一定的切实可行性。

---

[5] 参见马克昌:《犯罪通论》,武汉大学出版社 2015 年版,第 481 页。

[6] 参见高铭暄:《刑法学原理》,中国人民大学出版社 2005 年版,第 440 页。

[7] [德]克劳德·罗克辛:《德国刑法学总论》(第 1 卷),王世洲译,法律出版社 2005 年版,第 276 ~ 277 页。

[8] 周光权教授提出综合判断说,认为应从行为属性、行为手段、行为对象、行为程度、实害结果发生的可能性等方面进行综合判断,或从行为的时间、地点、环境、手段方面进行具体判断。

[9] 张明楷教授提出客观危险说,认为应该以客观存在的事实为基础,以科学的因果法则为标准,站在行为时判断危险的有无。客观危险说的特点:是一次性判断;是站在行为时的事前判断;以客观存在的所有事实为基础,以科学的因果法则为标准。综合判断说与客观危险说的分歧只在于是否允许一定程度的抽象。

欧阳本祺教授深入分析了上述两学说,并结合德国的“偶然性说”提出了针对危险的阶段型判断方法。[10] 首先,存在于行为时的客观事实材料是收集的重点,查明该事实的真实性是判断具体危险的关键;其次,科学规则是分析外在表现之客观现象的基础标准,普通大众的一般认识甚至主观臆断都应当予以摒弃;最后,对于具体危险的出现与否要结合一般人对救助因素的判断,若一般人相信这种救助因素能够扼杀危险则不会产生具体危险,反之则会产生具体危险,这正是借鉴了德国“偶然性说”对偶然的信赖原则。该阶段型判断法,为我国具体危险之确定提供了新的路径。

三、危险状态出现前犯罪中止之存在

具体危险犯并非仅是为实现对重大法益的提前保护而设置的犯罪,所以认为具体危险犯只存在既遂形态的结论是欠缺思考的。有学者认为,即使在所不问犯罪之类型,以可能发生犯罪结果为前提,只要在结果仍未出现时行为人能出于自己意志有效防止结果发生,他就应拥有中止犯罪之权利。[11]

在明确《刑法》第114条立法意图的前提下可知,具体危险犯未遂或中止形态之存在应当被予以承认。[12] 本罪对罪状的描述方法相对特殊,立法者没有对该罪实行行为的自然属性加以表述,而是需要结合经验和价值作出综合判断。实害犯或者侵害犯的既遂由危害结果的出现来认定,相较于此,行为人若造成具体危险的出现,则应根据“尚未构成严重后果的”标准对本罪进行处罚。

(一)危险状态出现前中止的原因分析

如前文所述,具体危险犯以危险状态出现作为既遂的时间点。作为一个独立的犯罪类型,其必然存在犯罪的发展过程,各类犯罪停止形态也理应存在于其中。而作为犯罪停止形态之一的犯罪中止,在犯罪过程中必然也有其独立的地位,该时空正是存在于危险状态出现之前。

首先,具体危险犯既遂并不以危害结果的出现为标准,但不能否定在行为人着手实施犯罪至行为对象陷入危急状态进而出现危险状态之间,存在合理的犯罪发展过程。即使这一过程十分短暂,行为人依然可能在危险状态出现前基于自己的主观意识实施作为或不作为而导致危险状态不按照其犯罪的预期出现。若在

---

〔10〕 参见欧阳本祺:《论刑法上的具体危险的判断》,载《环球法律评论》2012年第6期。

〔11〕 参见马克昌:《犯罪通论》,武汉大学出版社2015年版,第463~475页。

〔12〕 参见劳东燕:《以危险方法危害公共安全罪的解释学研究》,载《政治与法律》2013年第3期。

此时,防止危险状态的出现仅需放弃实施相应的犯罪行为,即消极的不作为;而对于积极的中止行为,则要求行为人放弃实施犯罪行为,并在此基础上采取积极行为,防止危险状态的出现。

其次,以故意为主观要件的具体危险犯具有的主观恶性和可处罚性则与过失犯罪截然不同。过失犯罪是以实害结果的出现作为既遂标准的,即只有出现实害结果才能成立过失犯罪,所以不存在中止或者未遂的过失犯罪。而若要成立故意犯罪,往往存在能够体现行为人主观罪过的外在行为,在这种情况下,即使未产生危险状态甚至实害结果,行为人实施犯罪行为依然会体现其主观恶性且具有可罚性。但是当行为人出于主观意志而放弃犯罪或者阻止危险状态、实害结果的出现,其可罚性就会随着主观恶性的减弱而降低。

再次,对存在具体危险犯中止形态这一结论的提倡,是体现刑法谦抑性的重要途径之一。若认为具体危险犯既遂是该罪的唯一停止形态,则对行为人仅能以既遂认定,这是不符合谦抑性要求的,也有违罪责刑相一致原则。行为人此时可能仅是放弃了继续实施犯罪行为,也有甚者,可能进一步实施了防止危险结果出现的积极行为。但即使如此,若行为人出于自己的意志,真诚悔过,实施了中止行为,却仍被评价为犯罪既遂,难免不合情理与法理。同时,若对于处在具体危险犯中止形态的行为人不予处罚,则会否认他们在起初实施犯罪行为时的主观恶性,从而有违危险犯设置的初衷。更有甚者认为,对具体危险犯未遂形态之承认,理应同样适用于相应的中止形态,即也承认具体危险犯中止形态的存在。

最后,对具体危险犯中止形态之存在的承认,即是对刑法人权保障功能的实现。法治中国应当以保障人权为核心,应当承认具体危险出现前行为人主动采取有效措施防止其发生成立中止。如此,不仅能让行为人获得改过自新之机会,也是在另一个层面上对社会公共利益进行了保护。同时,承认具体危险犯存在中止形态,可以给予行为人机会,使其通过不作为或积极行为主动消除危险状态,从而减轻自己的罪责甚至刑罚,这也是符合中止犯设置初衷的。

(二)危险状态出现前中止形态的成立标准

在承认了具体危险犯之中止形态的存在之后,进一步明确该情形成立之标准实属必要。本书认为,时空性、自动性、有效性和彻底性等四个要件,是成立具体危险犯之中止形态所必备的。

1. 时空性标准——介于犯罪过程之中

时空性标准,主要是对具体危险犯在危险状态出现前的时空范围加以明确,也即对"犯罪过程中"作合理界定。纵然,学界对此概念存在较多的纷争,但多数学者依然认为,始于预备,终于既遂,即为整个犯罪过程。犯罪过程应是犯罪在时间、空间上所呈现的运动、发展和变化的连续性。[13] 本书也主张这一观点,认为最初的犯意表示阶段没有刑事的可罚性,且在犯罪达到既遂之后整个犯罪活动也即宣告终结。所以,合理界定整个犯罪过程之时空范围,应当限于犯罪行为开始实施至整个行为实施完毕这一阶段。

但是,对犯罪预备阶段之中止形态的质疑也不在少数。有学者认为,犯罪行为的实施并非开端于犯罪的预备阶段,他们的人身危险性会随着行为人主动放弃犯罪而消除,也即预备阶段的中止行为是欠缺可罚性依据。但是应当明确的是,即使是预备阶段的行为人,其预备行为依然有着相应的社会危害性;即使在正式着手实施犯罪之前其对于行为对象不会造成紧迫的危险,但是不能因此表明行为人在预备阶段选择了中止犯罪,其人身危险性也将随之消失。更何况,有的犯罪即使在预备阶段就因为其手段的违法性而具有了可罚性依据甚至可能单独成罪。

同样,对以"既遂"为犯罪过程终点的观点,也引起了学者们的疑惑。诸多学者认为,犯罪过程的终结应当以犯罪实际完成或者行为人停止犯罪行为为终点,否则将无法正确评价行为人在犯罪既遂后继续实施的行为。本书认为,该观点并没有正确界定实行行为。实行行为应当是由犯罪构成要件确定的,且能够导致刑法规定犯罪结果的出现。所以成立犯罪既遂要求,构成要件均已满足,且后续的行为并不会对犯罪的认定产生影响,但往往会影响到量刑。

对于具体危险犯,本书认为,对其中止行为成立的时间标准同样始于预备而终于既遂。由于危险状态出现即表明具体危险犯的既遂,也昭示着相应的犯罪过程宣告终结,所以,自预备阶段至危险状态出现的时间范围内,具体危险犯均能成立犯罪中止形态。

2. 自动性标准——出于行为人之自主意志

给予了犯罪中止与犯罪未遂直接区分标准的,就是自动性。若行为人实施犯罪,选择停止实施行为或者防止犯罪结果的产生,是受其自主意志的驱使,即表明

[13] 参见马克昌:《犯罪通论》,武汉大学出版社2015年版,第463~475页。

其中止行为具有自动性。国内外刑法学界对自动性的学说纷争,很大程度上源于历史文化的差异。

自动性标准之确定在日本主要有三种学说:首先,客观说认为,应依一般观念之基准,去判断行为人实施犯罪时是否受到客观条件的阻碍。若客观条件对行为人造成阻碍,使之不得已而放弃犯罪,是未遂而非中止;若客观条件不足以阻碍行为人之行为,但其选择了放弃,此时宜认定为中止。其次,主观说认为,仅需考虑行为人自己的意志,即其在没有认识抑或认识出现错误的情况下,是否选择了放弃实施犯罪行为。所以,若客观上欠缺阻碍实施犯罪之条件,但行为人却因误认为存在而放弃,仍不能认定为中止;若客观上存在阻碍实施犯罪的条件,但行为人不认为该条件会阻碍其实施犯罪却选择放弃,此时应视为中止。最后,限定主观说认为,应提高对行为主观意志的判断标准,即仅在其出于善意的悔过而选择放弃实施犯罪行为时才能成立中止。

我国刑法学界对自动性标准的认定也有众多观点,这些观点往往是针对放弃犯罪的动机进行分析,本书总结归纳了其中相对具有代表性的三种。第一,绝对自动论,即认为行为人绝对支配自己的主观意志,要认定行为人成立中止,在明确其是自动放弃实施犯罪行为的基础之上,还需对受到强迫、被害人请求等外界因素逐一进行排除。第二,无意义说,即认为既然无论出于什么原因,行为人对犯罪行为的放弃均导致了犯罪活动的中止,那么讨论中止的原因已经没有了意义。第三,综合考察论,即在充分考察行为人主观意志基础上,仍要重视外界因素的影响,应当将行为人放弃犯罪行为的主观动机与相应的外界因素作综合的考察。

本书认为,单纯地考察中止行为自动性的基础是外因或者内因都是片面的。高度的自主性和能动性是人之意识活动的两大属性,以上二者均不能独立存在于客观环境的影响之外。行为人放弃实施犯罪行为之自动性,正是源于对外界事实的充分认识。所以上文中提到的综合考察说有其相应的合理性,在明确行为人放弃犯罪的主观因素的同时,也要关注当时的外界客观因素对行为人有着怎样程度的影响。

3. 有效性标准——犯罪结果之阻却

有效性是为表明行为人之中止行为在客观上产生了有形效果,阻却了犯罪结果的发生。对于具体危险犯而言,即要求行为人通过实施行为有效防止了危险状态的出现,否则不能认定成立犯罪中止。

理论界的另一大争论在于,实行终了、未实行终了两种形态的中止是否都需具备有效性的标准。但应当明确的是,在未实行终了的情况下,若行为人放弃实施犯罪行为,法定结果是不会出现的,此处不具探讨有效性的意义。换言之,无论在哪个阶段,只要能够防止犯罪结果的出现则必然符合有效性的要求,反之则不然。

更多关于有效性的争议在于对其来源的界定。第一种观点认为,必须是行为人自身的行为才能产生有效的中止效果,行为人本人的努力是其中止行为的价值所在;第二种观点认为,只要行为人足够真诚努力,防止了危害结果的出现,就应当认定为中止,至于行为与避免结果发生间的因果关系,及其他的影响因素都应当采取更为宽松的标准;第三种观点认为,只要行为人起到了关键作用,在事态发展过程中能够避免结果的出现,就可以认定为中止。

本书认为,对于中止行为有效性的判断应当更为宽松。对行为人中止行为与结果未出现间的因果关系进行考察,不能刻板地仅评价有效性,而应当合理分析行为人之行为在客观上是否具有防止结果发生的可能性。对中止行为有效性采取盖然性评价,不仅有利于促使行为人主动放弃犯罪,也符合中止犯设置之初衷。

4. 彻底性标准——对原罪行之彻底放弃

彻底性标准,即指行为人放弃实施犯罪的意图是否彻底。该标准应为自动性与有效性所囊括,是不少国内学者的观点。对于彻底性是否属于犯罪中止必要条件之一的问题,国内外也存在较多争论。

日本刑法学界中,更多学者的观点是:成立犯罪中止,放弃犯罪意图的彻底性是必需的。依据小野清一郎的观点,成立犯罪中止的要求并不严苛,只要行为人是出于主观意志而放弃实施犯罪即可,该彻底性标准并不是必须的;[14]大塚仁认为,行为人在实施犯罪行为以后,即使是考虑到选择其他机会更有利于实现犯罪目的而中止犯罪行为已成立犯罪中止,但中止犯并不要求行为人彻底地消除犯罪意图;[15]德国学者李斯特认为,中止原因应紧密联系行为人的意志,且必须是自觉自愿放弃继续实施犯罪行为,即使行为人并没有完全放弃犯罪意图,甚至希望日后继续实施犯行,但只要与之前的犯罪行为没有关系,依然成立中止。[16]

---

〔14〕 参见[日]小野清一郎:《新订刑法讲义总论》,转引自张平:《中止犯论》,中国方正出版社2005年版,第186页。

〔15〕 参见[日]大塚仁:《刑法概说(总论)》,冯军译,中国人民大学出版社2003年版,第222页。

〔16〕 参见[德]李斯特:《德国刑法教科书》,徐久生译,北京法律出版社2000年版,第351页。

国内学者更多是将彻底性囊括在自动性或有效性中加以判断。马克昌教授认为,对于具体案件,才有行为人彻底放弃犯罪意图的可能,并非要求行为人不再去犯罪;只要行为人能够彻底停止现行的犯罪,则针对该个体而言,即使他未来可能重新犯罪,对此具体案件依然成立中止。[17] 也有学者认为,彻底放弃犯罪并不代表行为人不再犯罪,而是其打消了针对该特定犯罪的犯罪意图;所以,当行为人之决定,打消了其实施预先打算实行之特定犯罪的念头,即应认定为犯罪中止。[18]

本书认为,判断行为人中止行为彻底性的关键在于,行为人在未来犯罪中是否利用了之前犯罪创造的条件或者已经形成的情势。针对特定犯罪,才有谈及彻底性的可能,其要求行为人在主客观上彻底地放弃实施相应的犯罪;即使该行为人在未来仍会实施犯罪,即使是相同的犯罪,但其中止特定犯罪的行为已然阻断了前后犯罪之间犯罪意图的连续性,在客观上也没有利用前一次犯罪所造成的便利条件。

四、中止能否因自动解除危险状态而成立

在前文中已经明确,具体危险犯要求,在危险状态出现前犯罪中止形态已经存在。对于危险状态已实际产生,行为人又自动实施行为解除危险状态、避免危害结果发生的情形,应当认定为犯罪中止,抑或既遂后的悔罪情节问题,刑法理论界有较为充分的讨论。

(一)危险犯既遂说

该学说的支持者认为,中止不可能成立于行为人犯罪既遂后;具体危险犯虽然以危险状态产生作为既遂标准,但同样适用该结论。所以在危险状态出现后,无论行为人采取怎样的有效措施解除危险状态甚至阻止后续危害结果的发生,行为人也无法被认定为具体危险犯的中止犯。

对于危险犯既遂说,存在以下三种相对主流的理论观点。第一种观点认为,在整个犯罪过程中,犯罪的既遂与中止是两种相互排斥的犯罪形态。危险状态出现时具体危险犯就已宣告既遂,行为人即使实施行为自动解除危险状态,也会由于既遂后不存在成立中止犯的空间,而仅能在量刑时对其行为作既遂后悔罪情节的认定。第二种观点认为,犯罪发展过程的终点既然被认定为既遂,那么犯罪中

---

〔17〕 参见马克昌:《犯罪通论》,武汉大学出版社 2015 年版,第 463 ~475 页。

〔18〕 参见李侠:《中国刑法语境下的危险犯研究》,西南财经大学 2014 年博士学位论文。

止就不可能存在于既遂后的时空范围内;既然犯罪停止形态是相对独立存在的,那么两个以上停止形态就不可能出现重叠,所以犯罪的既遂阻却了对中止的认定。第三种观点认为,该情形更适宜被认定为具体危险犯之既遂与实害犯之中止的竞合,具体危险犯既遂的认定应适用重法优于轻法原则。

(二)危险犯中止说

坚持危险犯中止说的学者认为,行为人在危险状态出现后、追求的实害结果发生前,自动解除危险状态,应当视为具体危险犯中止。[19]

有学者坚持认为,危险犯中止说所依据之理论,正是危险犯的既遂标准。他们认为,任何犯罪的既遂状态都应当是静止而稳定的,这一结论应当同样适用在具体危险犯中。但是具体危险犯的既遂标准,即危险状态的出现,是变化而不稳定的,极可能由于不确定的人为或自然因素无法向预期的方向发展。由此有学者提出,应将既遂标准改为实害结果的出现,这样在行为人通过实施行为自动解除了已经出现的危险状态时,作中止的认定就是合理的。也有学者提出,既遂的标准应当作危险状态与实害结果的区分,也即判断犯罪是否达到既遂,应当着重分辨行为人能否控制客观情状之发展。即使行为人实施的犯罪导致了危险状态的出现,但若行为人此时仍能控制客观情况的发展轨迹,在此情形下解除危险状态,则犯罪中止因客观情状仍处于行为人的可控范围内而能被加以认定。

此外,有学者重新界定了"犯罪过程"这一概念,从而对犯罪中止形态作了"第二次解读"。即将犯罪过程界定为预备、着手以及向犯罪结果持续发展的集合过程,从而认为将犯罪中止限定在预备到既遂的时间范围内是欠妥的,犯罪中止应受制于有效性标准。所以,在犯罪既遂后、结果出现前均能够成立中止。因此,在法律规范要求的危险状态出现后,作具体危险犯既遂的判断是不会有疑问。但只要行为人在实害结果产生前,自动解除危险状态,该行为即能被认定为犯罪中止。

(三)实害犯中止说

主张该学说的学者认为,行为人通过实施行为造成危险状态出现,再基于自身意志解除危险状态而防止实害结果的发生,将其认定为实害犯之中止是合适的。[20]

若将具体危险犯视为实害犯的未完成形态,那么危险状态仅是该类犯罪法律

---

〔19〕 参见苏彩霞、齐文远:《我国危险犯理论通说质疑》,载《环球法律评论》2006 年第 3 期。

〔20〕 参见刘刚:《危险犯的犯罪形态及其具体认定》,载《社会科学家》2010 年第 3 期。

拟制的非客观实在的既遂标准。既然危险形态并非具体危险犯的最终结果,过早将其认定为既遂形态就是欠妥的,加之危险状态到实害结果的发展是一个连续的过程,即使认为危险状态的出现导致行为人对危险状态的追求到达了终点,但是行为人追求实害结果的意志仍未泯灭。在这种情况下,行为人出于自主意识实施行为,主动解除足以导致实害结果发生的危险状态,实则是对实害结果追求的放弃,此时成立实害犯的中止就是恰当的。即使既遂与中止两个犯罪停止形态在具体危险犯的视野下想驳斥,但具体危险犯的既遂与实害犯的中止是可以并存的。本书认为,具体危险犯的设立初衷正是为了与实害犯相区别,但该说却会造成两类犯罪的进一步混淆。

五、理论分歧之原因

首先,不同的具体危险犯既遂认定标准是导致上述理论分歧的重要原因。坚持危险犯既遂说的学者以危险状态说为标准来判断危险犯的既遂,他们认为危险犯之既遂与否应当取决于行为人的行为是否产生了相应的危险状态。依据该标准,可以实现对法益的提前保护和对相应犯罪的更好预防,但是由于对具体案件危险状态的判断需要结合实际情况,所以该标准没有切实的可操作性。犯罪结果说,是提倡危险犯中止说的学者认定危险犯既遂的标准。如若认定行为人的行为在造成实害结果的发生后才成立既遂,那么在尚未产生实害结果而危险状态已经出现时应视情况认定为未遂或中止。由于法规并未规定危险状态是危险犯处罚所要求的结果,所以该学说才得以成立。以犯罪结果说作为危险犯的既遂标准更有利于鼓励行为人积极实施有效的中止行为、防止实害结果的发生,但该学说存在诸多不合理之处,犯罪结果说实则过早地认定了危险状态产生的时间节点,从而也较早地认定了既遂。前文已经提到,只有在行为的发展过程已经超出了行为人控制范围时,才能认定危险状态切实产生。而且,依据犯罪结果说,在实害结果出现时认定为既遂,反之认定为未遂,并不能真正体现刑法设置具体危险犯所期望达到的对法益提前保护之目的。[21]

其次,在实践中无法对产生危险状态的时间节点作出准确的认定也导致了理论的分歧。以我国对放火罪的认定为例,放火罪既遂的认定标准独立燃烧说是有所疏漏的。独立燃烧被作为相应危险状态需达到一定标准,但发生实害结果时却

---

〔21〕 参见欧阳本祺:《论刑法上的具体危险的判断》,载《环球法律评论》2012 年第 6 期。

被直接认定为放火罪实害犯既遂。〔22〕 在日本刑法中,放火罪之规定存在抽象和具体之分;但我国在进行法律移植时,将日本对抽象放火罪的既遂标准生硬地强加于我国的放火罪之上。实则,该罪既遂标准若沿用日本刑法的具体放火罪会更为恰当。

再次,关于中止存在的时间性标准问题在学界依然是纷争不断。争论主要集中在,中止形态存在的截止时间点应当是在"犯罪结果"之前还是"犯罪既遂"之前。本书认为,对于具体危险犯而言,在危险状态产生时,犯罪过程就已经宣告终结,而不会再延长至实害结果发生与否的时间点。因此,在具体危险犯的犯罪结果出现前,应当认定中止形态的存在,该犯罪结果并非实害结果,而是危险结果即危险状态。

最后,针对实害犯中止说,本书有必要对危险犯与实害犯的关系进行明确,否则实害犯中止说将导致所有危险犯条文失去意义。〔23〕 本书认为,危险犯与实害犯是两个相对独立的概念,经过前文的阐述,危险犯在危险结果出现前,可能出现预备、中止和未遂等停止形态。危险犯之存在是实害犯出现的基础,危险犯发展的最终结果是实害犯,但不能将其认作实害犯的中止情形。

六、危险状态出现后阻却中止的成立

结合前文的阐释,正是由于对具体危险犯中止形态的不同理解,才产生了在自动解除已经出现的危险状态时应当如何认定中止的问题。而本书认为,危险状态在出现时,就已经根本排斥了再被解除的可能性,而此时的危险状态只能在行为人已经无法控制的范围内自由发展为实害结果或者仅停留在此危险状态中。所以"自动解除危险状态"与"危险状态"实则为相悖之概念,行为人"自动解除危险状态"的说法本身即不成立,行为人消除危险状态产生之可能性才是对"解除"的正确解读。既然关于"自动解除危险状态"的论述本身即欠妥当,则若具体危险犯之危险状态业已出现,将彻底排斥中止的成立。

▲ 本案分析

让我们将视线移回本案。若根据前文的假设,行为人宋某在投放了伴有鼠

〔22〕 参见刘宪权:《故意犯罪停止形态相关理论辩正》,载《中国法学》2010 年第 1 期。

〔23〕 参见陈建桦、杜国伟:《危险犯既遂后中止问题新解》,载《中国刑事法杂志》2013 年第 6 期。

药的玉米粒后良心发现,在被追诉前及时回收,则对其行为之定性判断,应当充分考虑现实情况。

本书认为,应当先经由宋某的客观行为去考察其犯罪的主观目的。从案情简介可以明确,行为人先后两次将伴有鼠药的玉米粒投撒在龙山乡和平村一组吴林沟的田地周围,并且没有设置任何明显的警示标志,但是通过分析其行为可以肯定,其将伴有鼠药的玉米粒投撒在责任田周围目的并非毒害他人,通过对宋某的身份予以考察,可认为其目的是防止鼠虫从而保护自家田地中庄稼的生长和丰收更为合理。该行为在乡间并不少见,但是宋某被予以处罚的关键在于其未设置明显的警示标志,因此会将公共安全〔24〕这一《刑法》第114条所保护法益置于危险当中。但若考虑到宋某选择了主动回收玉米粒而防止公共安全遭受相应的损害,我们仍不能草率认定宋某之行为构成投放危险物质罪中止或既遂。

此时,我们就要考虑第二个因素,即在宋某回收有毒玉米粒之前,公共安全可能受到损害这一状态的出现是否在其控制范围之内。分析该问题需要根据抛洒有毒玉米粒的位置范围、抛洒与回收行为的间隔时间、回收玉米粒的彻底性等条件进行综合的判断。若抛洒玉米粒的位置相对偏僻且人迹罕至,抛洒的范围较小,宋某在抛洒后较短时间内及时进行了回收且回收足够彻底,则可认为宋某之行为,有效阻却了其抛洒先行为对公共安全可能造成的威胁;根据上文的阐述,此时即有可能认定危险状态还未发生。但若上述几个要素有其一未满足,就应当认为宋某已经丧失了对事态的控制,其行为已经导致了危险状态的出现。因为此时即使他实施了回收的行为,也会存在投撒位置经常有人员出现、投撒范围过大、投撒后持续时间过长、回收不彻底的可能,从而导致村民或村民的牲畜等误食而出现中毒甚至死亡。

本书尝试用前文中提及的危险犯中止说分析宋某的行为。若以出现实害结果为标准来认定具体危险犯之中止,那么在宋某投撒玉米粒的行为结束后,只要还未出现村民或牲畜因误食有毒玉米粒实际受到损害的情况,其行为即未达到投放危险物质罪的既遂。而在实害结果出现前,宋某及时回收有毒玉米粒的行为也就能被合理地认定为犯罪的中止。若认为在危险状态出现后、实害结

---

〔24〕 本书认为,这里的公共安全应当以不特定人或者多数人的生命、财产安全加以界定才足够明确。

果发生前,由于这依然属于犯罪过程发展之阶段,也就仍存在成立犯罪中止的可能,此时宋某回收的行为依然能够成立犯罪中止。依照危险犯中止说,虽然让宋某成立犯罪中止的情形合理,但却实际否定了具体危险犯提前预防实害结果出现的设立初衷,从而使具体危险犯的存在失去意义。

若适用实害犯中止说,即认为《刑法》第 114 条对具体危险犯既遂情形的规定实则可以解释为《刑法》第 115 条规定的实害犯的中止。那么无论宋某的投撒行为是否构成具体危险犯的既遂,均会因为其回收行为的存在而至少被认作实害犯中止,如此之认定必将导致《刑法》第 114、115 条的独立规定失去意义。

基于前文的分析,判定宋某能否因回收伴有鼠药的玉米粒而成立投放危险物质罪中止的关键,简言之,就是要考察其对自己行为导致的事实情状是否有足够的把握和控制。若宋某能够通过回收玉米粒消除公共安全遭受损害的可能性,那么因为此时并没有出现法规范所要求的既遂结果即危险状态,应认定宋某为投放危险物质罪中止;但若宋某及时回收了玉米粒也已经无法消除公共安全遭受损害的可能性,那么应当认为此时已经产生了公共安全可能遭受损害的具体危险。出现相应危险状态,即可认定投放危险物质罪的既遂,回收玉米粒的行为只能在量刑时作为悔罪表现予以考量。

综合上述阐释,要首先明确的是,犯罪中止与犯罪既遂是相互独立、排斥的两个概念,在犯罪既遂后是不可能再成立犯罪中止的。厘清行为人的行为与产生危险状态之间的关系,应当具体地考察其是否仍掌控着犯罪过程的发展势态。危害结果之出现,宣告具体危险犯之既遂,行为人即使在此后自动解除危险状态,仍不能成立犯罪中止,因为此时危险状态已经出现,而此前的时空范围才是犯罪中止的“栖身之所”。在具体危险犯的视野中,若要讨论行为人的行为是否成立中止,需着重判断该行为是在危险状态尚未产生以前还是在危险状态出现之后。由此,就不会再出现关于具体危险犯中止与既遂问题的争论,因为若行为人在刑法所要求的犯罪结果即危险状态出现前就中止了其犯罪,则以具体危险犯之中止来定性是最恰当的。

第二节 张某某、金某危险驾驶案

——竞速型危险驾驶犯罪的认定及量刑情节

■ 案例基本内容

[**案情简介**][25]

2012年2月3日20时20分许,被告人张某某、金某相约到上海市浦东新区乐园路99号铭心赛车服务部会合。张某某驾驶无牌本田摩托车,金某驾驶套用粤NL8406号车牌的雅马哈摩托车,一同自该服务部出发,行至杨高路、巨峰路路口掉头后,沿杨高路由北向南行驶,经南浦大桥至陆家浜路接人。二人约定出发后谁先到谁就在目的地等待。行驶途中,二人为寻求刺激,在多处路段超速行驶,部分路段甚至超速逾50%,且在多个路口闯红灯,曲折变道超越其他车辆,并相互超越,以显示其驾车技能。二人行驶至陆家浜路、河南南路路口时,见有执勤民警检查,遂驾车沿河南南路经复兴东路隧道、张杨路逃离。民警接群众举报后,于同月5日将张某某抓获。张某某如实交代其与金某追逐竞驶的事实,并提供了金某的手机号。同月6日,金某接公安机关电话后投案自首,如实供述上述事实。

[**裁判结果**]

上海浦东新区人民法院认为,被告人张某某、金某在道路上驾驶机动车追逐竞驶,情节恶劣,其行为均构成危险驾驶罪,公诉机关指控的罪名成立。张某某到案后如实供述其所犯罪行,依法可以从轻处罚。金某接公安机关电话后主动投案,应当认定其具有自首情节,依法可以从轻处罚。二被告人在审理过程中已认识到自己行为的违法性、社会危害性,均承诺不再实施危险驾驶行为,并多次表示认罪、悔罪。综合以上情形,上海市浦东新区人民法院以危险驾驶罪判处被告张某某拘役4个月,缓刑4个月,并处罚金人民币4000元;以危险驾驶

---

〔25〕 参见《最高人民法院公报》,载北大法宝网:http://www.pkulaw.cn/fulltext_form.aspx?Db=pfnl&Gid=120608866&EncodingName=.,最后访问日期:2016年6月11日。

罪判处被告金某犯拘役3个月,缓刑3个月,并处罚金人民币3000元。

一审宣判后,二被告人未提出上诉,公诉机关亦未抗诉,该判决已发生法律效力。

☐ 问题要点

本案张某某等人成立追逐竞驶型危险驾驶犯罪。此类犯罪在社会生活中发生频率并不低,但最终能定以危险驾驶罪的却少之又少,究其原因,与竞速型危险驾驶面临的认定难题密不可分。本书拟将竞速型危险驾驶犯罪认定为抽象危险犯,一方面是为了体现刑法对法益的前置保护,在一定程度上有利于实现早期风险预防,另一方面也是为了适当降低此类危险驾驶罪的成立标准,在一定程度上缓解认定与举证难题。同时,"追逐竞驶"打击的应为一人或二人以上出于竞技、斗气等动机或追逐、赶超等心理的、不以超速为必要成立条件的违章危险驾驶行为。且在认定"情节恶劣"时,应对行为人主、客观方面作综合考量。主观方面除可通过驾驶行为危险程度得以表现外,还应包括驾驶过程中的心态和动机;客观方面则应以竞速行为和结果为中心,并结合时间、地点等因素统筹考量。为实现此类型危险驾驶罪的罪刑均衡,建议根据危险程度高低而分别增设有期徒刑或管制刑等;同时在保障个案公正的量刑中,还应注重对主体身份与驾驶能力、交通和车辆状况、行为人认罪态度及被害人过错等量刑情节进行合理运用。

◇ 问题分析

一、竞速型危险驾驶应为抽象危险行为

犯罪分实害犯与危险犯,实害犯是指以造成法益实际损害作为犯罪成立条件的犯罪,危险犯自然是指以造成侵害法益的危险状态作为犯罪成立条件的犯罪。[26] 我国根据不同犯罪构成要件所需的危险程度不同,将危险犯进一步区分为了抽象危险犯和具体危险犯。前者是指规制于刑法范围内,但不要求有具体危险结果出现的一种危险行为;而后者则与之相反。[27] 竞速型危险驾驶的行为性

---

〔26〕 参见肖中华、陈洪兵:《危险概念是一个危险的概念——关于狭义危险犯的理论及立法检讨》,载《中国刑事法杂志》2005年第6期。

〔27〕 参见[德]克劳斯·罗克辛:《德国刑法学总论》,法律出版社2005年版,第278页。

质属两者中的哪一种,当前学界还未达成统一意见,且这两种危险到底如何区分,其内涵本身就存在非常大的分歧,反映到理论上,即表现为二者在区分标准上的争议仍未有定论。[28] 虽二者对法益的保护皆有所提前,但时间并不一致。"抽象危险犯是具体危险犯的前阶",相比抽象危险犯,后者更为现实,导致危害结果发生的可能性也更大。[29]

以未遂犯为中心展开的行为无价值论,自20世纪30年代起出现。在该论者看来,违法性的本质在于该行为违反了社会一般人观念,站在加害人的立场,以"行为"为中心,危险即是行为本身的危险。而结果无价值论者则与之相反,他们认为违法性的本质以受侵害法益为基础,站在被害人立场,以"结果"为中心,危险就是行为产生的危害结果。在目的上,前者在于维护社会秩序,而后者则在于保护法益。[30] 抽象危险犯与具体危险犯分别站在了二者立场上,由此势必会导致二者在对结果的要求上存有差异。前者并不要求其行为达到法益侵害的现实化,只要行为人实施了符合构成要件的行为,给社会带来了不确定的风险,就足以认定其违反了刑法,造成法律拟制风险。但后者除行为外,虽不以实际侵害结果为成立条件,但它更关注该行为制造的风险是否有被现实化的可能,若这种可能性极低甚至没有,则类似行为就难以满足犯罪的构成要件。

基于此,我们恐怕难以否认,对抽象危险犯而言,可能存在扩大犯罪圈和刑罚处罚范围的风险,这种风险的出现与刑法上因果关系进程相违逆,背离了刑法谦抑主义。因此,若刑法中关于抽象危险犯的规定不够慎重,则极易侵害个人权益。因西方国家法律体系中没有一般违法的概念,故而把很多抽象危险行为都用刑法规范加以评价,但我国还是把大部分抽象危险行为规定在了行政法等法律法规中。当立法者真正通过用刑法对某一抽象危险行为进行规制时,必然要慎之再慎。概言之,因我国有一般违法,加之为避免刑法受扩大处罚范围、违背谦抑主义等论调的非难,刑法只将小部分抽象危险行为纳入了讨论范畴。

虽追逐竞驶型危险驾驶的行为性质属两种危险行为中的哪一种尚需进一步论证,但其中的焦点在于对罪状中"情节恶劣"属定罪因素或量刑因素的理解存有

---

〔28〕 参见张军:《抽象危险犯研究》,武汉大学2015年硕士学位论文。

〔29〕 参见王永茜:《两大法系中抽象危险犯的违法性根据比较》,载《国家检察官学院学报》2013年第3期。

〔30〕 参见张琛:《论结果无价值论视角下的行为犯与抽象危险犯》,载《公民与法》(法学版)2014年第6期。

分歧。正如学者所言:“当情节恶劣在性质上属定罪情节之时,其本身既可以成为作为犯罪构成该当性要件之客观行为的组成部分,也可成为相对独立于行为之外需再另加判断的独立的客观犯罪该当性构成要件要素。”[31]故若认为其属定罪因素,则竞速型危险驾驶行为当为抽象危险行为;反之,则属具体危险行为。有学者即持后一种观点,[32]但本书却更赞同前一种观点,原因在于:

第一,在全球化发展背景下,由于人类的社会实践所导致的全球性风险对人类的生存和发展带来了严重威胁,当今社会已俨然成为风险社会。[33] 在此背景下,社会在创造出财富的同时,风险也随之增加,风险性犯罪即为重要表征。风险性犯罪相比于传统犯罪,具有正当行为与危害行为的交叉性、危害行为的有组织性与系统性、实际损害程度的难以预测性、危害行为及其所造成后果的潜伏期较长等特点。[34] 显然,传统犯罪理论已不能很好地回应风险性犯罪,所以必须借助将法益保护前置的抽象危险犯理论。如学者言:“而竞速型危险驾驶的入刑,实现了刑法对法益保护的前置,达到了风险预防早期化的效果。”[35]

第二,对此类危险驾驶的认定不比对醉酒型危险驾驶的认定,后者有一个清晰明确的入罪标准,即驾驶人体中所含有的酒精含量,且不论这种酒精含量标准是否科学,但这种明确性足以让竞速型危险驾驶“汗颜”。但对追逐竞驶型危险驾驶来说,需通过将多种因素综合起来再进行判断,唯如此,才可以判断行为人是否满足竞速性危险驾驶中的“追逐竞驶”及“情节恶劣”。然此必然会加剧司法实务中的采证和认定难题,增加公诉机关和法院的举证质证成本。据统计,有关危险驾驶罪实证数据,无论是重庆市某区 2011 ~ 2014 年,[36]还是保定地区 2011 ~

---

[31] 李翔:《情节犯研究》,上海交通大学出版社 2006 年版,第 42 页。

[32] 参见付晓雅:《危险驾驶罪的主观要件研究》,载《当代法学》2014 年第 5 期;张心向、王强军:《社会风险控制视域下的危险驾驶罪研究》,载《南开学报》2012 年第 2 期。

[33] 参见卢建平:《风险社会的刑事政策与刑法》,载《法学论坛》2010 年第 4 期。

[34] 参见张红艳:《风险社会中公害犯罪之刑法规制——以抽象危险犯理论为切入点》,载《中州学刊》2009 年第 5 期。

[35] 傅卫东:《风险社会视角下危险驾驶罪的量刑问题》,载《长春理工大学学报》(社会科学版)2014 年第 7 期。

[36] 参见张红良:《从危险驾驶罪的司法实践看刑法的理性适用——从重庆市某区检察院办理的危险驾驶罪案件说起》,载《西南政法大学学报》2015 年第 3 期。

2016年[37]及漳州市各基层法院2011～2013年，[38]又或是W市两区法院2010～2014年，[39]均表明了危险驾驶罪是以醉酒型危险驾驶为主要犯罪类型的，而竞速型危险驾驶明显被"架空"，实务中极少获得过成功认定。但"现实中刺耳的马达和呼啸而过的车辆，以及因恶性驾驶对交通秩序和人身及财产所造成的损害已经发展到不容忽视的地步。"[40]故竞速型相比于醉酒型危险驾驶而言，并非对法益侵害的抽象程度更高、概率更小，[41]究其原因，正如有学者所谈到的那样，在漫长且复杂的举证质证过程中，"追逐竞驶"与"情节恶劣"的认定太过于复杂和昂贵。[42] 把竞速型危险驾驶认定为抽象危险行为，"能够起到提前保护法益、控制重大的人为社会风险的作用，增强人们的规范意识，顺带还可减轻证明的负担"。[43]因此，以抽象危险行为进行评价可适当降低危险驾驶罪的成立标准，减轻控方追诉负担，使公诉机关的举证责任得到减轻。"驾驶行为本身是一种被允许的危险行为，具有正当性，只是因为行为人的驾驶方式等超出了被允许的危险范围，才构成犯罪。"[44]当追逐竞驶行为超出了社会所允许的一般危险，需动用刑法进行规制时，倘若将其作为具体危险犯予以认定，多种因素交织在一起，在过多案件的诉累现实中，难免会造成"久拖不决"或"付出过度"。

二、竞速型危险驾驶行为的认定

前文已述，多地区调研数据均表明了竞速性危险驾驶行为的规定在实务中处于被闲置状态。有学者就曾对此质疑，"既然这一罪名没有起到应有的作用，那它这一部分就不是必要的"。[45]的确，若刑法对入罪行为不能加以有效制裁，那么刑

[37] 参见卢晶晶：《保定地区危险驾驶罪司法适用问题的实证调查研究》，载《吉林广播电视大学学报》2014年第4期。

[38] 参见福建省高级人民法院和漳州市中级人民法院课题组：《关于危险驾驶罪入刑的调研分析——以福建省漳州市十一个基层法院为视角》，载《人民司法》2014年第1期。

[39] 参见贾银生、何汶洋：《交通肇事罪与危险驾驶罪量刑均衡实证研究——以W市两基层法院近五年刑事案件统计数据为例》，载《西部法学评论》2015年第6期。

[40] 宋保振：《法律解释方法的融贯运作及其规则——以最高院"指导案例32号"为切入点》，载《法律科学》（西北政法大学学报）2016年第3期。

[41] 参见梁根林：《"醉驾"入刑后的定罪困扰与醒思》，载《法学》2013年第3期。

[42] 参见康军：《对"危险驾驶罪"的质疑》，载《贵州警官职业学院学报》2014年第4期。

[43] 陈京春：《抽象危险犯的概念诠释与风险防控》，载《法律科学》（西北政法大学学报）2014年第3期。

[44] 张克文：《也论危险驾驶罪的基本问题——与冯军、张明楷两位教授商榷》，载《当代法学》2014年第1期。

[45] 张红良：《从危险驾驶罪的司法实践看刑法的理性适用——从重庆市某区检察院办理的危险驾驶罪案件说起》，载《西南政法大学学报》2015年第3期。

法规定将如同虚设,这将无法发挥刑法的规范作用,严重影响刑法的权威与公正。[46] 但既然危险驾驶罪已经通过立法被创制出来,且短时间内不可能被废除,那么我们就有责任与义务通过解释明晰此罪的犯罪圈界限,为精准出入罪标准提出参考。[47] 鉴于此类型危险驾驶罪条文规定的模糊性可能会成为批判此罪立法不确定性的借口,且这种必要的语言弹性也有可能会成为刑法解释扩张或限缩的通道,故我们需对其中的相关界定提供思路,以期发挥刑法解释应有的从刑法立法到刑法适用的良性承继功能,并完成对立法加以解释,以达到在司法中予以运用的目的。

(一)"追逐竞驶"的认定争议

1. 竞速型危险驾驶打击范围否仅限于具有"飙车"意思联络的行为

在竞速型危险驾驶行为入刑前,媒体上广泛使用"飙车"来形容"追逐竞驶",造成较多人误以为"追逐竞驶"即是"飙车"的同意替换。实际上这种观点并不可取。本书认为,该罪打击的应为具有竞技、斗气等动机和追逐、赶超等心理的违章危险驾驶行为。原因在于:

第一,就本罪犯罪构成而言,只要具有刑事责任能力的人是出于故意实施了追逐竞驶行为,情节恶劣,即可构成此罪,行为人事前是否基于"飙车"的意思,并不影响本罪最终的成立,故将其视为罪量因素而进行认定更为妥善。易言之,即便行为人事前并无出于"飙车"的意思联络,但只要在行驶过程中实施了超速、随意追逐或超越其他车辆、频繁并线等[48]危险驾驶行为,就都可认定为符合竞速型危险驾驶的成立标准。

第二,"飙车"行为与前述出于竞技、斗气等动机和追逐、赶超心理所实施的违章危险驾驶行为相比,危险程度应该是一样的,在刑法上自然应作一致性评价。若将前者作为竞速型危险驾驶行为的打击对象,而后者却能因事前缺乏"飙车"的意思联络而被排除于犯罪圈之外,甚为不妥。

综上所述,竞速型危险驾驶应为比"飙车"更大一层的概念,故不应仅以后者

---

〔46〕 参见彭文华:《危险驾驶罪行为入罪的必要性与可行性》,载《法学论坛》2015 年第 5 期。

〔47〕 参见李佳欣:《刑法解释的功能性考察》,载《当代法学》2014 年第 6 期。

〔48〕 参见张明楷:《刑法学》,法律出版社 2016 年版,第 725 页。

的范围而对前者作不适当限制。此观点在“张某某、金某危险驾驶案”〔49〕中已得到了最直接的体现。该案裁判要点中明确表明:“机动车驾驶人员出于竞技、追求刺激、斗气或者其他动机,在道路上曲折穿行、快速追赶行驶的,属于《刑法》第133条之一规定的‘追逐竞驶’。”〔50〕该案中,二人虽未有“飙车”意思,但为寻求刺激,在多路段以超时速的50%行驶,且有炫技、互超情形,虽未有危害后果,但仍可肯定二人行为满足“追逐竞驶”。

2. 竞速型危险驾驶是否为必要共同犯罪

对此,有肯定和否定两种意见。具有代表性的有:赵秉志教授等认为,追逐竞驶至少应有两辆或两辆以上的机动车,共同以较快车速实施一种互相追赶的驾驶行为,仅一辆车实施的飙车行为,即便其具有严重超速等恶劣行为,也不能认定为本罪。〔51〕 而张明楷教授则认为,追逐竞驶既可能是二人以上基于意思联络而实施,也可能是由单个人实施。〔52〕

本书认为,此类危险驾驶行为并非必要共同犯罪,一人也可以完成实施符合此罪构成要件的行为。原因如下:

第一,就法条规定来看,《刑法》第133条规定的是“追逐竞驶,情节恶劣的”成立危险驾驶罪,并未要求行为人为二人及二人以上。但对必要共同犯罪,我国大陆地区刑法学界也基本认为其是指仅能由二人以上构成的犯罪,它不仅要求具体构成要件的实现在主体上必须有二人以上共同参与,还要求二人以上共同参与者均成立犯罪。〔53〕 因此,《刑法》第133条并未与必要共同犯罪达成呼应。故在罪刑法定原则下作定罪量刑的解释时,当然也不得援引未经法律认可的习惯法作为处罚的依据。〔54〕

第二,尽管从“追逐竞驶”词义本身出发,可能很容易给人造成追逐竞驶必须

---

〔49〕 参见《最高人民法院公报》,载北大法宝网:http://www.pkulaw.cn/fulltext_form.aspx? Db = pfnl&Gid = 120608866&Enco dingName = ,最后访问日期:2017年11月15日。

〔50〕《中华人民共和国最高人民法院指导案例第32号:张某某、金某危险驾驶案》,载中华人民共和国最高人民法院网:http://www.court.gov.cn/shenpan - xiangqing - 13228.html,最后访问日期:2017年11月15日。

〔51〕 参见赵秉志、赵远:《危险驾驶罪研析与思考》,载《政治与法律》2011年第8期。

〔52〕 参见张明楷:《危险驾驶罪及其与相关犯罪的关系》,载《人民法院报》2011年5月11日,第6版。

〔53〕 参见熊亚文:《必要共同犯罪概念的体系化构造》,载《中南大学学报》(社会科学版)2016年第4期。

〔54〕 参见刘宪权:《论罪刑法定原则的内容及其基本精神》,载《法学》2006年第12期。

要二人及以上才可以完成、单人不可能完成整个追逐竞驶行为的思考误区。确如有学者所认为的那样,“既然是追逐竞驶,那么就肯定存在追与被追的一方”。[55]但这种观点忽略了被“被追的一方”完全可能存在不知情的情形,即追逐者出于单方竞驶意向与不知情的被追逐者完成了整个追逐过程。因此,一方在对方完全不知情时,与对方追逐竞驶并造成严重危害后果后,对“被追的一方”非一定要以刑法评价之,但这不排除“追的一方”构成危险驾驶罪,此即不存在竞速型危险驾驶的共犯问题。被定危险驾驶罪的蒋某,即是此情形的最好例证。[56]

当然,以上并非否认竞速型危险驾驶存在共犯情形。在二人以上,基于共同意思联络而追逐竞驶的,仍成立竞速型危险驾驶的共犯。同时,对于虽只有一方驾驶车辆,但另一方有教唆等行为的,亦可与驾驶一方构成危险驾驶罪共犯。

3. 竞速型危险驾驶是否以超速为必要条件

《危险驾驶意见(草案)》(以下简称《意见》)中规定,一般情形下以超过时速的50%作为认定情节是否严重的依据,另外对无证、醉酒驾驶等,只要超过规定时速即可。张明楷教授早年也曾认为,追逐竞驶以具有一定危险性的高速、超速驾驶为前提,低速驾驶不可能成立此罪。[57] 但于文广学者则认为,“追逐竞驶”不以超速驾驶为前提要件。[58] 在立法部门看来,判断情节是否严重的标准既应包括超过限定时速的,也应包括未超过限定时速的。[59]

本书认为,对此问题可适当采取一种较为折中的观点,即竞速型危险驾驶应以超速驾驶为必要条件,但对超过的具体时速可作适当的百分比限定。

一方面,竞速型危险驾驶具有超过时速行驶的特征,这一点毋庸置疑,故若行为人在道路规定时速内行驶,通常情况下仍应被评价为符合安全标准的驾驶行为。倘若把未超速的驾驶行为纳入到刑法的讨论范畴,难以保证不会出现刑法处罚范围被不当扩大的尴尬局面。《意见》中把醉驾、毒驾、无证驾驶等追逐竞驶情形规定为只要超过规定时速即可的规定,既降低了相比一般情形下追逐竞驶的时速限定,也肯定了这些行为下的追逐竞驶存在的社会危害性之大,确有可取之处。

---

〔55〕 张心向、王强军:《社会风险控制视域下的危险驾驶罪研究》,载《南开学报》2012 年第 2 期。

〔56〕 参见《因追逐竞驶入罪案 飙车危驾首次被公诉》,载央视网新闻频道:http//news.cntv.cn/20111012/113027_1.shtml,最后访问日期:2017 年 11 月 15 日。

〔57〕 参见张明楷:《危险驾驶罪及其与相关犯罪的关系》,载《人民法院报》2011 年 5 月 11 日,第 6 版。

〔58〕 参见于文广:《追逐竞驶不必以超速驾驶为前提》,载《检察日报》2011 年 5 月 18 日,第 3 版。

〔59〕 参见臧铁伟:《中华人民共和国刑法修正案(九)解读》,中国法制出版社 2015 年版,第 64 页。

但对以上情形，在未造成危害后果的情形下，若一超速即将其认定为“追逐竞驶”，难免会显得刑法规定有些过于机械和严苛。因此，本书认为需对这些类型的追逐竞驶作出超速比例的限定。这样既可达成打击目的，也能避免让入罪显得随意。

另一方面，除了以上危害性看似较大的竞速型之外，对于生活中易发的追逐竞驶，如出于斗气、相乎攀比等一般社会心理而竞速，若未明显超过时速且未造成危害后果的情形，其社会危害程度也没有明显超出社会公众的容忍程度以及刑法的必要限度。在法治发展的今天，刑法以保障自由为向度，作为最严厉惩处手段的刑罚，对刑法的适用更应当审慎、克制，刑法的谦抑性已成为学界的共识。[60] 对这些行为动辄即用刑法处罚，则“极可能压缩行政法制以及其他社会治理手段适用的空间，制约其所具有的价值的实现和功能的发挥，从而削弱整个法律体系调整社会关系的实际功效”。[61] 反之，以一般违法行为看待这类情形，用道路安全相关法律法规进行行政处罚，效果可能会更好。相关数据已明显表明，危险驾驶罪已成为基层检察院、法院的主要刑事案件，占用的司法资源巨大。[62] 以一般违法处罚，避免了对打击面过宽的担忧，既有利于降低对司法资源的占用，也体现了我国刑罚适用的谨慎。

同时，在认定中还需注意，竞速型危险驾驶的入罪必然包含被竞速对象在内，对于没有竞速对象的单纯的超速行为，断不能简单定以危险驾驶罪。且依法条规定，竞速型危险驾驶除要求追逐竞驶外，另有一重要的限定条件——“情节恶劣”。因此，若出现行为人未超速行驶，但有其他恶劣情节或造成严重后果，也不一定排除危险驾驶罪的成立。[63]

（二）“情节恶劣”的考量因素

“情节恶劣”的考量标准是造成危险驾驶罪在实务中认定难的另一个重要因素。为了使该罪名的认定具有一定的可操作性，需要从规范的层面，对“情节恶劣”的表述进行一定程度的细化。但其中包含的因素太多，为方便梳理，本书拟从主观、客观两方面展开。

---

〔60〕 参见简爱：《一个标签理论的现实化进路：刑法谦抑性的司法适用》，载《法制与社会发展》（双月刊）2017 年第 3 期。

〔61〕 曹波：《危险驾驶入刑之视角效果及反思》，载《时代法学》2016 年第 6 期。

〔62〕 参见张红良：《从危险驾驶罪的司法实践看刑法的理性适用——从重庆市某区检察院办理的危险驾驶罪案件说起》，载《西南政法大学学报》2015 年第 3 期。

〔63〕 参见杨向华：《论危险驾驶罪中的“追逐竞驶”》，载《湘潭》2011 年第 9 期。

1. 客观方面的考量

对“追逐竞驶”客观方面的考量是考量中的重要内容,其中包含因素很多,本书认为应作综合性探讨。首先,就时间和地点而言,众所周知,在人流量大、交通拥堵下所造成的危害程度或危害可能性相比人流量小等情形要高得多。这一点和追逐竞驶的时间存在密切联系。可想而知,若追逐竞驶发生在上下班高峰期等时间,则因人口稠密,造成的危害就会比发生在凌晨人口稀疏时段严重得多。同样,追逐竞驶的地点若是在步行街、商业区、人行道等人口活动密集的地区,也远比在郊区、乡间道路等地方的危害程度高。实务中,如双方在凌晨时段于人烟稀少的郊区追逐竞驶,没有造成危害后果,亦无其他严重情节的,本书认为不以危险驾驶罪进行刑法评价更为适宜。

其次,需以追逐竞驶中的行为为中心进行考量。第一,应注重考量行为人超时速程度及是否有“闯红灯”情节。前文述及,追逐竞驶不等同于超速行驶,对不同类型的危险驾驶行为应以不同时速限制进行规定,此处不再赘述。另外,行为人对“红灯”视而不见,一方面表明了其对危险结果发生的放任,另一方面也极易引发严重的交通事故。当行为人在一般情形下于多路段超速行驶,且具有“闯红灯”情节时,应作“情节恶劣”考量。张某某、金某追逐竞驶案即是如此。第二,还应考量行为人是否有提高危害结果发生概率效果的先前行为,如行为人在追逐竞驶前是否有过吸食、注射毒品或饮酒等情节。除以上所言,是否有聚众、组织、教唆等情节都应该纳入对“情节恶劣”的考量中。而对于追逐竞驶的次数问题,本书则认为将其放置于量刑情节中予以讨论更为合适。

最后,对危害后果的考量也必不可少。危害结果是对法益侵害的危险,犯罪是对法益进行侵害或者产生侵害危险的行为,犯罪的本质属性决定了任何犯罪必然导致危害结果,即危害结果是犯罪构成的必备要件。[64] 尽管竞速型危险驾驶属抽象危险行为,但出于让社会和他人免于遭受这种危害行为侵害的目的,该罪名的成立不要求发生实害结果,但这并不意味着危害后果不属于“情节恶劣”的考量因素。一般而言,严重的危害后果,相较于轻微的危害后果而言必然恶劣得多。当然,实务中这种判断也并非绝对,仍应结合具体情形作具体评价。如节假日时间行为人在步行街驾驶摩托车在人群中来回穿插引发社会恐慌的社会危害性,未必会小于其在凌晨时段于多个路口超速竞驶逼停其他车辆。

---

〔64〕 聂慧苹:《论危害结果在犯罪构成体系中的地位与功能》,载《当代法学》(双月刊)2011 年第 4 期。

2. 主观方面的考量

对于此类危险驾驶罪，除了要对行为人危险驾驶时的主观目的进行考量之外，还应注重行为人在被发现后或抓捕过程中是否有逃匿、抗拒抓捕等行为。这些行为虽为客观，但一定程度上也反映了行为人对检查或抓捕的心态。同理，主观方面的考量还应包含行为人竞速时的一系列危险驾驶行为。竞速型危险驾驶行为〔65〕越多，越表明行为人对国家法律法规的轻蔑，对社会公共安全的冷漠以及对追求自身心理及物质利益的放纵，最终导致严重的危害后果。

具言之，行为人出于寻求刺激、发泄、炫技等目的，在公路上单方或双方基于意思联络而追逐竞驶的，即可作为认定其“情节恶劣”的重要参考。仍以张某某二人案件为例，二人之所以在公路上相互超越且在多路口超速行驶，既有寻求刺激的心态，也有炫技的目的，并且二人在警察检查时还双双逃匿，导致两日后张某才被抓捕。根据以上二人的主观目的、逃匿行为、竞驶过程中的多种危险驾驶行为所表现出的主观心态，足以认定其二人追逐竞驶行为符合“情节恶劣”标准。有学者论及此，把行为人归罪后的态度纳入讨论范畴。〔66〕本人认为，张某被抓捕后的坦白及金某的自首情节，可能会在一定程度上反映二者的主观心态，“情节恶劣”作为竞速型危险驾驶罪中的定罪因素，是罪与非罪认定的关键，同时，行为人归罪后的态度、自首等情节也应当在量刑时予以考虑。

综上所述，对“情节恶劣”的认定作为竞速型危险驾驶在司法实务中的重大难题，需要将行为实施过程中的所有因素综合在一起进行判断。以庞某某危险驾驶案〔67〕为例，被告人庞某某凌晨时间出于寻求刺激的目的，在北京市某路段驾驶无号牌摩托车，在驾驶过程中以超过规定时速50%的速度随意追逐其他车辆，并有频繁的突然并线、来回穿插等情节，最高时速达237km/h，引发过往车辆恐慌。综合以上所有因素，足以肯定其达到了“情节恶劣”程度。

另外，考虑到“立法者有意识地选择概括性语言来表述犯罪构成，由司法者对

---

〔65〕 指代驾驶过程中闯红灯次数、超速程度、逆行、来回穿插等多种危险驾驶行为。

〔66〕 参见栗浩：《论危险驾驶罪的立法现状及其完善》，载《郑州航空工业管理学院学报》（社会科学版）2015年第5期。

〔67〕 参见《庞×危险驾驶罪一审刑事判决书》，载中国裁判文书网：http://wenshu.court.gov.cn/content/content?DocID=41489443-b12a-497c-b670-7ce9f1355559&KeyWord，最后访问日期：2017年11月16日。

立法者表述进行补充,以实现犯罪构成在司法实践上的周延性”,[68]采用“情节恶劣”这种模糊性规定也是出于法律语言的局限性,刑法的稳定性要求决定了它不能随意修改,亦无法一直变化以适应社会发展。但考虑到各地区差异及司法官员能力参差不齐,除上文所列举的例子外,本书为了让这一认定难题在实务中更具有可操作性,建议在条件具备的情况下对基层司法部门进行筛选,在一定范围内对重要或多发地区司法部门中出现的案例进行经验性总结,最终以列举的方式对实务中出现的属“情形恶劣”的情形进行总结,从而衡平刑法的打击犯罪与维持谦抑,将实务中应予打击或宽容的行为谨慎区分开来。

三、竞速型危险驾驶行为量刑建议

(一)适当增加量刑层次以实现罪刑均衡

罪刑均衡要求犯罪与刑罚保持对等,刑事立法和司法对此都必须遵循。[69]罪刑均衡的目的既在于实现一般预防,也在于体现刑法的正义。就此罪的罪刑规定来看,其法定刑设置及其在司法实务中的运用,仍存在以下几点问题:其一,尽管“处拘役,并处罚金”的规定符合危险驾驶罪属轻罪的特征,但主刑的设置却略显单一。且观之我国刑法中有关“拘役”的设定,均为“处×年以下有期徒刑、拘役”或“处×年以下有期徒刑或拘役”,[70]与大的刑罚体系并非足够协调。其二,有学者通过实际的数据统计分析发现,在已收集到的重庆市某区385份处理结果中,缓刑率达到72.72%,微罪不诉和公安机关撤回的占到4.67%,3个月以下拘役达到73.25%,最高刑为6个月的只有1件。[71] 此罪名在最初设立时本身即存在不完善的地方,加之后来在司法实践中缓刑、轻判又被普遍适用,造成了本罪在司法适用中威慑力不足,与当初将“追逐竞驶”纳入刑事立法的初衷格格不入。其三,正如有学者所言,竞速型危险驾驶在造成严重后果、达到交通肇事程度下,可以交通肇事罪判处“三年以下有期徒刑或拘役”,但若未达到交通肇事程度,最高就只能处以6个月拘役。二者间的断层显然与罪刑相适应原则相违背,达不到罪

---

〔68〕 李翔:《情节犯的犯罪构成理论意义》,载《云南大学学报》(法学版)2006年第4期。

〔69〕 参见王刚:《罪刑均衡与刑罚个别化关系论纲——兼及罪刑关系的重构》,载《云南大学学报》(法学版)2012年第3期。

〔70〕 欧阳本祺:《危险驾驶行为入罪的刑事政策分析》,载《法学论坛》2011年第5期。

〔71〕 参见张红良:《从危险驾驶罪的司法实践看刑法的理性适用——从重庆市某区检察院办理的危险驾驶罪案件说起》,载《西南政法大学学报》2015年第3期。

刑均衡的要求。[72]

对此,本书建议从以下方面稍作考虑:一方面,增设三年以下有期徒刑为主刑。这样既有利于达成两罪名间的衔接,以刑罚后果区分不同程度的危险驾驶行为,使造成一定实害后果但未达到交通肇事程度的追逐竞驶行为突破6个月拘役的最高刑限制,同时也有利于使本罪的刑罚配置与大刑罚体系保持协调。当前已有学者主张"以5年有期徒刑作为轻罪与重罪的划分界限,法定最高刑为5年以下有期徒刑的为轻罪,轻罪又包括轻微犯罪;法定最高刑为3年以下有期徒刑的为轻微犯罪"。[73] 从该观点出发,增设"三年以下有期徒刑"也并未违背此罪为轻罪的立法初衷。另一方面,为了更好地在此罪中贯彻"宽严相济"刑事政策,就情节恶劣程度较低的行为也可以设立管制刑或单处罚金刑,以使危险程度轻微的竞速型危险驾驶得到应有的宽宥。更甚至根据《刑法》第37条对"犯罪情节轻微不需要判处刑罚的",定罪免罚也未为不可。有人对此可能会提出担忧,质疑这些举措会削弱原本威慑程度就不高的危险驾驶罪。本书认为,这种忧虑并非没有道理,但定罪免罚的前提是定罪,考虑到凡犯此罪的多为不愿意或畏惧犯罪的人,因此即便未给予他们实际的刑事处罚,前科制度的适用都足以令其心生畏惧。而且,将此罪认定为抽象危险行为的目的之一也在于维护社会秩序,因此从预防犯罪、保障社会公共安全和良好秩序的角度出发,同时考虑到行为人的再犯可能性等因素,像职业禁止那样,[74]对因此被判危险驾驶罪的被告人也可以适当施以如一定时间内甚至永久禁止驾驶的刑罚。此一来,对消除行为人的侥幸心理、增加犯罪成本和提高危险驾驶罪在实务中的威慑力也必定大有裨益。

(二)精确运用量刑情节以实现个案公正

对追逐竞驶类型的危险驾驶犯罪而言,需考量的量刑因素其实有很多。本书也承认,竞速型的罪质因素与罪量因素并非绝对的区分关系,二者可能存在交叉。如作为罪质因素中的一系列具体驾驶行为,除了在"情节恶劣"中作为罪与非罪的区分要素之外,在量刑时也仍应予以考量。就量刑而言,大体可以从以下几个方面着重把握:

---

〔72〕 参见王志祥、敦宁:《危险驾驶行为入罪的合理性及其立法改进》,载《河南大学学报》(社会科学版)2012年第2期。

〔73〕 郑丽萍:《轻罪重罪之法定界分》,载《中国法学》2013年第2期。

〔74〕 参见武晓雯:《论〈刑法修正案(九)〉关于职业禁止的规定》,载《政治与法律》2016年第2期。

1. 主体身份与驾驶能力

一般而言,犯罪主体是指实施危害行为,一方应当负刑事责任的自然人和单位。[75] 根据我国《刑法》对刑事责任年龄等的规定,实施竞速型危险驾驶行为的主体必须为已满16周岁且行为时精神正常的人。同时根据《道路交通安全法》第19条第1、2款的规定[76]可知,在道路上驾驶机动车必须经考试合格后,取得由交管部门发给的相应类别的机动车驾驶证。再有根据《机动车驾驶证申领和使用规定》的规定,申请机动车驾驶证必须为18周岁以上公民。综上所述,合法驾驶机动车的主体应为18周岁以上具有机动车驾驶证的人。

但实务中也可能存在18周岁以上、无机动车驾驶证的人在道路上追逐竞驶的情形。对此种身份的人,不能因其已满足《道路交通安全法》等法律法规的处罚程度,而不以危险驾驶罪主体讨论。刑法与行政法律法规应是相互衔接的关系,作为所有部门法的保障法与制裁法,一般而言,在刑法作出评价后不能再以行政法律法规等进行二次评价,反之亦然。但这并不意味一行为不可能同时违背刑法与行政法规。对已满18周岁、未取得机动车驾驶资格追逐竞驶的人,仍应以此罪名追究其责任。不仅如此,不具有驾驶资格即意味着不具有社会公认的安全驾驶技术条件,因行为人难以保障最低限度的驾驶安全,在此情形下,行为人这种放纵驾驶的行为所造成的社会危害程度相比有驾驶资格条件的人而言更高,故可对此进行适当的刑法评价。

2. 交通状况

根据《道路交通安全法》等法律规范的规定,道路除我们所能认知的外,还应包含供公共出行所用场所,如广场、停车场等,及虽受管辖但仍允许社会车辆通行的地方。当把道路的交通状况置于量刑情节中予以讨论时,最重要的衡量指标莫过于人和车辆数量。竞速型危险驾驶是抽象危险行为,在人、车密集的地区追逐竞驶,即便未造成人员伤亡、车辆毁损等危害后果,也足以将其作为从重量刑情节予以考量。同时,考虑到行为人以某段或某几段路为范围追逐竞驶的情形,其起点和终点可能人烟稀少,但并不排除在经过这些路段时可能包含学校、工厂等人

---

〔75〕 参见高铭暄、马克昌:《刑法学》,北京大学出版社2016年版,第74页。

〔76〕 《道路交通安全法》第19条第1、2款规定:"驾驶机动车,应当依法取得机动车驾驶证。申请机动车驾驶证,应到符合国务院公安部门规定的驾驶许可条件;经考试合格后,由公安机关交通管理部门发给相应类别的机动车驾驶证。"

员密集场所，此情形下也可肯定行为人具有从重的量刑情节。相反，若行为人追逐竞驶地区恰逢人员密度低的时段，则可在罪责认定中给予一定的从轻或减轻处罚。

3. 车辆状况

追逐竞驶车辆的好坏对这种危险行为产生的抽象危险程度也会有很大影响。对此可从以下几种情形予以考量：其一，前已述及，此行为并非必要共犯。当行为人基于某种心理或动机临时起意与其他正在行驶中的车辆产生单方竞速行为时，若其所驾驶车辆上还有其他乘客，则此时的行为除了会对道路上人和车辆具有危害可能性外，也会对车内乘客的身体健康法益产生紧迫危险。同理，在此情形下，若车辆内载有危险物品，那么发生事故后则会造成更大的危害后果，具有更高的危险程度。其二，车辆本身是否存在安全隐患也应被纳入考量。若车辆为报废车或未经安检但确有安全问题的机动车，驾驶此种车辆发生交通事故的可能性则会更大。其三，车辆是否为无牌或套牌的改装车辆。根据《道路交通安全法》第16条的规定，任何单位和个人不得对车辆实施改装行为。这是因为“改装厂资质、改装工艺、使用零配件产品的质量没有保证，改装中可能损害原车装配质量，造成漏气、漏油、漏电短路等故障隐患”。[77]因此，若行为人驾驶无牌或套牌的改装车辆，其社会危害程度将不言而喻。

4. 追逐竞驶次数

强奸罪和盗窃罪都把次数当作重要的量刑情节，[78]本书认为，对此类型危险驾驶行为的认定也应考量次数这一量刑情节。若行为人此前已实施过多次追逐竞驶行为，则一方面表明行为人的放任态度，其仅为满足自身心理或物质利益，置公共安危于不顾；另一方面也提醒我们重视这种连续的追逐竞驶行为给社会带来的严重危害隐患。相应地，若行为人为初犯或偶犯，则给予其适当的从轻处罚也未尝不可。

5. 被告人认罪态度

认罪态度一方面表现在行为人是否有自首、坦白等法定量刑情节，对该问题的回答若是肯定，自当依法从轻、减轻量刑；另一方面，还应具体看待行为人在被

---

〔77〕 张涛、王永清、刘永彪：《改装车特征、危害及管理对策探讨》，载《道路交通与安全》2006年第7期。

〔78〕 参见褚福欣：《强奸中的次数认定》，载《中国检察官》2013年第9期；林思婷、武敏：《盗窃罪量刑实证研究——以浙江省宁波市2014年539例判决为例》，载《浙江万里学院学报》2016年第6期。

警察发现后,实施的是自动终止"追逐竞驶"、接受检查并投案的行为还是逃匿、抗拒抓捕等行为。若为前者,则可能被视为从轻情节;但若为后者,则表明了行为人具有较大的主观恶意。此外,若这种暴力达到一定程度造成执行公务人员重伤的,还可能另行成立故意伤害罪,数罪并罚。若行为引发的交通事故轻微、未达到交通肇事罪处罚程度,且行为人在事故发生后实施积极救助行为并报警的,也可作为从轻情节予以考量。需注意的是,行为人在事故处理中或许会积极进行赔偿,这种赔偿行为在量刑时当然应予考量。但法官的具体判断思路必须遵循一定顺序,即先在定罪量刑阶段进行判断,该定危险驾驶罪的则以此罪定之,同时对造成的严重后果作加重处罚;在此基础上,再考虑行为人的主动赔偿行为对应有量刑的影响,酌定从轻或减轻处罚。避免造成在对行为作出判断时过于看重行为人的赔偿态度和数额,甚至连罪都不定,或者在定罪之后,适用的刑罚与所造成的危害后果严重不相适应的情形。而且,这同样也有利于避免行为人存有"破财消灾"的心态而以赔巨款的方式逃避刑罚处罚。

6. 被害人过错情况

在我国的刑事审判实践中,被害人过错对于量刑产生的影响已经有了现实的依据。[79] 其影响到犯罪人的可受谴责性,从而应当成为量刑时予以考虑的情节,这已经成了一种共识,在我国刑法学界也几成定论。但因酌定情节并非立法明确规定必须从轻或减轻的情节,因而在实务中,司法部门往往因"严打"刑事政策的需要,或迫于被害人亲属的压力,而不考虑这一酌定情节。[80] 对此类型危险驾驶罪,因被害人的过错和行为人实施行为之间毕竟还存有联系,当它达到一定程度必然会影响结果的发生或其中的因果关系进程。因此,本书在此建议,法官在量刑时能够尽可能地避免上述在司法实践中出现过的问题,量刑时将被害人过错作为一种情节予以考量。当被害人对危害结果的发生确实存在一定过错时,可酌定从轻或减轻处罚;当被害人有过错,但过错关系不足以导致结果发生或被害人为社会弱势群体即老、弱、病、残、孕类型时,才可不予考量,以行为人实施的行为和结果为中心进行量刑。

---

〔79〕 参见陈兴良:《被害人有过错的故意杀人罪的死刑裁量研究——从被害与加害的关系切入》,载《当代法学》2004 年第 2 期。

〔80〕 参见高铭暄、张杰:《刑法视野中被害人问题探讨》,载《中国刑事法杂志》2006 年第 1 期。

▲ 本案分析

一、张某某等行为属竞速型危险驾驶行为

依据法律规定，“追逐竞驶”行为应是指“在道路上驾驶机动车追逐竞驶，情节恶劣的”行为。在对此类危险驾驶行为定性时，应着重把握以下要件：

第一，“追逐竞驶”犯罪行为主体应为年满16周岁、行为时精神正常的自然人。第二，该犯罪当为故意。其中，既包含有明知自己的行为会发生危害结果的意思因素，也包括希望或放任这种危害结果发生的意志因素。此类犯罪行为中的“故意”当指，明知自己的危险驾驶行为可能会给社会和公共安全来为危害，但仍追求或放任这种危险结果发生并积极实施危险驾驶行为，因为构成危险驾驶罪的。一般表现为单方或双方及多方出于竞技、斗气等动机或追逐、赶超心理而实施的“飙车”、开斗气车等行为。第三，该犯罪行为人实施的行为必须满足“追逐竞驶”条件。顾名思义，“追逐”即“追赶”，“竞驶”即“车辆间的竞争、赶超”。由此，既要认识到该犯罪行为并非必要共同犯罪，不以超速为必要条件，也要认识到其打击范围不仅局限于具有“飙车”意思联络的违章危险驾驶行为。第四，该行为必须达到情节恶劣的程度。而对“情节恶劣”的认定，单独依靠某一要素是断不可行的，系统言之，可从主客观两方面进行考量，其中既包括行为违章程度、危险后果等，也包括行为时的心理或动机等。

本案中，在主体及主观方面已无异议。张某某、金某均为年满16周岁、无精神障碍的人，主观方面也非过失，只是关于“追逐竞驶”与“情节恶劣”的认定，还需再作具体分析说明。

二、张某某等行为满足“追逐竞驶”与“情节恶劣”

（一）张某某等行为满足“追逐竞驶”条件

1. 张某某等人的行为是基于共同意思联络而实施的。

尽管学界当前对非基于共同意思联络是否可构成此罪的问题尚未有定论，但有一点毋庸置疑，即二人或二人以上基于共同意思联络追逐竞驶的，在不考虑其他因素的情形下是必然会满足“追逐竞驶”的。本案中，张某某二人到案后先后供述的是“出去兜兜、晃晃……”后又分别具体陈述“心理要感受驾驶这种车辆的快感……”和“享受大功率世界级摩托车的刺激感”，据此可认定二人是基于共同意思联络而实施的危险驾驶行为。

2. 张某某等人是出于追求刺激的心理动机。

前已述及,从本罪的犯罪构成而言,只要是具有刑事责任的人出于故意实施了追逐竞驶的行为,情节恶劣,即可构成此罪。加之,出于竞技、斗气等动机和追逐、赶超等心理实施的违章驾驶行为,与基于"飙车"意思联络的危险驾驶行为危险程度无较大区别,由此可知"追逐竞驶"并非是对"飙车"的同意替换。行为人倘若出于追求刺激或是为了满足特殊的舒适需求而实施追逐竞驶的行为,亦属危险驾驶罪中的"追逐竞驶"情形。二人到案后对他们的主观心态先后供述为"只管发挥自己的驾驶技能"和"刹车不舒服,逢车必超"等,再加上有监控记录及证人证言的印证,足可认定二人在驾驶过程中是基于竞技与寻求刺激的心态与动机。

3. 张某某等人的驾驶状态具有明显的追逐竞驶特征。

"追逐竞驶"虽不以超速必要成立条件,但张某某二人在一般情形下于绝大多数路段超速行驶,对闯红灯现象"相信自己技能闯过去不会出事",反复并线,逢车必超,虽未造成严重后果,但进一步印证了行为人在道路上追逐竞驶的状态。

(二)张某某等行为达到"情节恶劣"程度

如前所述,对危险驾驶罪中"情节恶劣"的认定,应结合主客观两方面,综合多种因素作出判断。

一方面,从客观方面来看:其一,从张某某等人追逐竞驶的时间、地点来看,易使沿线人口和车辆及交通秩序所面临的威胁范围严重扩大。行为人追逐竞驶时适逢周五晚高峰,人流量大,车流密集,且二人行驶路线长达28.5公里,途经学校、医院、大型商场、居民小区等众多人口密集场所。其二,张某某等人对交通安全法规的违反程度高。行为时行为人驾驶套牌和无牌改装的大功率摩托车,在人口密集地区反复并线,逢车必超,导致沿线正常行驶车辆纷纷躲避。此外,交管部门还监测到行为人至少在四个路段都有超速行驶的情形,在其中三个路段的超速接近一倍,给这些路段的交通秩序造成了严重混乱。

另一方面,主观方面应考量张某某等人在案发后拒绝配合检察、逃离现场的情节。二人追逐竞驶虽未造成严重后果,但在行驶至某一路口时,张某某等人遇到执勤民警检查,非但未配合检查,还驾车高速行驶逃离现场,随后,被告人张某某被抓捕到案,而金某则是在接到公安机关后主动投案。

三、量刑中可对张某某等行为予以一定的从轻、减轻

张某某等行为虽属“情节恶劣”，但在本书看来，“情节恶劣”当属竞速型危险驾驶罪中的罪质因素，解决的是对被告人行为的定罪问题。而对二人行为的量刑问题，鉴于二人在竞速过程中未造成危害后果，且到案后均如实供述了自己的罪行，其中金某在接到公安机关电话后主动投案，符合自首的认定条件，依法可从轻处罚；加之在审理过程中，二人均已认识到自己行为的社会危害性，承诺无再犯可能性，有认罪、悔罪表现。因此，对二人分别判处拘役（其中张某某和金某拘役时间分别为4个月和3个月）并适用缓刑加处罚金的判决。本书认为，该判决综合考虑了多种因素，甚为妥当。

第三章　侵害公民人身权利民主权利罪

第一节　孕妇为夫猎艳杀人案

——对死刑案件中量刑情节问题的分析研究

■ 案例基本内容

［**案情简介**］[1]

被告人白某某在山东省烟台市某公司打工期间，于2011年与被告人谭某某相识，后确立了恋爱关系。2012年8月，白某某和谭某某回黑龙江省桦南县结婚。在谭某某怀孕期间，白某某听原单位同事提及谭某某在与其处对象期间曾与多名男子有两性关系，返回桦南后便质问谭某某，谭某某承认确有此事，二人感情遂出现裂痕。谭某某出于愧疚心理，产生给白某某往家骗小女孩实施奸淫，为其寻求心理平衡。2013年7月20日，白某某网购了一瓶（100片）镇静催眠类白色药片。同年7月24日15时许，谭某某谎称肚子痛需要帮助，将被害人胡某某骗至家中。白某某将兑入含有氯硝安定成分药物的"酸奶"拿给胡某某喝，将另一盒正常酸奶交给谭某某喝。胡某某喝下"酸奶"后出现昏迷症状，自行倒在床上。白某某便对胡某某实施奸淫，见胡某某正值生理期，加之其自身原因，致使奸淫行为未能得逞。因惧怕罪行败露，白某某用枕头捂住胡某某的口鼻，谭某某用双手按住胡某某的双腿，致胡某某窒息死亡。随后，二被告人将胡某某的尸体装入行李箱，埋于桦南县郊外。

另查明，二人还曾在2013年6月25日将含有安定成分的药片碾碎后放入两盒酸奶中，由谭某某交给白某某的女儿白某甲及同学苏某某喝下，意欲奸淫

［1］　载北大法宝网：http://www.pkulaw.cn/Case/.2016－7－25，最后访问日期：2017年11月10日。

苏某某,但最终放弃了奸淫行为。7月19日,二人还企图麻醉抢劫白某甲的同学康某某及女友。

[**裁判结果**]

被告人白某某、谭某某共同故意非法剥夺他人生命,致一人死亡;违背妇女意志,以镇静催眠类药物致人昏迷的手段强奸两名妇女;以镇静催眠类药物致人昏迷的方法抢劫他人财物,指向财物数额巨大,并意欲杀害被害人,其行为均已构成故意杀人罪、强奸罪、抢劫罪,应当实行数罪并罚。二被告人利用谭某某系孕妇的特殊身份和善良少女助人为乐的良好品德,实施强奸、故意杀害少女的犯罪行为,犯罪动机极其卑劣、社会影响极坏。被告人谭某某在实施犯罪和被采取监视居住强制措施时系已怀孕数月的妇女,对其依法不能适用死刑。依照有关法律规定,法院判决被告人白某某犯故意杀人罪,判处死刑,剥夺政治权利终身;犯强奸罪,判处有期徒刑6年;犯抢劫罪,判处有期徒刑8年,并处罚金人民币5000元。数罪并罚,决定执行死刑,剥夺政治权利终身,并处罚金人民币5000元。认定被告人谭某某犯故意杀人罪,判处无期徒刑,剥夺政治权利终身;犯强奸罪,判处有期徒刑5年;犯抢劫罪,判处有期徒刑6年,并处罚金人民币3000元。数罪并罚,决定执行无期徒刑,剥夺政治权利终身,并处罚金人民币3000元。

回 问题要点

本案因为两被告人犯罪的特殊性,引起了社会的强烈关注,尤其是在对白某某判处死刑之后,针对罪行同样极其严重的谭某某,为什么没有对其判处死刑?在罪行极其严重的死刑案件中,应在废除死刑的国际趋势下,坚持“保留死刑,但是严格控制死刑,尽量少处死刑”的刑事政策,充分考虑犯罪分子存在的相关量刑情节,慎用死刑。在本案中,因为谭某某系孕妇,根据我国《刑法》的规定,对其不能适用死刑,因而对谭某某没有适用死刑。在死刑案件中,往往会存在多种量刑情节,只有对各种量刑情节予以充分考虑,才能最终决定是否适用死刑。对待具有法定或酌定从重情节,如社会危害性更加严重的共同犯罪,对被害感情伤害严重,犯罪主观恶性大的等案件,一般法官在适用刑罚的时候,会考虑适用更重的刑罚。在本案中,两人因存在共同犯罪,深深伤害了被害人及其被害人亲属的感情以及犯罪动机极其卑劣等从重情节,所以在对两人适用刑罚的时候,都直接适用了最严厉的刑罚。

◇ 问题分析

一、对死刑的简单评述

死刑是剥夺犯罪人生命的一种刑罚,是刑罚体系中最为严厉的刑罚方法。根据《刑法》第48条的规定,我国死刑包括立即执行和缓期两年执行两种情况。自从启蒙运动思想家提出废除死刑的主张以来,对于死刑的评价已经争论了两百多年。其中一部分人得出了应当保留死刑的结论,一部分人得出了应当废除死刑的结论。[2] 关于死刑的存废有多种观点,而且说法不一,[3] 鉴于本书讨论的重点不在于此,所以不详细论述此问题。贝卡里亚在《论犯罪与刑罚》中曾提出"死刑是否真的有益和公正"的问题,并接着论述道:"体现着公共意志的法律憎恶并惩罚谋杀的行为,而自己却在做这种事情,它阻止公民在做杀人犯,却安排一个公共的杀人犯。我认为这是一种荒谬的现象。"[4] 所以可以肯定的是,废除死刑是一种必然的趋势。[5] 在我国,死刑只适用于罪行极其严重的犯罪分子,现行的政策是"保留死刑,但是严格控制死刑,尽量少处死刑"。这样的政策不仅可以获得社会的同情,有利于争取教育罪犯的家属、子女,而且可以保存一批劳动力为社会创造财富,还可以保留一批活证据。总之,这样做,对人民、对国际影响都有好处。[6] 所以在办理死刑案件的过程中,必须要以该政策为指导,严格恪守罪刑法定原则,在适用死刑时慎之又慎。为此,"两高三部"还专门出台了《关于办理死刑案件审

---

〔2〕 参见张明楷:《刑法学》(第5版),法律出版社2016年版,第528页。

〔3〕 关于死刑存废有多种观点,总体分为废除死刑或者保留死刑但是少处死刑。张明楷教授认为削减或者死刑废除是历史发展趋势,主要是从报应刑、特殊预防、一般预防的角度进行论证的。参见张明楷:《刑法学者如何为削减死刑作贡献》,载《当代法学》2005年第1期。高铭暄教授认为在保留死刑的前提下尽量少处死刑。参见高铭暄:《中华人民共和国刑法的孕育诞生和发展完善》,北京大学出版社2012年版,第45页。法国哲学家利科认为大多数西方国家废除死刑是出于两个原因:一是给犯人一个未来;二是国家的自制,即国家禁止自己对犯人使用同样的暴力。参见杜小真编:《利科北大演讲录》,北京大学出版社2000年版,第24~25页。

〔4〕 [意]贝卡里亚:《论犯罪与刑罚》,黄风译,中国大百科全书出版社1993年版,第49页。

〔5〕 我国也呈现了这种趋向,《刑法修正案(八)》与《刑法修正案(九)》共废除了二十余个罪的死刑。可以预见的是,未来除了特别严重的自然暴力犯罪保留死刑之外,对于行政犯很有可能会全部废除死刑。

〔6〕 参见高铭暄:《中华人民共和国刑法的孕育诞生和发展完善》,北京大学出版社2012年版,第45页。

查判断证据若干问题的规定》,该规定第1条明确规定:“办理死刑案件,必须严格执行刑法和刑事诉讼法,切实做到事实清楚,证据确实、充分,程序合法,适用法律正确,确保案件质量。”上述案件中的白某某犯故意杀人的事实必须做到事实清楚、证据确实充分,这可谓是在认定其构成故意杀人罪的基础上,为了严格控制适用死刑,从程序法的角度给死刑的适用增加一种制度上的检验和束缚。

特别需要指出的是,《刑法》第48条第1款后半段的规定,即“对于应当判处死刑的犯罪分子,如果不是必须立即执行的,可以判处死刑同时宣告缓期两年执行”,这就是我国的死缓制度。死缓制度是我国在刑事政策上的独创,该政策对于贯彻少杀慎杀政策、减少死刑立即执行的适用范围,具有非常重要的意义。死缓并不是一个独立的刑种,而是一种死刑的适用制度,是根据犯罪人所具有的相关量刑情节有条件适用不立即执行死刑的一种制度。

二、对量刑情节的理解

贝卡里亚说:“如果说,对于无穷无尽、暗淡模糊的人类行为组合可以运用几何学的话,那么也需要有一个相应的、由最强到最弱的刑罚阶梯。有了这种精确的普遍的犯罪与刑罚的阶梯,我们就有了一把……衡量犯罪的真正标尺,即犯罪对社会的危害。”〔7〕衡量犯罪的真正标尺需要有一个科学的量刑体系,在对犯罪人进行量刑时,需要认真考虑犯罪人所具有的相关量刑情节。学界对于量刑情节有不同的定义,但是所表达的含义都基本一致。〔8〕本书认为,量刑情节是指在认定行为人的行为已经构成犯罪的情况下,人民法院对犯罪分子适用刑罚时所应当考虑的各种情况。在各种情况中,只有当情节真正反映了罪行轻重和行为人再犯罪可能性的大小时,才能影响量刑。量刑情节是对犯罪分子处以具体刑罚(包括选择法定刑与决定宣告刑)的个别化依据。《刑法》第61条规定:“对于犯罪分子决定刑罚的时候,应当根据犯罪的事实、犯罪的性质、情节和对于社会的危害程度,依照本法的有关规定判处。”根据该条的规定,相关的量刑情节具体与犯罪的

---

〔7〕［意］贝卡里亚:《论犯罪与刑罚》,黄风译,中国大百科全书出版社1993年版,第66~67页。

〔8〕比较有代表性的有两种定义:一种定义认为量刑情节是指在定罪情节以外的,人民法院据以在法定刑限度以内或者以下对犯罪分子从重、从轻,或者免除处罚的主客观事实情况。参见高铭暄、马克昌主编:《刑法学》(第3版),北京大学出版社2007年版,第279页。另一种定义认为量刑情节是指在某种行为已经构成犯罪的情况下,法院对犯罪人裁量刑罚时应当考虑的,据以决定量刑轻重或者免除处罚的各种情况。参见张明楷:《刑法学》(第5版),法律出版社2016年版,第553页。对比上述定义,我们可知二者意思基本一致。

事实、性质、情节及对社会的危害程度有关,但是犯罪的事实、性质、情节及对社会的危害程度的表述都比较抽象,所以在讨论修改该条款时,有人主张在本条增加一款,具体内容为:"对于犯罪分子决定刑罚的时候,应当考虑下面的情况:(一)犯罪的动机;(二)犯罪的目的;(三)犯罪的手段;(四)犯罪造成的损害和影响;(五)犯罪分子在共同犯罪中所起的作用;(六)犯罪分子以往的表现;(七)犯罪分子的生活境遇;(八)犯罪分子和被害人平日里的关系;(九)犯罪分子的认罪态度和悔改表现;(十)民愤大小。"但是在讨论中大家普遍认为,量刑原则的内容已经很概括,不需要再另行详细列举,以免重复。[9] 以上的量刑情节主要是从犯罪的事实、性质等角度予以区分的。

量刑情节复杂繁多,有多种分类标准和分类方法。以法律有无明确规定为标准,可以区分为法定量刑情节和酌定量刑情节,这也是司法实践中运用最广泛的一种分类形式。法定量刑情节是指刑法明确规定在量刑时必须予以考虑的情节,包括应当型情节与可以型情节。酌定量刑情节是指人民法院在刑法理论与刑法精神的指导下,在总结司法实践经验的基础上而形成的可以在量刑时予以考虑的情节。关于此分类,有学者在法定量刑情节和酌定量刑情节之外,又进一步增加了司法解释规定的量刑情节和定罪剩余的构成事实转化而来的量刑情节。[10] 但是本书认为,司法解释规定的量刑情节和定罪剩余的构成事实转化而来的量刑情节均可归入法定量刑情节之中。司法解释规定的量刑情节存在于司法解释之中,自可归入法定量刑情节中,在此要讨论的是由定罪剩余的构成事实转化而来的量刑情节。根据提出该分类的学者观点,所谓定罪剩余构成事实转化而来的量刑情节,是指在我国《刑法》规定的具体犯罪中,法律要求具备所有的构成要件才能成立犯罪,但是有些犯罪构成却具有两个以上的选择要件或者有些构成要件存在两个以上的选择要素,法律要求只要具备其中一个选项,就可成立该种犯罪。对于具有选择要件或者构成要件具有选择要素的犯罪来说,其犯罪构成事实有可能多于多个定罪的起码要求,在这种场合下,应当选择其中危害最重的那个犯罪构成事实作为定罪情节,用于充分满足犯罪构成的起码要求。定罪剩余的其他犯罪构成事实,理所当然地应转化为从重处罚情节。但是这种定罪剩余构成事实转化而

---

〔9〕 参见高铭暄:《中华人民共和国刑法的孕育诞生和发展完善》,北京大学出版社 2012 年版,第 54 ~ 55 页。

〔10〕 参见高铭暄、马克昌:《刑法学》(第 3 版),北京大学出版社 2007 年版,第 286 页。

来的量刑情节具有以下问题：第一，无论是选择的定罪情节还是转化而来的量刑情节都需要有《刑法》的明确规定，满足此点才可以说其为法定量刑情节；第二，所谓转化而来的量刑情节，法官往往需要进行裁量，在认定定罪情节的基础之上，常会加入更多法官个人的考量因素，从这点来说，似乎法定量刑情节和酌定量刑情节兼而有之；第三，其实在所有的构成要件处于平等地位的基础之上，要去寻找哪一个是危害最重的构成要件事实，本身就不太可能。如《刑法》第 236 条第 3 款所规定的强奸罪构成要件的五项选择要素：(1)强奸妇女、奸淫幼女情节恶劣的；(2)强奸妇女、奸淫幼女多人的；(3)在公共场所当众强奸妇女的；(4)2 人以上轮奸的；(5)致使被害人重伤、死亡或者造成其他严重后果的。除了"致使被害人死亡"的情形可以确定为是危害最重的构成要件之外，其他的诸如"情节恶劣""多人""多次""公共场所当众强奸""造成严重后果"等，可能不同的裁判人员会有不同的看法，很难去比较或者判断哪种情形属于危害最重，最终的处理结论都是在认定有相关构成要件的基础之上进行综合判断及量刑，而不是先确定最重的情形，然后再来进行具体考量。所以从这个意义上说，增加这种分类的价值似乎意义不是很大。

以情节对裁判人员在量刑时考虑处罚轻重的影响标准，可以分为从重处罚情节和从轻处罚情节。该种分类规定在《刑法》第 62 条中，该条规定："犯罪分子具有本法规定的从重处罚、从轻处罚情节的，应当在法定刑的幅度以内判处刑罚。"可见，该种分类所具有的相关量刑情节规定于《刑法》其他条文中，且从该表述来看，相关的量刑情节必须有《刑法》的明确规定。但是后来司法机关又制定了相关的司法解释扩充了这种规定，典型的是最高人民检察院 2007 年制定的《关于在检察工作中贯彻宽严相济刑事司法政策的若干意见》、最高人民法院 2010 年制定的《关于贯彻宽严相济刑事政策的若干意见》。上述意见还把相关的一些量刑情节称为从宽情节和从严情节：从宽情节实际上除了包括从轻处罚情节之外，还包括免除处罚情节；从严情节大体上相当于从重处罚情节。但是由此带来的问题是，若干在《刑法》中没有规定的一些情节在司法解释中予以规定，有无违反罪刑法定原则的嫌疑？有没有可能对犯罪人不利？本书认为并没有，原因是司法解释所规定的相关量刑情节虽然可能《刑法》中没有明确规定，但是实际上法官在进行裁判的时候也会考虑到这些因素，用司法解释将其明确规定下来，以便让裁判人员在适用该情节的时候更加准确。再者，司法解释所规定的这些相关的量刑情节，往往是在司法实践经验中总结出来的良好经验，将其以司法解释的方式固定下来，可以更好地解决司法实践中碰到的类似难题,为审判人员适用法律提供一个更好的样板,同时也能更好地保证裁判的科学性,体现法律的公平正义。

除此之外,关于量刑情节还有各种分类,[11]基于本书论述的需要,其他分类就不再赘述。本书将选取本案中所涉及的量刑情节,包括怀孕的妇女、共同犯罪所涉及的主从犯、被害情感和犯罪的动机和目的作为代表,来具体说明死刑案件中相关量刑情节对犯罪人进行量刑时所要考量的因素。在死刑案件中,尤其是在有被害人的死刑案件中,犯罪人的罪行都极其严重、社会危害性极大、主观恶性深、人身危险性很大,人民法院在裁判时往往在定罪事实清楚、证据确实充分的基础上,再去考虑对犯罪人是适用死刑立即执行、死缓还是其他的刑罚。刑罚的适用往往会产生极大的影响,因为其不仅关系到犯罪人的利益、被害人的情感,还关系到整个社会对该案处理的认同度,当然也直接关系到社会对司法机关权威的认同度和公民所期待的公平正义能否得到实现的问题。所以对死刑案件中量刑情节的正确适用是一件极其重要的事,而这种量刑情节的适用是通过裁判人员即法官去直接实现的,对于法定的量刑情节,法官可能只是适用的机器,但是对于酌定的量刑情节,法官需要考虑的因素可能就会更综合,法官的认识往往会极大影响犯罪人的量刑。在从宽情节和从严情节中,很多量刑情节规定得过于笼统和模糊,需要法官根据具体的案情来予以适用,所以也需要法官予以综合考虑。据学者统计,相关的量刑情节至少有313个。[12] 本书所要重点讨论的几种量刑情节,既有法定、酌定的量刑情节,也有从重、从严的量刑情节,限于本书篇幅和本案所涉及的相关量刑情节,本书选取了几种代表性的量刑情节予以展开讨论,以期为同类型的量刑情节的适用提供借鉴作用。

---

〔11〕 如根据情节与犯罪行为在时间上的关系,可以分为案中情节和案外情节;根据情节与报应、预防的关系,可以分为影响责任刑的情节和影响预防刑的情节。参见张明楷:《刑法学》(第5版),法律出版社2016年版,第554页。另外,还可以以情节的性质为依据,分为体现危害社会危害性程度的情节和体现行为人人身危险性程度的情节;依据情节处罚功能的单复为依据,可以分为单功能情节和多功能情节;以情节是否适用为依据,可将量刑情节分为命令性情节和授权性情节。参见高铭暄、马克昌:《刑法学》(第3版),北京大学出版社2007年版,第280~281页。不同的学者从不同的角度对量刑情节提出了自己的分类,每种分类都具有不同的功能,本书也是从要论述的相关问题的角度选取了具有功能性的学术分类。

〔12〕 据有关学者统计,法定的量刑情节共有73个;司法解释规定的量刑情节共有64个;定罪剩余的构成事实转化的量刑情节共有114个;酌定的量刑情节不少于62种。参见高铭暄、马克昌:《刑法学》(第3版),北京大学出版社2007年版,第281~288页。

三、对审判的时候怀孕妇女量刑问题的理解和评价

根据《刑法》第49条第1款的规定,“犯罪的时候不满十八周岁的人和审判的时候怀孕的妇女,不适用死刑”,而上述判决书指出,“被告人谭某某在实施犯罪和被采取监视居住强制措施时系已怀孕数月的妇女,对其依法不能适用死刑”,可见对谭某某不适用死刑正是适用的该条规定。由此带来的疑问是,为什么罪大恶极的妇女,只要在审判时怀孕就不适用死刑呢?还有该判决书认为,“谭某某在实施犯罪和被采取监视居住强制措施时系已怀孕数月的妇女”,怎么又是审判时呢?本书将针对这些问题进行一一说明。

本书认为,《刑法》第49条第1款所规定的内容属于法定量刑情节,而且属于从宽的量刑情节。[13] 上文已提到,我国对死刑的政策是“保留死刑,但是严格控制死刑,尽量少处死刑”。我国《刑法》一直以来对孕妇都是采取禁止执行死刑的做法。1954年9月30日,《刑法草案(初稿)》第10条第3款明确规定:“孕妇和不满十八周岁的未成年人犯罪,不适用死刑”。1962年12月,《刑法草案(第21稿)》第49条规定:“犯罪的时候不满十八岁的人和审判的时候怀孕的妇女,不适用死刑”,这一规定把不适用死刑的孕妇限制为“审判的时候”。《1979年刑法》第44条、《1997年刑法》第49条都承袭了这一表述而规定,“审判的时候怀孕的妇女,不适用死刑”。在国际法方面,两个人权公约即《经济、社会及文化权利国际公约》和《公民权利和政治权利国际公约》均规定对孕妇不得适用死刑。对审判时候怀孕的妇女不适用死刑是出于人道主义考虑,妇女怀孕意味着其体内孕育着一个新的生命,不能因其母亲犯罪而剥夺孩子出生的权利,也体现了对孕妇的特殊保护,这是一个文明社会对生命最起码的尊重,同时也是保障人权的体现。但在实践适用时,对有关“审判时”等问题会出现不同的理解。

对于《刑法》第49条第1款规定的“审判时”,有人根据文义解释为只能发生在法院审判过程中。但是根据最高人民法院研究室《关于如何理解“审判的时候怀孕的妇女不适用死刑”问题的电话答复》的规定,在羁押期间已是孕妇的被告人,无论其怀孕是否违反计划生育政策,也无论其是否自然流产或者经人工流产以及流产后移送起诉或审判期间的长短,如果人们法院在审判时候发现,都不适

---

〔13〕 有学者认为不宜把该事项作为量刑情节,应该作为法定刑的修正。参见张明楷:《刑法学》(第5版),法律出版社2016年版,第530页。但是通说还是认为该事项是量刑情节,且是法定单功能从宽处罚情节。参见高铭暄、马克昌:《刑法学》(第3版),北京大学出版社2007年版,第282页。

用死刑。据此,“审判时”应扩大到整个刑事诉讼的全过程,包括侦查、审查起诉和审判。即这个过程应从公安机关或公诉机关认为或者应该认为犯罪嫌疑人、被告人有罪并且决定进入立案阶段开始,直到公诉机关向审判机关提起公诉,审判机关依法审理并宣判时为止。[14] 由于《刑法》第 49 条第 1 款的规定对怀孕的妇女适用的刑事诉讼阶段在字面上仅仅局限于“审判时”,所以公民对该条法律的理解往往会存在偏差,因此有学者建议将该条中“审判时怀孕的妇女”修改为“刑事诉讼中怀孕的妇女”,这样更能体现立法的宗旨和本意,法官在认定事实和适用法律时也更加有法可依。[15] 本书认为,虽然目前司法实践中对“审判时”的理解已经没有任何争议,但是这一条规定仍应在未来加以修正,原因是:第一,在实体法意义上,审判人员判决的依据主要是 1991 年 3 月 18 日最高人民法院研究室的一个电话答复,该电话答复是以最高人民法院研究室的名义作出,而不是以最高人民法院的名义作出的,最高人民法院研究室只是法院的一个内设机构,其是否能完全代表最高人民法院存在一定问题。再者,《刑法》第 49 条规定的是“审判时”,而最高人民法院研究室将之直接扩大解释到“羁押时”,是否会对罪刑法定原则造成破坏。第二,从全民普法的角度看,修改该条法律为“刑事诉讼中怀孕的妇女”,也能让公民更加知晓该法律,具有极强的宣示意义。总之,对该条法律进行修正不仅可以解决规定来源的合法性问题,让法官适用时有法可依,还可以让公民对其行为进行更好的预测。

当然,制度总会有预想不到的漏洞。在司法实践中,有的女性犯罪嫌疑人会利用其怀孕的情形来故意逃避其本应承当的严重的法律制裁。[16] 另外,由于刑事案件的办理期限相对比较长,所以不排除女性犯罪嫌疑人存在利用制造怀孕的事实。[17] 因此,在承认该制度的优势上,也应该对该制度存在的漏洞在司法实践中充分予以完善。

四、共同犯罪在死刑案件中对量刑的影响

《刑法》第 25 条第 1 款规定:“共同犯罪是指两人以上共同故意犯罪。”第 26、27、28、29 条分别规定了主犯、从犯、胁从犯和教唆犯的概念及其处罚原则。本书

---

〔14〕 参见赵秉志:《刑法改革问题研究》,中国法制出版社 1996 年版,第 318 页。

〔15〕 参见高铭暄、赵秉志、许成磊:《2001 年刑法学研究的回顾和展望》,载《法学家》2002 年第 1 期。

〔16〕 如 2005 年发生在辽宁阜新的恶性杀夫案,犯罪嫌疑人郭某在出逃后勾引少年致其神秘怀孕。

〔17〕 如人工受孕或者曾经发生过的女性犯罪嫌疑人与监狱的狱警发生性关系致其怀孕等。

限于论述的需要,只讨论主犯和从犯的问题。主犯是指组织、领导犯罪集团进行犯罪活动或者在共同犯罪中其主要作用的犯罪分子,主犯一般应当按照其所参与的或者组织、指挥的全部犯罪进行处罚。在共同犯罪中起次要或者辅助作用的,是从犯。对于从犯,应当从轻、减轻处罚或者免除处罚。通说认为,从犯属于法定量刑情节且是从宽处罚情节。对主从犯一般是以其在共同犯罪中所起的作用予以区分的,具体作用要结合具体的案情予以认定,一般是从犯意的提起、在行为中所起作用的大小和积极程度、对造成后果的作用大小等方面来予以综合认定。

两人以上的行为人参与同一个犯罪,由于各参与者在不同形态的犯罪过程中所扮演的角色,以及他们在犯罪行为中所占的分量各不相同,对于犯罪行为的完成或贡献,亦各有不同的重要性,故在刑法上的评价,自各不相同。[18] 正确认定主从犯对犯罪人的量刑具有重大的影响,而在死刑案件中,一般对于从犯是不适用死刑的。根据最高人民法院《关于贯彻宽严相济刑事政策的若干意见》的规定,"对于一般共同犯罪案件,应当充分考虑各被告人在共同犯罪中的地位和作用,以及在主观恶性和人身危险性方面的不同,根据事实和证据能够区分主从犯的,都应当认定主从犯。有多名主犯的,应当在主犯中进一步区分出罪行最为严重者。对于多名被告人共同致死一名被害人的案件,要进一步分清各被告人的作用,准确确定各被告人的罪责,以做到区别对待;不能以分不清主次为由,简单地一律判处重刑"。所以在共同犯罪中,可以区分主从犯的,一般都必须区分主从犯,因为在共同犯罪中,从犯不起主要作用,完全是在主犯的支配下进行犯罪行为,社会危害性比主犯要小得多,因而承担的刑事责任自然也应比主犯要小。尤其是在死刑案件中,法官在对多人参与犯罪的案件进行审理的过程中,都要论述说明各个参与者在共同犯罪中的作用,分清主从,只有这样,才能正确适用刑罚。在上述案件中,虽然犯罪事实和裁判结果没有提到白某某和谭某某主从犯和共同犯罪的问题,但是从案情简介中我们就可以知道两人系共同犯罪,且在共同犯罪中,谭某某利用自己属于孕妇的身份,获取被害人同情,进而将被害人诱骗回家供自己丈夫白某某强奸,强奸未遂后,两人又共同杀害被害人。从案情中我们可知两人均系共同主犯,不宜区分主从犯,两人在共同犯罪中的作用、地位基本相当。法院完整版判决书中对此问题也是同样的认识。因而在确定两人刑事责任分担的时候,对依据本案的事实两人应承担的罪责在量上是一致的,即在没有其他量刑情节的情

〔18〕 参见林山田:《刑法通论》,北京大学出版社 2012 年版,第 1 页。

况下,应该将二人处以相同的刑罚方能实现罪责刑的一致。

之所以提到共同犯罪在死刑案件中对量刑的影响,还因为较之单独犯罪而言,共同犯罪人彼此互相支持、共同谋划、相互分工、相互配合,其社会危害性远远超过单独犯罪行为社会危害性的简单相加。共同犯罪参与者刑事责任的确定实际上是对刑事责任的分解,这种分解不是简单将所有的刑事责任在各个参与者之间进行平均分配,最终的分解结果是各共同犯罪参与者所实际承担的刑事责任的总和不能简单地与整个共同犯罪等同,这也是共同犯罪中主从犯之间刑罚不一致的原因之一。

本书认为,在共同犯罪的死刑案件中,要充分考虑各共同犯罪参与者在共同犯罪中的地位和作用,确定参与者的刑事责任应当尽量分清主次。区别对待,以《刑法》关于共同犯罪承担刑事责任的规定为基础,结合案件的事实和证据,具体分析和确定各个参与者的刑事责任,准确把握共同犯罪对死刑案件量刑的影响,以做到正确地适用刑罚。

五、被害感情对死刑案件量刑问题的影响

被害感情,一般是指被害人及其家属因犯罪所遭受的精神损害以及由此产生的处罚感情或科刑意见。[19] 被害感情可谓酌定的量刑情节。酌定情节往往是在法定刑确定的基础之上,考量责任刑。通常,犯罪人的犯罪行为在《刑法》中已有明确规定,法官在适用时只能以法定刑为基础,但是在现代刑罚体系下,往往都是相对确定的法定刑,相对确定的法定刑就会给予法官一定的自由裁量权,这种自由裁量权会影响犯罪人的责任刑进而影响宣告刑。而导致法官决定责任刑的因素是多样的,其中,被害感情就是一项重要的因素。

在我国司法实践中,考虑犯罪人的犯罪行为对被害感情的影响已经成为普遍做法。因为被害感情涉及被害人及其被害人亲属对法院判决情况的满意度,如被害感情得不到满足,就可能会引发一系列的上访,还会导致一些恶劣的社会影响,这也是我国目前司法实践中的难题之一,即如何在保障犯罪嫌疑人或被告人人权和保护被害人及其被害人亲属利益之间取得平衡。如上述案件中的故意杀人行为,除了极大地伤害被害人的感情之外,还会引发社会恐慌,因为该种杀人行为经媒体报道后产生了重大的社会影响和社会关注,如法院在量刑时没有充分考虑被

〔19〕 参见[日]小池信太郎:《“评论” 载于大阪刑事实务研究会:量刑实务大系第二卷关于犯罪情节的诸问题》,判例时报社 2011 年版,第 128 页。

害感情,就可能对司法裁判的权威性和处理公共危机的能力产生重大挑战。

小池信太郎教授把被害感情分为精神损害和处罚感情,张明楷教授持同样的观点,并认为精神损害与处罚感情不一定成正比关系。[20] 本书赞同小池信太郎教授和张明楷教授的观点,认为可对被害感情作此划分。处罚感情一般分为两种情形:一是要求严厉处罚;二是希望宽大处罚。一般说来,精神损害与处罚感情在一定程度上成正比关系,但是因为不同的被害人及其被害人亲属对相同的犯罪会产生不同的处罚要求,所以不排除被害人及其被害人亲属要求对犯罪分子宽大处罚的可能性。事实也证明,在司法实践中,犯罪分子可能会因为积极赔偿或被害人本人存在过错等原因取得被害人及其被害人亲属的谅解,从而被害人及其被害人亲属希望对犯罪分子宽大处罚。在死刑案件中,通常会发生被害人死亡的严重后果,所以精神损害和处罚感情往往会呈现正相关的关系。被害人及其亲属往往会要求对犯罪分子予以严厉处罚,普通百姓基于传统的同态复仇的观念,甚至会要求判处犯罪分子极刑。《刑事诉讼法》第 46 条明确规定了应当告知被害人及其法定代理人或者近亲属、附带民事诉讼的当事人及其法定代理人有权委托诉讼代理人及其相关权利,即应当听取被害人对案件的处理意见。这充分显示了将被害感情纳入刑事诉讼过程这一特点,但鉴于《刑法》并没有规定将被害感情作为从重或从轻的情节,因此被害感情只是一个酌定的量刑情节。在程序法领域已经将被害感情纳入刑事诉讼过程的情况下,再加上司法实践已经将被害感情作为责任刑的一个重要考量因素的环境,在实体法领域也应被害感情提升至法定情节在裁判中予以考虑。

总之,在现今我国司法实践中,被害人及其亲属对待案情的态度,往往会对案件最终的处理结果产生重大影响。尤其需要指出的是,在被害人已经死亡的情况下,犯罪分子对被害人亲属的赔偿问题会被司法机关作为考量犯罪分子安抚被害感情的一个重要因素。在犯罪分子积极赔偿被害人且被害感情得到安抚的情况下,法官在对被告人进行量刑时会对此予以充分考虑。反之,如果被害感情受到极大刺激且该案可能会引发被害人亲属上访,那法官就会在考虑责任刑的时候直接对被告人适用重刑。其实,这除了是受被害感情的影响之外,也是法官在理性的裁判者之外,作为一个感性的人对案件的情感表达。

---

〔20〕 参见张明楷:《刑法学》(第 5 版),法律出版社 2016 年版,第 593 ~ 594 页。

六、犯罪的动机和目的对死刑案件的量刑和影响

行为人的犯罪动机及其以犯罪行为所希冀达到的目的,系行为不法的主观要素,乃用以判断行为人的犯罪性及其行为罪责的主要依据。〔21〕 一般认为,犯罪的动机和目的是影响责任刑的酌定情节。犯罪的目的往往与犯罪动机接连在一起,故在刑罚裁量上,大多一并加以审酌。原则上,法官要使用社会伦理标准,评估犯罪动机与目的在伦理与道德上的价值,以作为从重裁量或从轻裁量的依据。〔22〕 犯罪的目的和动机往往可分为外在的刺激和内在的动因:外在的刺激往往是在外界因素的影响或引诱之下从而实施犯罪行为;内在的动因往往是自我因素引发的犯罪行为。一般说来,犯罪行为是外在刺激和内在动因的两相结合。案例中提到的白某某的外在刺激是知道其妻谭某某的出轨行为,内在动因更多的是仇恨、报复和性欲;而谭某某的犯罪目的或者动机更多的是内在动因,即出于愧疚心理。

通常说来,犯罪目的或动机的好坏是一个影响量刑的重要因素。无论是高尚的动机,利他的动机,还是值得同情而可谅解的犯罪动机,都可以作为酌定的从轻裁量的依据。而在犯罪中,若目的非法或者不当、作案动机匪夷所思或者动机卑劣,就可以作为一个酌定从重的量刑情节。正如最高人民法院在《关于贯彻宽严相济刑事政策的若干意见》中,就准确把握和正确适用了依法从严的政策要求,"对于极端仇视国家和社会,以不特定人为侵害对象,所犯罪行严重的犯罪分子,该重判的要坚决依法重判,该判处死刑的要坚决依法判处死刑";"严惩严重刑事犯罪,必须充分考虑被告人的主观恶性和人身危险性"。所以在司法实践中,犯罪分子作案的动机和目的是一个在裁量中经常予以考量的因素,因为它会直接体现犯罪构成的主观方面,还会直接影响被害感情以及公众在道德感方面对该犯罪行为的接受度等。

▲ 本案分析

一、本案的总体分析

本案事实清楚、证据确实充分,认定两人构成以上诸罪已经排除一切合理怀疑,即该案在定性方面没有任何问题,公众也不会对两人的定性存在怀疑,本

---

〔21〕 参见林山田:《刑法通论(下)》,北京大学出版社 2012 年版,第 352 页。

〔22〕 Sch/Sch,£ 46 Rn. 13. 转引自林山田:《刑法通论(下)》,北京大学出版社 2012 年版,第 353 页。

案主要是在量刑方面存在一些争议。除了定性和量刑之外，具有道德感的公民还会对两被告人匪夷所思的犯罪动机和目的产生质问感，这也是本案引发诸多社会讨论的原因。再者，在白某某被判处死刑的基础上，公众还对动机更加卑劣的谭某某没有判处死刑表示质疑。这也是犯罪中常见的法理和情理之争、法律人和普通善良人视角不同之争。

二、本案中谭某某没有判处死刑之因

上文已经提到，本案引发社会关注的原因之一就是谭某某没有被判处死刑。谭某某在本案中的犯罪目的和动机极其卑劣，在共同犯罪中作用显著，其行为和被判处死刑的白某某相比，只有更甚。其之所以没有被判处死刑就是因为其是法律规定的“审判时怀孕的妇女”，这点已在该案的判决书中明确提到，即“被告人谭某某在实施犯罪和被采取监视居住强制措施时系已怀孕数月的妇女，对其依法不能适用死刑”。对怀孕妇女不适用死刑是我国长期以来的刑法传统，也是国际社会中通行的做法。我们有理由相信对怀孕的妇女不执行死刑并不会使公众的公平感受到损害。

三、共同犯罪和被害感情对本案量刑的影响

上文已经提到，较之单独犯罪而言，共同犯罪本身的社会危害性更为严重，共同犯罪人彼此互相支持、共同谋划、相互分工、相互配合，其社会危害性远远超过单独犯罪中犯罪人行为社会危害性的简单相加。在本案中，首先是被告人谭某某由于愧疚心理利用其孕妇身份为其夫寻找善良的女性被害人，在得到其夫的支持后，积极协助其夫白某某强奸被害人，在强奸未遂以后两人又残忍杀害被害人。从案情中我们可以看出，两人在共同犯罪中相互配合、互相支持，社会危害性很大，若不是及早发现，可以预见会有更多的女性被害人遇害。案件中两人在共同犯罪中的地位和作用基本相同，均系共同正犯、实行犯，而且在共同犯罪中应不宜区分主从犯。该观点也得到了上述法院的支持，法院在论证两人在共同犯罪中的地位和作用的时候，也是认为对两人不宜区分主从犯。

在被害感情方面，本案的被害人有善良无辜的少女，甚至有白某某女儿的同学，两被告人把犯罪的魔爪伸向了这些无辜的和幼小的人，若本案得不到一个公正的判决，不但会损害被害人及其被害人亲属对法律的信任，还会损害公众的公平感，也不足以告慰死者的英灵。同时，本案由于媒体的报道也受到了

极大的社会关注,还会产生巨大的社会影响。被害人的精神损害会随着被害人年龄的增大愈发显现出来,被害人亲属亦强烈要求直接予以严厉处罚,所以法官在考虑责任刑的时候会偏向于重刑。事实证明,法官在对两被告人进行适用刑罚的时候,已经是顶格适用,即判处被告人白某某死刑,被告人谭某某无期徒刑。本书认为,该判决已经充分考虑了被害感情,对两被告人适用刑罚的时候也已经充分考虑了应有的从重情节,做到了罪责刑的统一,体现了公众对案件公平正义处理的期待感。

四、犯罪的动机和目的对本案量刑的影响

本案判决书裁判结果部分提到:"二被告人利用谭某某系孕妇的特殊身份和善良少女助人为乐的良好品德,实施强奸、故意杀害少女的犯罪行为,犯罪动机极其卑劣、社会影响极坏。"这是对犯罪目的和动机的一种表述,法官在法定刑确定的基础之上,在表明对两被告人有责的不法增加情节时,毫无疑问会酌定从重处罚。法官在对犯罪目的和动机进行评判的时候,也是对整个社会道德感的一种引领,好的判决会充分考虑法理和情理的统一,在正确适用法律的基础之上,充分考虑普通人朴素的感情和对发生案件的容忍度。本案中的两被告人利用被害人的善良感情,实施相关的犯罪行为,可谓动机匪夷所思、极其卑劣,深深伤害了公众对善良道德的美好追求,若不予以重判,则会与社会价值观背道而驰,不利于美好社会道德的建设。

关于相关量刑情节,本书还需要特别指出的是被告人犯数罪时对被告人量刑的影响。本案中,两被告人除了犯有适用死刑的故意杀人罪之外,还犯有强奸罪和抢劫罪,即存在数罪并罚的情况。数罪并罚的原则有并科原则、吸收原则、限制加重原则等,本案采用的是重罪吸收轻罪的合并处罚原则。在没有死刑的国家,一般采用的是并科原则,即对所有的罪名都会予以评价,采用绝对相加的方法决定执行刑罚的期限。在本案中,白某某、谭某某的死刑、无期徒刑刑罚吸收了两人另外两罪的刑罚,有的公众会认为没有对两人的另外两罪予以评价,这种认识是存在误区的。我们都知道,死刑是剥夺生命的刑罚,是最严厉的刑罚,法官在适用死刑的时候会对案件进行统筹考虑,在有另外两罪的情况下,犯罪分子的社会危害和主观恶性显然更大,所以会增加法官对重罪判处死刑的可能性。另外,采用绝对相加的方法决定执行刑罚,往往也会超过犯罪人的生命极限,其实意义不大。

综上，因为死刑案件受到“少杀慎杀”等刑事政策的影响，所以法官在决定适用死刑时，会充分考虑各种量刑情节。只有在对各种法定、酌定的量刑情节进行比较考虑的基础之上，才能确定对犯罪分子应否适用死刑。

第二节　山东招远涉邪教故意杀人案
——利用邪教组织破坏法律实施罪若干问题的研究

■ 案例基本内容

［**案情简介**］〔23〕

1. 故意杀人犯罪事实

被告人张某甲、张某乙、吕某某、张某丙、张某丁及张某（张某甲之弟，12周岁）均系“全能神”邪教组织成员。2014年5月28日15时许，五被告人及张某到“麦当劳”招远府前广场餐厅就餐。期间，张某乙、张某丁去附近商场购买了拖把、手机等物品。21时许，张某甲、吕某某授意张某丙、张某丁、张某向餐厅内的其他顾客索要联系方式，为发展“全能神”教徒作准备。张某丙向被害人吴某某索要手机号码时遭其拒绝，遂将此情况告知了张某甲、吕某某。张某甲、吕某某指使张某丙再次向吴某某索要号码，又遭拒绝。张某甲、吕某某遂共同指认吴某某为“恶灵”，张某甲开始咒骂吴某某“恶灵”“魔鬼”，上前抢夺吴某某手机制止其通话，并驱赶其离开餐厅，遭斥责后张某甲遂持餐厅内座椅击打吴某某头部，吴某某反抗，二人厮打并倒地，张某乙即上前掐住吴某某的脖子，迫使其松手，吕某某、张某丙也参与殴打。张某甲脱身后，手撑餐桌反复跳起、连续踩踏吴某某头面部，叫嚣“杀了她！她是恶魔”，随后将两支拖把递给张某乙和张某，指使张某乙、张某丙、张某丁、张某诅咒、殴打吴某某。张某乙立即抡起拖把连续猛击吴某某头面部，直至将拖把打断。在吕某某指使下，张某乙又将吴某

---

〔23〕 参见中国裁判文书网：http://wenshu.court.gov.cn/content/content? DocID=0a18b8c2-7f54-49c7-9149-d8739c711692&KeyWord=；载东方法眼网：http://www.dffyw.com/sifashijian/ws/201410/37250.html，最后访问日期：2018年1月19日。

某从桌椅间拖出,用穿着皮鞋的右脚反复猛力踢、踩、跺吴某某头面部。张某丙亦使用椅子等工具殴打吴某某背部和腿部。吕某某踢、踹吴某某腰臀部,并驱使张某丁、张某殴打吴某某。期间,吕某某还用拳头击打上前劝阻的"麦当劳"餐厅工作人员,并威胁称"谁管谁死! 滚",阻止他人施救,又与张某甲冲向餐厅柜台,用柜台上的头盔砸向工作人员,阻止报警。公安人员接警赶到现场制止、抓捕仍在殴打吴某某的张某乙和张某时,遭张某甲、吕某某、张某丙、张某丁极力阻挠。"120"急救医生到场后确认吴某某已死亡。经法医鉴定,吴某某系生前头面部遭受有较大面积质地坚硬钝物打击并遭受有一定面积质地较硬钝物多次作用致颅脑损伤死亡。

2. 利用邪教组织破坏法律实施犯罪事实

被告人吕某某经"全能神"教徒王某甲介绍于1998年加入"全能神"邪教组织。2008年,吕某某作为"长子"("全能神"邪教组织头目),纠合在招远的"全能神"教徒进行聚会,宣扬"全能神"教义。

被告人张某甲于2007年通过阅读"全能神"教义开始接触并信奉"全能神",2008年与吕某某通过互联网结识并频繁联系,认可吕某某为"长子",并跟随吕某某到招远多次参加"全能神"教徒聚会。2008年年底,张某甲在河北省无极县先后将张某乙、陈某某(张某甲之母)、张某丙、张某等家人发展为"全能神"教徒。2009年,张某甲与家人从河北省无极县先后来到招远市定居。同年夏天,张某甲被"二见证人"("全能神"邪教组织头目)范某某、李某乙确认为"长子"。此后,吕某某、张某甲到招远市城区及玲珑镇、蚕庄镇、齐山镇等多个地点,秘密纠合"全能神"教徒四十余名聚会百余次,张某乙积极参加聚会活动。期间,吕某某、张某甲印制、散发了《话在肉身显现》《七雷发声》等"全能神"宣传资料数十册。张某甲鼓动张某乙积极出资,在招远市大曹家、金凤花园、金水桥等地租赁或者购买多处房屋及店面,作为"全能神"教徒住所和活动场所。张某乙还主动出资购买交通工具,驾车接送吕某某、张某甲等人到青岛、莱芜、东营等地参加"全能神"教徒聚会,宣扬"全能神"教义。

自2008年起,被告人吕某某、张某甲利用互联网,先后在"百度知道""新浪博客""搜狐博客""美国中文网"等境内外网络空间内,制作、传播有关"全能神"的文章97篇,空间访问量总计17万余次。期间,张某甲还将《话在肉身显现》转换成电子文档,保存在计算机中,进行了编辑、复制、传播。

2010年11月后，被告人吕某某到招远市泉山路张某甲家中居住。被告人张某乙为共同习练“全能神”教义购买电脑、手机，安装宽带，提供日常生活费用，并听从吕某某、张某甲指使，自愿将家庭财产1000余万元以“奉献”给“教会”的名义，存于吕某某、张某甲名下。2014年5月25日，吕某某、张某甲指使张某乙将张某丁从河北省无极县约至招远，发展为“全能神”邪教组织成员。

［**裁判结果**］

2014年10月11日，山东省烟台市中级人民法院作出如下判决：被告人张某甲、张某乙、吕某某、张某丙、张某丁因被害人吴某某拒绝提供自己的电话号码，即视之为“恶灵”，采取持椅子、拖把打砸、用力踹踏等手段，共同将吴某某残忍杀害，其行为均构成故意杀人罪。被告人吕某某、张某甲、张某乙明知“全能神”系已经被国家取缔的邪教组织，仍然纠合教徒秘密聚会，制作、传播邪教组织信息，发展邪教组织成员，或者为上述行为提供便利条件，破坏国家法律、行政法规实施，其行为还构成利用邪教组织破坏法律实施罪，应当数罪并罚。被告人张某甲犯故意杀人罪，判处死刑，剥夺政治权利终身；犯利用邪教组织破坏法律实施罪，判处有期徒刑7年，决定执行死刑，剥夺政治权利终身。被告人张某乙犯故意杀人罪，判处死刑，剥夺政治权利终身；犯利用邪教组织破坏法律实施罪，判处有期徒刑5年，决定执行死刑，剥夺政治权利终身。被告人吕某某犯故意杀人罪，判处无期徒刑，剥夺政治权利终身；犯利用邪教组织破坏法律实施罪，判处有期徒刑7年，决定执行无期徒刑，剥夺政治权利终身。被告人张某丙犯故意杀人罪，判处有期徒刑10年。被告人张某丁犯故意杀人罪，判处有期徒刑7年。

2014年11月28日，山东省高级人民法院对上诉人张某甲、张某乙、吕某某等涉邪教杀人案二审宣判，裁定驳回张某甲、张某乙、吕某某、张某丙、张某丁的上诉，维持原判；对维持张某甲、张某乙死刑判决的裁定，依法报请最高人民法院核准。2015年2月2日，经最高人民法院核准，山东省烟台市中级人民法院依法对犯故意杀人罪、利用邪教组织破坏法律实施罪的罪犯张某甲、张某乙执行死刑。

☐ 问题要点

在认定组织、利用邪教组织破坏国家法律实施罪时，首先应当界定该组织是否为邪教组织,关于邪教和邪教组织有各种说法和定义,但是对于邪教组织的定义是:邪教组织系冒用宗教、气功或者以其他名义建立,神化、鼓吹首要分子,利用制造、散步迷信邪说等手段蛊惑、蒙骗他人,发展、控制成员,危害社会的非法组织。此外,认定组织、利用邪教组织罪只能是故意犯罪,其行为表现为行为人实施了破坏国家法律实施的行为,破坏国家法律实施的行为都规定在具体的司法解释中,应当注意把握罪与非罪的界限。在对该罪进行适用时,我们还应当特别注意对本罪的犯罪主体和罪数形态的认定。邪教犯罪具有巨大的社会危害性,而且一般涉及人数众多,在具体办理该类案件时,应该区别对待,贯彻宽严相济的刑事政策,实现法律效果和社会效果的统一。

◇ 问题分析

《刑法》第 300 条第 1 款规定:"组织、利用会道门、邪教组织或者利用迷信破坏国家法律、行政法规实施的,处三年以上七年以下有期徒刑,并处罚金;情节特别严重的,处七年以上有期徒刑或者无期徒刑,并处罚金或者没收财产;情节较轻的,处三年以下有期徒刑、拘役、管制或者剥夺政治权利,并处或者单处罚金。"该罪名为组织、利用会道门、邪教组织、利用迷信破坏法律实施罪,系是一个选择性罪名,山东招远涉邪教故意杀人案涉及的罪名为利用邪教组织破坏法律实施罪,这也是本书讨论的内容。《刑法》第 300 条第 2 款规定:"组织、利用会道门、邪教组织或者利用迷信欺骗他人,致人重伤、死亡的,依照前款的规定处罚。"该款罪名为组织、利用会道门、邪教组织或者利用迷信致人重伤、死亡罪,虽与第 1 款同为《刑法》第 300 条的规定,但是却是独立的罪名,这两款规定共同构成了我国《刑法》中关于邪教犯罪的具体规定。鉴于本书讨论案例仅涉及第 1 款的罪名,故对第 2 款的罪名不再展开讨论。[24] 《刑法》第 300 条第 3 款规定:"犯第一款罪又有奸淫妇女、诈骗财物等犯罪行为的,依照数罪并罚的规定处罚。"该款虽然规定在第 300 条第 3 款,但是其跟第 1 款的联系更加紧密,是讨论在构成第 1 款相关犯罪

---

〔24〕 组织、利用会道门、邪教组织或者利用迷信致人重伤、死亡罪和《刑法》第 300 条第 1 款的组织、利用会道门、邪教组织、利用迷信破坏法律实施罪一起构成我国《刑法》关于邪教犯罪的全部规定,两款均为选择性罪名。第 2 款虽和第 1 款的罪名不同,但是适用的量刑却是参照第 1 款的,故第 2 款也有许多可以讨论的地方。关于第 2 款的解析,可参见张明楷:《刑法学(下)》(第 5 版),法律出版社 2016 年版,第 1076 页。张明楷:《刑法分则解释原理(下)》(第 2 版),中国人民大学出版社 2011 年版,第 601 页。本书基于篇幅和讨论的重点等角度考虑,不对第 2 款进行展开论述。

的基础上,又有奸淫妇女、诈骗财物等犯罪行为的,如何适用刑罚的问题。该款的相关问题将在下文进行具体的论述。

一、我国刑法中邪教犯罪规定的沿革

我国1997年《刑法》第300条的规定是在1979年《刑法》第99条的基础上予以发展和完善的。1979年《刑法》第99条确定的罪名是组织、利用封建迷信、会道门进行反革命活动罪,构成本罪除了实施组织、利用封建迷信、会道门的行为外,还需要进行反革命活动。至于关于反革命的相关规定,则是我国特殊历史时期的产物,其定义规定在1979年《刑法》第90条,且1979年刑法分则第一章即为反革命罪。[25] 从第99条的规定可知,1979年《刑法》并没有规定邪教组织犯罪。但是在起草该条文的时候,有人建议将"利用宗教进行反革命活动"的意思概括进去,后来经过讨论,又否定了该意见。理由是:宗教不同于封建迷信和会道门,宗教在我国是合法存在的,宗教信仰自由受我国宪法和法律保护,把宗教与封建迷信、会道门相提并论,不仅为政策、法律所不允许,而且将严重损伤信教公民的感情,不利于我国各族人民的团结。[26]

1997年《刑法》最终将"组织、利用会道门、邪教组织、利用迷信破坏法律实施罪"确定下来也是经历了一个过程。此罪最先见于1996年10月10日的《修订草案(征求意见稿)》,那时的称呼为"邪教团体",直至1997年2月17日的修订草案才将其修改为"邪教组织"。关于1997年《刑法》第3款"援引强奸罪、诈骗罪定罪处罚"的规定,在最先的1996年10月10日修订草案中,立法机关仅仅对利用迷信诈骗他人财物作了规定,1996年12月的修订草案又对此进行了修改,后经过1997年1月10日、1997年2月17日的修订草案,直到1997年3月1日的修订草

---

〔25〕 1979年《刑法》在分则第一章规定了具体的反革命罪,这与当时具体的历史条件合斗争实践相符。1979年《刑法》第90条规定:"以推翻无产阶级专政的政权和社会主义制度为目的的、危害中华人民共和国的行为,都是反革命罪。"从该定义我们可知要构成反革命罪需要主观上具有推翻无产阶级专政的政权和社会主义制度的目的,客观上实施了危害中华人民共和国的行为。可见该罪的成立具有严格的成立条件,已经大体相当于我国1997年《刑法》第一章的危害国家安全罪。

〔26〕 参见高铭暄:《中华人民共和国刑法的孕育诞生和发展完善》,北京大学出版社2012年版,第90页。该书还认为,之所以没有具体规定利用宗教进行反革命活动,是因为不需要专门加以规定,因为"非法活动""反革命活动"总是有具体内容。例如,利用传教的机会进行反革命煽动就包括在反革命罪里面,可以反革命煽动罪论处。

案才最终确定下来,形成了1997年《刑法》第3款的规定。[27] 1997年《刑法》第300条第1款和第3款的相应规定分别为:"组织和利用会道门、邪教组织或者利用迷信破坏国家法律、行政法规实施的,处三年以上七年有期徒刑;情节特别严重,处七年以上有期徒刑";"组织和利用会道门、邪教组织或者利用迷信奸淫妇女、诈骗财物的,分别依照本法第236条、第266条的规定定罪处罚"。

1997年《刑法》第300条第1、3款直至2015年8月29日才通过《刑法修正案(九)》予以修订,主要的修订内容有:一是增加了一档情节较轻的,处三年以下有期徒刑、拘役、管制或者剥夺政治权利,并处或者单处罚金的规定;二是将法定最高刑由15年有期徒刑提高到了无期徒刑,并增加了罚金刑和财产刑;三是将第3款的罪数上从1997年的转化犯改为数罪并罚,即既有组织、利用会道门、邪教组织或者利用迷信破坏法律实施的,又有奸淫妇女、诈骗财物等犯罪行为的,实行数罪并罚。之所以作出如上修改,主要是因为近年来,我国在打击处理该类犯罪时,出现了一些新情况、新问题,需要修改该条规定以适应形势的需要:一是有一些案件,情节相对较轻,需要设置一档较轻的法定刑;二是一些案件情节特别严重,造成了特别严重后果,需要进一步提高该罪的法定刑;三是一些案件的法律适用问题需要解决。故对第1款的刑罚进行了修改,以构建更加完善的刑罚体系,更好地贯彻宽严相济的刑事政策,体现罪责刑相适应的原则。

二、邪教及邪教组织概述

(一)宗教与邪教

邪教字面意思可以解释为"邪恶的宗教"。西方的大部分社会学学者都认为

---

〔27〕 参见高铭暄:《中华人民共和国刑法的孕育诞生和发展完善》,北京大学出版社2012年版,第527~528页。关于第300条第1款,在1996年10月10日修订草案中被规定为:"组织会道门、邪教团体或者利用迷信奸淫妇女、鼓动他人自杀或者破坏国家法律实施的。"1997年1月10日的修订草案将组织会道门、邪教团体或者利用迷信奸淫妇女从中抽出,并规定以强奸罪定罪处罚。1997年3月1日的修订草案,又对该罪状作了较大幅度的修改:一是将鼓动他人自杀的行为抽出;二是此罪的对象中增加了"行政法规"的规定。关于第300条第3款,因诈骗罪的行为可能会在实践中带来定性的争议,所以1996年12月中旬的修订草案明确将利用迷信活动诈骗的行为依照诈骗罪定罪处罚。根据1997年1月10日的修订草案第284条第3款的规定,组织会道门、邪教团体或者利用迷信奸淫妇女、诈骗财物的,分别依照强奸罪、诈骗罪的规定定罪处罚。后又进行了两次修改:一次是1997年2月17日将"邪教团体"修改为"邪教组织";另一次是1997年3月1日,增加了"利用会道门、邪教组织等实施了奸淫妇女、诈骗财物"的规定。由此便最终形成了我国1997年《刑法》第300条第1、3款的规定。

邪教是伴随宗教而生的,是极端教派和破坏性膜拜团体,是宗教异化的产物,是宗教的异端孪生物或畸形态,是由一般的新兴宗教团体恶变而成的。[28] 我国当代许多学者认为,邪教是以反科学、反社会、反政府、反人类为外在要素,现实教主崇拜和具体末世论为内在要素的犯罪团体和组织,是当代新兴宗教团体蜕化而成的邪恶势力。

正确认定邪教犯罪需要界定邪教与宗教的界限,虽然世界各国特别是西方国家对宗教奉行极强的自由政策,大多数国家对于邪教与宗教的本质关系也持回避的态度,但就我国官方态度而言,邪教不能认为是宗教。[29] 如果认为邪教属于宗教,对邪教加以抵制就会与我国宪法所规定的宗教信仰自由原则相悖。将邪教定义为"邪恶的宗教",虽然是对邪教持否定态度,但其主语仍为"宗教",这样的定义容易得出邪教仍是宗教的结论。事实上,邪教只是借宗教的教义使人对其产生信仰,进而歪曲宗教的教义蛊惑教徒,这在本质上与传统宗教完全不同。传统宗教的教义包括最高信仰、经典、哲学理论基础、教理教义思想、神学体系,有着自己的宗教特色的世界观、社会观、人生观、价值观,并在社会的发展进步中不断适应时代,引导信徒弃恶从善、净化社会、净化人伦。[30] 而邪教只是从传统宗教的经典教义中随意窃来部分,再从自己的统治教派的目的出发加以扭曲,已经完全丧失了宗教的本质精神。神学家奥古斯丁说:"真正的宗教要求我们消除一切内心的不安和焦虑,以及灵魂中的混乱和激动。"这与邪教的反人类、反社会的本质是完全不同的。最高人民法院在对 1999 年《关于办理组织和利用邪教组织犯罪案件具体应用法律若干问题的解释》(已废止)进行理解与适用时曾指出,"邪教"的"教"字不是宗教的"教",而是特指一类邪恶的说教,并以此组织发展起来的邪恶势力。[31] 邪教不是宗教,这是认识和研究我国邪教犯罪问题的基本出发点。

在我国,尽管邪教不同于宗教,但因其与宗教有极多相似的特点,因此往往打着宗教的旗号存活。关于邪教,不同的学科有不同的理解。从法学的角度来说,具有以下两种观点:一种观点认为,邪教具有一般宗教的形式,能造成人严重的心

---

〔28〕 参见刘冬平、孙世民:《论我国邪教犯罪的刑事政策及其展开》,载《华北水利水电大学学报》(社会科学版)2015 年第 1 期。

〔29〕 参见新时期宗教工作文献选编:《关于我国社会主义时期宗教问题的基本观点和基本政策》(1982 年 3 月),宗教文化出版社 1995 年版,第 59 页。

〔30〕 参见鲁泉:《邪教犯罪的刑法适用》,载《刑事法制》2002 年第 8 期。

〔31〕 参见最高人民法院刑一庭:《刑事审判参考》(1999 年第 5 期),法律出版社 1999 年版,第 94 页。

理扭曲、有的邪教具有政治对抗性,产生严重的社会危害性;[32] 另一种观点认为,邪教具有反社会的行为模式,对领袖及其所属群体的绝对效忠,有受迫害意识、一般具有神秘而严密的内部组织,对教徒作思想严格管制和操纵。[33]

本书认为,邪教不同于宗教,一般具有如下特点:(1)具有严重的反社会性,其成员具有强烈的反社会人格。美国精神病协会认为,反社会行为通常具有易冲动、不负责任的特征,反社会行为者只满足于直接的、自我陶醉的利益,而不关心直接的或间接的社会后果。[34] 其成员由于被灌输"邪说",进行了洗脑,进而进行精神控制和人身摧残,而丧失独立思考、分辨是非的能力和自主行动能力。(2)邪教徒具有严重的心理扭曲。邪教精神的实质是操纵者为了自己组织的目的和成就,给信徒施加影响,使信徒心理过程和行为受到一时性或永久性控制,使之完全接受某种特定的观念,如果这种控制程度异常强烈,就会使信徒内化演变成一种自觉自愿的行为,从而形成强迫心理,[35] 这种心理往往充满狭隘、自私、偏激、极端、孤僻。(3)邪教组织仇视社会和政府,其用阴暗的心理和极端的思维方式煽动敌对情绪,通常以各种方式对社会、政府甚至普通公民进行伤害和对抗。(4)组织严密、行动隐秘:往往指定严格的纪律,建立较为森严的等级制度,并且对其人身进行限制;往往通过隐秘的方式并使用欺骗、强迫等手段发展成员,在成员进入组织后对其进行"教化"和洗脑,为逃避法律制裁和社会注意,多建立地下系统,秘密结社开展组织化非法活动。(5)对社会具有极大的危害。邪教最本质的特征就是其反人类的性质,邪教的成立往往会滋生多种犯罪,比如诈骗财物、奸淫妇女等,还会导致社会的不稳定,加入邪教的成员往往精神被控制,自杀、自残、自焚或者杀人的事件层出不穷。

(二)邪教与邪教组织

邪教与邪教组织是否一致?西方有学者强调,宗教是一种对神的崇拜和信仰的思想体系,但并没有强调它是一种组织,中国学者的定义一般也不强调它是一种组织。信奉邪教的人,不一定属于邪教组织。[36] 邪教属于以观念范畴为中心

〔32〕 参见王瑞山、黄卉:《试论邪教的特征及其依法应对》,载《犯罪研究》2014 年第 5 期。

〔33〕 参见黎亚薇:《邪教犯罪研究》,载《河北法学》2001 年第 1 期。

〔34〕 参见史彤彪:《扭曲的心灵——反社会心理》,中国青年出版社 1993 年版,第 96 页。

〔35〕 参见陈青萍 :《邪教痴迷与强迫性心理障碍》,载《陕西师范大学学报》(哲学社会科学版)2002 年第 6 期。

〔36〕 参见何秉松:《有组织犯罪研究》,中国法制出版社 2002 年版,第 336 页。

的思想体系,而邪教组织是一种以团体为形式的组织机构,虽然在名称上有所区别,但在司法实践范畴中通常将两者予以等同,因此通常意义上的邪教多是指邪教组织形式。美国将邪教定义为:“在教义上游离了宗教,崇拜某一个人、物体或某一套新要领,从事招魂或神秘活动的非正统的秘密团体。”法国将邪教定义为“一个极权性质的社团,申明或不申明具有宗教目的,其行为侵犯人的尊严和破坏社会平衡”。[37] 在以上的定义中,邪教不是单指某一教义或者思想,而更倾向于指向组织性和团体性,所以在这个意义上,邪教是等同于邪教组织的。1999 年的最高人民法院、最高人民检察院《关于办理组织和利用邪教组织犯罪案件具体应用法律若干问题的解释》(已失效)和 2017 年的最高人民法院、最高人民检察院《关于办理组织、利用邪教组织破坏法律实施等刑事案件适用法律若干问题的解释》(以下简称《办理邪教犯罪问题解释》)第 1 条将邪教组织规定为“冒用宗教、气功或者以其他名义建立,神化、鼓吹首要分子,利用制造、散步迷信邪说等手段蛊惑、蒙骗他人,发展、控制成员,危害社会的非法组织”。这既是我国对邪教组织的定义,也是司法实践中对邪教的通常认定标准。本书认为,在刑法视野下,关注邪教组织的犯罪活动,不能将邪教和邪教组织剥离开来,邪教是邪教组织存在的前提,不光要承认其一致性,应当更注重邪教犯罪的组织性。

三、邪教犯罪的主体

通说认为,邪教犯罪的主体为一般主体,犯罪的主体一般只能是自然人,单位不构成邪教犯罪,尽管邪教犯罪多为共同犯罪,但邪教组织或者其他分支机构不能视为单位犯罪意义上的单位,而只能追究主要责任人员的刑事责任。原因如下:第一,邪教组织具有严重的危害性,任何一个国家的法律都不可能承认这样的组织为合法组织;第二,邪教组织不具有法律拟制的人格,不具有承担刑事责任的资格,当然更不可能成为犯罪的单位主体;第三,从我国《刑法》及相关司法解释对邪教犯罪规定的处罚条款来看,没有一条涉及对单位的处罚。因此,邪教犯罪的主体只能是达到刑事责任年龄、具备刑事责任能力的自然人。但应当注意到的是,邪教犯罪是必要的有组织犯罪,其主体既是自然人,又必须是结成邪教组织的自然人。和其他犯罪相比,邪教犯罪常常表现为共同犯罪形态,对此我国实行首恶必办、区别对待的刑事政策。司法解释关于组织、利用邪教组织破坏法律实施

---

〔37〕 黄超、李洪义:《法国和日本邪教法律比较》,载《世界宗教文化》2004 年第 1 期。

罪,也设定了合理的区别对待的刑罚体系及关于共同犯罪应当如何处理等问题。

《办理邪教犯罪问题解释》第9条规定:“组织、利用邪教组织破坏国家法律、行政法规实施,符合本解释第四条规定情形,但行为人能够真诚悔罪,明确表示退出邪教组织、不再从事邪教活动的,可以不起诉或者免予刑事处罚。其中,行为人系受蒙蔽、胁迫参加邪教组织的,可以不作为犯罪处理。组织、利用邪教组织破坏国家法律、行政法规实施,行为人在一审判决前能够真诚悔罪,明确表示退出邪教组织、不再从事邪教活动的,分别依照下列规定处理:(一)符合本解释第二条规定情形的,可以认定为刑法第三百条第一款规定的‘情节较轻’;(二)符合本解释第三条规定情形的,可以不认定为刑法第三百条第一款规定的‘情节特别严重’,处三年以上七年以下有期徒刑,并处罚金。”这充分体现了我国对邪教组织犯罪坚持教育与惩罚相结合的方针——团结和教育绝大多数被蒙骗的群众,依法严惩极少数的犯罪分子。在处理邪教组织的工作中,要把不明真相参与邪教活动的人同组织和利用邪教组织进行非法活动、蓄意破坏社会稳定的犯罪分子区别开来,对受蒙骗的群众不予追究。

这种区别对待的刑事政策使组织、利用邪教破坏法律实施罪具有了不同于一般共同犯罪的罪刑程度的区分和主体责任的区分,是比较特殊的刑事政策规定,因此不能扩大解释到其他邪教犯罪的共犯行为上,而仍应追究一般人员的刑事责任。例如,邪教组织人员共同实施以暴力、威胁方法阻碍国家机关工作人员依法执行职务的,或者共同实施故意杀人或者故意伤害行为的,对各共犯都应以一般刑事责任大小的区分标准来追究刑事责任。《办理邪教犯罪问题解释》第13条规定:“明知他人组织、利用邪教组织实施犯罪,而为其提供经费、场地、技术、工具、食宿、接送等便利条件或者帮助的,以共同犯罪论处。”这些共同犯罪行为便为一般共犯形式,因此应当追究各共犯的刑事责任。

四、组织、利用邪教组织破坏法律实施罪的行为认定

本罪的客观方面表现为行为人实施了组织、利用邪教组织破坏国家法律、行政法规实施的行为。上文已经说到,《刑法》第300条所规定之罪为选择性罪名,特别需要说明的是,本罪是行为犯,[38]即主要行为人实施了“组织、利用会道门、邪教组织、利用迷信破坏法律、行政法规实施”的行为之一,便成立本罪。具体到

〔38〕 参见高铭暄、马克昌:《刑法学》(第3版),北京大学出版社2007年版,第615页。

邪教犯罪而言,只要行为人实施了组织、利用邪教组织破坏法律、行政法规实施即可成立组织、利用邪教组织破坏法律实施罪。

本罪由标准的犯罪构成和派生的犯罪构成组成。因本罪是行为犯,故本罪的行为直接涉及罪与非罪的问题。但是具体到行为均是由司法解释具体规定。在标准的犯罪构成方面,本罪设置的量刑为有期徒刑 3 年以上 7 年以下,并处罚金。其行为主要规定在《办理邪教犯罪问题解释》第 2 条,包括:(1)建立邪教组织,或者邪教组织被取缔后又恢复、另行建立邪教组织的。(2)聚众包围、冲击、强占、哄闹国家机关、企业事业单位或者公共场所、宗教活动场所,扰乱社会秩序的。(3)非法举行集会、游行、示威,扰乱社会秩序的。(4)使用暴力、胁迫或者以其他方法强迫他人加入或者阻止他人退出邪教组织的。(5)组织、煽动、蒙骗成员或者他人不履行法定义务的。(6)使用"伪基站""黑广播"等无线电台(站)或者无线电频率宣扬邪教的。(7)曾因从事邪教活动被追究刑事责任或者 2 年内受过行政处罚,又从事邪教活动的。(8)发展邪教组织成员 50 人以上的。(9)敛取钱财或者造成经济损失 100 万元以上的。(10)以货币为载体宣扬邪教,数量在 500 张(枚)以上的。(11)制作、传播邪教宣传品,达到下列数量标准之一的:①传单、喷图、图片、标语、报纸 1000 份(张)以上的;②书籍、刊物 250 册以上的;③录音带、录像带等音像制品 250 盒(张)以上的;④标识、标志物 250 件以上的;⑤光盘、U 盘、储存卡、移动硬盘等移动存储介质 100 个以上的;⑥横幅、条幅 50 条(个)以上的。(12)利用通讯信息网络宣扬邪教,具有下列情形之一的:①制作、传播宣扬邪教的电子图片、文章 200 张(篇)以上,电子书籍、刊物、音视频 50 册(个)以上,或者电子文档 500 万字符以上、电子音视频 250 分钟以上的;②编发信息、拨打电话 1000 条(次)以上的;③利用在线人数累计达到 1000 以上的聊天室,或者利用群组成员、关注人员等账号数累计 1000 以上的通讯群组、微信、微博等社交网络宣扬邪教的;④邪教信息实际被点击、浏览数达到 5000 次以上的。(13)其他情节严重的情形。

而本罪的派生的犯罪构成又可以分为加重的犯罪构成和减轻的犯罪构成。关于加重的犯罪构成,本罪设置的量刑为 7 年以上有期徒刑或者无期徒刑,并处罚金或者没收财产,其行为规定在《办理邪教犯罪问题解释》第 3 条,包括:(1)实施本解释第 2 条第 1 项至第 7 项规定的行为,社会危害特别严重的;(2)实施本解释第 2 条第 8 项至第 12 项规定的行为,数量或者数额达到第 2 条规定相应标准五倍以上的;(3)其他情节特别严重的情形。关于减轻的犯罪构成,本罪设置的量刑为 3 年以下有期徒刑、拘役、管制或者剥夺政治权利,并处或者单处罚金,其行为规定在《办理邪教犯罪问题解释》第 4 条，包括：(1) 实施本解释第 2 条第 1 项至第 7 项规定的行为，社会危害较轻的；(2) 实施本解释第 2 条第 8 项至第 12 项规定的行为，数量或者数额达到相应标准 1/5 以上的；(3) 其他情节较轻的情形。无论是标准的犯罪构成和派生的犯罪构成，均规定了"情节严重""情节特别严重""情节较轻"的兜底条款，具体如何认定，需要在司法实践中根据案情来具体确定。但是根据同类规则原理，需要根据以上司法解释中所规定的具体情形进行比较来综合认定。

以上为本罪的一般构罪情形，《办理邪教犯罪问题解释》第 5 条特别加入了传播邪教中若情节严重需要构罪的规定。根据该条规定，为了传播而持有、携带，或者传播过程中被当场查获，邪教宣传品数量达到《办理邪教犯罪问题解释》第 2 条至第 4 条规定的有关标准的，按照下列情形分别处理：(1) 邪教宣传品是行为人制作的，以犯罪既遂处理；(2) 邪教宣传品不是行为人制作，尚未传播的，以犯罪预备处理；(3) 邪教宣传品不是行为人制作，传播过程中被查获的，以犯罪未遂处理；(4) 邪教宣传品不是行为人制作，部分已经传播出去的，以犯罪既遂处理，对于没有传播的部分，可以在量刑时酌情考虑。该解释第 8 条还特别规定了以上几种情形中，若出现以下情况应当从重处罚，包括：(1) 与境外机构、组织、人员勾结，从事邪教活动的；(2) 跨省、自治区、直辖市建立邪教组织机构、发展成员或者组织邪教活动的；(3) 在重要公共场所、监管场所或者国家重大节日、重大活动期间聚集滋事，公开进行邪教活动的；(4) 邪教组织被取缔后，或者被认定为邪教组织后，仍然聚集滋事，公开进行邪教活动的；(5) 国家工作人员从事邪教活动的；(6) 向未成年人宣扬邪教的；(7) 在学校或者其他教育培训机构宣扬邪教的。

五、邪教犯罪行为的罪数形态认定

上文已经提到，我国关于组织、利用邪教组织破坏法律实施罪的入罪标准主要规定在相关司法解释中。关于本罪的罪数形态主要涉及数罪并罚和特殊情况按一罪处理两种情况。

在数罪并罚方面，主要涉及以下两种情况：第一种规定在《刑法》第 300 条第 3 款，"犯第一款罪又有奸淫妇女、诈骗财物等犯罪行为的，依照数罪并罚的规定处罚"，即犯利用邪教组织破坏法律实施罪又有奸淫妇女、诈骗财物等犯罪行为的，按照数罪并罚的原则进行处罚。该款在《刑法修正案（九）》之前的规定为，"组织和利用会道门、邪教组织或者利用迷信奸淫妇女、诈骗财物的，分别依照本法第 236 条、第 266 条的规定定罪处罚"，即把之前的一罪改为了现在的数罪，加大了对此种情况的处罚力度。这是因为在司法实践中,利用邪教实施犯罪往往会伴随各种骗财、骗色等违法犯罪活动,极大地影响了社会的稳定,伤害了人民群众的感情,改变此前的一罪规定是为了更好地保障人权,加大对此种情况犯罪的打击。第二种规定在《办理邪教犯罪问题解释》第10条,"组织、利用邪教组织破坏国家法律、行政法规实施过程中,又有煽动分裂国家、煽动颠覆国家政权或者侮辱、诽谤他人等犯罪行为的,依照数罪并罚的规定定罪处罚",即构成利用邪教组织破坏法律实施罪又有煽动分裂国家、煽动颠覆国家政权或者侮辱、诽谤他人等犯罪行为的,按照数罪并罚的原则进行处罚。根据2001年最高人民法院、最高人民检察院《关于办理组织和利用邪教组织犯罪案件具体应用法律若干问题的解释(二)》(已失效,以下简称《解释(二)》)第2条和第3条的规定,是以单一的煽动分裂国家或煽动颠覆国家政权罪或者侮辱、诽谤罪定罪处罚。之所以在后来的《办理邪教犯罪问题解释》改变以上《解释(二)》中的规定,是因为煽动分裂国家、煽动颠覆国家政权或者侮辱、诽谤他人直接涉及国家的安全和公民的权利,需要加大打击力度。

在特殊情况按一罪处理方面,主要也有以下两种情况:第一种情况规定在《办理邪教犯罪问题解释》第11条中,即"组织、利用邪教组织,制造、散布迷信邪说,组织、策划、煽动、胁迫、教唆、帮助其成员或者他人实施自杀、自伤的,依照刑法第二百三十二条、第二百三十四条的规定,以故意杀人罪或者故意伤害罪定罪处罚"。第二种情况规定在该解释第12条中,即"邪教组织人员以自焚、自爆或者其他危险方法危害公共安全的,依照刑法第一百一十四条、第一百一十五条的规定,以放火罪、爆炸罪、以危险方法危害公共安全罪等定罪处罚"。这两条规定分别对应《解释(二)》中的第9条和第10条规定,并且修订的司法解释均维系了以上的规定。其实抛开邪教的因素,以上行为人的行为就是一个典型的故意杀人、故意伤害或者放火、爆炸、以危险方法危害公共安全的行为,作这样的规定,更加可以揭示邪教反人类、反社会的本质。再者,从罪数形态理论来看,行为人在实施一个犯罪行为的过程中同时触犯了数个罪名,即行为人的行为既破坏了国家实施法律、行政法规的正常秩序,又侵害了他人的人身权或公共安全,符合想象竞合犯的相关规定,故以一罪名来对上述情况进行处理更加合适。

六、简述邪教犯罪的成因及其对策建议

(一)邪教犯罪的成因

本书认为,邪教犯罪的出现有着深刻的社会原因,主要有如下几点:

1. 精神文化与经济发展的不平衡

改革开放以来,随着我国经济社会的不断发展,人民的物质生活水平不断提高,价值多元化社会正在形成。但在这一过程中,因为过于强调物质财富的重要性,缺乏对精神文化财富价值的正确理解和关注,导致多元化的精神文化生活并没有足够的丰富,精神信仰缺失已然成为一个值得关注的严重的社会问题。市场经济使经济生活逐渐一体化的同时又使社会生活日益多元化,由此引起的社会结构、社会交往的变化更使一些人的失落、空虚、孤独感加重,人们在这种失衡状况下很难正确取舍价值观念。在市场经济为生活带来了刺激和繁荣的同时,人们也为了变化过快的社会生活感到苦闷和茫然,出现了精神世界的空白点,导致了信仰的危机,于是宗教就会在此时进入人们的精神世界,使得处在外界力量的压迫中的人们的内心展现出幻想的彼岸世界的解脱和安宁。无数新兴宗教的种类的诞生为邪教提供了滋生的土壤,人们由于精神上的迷失更容易对传统的价值观和宗教思想失去信心,邪教在此时就容易乘虚而入。在这种背景之下,虽然我国将邪教列为违法组织,但由于我国人口众多,地域广阔,邪教思想并没有得到彻底的遏制,成为了一些人满足其精神需求的一种方式,受邪教思想影响进而走上犯罪道路上的人就会出现。本书所探讨的案件就是最好的体现,被告人张某乙为共同习练"全能神"教义购买电脑、手机,安装宽带,提供日常生活费用,并听从吕某某、张某甲指使,自愿将家庭财产1000余万元以"奉献"给"教会"的名义,存于吕某某、张某甲名下。2014年5月25日,吕某某、张某甲指使张某乙将张某丁从河北省无极县约至招远,发展为"全能神"邪教组织成员。张某乙生活富足、家庭条件优越,正是在精神需求没有得到正当途径的满足时,才加入了"全能神"这一组织,进而实施了犯罪行为。

2. 个体上精神生活的疲乏和心理健康的失衡

邪教组织之所以能在全球如此具有号召力,就是因为人们精神生活的贫乏。随着经济的发展,在社会中衡量人们成功的因素就变成了金钱和地位,而富人毕竟是少数,这就容易使人产生自卑心理。人要克服或者超越这种自卑心理,一般有两种方式:一是通过自己的努力改变现状;二是在无法改变现状时,常会通过扭曲的形式来实现,这其中就包括在宗教中寻求解脱。[39] 这为邪教的传播和蔓延提供了条件。

---

〔39〕 参见黎亚薇:《邪教犯罪研究》,载《河北法学》2001年第1期。

（二）邪教应对的几点建议

1. 完善相关法律法规，对邪教进行惩戒和防范

从上文的分析中我们可以得知，从现有立法来看，大部分反邪教的主要法规的位阶不高。在反邪教犯罪的司法实践中，经常使用的法规主要为《刑法》第300条以及《办理邪教犯罪问题解释》，绝大部分关于邪教犯罪的规定还停留在司法解释这一层面上。从法理而言，这些司法解释不是"法理"，位阶较低，在执法效果上作用不高，加上这些规定比较分散、不系统、不全面，导致在具体的应用中容易出现混乱的情况。故需要制定较为统一规范的邪教犯罪法律，既要包括法律问题，又要涵盖国家政策，包括原则与规则、实体与程序，这样才能有效地打击此类犯罪。

2. 以人为本，保障邪教犯罪人员及其邪教信众的权利

当前我国人民对邪教犯罪行为比较敏感，相较于普通的刑事犯罪，对邪教犯罪嫌疑人的权利保障明显不足。另外在进入审判后，也容易因对其犯罪情节、社会危害性考量较弱从而使其所受刑罚较重。因此，我们应当在司法实践中切实注重程序正当和权利保障的要求。公检法在对待邪教违法犯罪的案件中，应当消除歧视，坚持法律面前人人平等的态度，尤其是法院更应当做到中立裁判，使两造能平等对抗。在过程中，应当确保邪教犯罪嫌疑人平等地享有刑事诉讼法针对嫌疑人规定的所有权利，尤其是上诉权以及获得律师帮助权等。

除此之外，我们还应当关注邪教信众的权利。西班牙学者佩佩·罗德里格斯认为："越是对痴迷者及其教派施压，那些痴迷者就会在教派里陷得越深。相反，撇开教派，如果能够找到别的与教派无关却又可以唤起当事者的兴趣的办法，这位当事者对教派活动的那种难以割舍的情结，就会逐渐消解，直至最后脱离原有的依赖状态。"〔40〕由此我们可以得知，对痴迷的宗教信众，我们不应当采取强制性甚至侮辱性的手段，而应当体现人文关怀，不歧视他们，创立良好的环境对其进行引导，使其从宗教的桎梏中解脱出来。

3. 重塑信仰规律，正视宗教存在价值

长期以来，我们对宗教一直持有一种警惕且排斥的态度。我国《宪法》肯定了公民的宗教自由的权利，但是不承认公民有创立任何新宗教的自由，不允许任何新兴宗教在我国创立和发展。〔41〕本案中的"全能神"通过虚构一些理想状态来满

---

〔40〕［西］佩佩·罗德里格斯：《痴迷宗教》，新华出版社2001年版，第2~3页。

〔41〕参见王瑞山、黄卉：《试论邪教的特征及其依法应对》，载《犯罪研究》2014年第5期。

足信徒的心理需要,使没有信仰的许多人迅速变为了其信徒。因此通过重塑文化力量,为信徒提供确实的心理和生活帮助,满足其合理需求,让其主动放弃所谓的邪教信仰,才是真正的治本之策。

▲ 本案分析

一、“全能神”教系邪教及其社会危害性分析

要认定本案被告人张某甲、张某乙、吕某某构成利用邪教组织破坏法律实施罪,首先应当认定三人所加入的组织——“全能神教”系邪教组织。此问题可以从形式和实质两个方面进行分析。从形式上看,2000 年公安部发布的《关于认定和取缔邪教组织若干问题的通知》(公通字〔2000〕39 号)明确认定“全能神”为邪教组织。在本案开庭的时候,公诉机关出示了山东省公安厅出具的《邪教组织认定情况说明》,进一步明确认定了张某甲、张某乙、吕某某等人所宣扬散布的理论、拥有使用的书籍和参加的主要活动方式均符合全能神邪教组织特征,所以应认定张某甲、张某乙、吕某某为全能神邪教组织成员。从实质上看,根据 1999 年的最高人民法院、最高人民检察院《关于办理组织和利用邪教组织犯罪案件具体应用法律若干问题的解释》(已失效,以下简称《解释一》)〔42〕第 1 条将邪教组织界定为:“冒用宗教、气功或者以其他名义建立,神化、鼓吹首要分子,利用制造、散步迷信邪说等手段蛊惑、蒙骗他人,发展、控制成员,危害社会的非法组织。”〔43〕在本案中,张某甲、张某乙、吕某某所信奉的“全能神教”组织冒用基督教名义,假基督教延续之名,行“全能神”传播之实;曲解《圣经》内容,代之以《话在肉身显现》作为教义;编造歪理邪说;神化首要分子,张某甲、吕某某从普通信徒,到所谓的“长子”,最终妄自将自己认定为“神自己”;发展控制

---

〔42〕 本案发生的时间是 2014 年,故在对本案进行分析的时候采用的司法解释为 1999 年最高人民法院、最高人民检察院《关于办理组织和利用邪教组织犯罪案件具体应用法律若干问题的解释》,又称《解释一》;2001 年最高人民法院、最高人民检察院《关于办理组织和利用邪教组织犯罪案件具体应用法律若干问题的解释(二)》,又称《解释二》;2002 年最高人民法院、最高人民检察院《关于印发办理组织和利用邪教组织犯罪案件具体应用法律若干问题的解答的通知》,又称《解释三》。目前以上三个司法解释均被 2017 年施行的最高人民法院、最高人民检察院《关于办理组织、利用邪教组织破坏法律实施等刑事案件适用法律若干问题的解释》所取代,本书基于论述的需要,均对以上司法解释的内容有所涉及。

〔43〕 2017 年通过的最高人民法院、最高人民检察院《关于办理组织、利用邪教组织破坏法律实施等刑事案件适用法律若干问题的解释》继续坚持这一观点,并未改变邪教组织的定义。

成员,一方面表现在对张某乙一家的精神控制和财产控制,另一方面表现在对具有不同意见教徒的排斥和倾轧;危害社会,最为典型的就是2014年5月28日发生的震惊全国的招远涉邪教故意杀人案。综上,所谓的"全能神教"完全符合《解释一》中关于邪教组织的定义,应被定义为邪教组织。

本案中邪教"全能神教"的社会危害性主要表现为以下几个方面:(1)用其所谓教义的虚伪欺骗民众,使广大民众深陷其中。"全能神教"经常将"真理""奉献"等一些美好的词汇挂在嘴边,以伪科学的面目进行游说,对于部分民众来说具有很强的欺骗性和蛊惑性。本案的被害人吴某某因为没有提供电话号码,被认定为"恶灵",被几人当场予以残忍杀害。固然,其邪恶的欲望得到了暂时的满足,但其伪善的面目也被戳穿,让广大群众看清了邪教泯灭人性的真实所在。(2)虚伪的"全能神教"教义暴露部分人对钱财贪婪性和对不劳而获的极度渴望。张某乙为共同习练"全能神"教义购买电脑、手机,安装宽带,提供日常生活费用,并听从吕某某、张某甲指使,自愿将家庭财产1000余万元以"奉献"给"教会"的名义,存于吕某某、张某甲名下。吕某某、张某甲实则攫取了对这笔财产的控制权,以便今后供自己享用。(3)"全能神"邪教组织成员实施的"5·28"案件是最能体现的社会危害性的,邪教成员对于一个与他们素不相识,更没有对他们造成任何威胁或伤害的妇女的吴某某,在公共场所,众目睽睽之下,将被害人活活打死,充分暴露了"全能神"邪教组织的邪恶本质,充分表明了该组织对组织成员严密的精神控制,残害生命的极端残暴以及对法律的无知蔑视,充分暴露出其残害生命、泯灭人性、反人类、反社会的邪恶本质。

二、本案的定性分析

本案被告人张某甲、张某乙、吕某某构成利用邪教组织破坏法律实施罪,主要原因如下:(1)从本罪的主观方面来说,本罪只能由故意构成,即本罪是故意犯罪。张某甲、张某乙、吕某某明知自己是在利用邪教组织进行破坏国家法律、行政法规实施的活动,仍然故意为之,且三人所参加的每次聚会均是秘密进行,尤其是2010年8月,各被告人听说自己的活动已经引起公安机关注意的时候,迅速躲回张帆的河北老家,以逃避打击。由此可见,张某甲、张某乙、吕某某的一系列行为,均是在主观故意支配下实施的。(2)从本罪的客观方面来说,被告人张某甲、张某乙、吕某某均在客观上实施了利用邪教组织破坏国家法律、行政法规实施的行为。根据《解释(一)》(已失效)第2条第1款第3项的规定,已经被有关部门取缔,继续进行邪教活动的,依照《刑法》第300条第1款的规定定罪处罚。[44] 根据《解释二》第1条第1款第3项的规定,利用互联网制作、传播邪教组织信息的,依照《刑法》第300条第1款的规定,以组织、利用邪教组织破坏法律实施罪定罪处罚。[45] 上文已经论述了"全能神"为国家明确认定的邪教组织,被告人张某甲、张某乙、吕某某多次非法秘密聚会,进行"全能神"活动,并通过互联网传播邪教信息,点击量达17万余次,进而发展到在公共场所索要他人联系方式,为进一步传播邪教、发展教徒作准备等行为,完全符合上述司法解释规定,应当认定为利用邪教组织破坏法律实施的犯罪行为。(3)从犯罪的主体方面讲,本罪的犯罪主体为一般主体,不存在单位犯罪的问题,若该组织犯罪则应该追究自然人的刑事责任。从本案看,本案是典型的"全能神教"犯罪的案件,但是在具体的犯罪认定方面,公诉机关仅仅指控了起主要作用或者主要成员的张某甲、张某乙、吕某某,充分体现了我国对这一犯罪区别对待、宽严相济的刑事政策。综合全案来看,本案追究张某甲、张某乙、吕某某涉邪教犯罪,没有追究其他几名被告人涉邪教犯罪的处理决定是合适的。综上所述,被告人张某甲、张某乙、吕某某构成利用邪教组织破坏法律实施罪,应以该罪追究其刑事责任。

第三节　金某某强奸未成年人案

——论被害人精神损害赔偿的必要性与可行性

■ 案例基本内容

[案情简介]

被告人金某某与被害人金某乙系邻居,且明知被害人系不满14周岁的幼女。2012年7月的一天上午8时许,被告人金某某来到被害人金某乙(11周岁)家,见被害人金某乙独自在家,便产生了与其发生性关系的想法,于是便在

[44] 2017年通过的最高人民法院、最高人民检察院《关于办理组织、利用邪教组织破坏法律实施等刑事案件适用法律若干问题的解释》规定在第2条第1款第1项,基本延续了《解释一》的规定。

[45] 2017年通过的最高人民法院、最高人民检察院《关于办理组织、利用邪教组织破坏法律实施等刑事案件适用法律若干问题的解释》规定在第2条第1款第12项,改为了利用通讯信息宣扬邪教。

被害人金某乙家老房从东数第三间屋靠南墙的床上，强行与金某乙发生性关系。2013 年 8 月的一天上午 8 时许，被告人金某某来到被害人金某乙家，并在金某乙家老房从东数第一间屋靠南墙的炕上，与金某乙发生性关系。2014 年 2 月 3 日（农历正月初四）下午 3 时许，被告人金某某在金某乙家老房从东数第四间靠南墙的炕上，与被害人金某乙发生性关系。2014 年正月初四后，正月十五前的一天上午 8 时许，被告人金某某来到被害人金某乙家新房，并在从东数第三间屋靠北墙的床上，与被害人金某乙发生性关系。被害人金某乙于 2014 年 6 月 17 日在沧州市人民医院引产出一胎儿，经鉴定在排除同卵双胞胎的前提下，其生物学父亲系被告人金某某。

［**裁判结果**］

本院认为，被告人金某某违背妇女意志，明知被害人是未满 14 周岁的幼女，仍强行与其先后 4 次发生性关系，其行为已构成强奸罪，应以强奸罪追究其刑事责任，公诉机关指控的罪名成立。被告人奸淫不满 12 周岁的幼女，致被害人怀孕并堕胎的严重后果，应依法严惩。被告人能够认罪，可酌情从轻处罚。被告人辩称其未强行和金某乙发生性关系，没有使用暴力，第一次发生性关系时金某乙 13 周岁，其无相关证据向法庭提供，且与被告人在公安机关的供述、被害人的陈述、被害人户籍证明信等证实的证据相矛盾，故对其辩护意见不予采纳。辩护人辩称，被告人未使用暴力，双方系自愿发生性关系，被告人如实供述自己犯罪事实，系初犯，希望从轻处罚的辩护意见，无事实依据，对其辩护意见不予采纳。辩护人辩称被告人认罪的辩护意见，本院依法予以采纳。

综上，对被告人金某某依据《刑法》第 236 条第 2 款、第 3 款第 5 项之规定，判决：被告人金某某犯强奸罪，判处有期徒刑 15 年。

问题要点

强奸未成年人犯罪由于侵害对象的特殊性，在对未成年人生理造成伤害的同时，更重创了未成年人稚嫩的心理，其危害后果甚至会影响未成年人一生。本案中，未成年被害人金某乙因被性侵害遭受了生理和心理上的双重伤害，后期急需一批身体治疗和心理康复费用，但意外的是，本案在判决前后并未得到任何经济补偿，这无疑是再次置被害人于险境。精神损害赔偿制度在民事法律领域已广泛确立,而刑事立法却予以否定。刑事犯罪比一般的民事侵权行为所造成的后果显然要严重得多,可以说强奸未成年人行为是极其严重的“侵权行为”,但是一般侵权的受害人可以得到赔偿,强奸未成年人犯罪的被害人却不能,这在逻辑上和法理上都是值得怀疑的。故需就强奸未成年人犯罪中被害人的精神损害赔偿的必要性与可行性问题进行重新审视和分析。

◇ 问题分析

一、被害人精神损害赔偿的现状

(一)立法现状

在我国精神损害赔偿最早起源于清朝时的民律和民国时的民律,最终确立于民国时期民法典。新中国建立后,随着《民法通则》的出台,民事领域的精神损害赔偿得以重现生机,该法第 120 条第 1 款规定:“公民的姓名权、肖像权、名誉权、荣誉权受到侵害的,有权要求停止侵害、恢复名誉、消除影响、赔礼道歉,并可以要求赔偿损失。”2003 年最高人民法院通过的《关于审理人身损害赔偿案件适用法律若干问题的解释》(法释〔2003〕20 号)规定,个人因身体受损害可以请求精神损害赔偿。后来随着《侵权责任法》和《国家赔偿法》的颁布,民事领域的精神损害赔偿制度基本建构起来。

在刑事领域,《刑法》第 36 条第 1 款与《刑事诉讼法》第 101 条第 1 款规定:对被害人的物质损害赔偿权作了规定。从法律条文上看,《刑法》以及《刑事诉讼法》均为被侵害人提供了损害赔偿的救济路径,但并未对刑事被侵害人精神损害赔偿作出明确表示。在另外一个角度上也可以这样理解,在刑事领域内,精神损害赔偿并没有为规范法所明确禁止。

(二)司法现状

根据最高人民法院《关于刑事附带民事诉讼范围问题的规定》第 1 条的规定,在刑附民案件中,刑事被害人只能提起物质损害赔偿之诉,但不能提起精神损害赔偿之诉。最高人民法院 2012 年发布的《关于适用〈中华人民共和国刑事诉讼法〉的解释》第 138 条第 2 款规定:“因受到犯罪侵犯,提起附带民事诉讼或单独提起民事诉讼要求赔偿精神损失的人民法院不予受理。”司法解释是法律的渊源之一,最高人民法院的解释对法院的案件审理工作发挥着巨大影响。这两个解释无疑封堵了被犯罪侵害人获取精神损害赔偿的通道。

二、被侵害人精神损害赔偿的必要性分析

（一）符合法理的要求

1. 犯罪的双重评价

犯罪从本质意义上来讲是一种严重的侵权行为，无论其侵害的是社会法益还是个人法益，都会在某种程度上侵犯民事的某种权利。例如，侵犯社会法益的盗伐林木罪必然会对国家对林木的所有权造成实质性侵害；损害个人法益的强奸罪，必然会给受害者的心理和生理带来难以弥补的伤害。故笔者认为，犯罪在某种意义上具有刑事与民事的双重属性，一个犯罪行为不仅是对某种法益的侵害，也包括对民事权利的侵犯；一个犯罪的出现不仅带来了刑事责任，也带来了民事责任，只有作此理解，才能够与犯罪的双重属性相契合。但由于民事责任与刑事责任具有不同属性，无法相互代替，故不可以以其承担的刑事责任而冲抵其民事责任。

2. 诉讼制度和诉讼价值的要求

犯罪具有多重属性，犯罪行为必须受到刑事与民事等多方面的制裁。而在实践中，当犯罪者被刑事定罪后很难再让其负担相应的民事责任。一是因为这涉及法院不同部门之间的协调，二是因为在对被告处以自由刑时再对其进行民事审判无疑是对犯罪人基本权利的侵犯。刑事附带民事责任的产生正是基于此考虑而建立的，在刑事附带民事责任框架下，犯罪行为所带来的双重责任一同被审理，一方面减少了犯罪人不必要的诉累，另一方面降低了法院不同部门之间的重复工作，提升了法院的办事效率。刑事附带民事责任的意义即在于此：在审理刑事案件中应当考虑犯罪本身的民事属性，既然精神损害赔偿在民事方面已经得到承认，那么在刑事附带民事责任中也理应得到认可。

（二）避免与现行法的冲突

1. 避免与《宪法》的冲突

我国《宪法》第 33 条第 3 款规定有“国家尊重和保障人权”、第 38 条规定有“公民的人格尊严不受侵犯”。《宪法》是我国的根本大法，其他法律必须遵守《宪法》，不可违反。《宪法》对公民的人权与人格作了突出的规定，折射出国家对人格利益的重视。根据当今世界普遍认同的法治理念，人权的内容包括人格尊严，其往往与精神利益密切相关，[46] 虽然精神层面的东西是无法衡量的，但当公民的精

---

〔46〕 参见崔晓娟：《论刑事被害人精神损害赔偿》，载《人民司法》2013 年第 1 期。

神利益受到损害时,对其进行物质赔偿具有必要性。精神损害赔偿在民事领域早已司空见惯,但在刑事领域,犯罪的危害性虽可谓超过极重的民事侵权,却在获得精神损失赔偿方面无能为力。在司法实践中,一些以人身为侵害对象的犯罪,如绑架罪、强奸罪等,往往给被害人带来了巨大的心理伤害,造成极大精神损失。在被害人精神损害无法得到补偿的情况下,通过金钱进行赔偿便具有重要意义。如果被害人精神受到极大伤害却无法得到精神弥补和物质赔偿,不仅无法体现法律的正义,也不符合《宪法》的规定与精神。

2. 避免与部门法的冲突

我国实体法有关精神损害赔偿的内容主要体现在《侵权责任法》和《国家赔偿法》之中,这两部法律成为精神损害赔偿的直接依据。《侵权责任法》第4条说明了刑事责任与民事责任有着紧密关系,两者并不存在冲突,也就从规范层面否定了有些学者所谓的犯罪人受到了刑事处罚就不应当再承担侵权责任的说法。二者并不冲突。根据《侵权责任法》第22条、《国家赔偿法》第35条的规定,犯罪人侵害了被侵害人的人身权益,并且导致极其严重的精神损害后果,被侵害人就有权要求对其进行精神赔偿,而且这一请求权并不因刑事责任的承担而被撤销或宣告无效。此外,法律也对精神损害的范围作了限定,其中的请求精神损害赔偿权利主体当然包括被害人。[47]

(三)避免被害人"二次伤害"

某些性暴力犯罪如强奸罪、强制猥亵侮辱罪、猥亵儿童罪,会对被害人的生理与心理造成毁灭性打击。在惩治犯罪人的同时,往往更需要对被害人给予经济上的补助以医治心灵伤害。如果被害人的心理伤害长时间得不到抚慰,最终将会造成"二次伤害"。

(四)惩罚性侵犯罪,实现犯罪预防的需要

犯罪经济学是犯罪学与经济学的交叉学科,该学科将犯罪的人设想为一个理性的人,犯罪人与一般人一样都会追求自身利益程度的最大化,当犯罪成本远远低于犯罪所带来的利益时,犯罪人会主动实施犯罪行为,反之则会主动放弃。对被侵害人进行精神损害赔偿不仅有惩罚犯罪人的作用,还有预防犯罪的积极作用。法院判决使被告人在受到刑事惩罚的同时,负担起了应承担的精神损害赔偿

---

〔47〕 参见刘德法:《对精神损害纳入刑事附带民事赔偿的思考》,载《中州学刊》2013年第3期。

责任,增加了犯罪成本,阻碍了其产生犯罪的诱因。涉罪人员不仅应当承担惩罚性的刑事责任,还要担起赔偿被侵害人的物质损失、精神损害法律后果,这就很大程度上提升了潜在的犯罪成本,迫使其在犯罪行为实行之前多加考虑投入和产出是否成正比。同时,广大人民群众在看到行为人因为犯罪而受到刑事惩罚之后还赔偿了大量的金钱,也会自动调整自己的行为,抑制自己不去实施犯罪的行为,从而起到了一般预防功能。如果刑事被害人在遭受精神损失后无法得到精神损害赔偿,会致使被害人与犯罪人为了双方利益而采取私下了结的手段。以强奸犯罪来说,即使犯罪人受到了刑事上的惩罚,被害人名声依然受到了损害,社会舆论与其他人的异样眼光等导致的精神上的伤害仍无法得以缓解。而在精神损害赔偿得到保证的情况下,被害人将会放弃与犯罪人的苟合,进而转向与犯罪人的斗争,从而实现预防犯罪目的。

(五)节约诉讼成本,平息社会矛盾的需要

在诉讼中注重被害人因为犯罪所受到的精神损害,将精神损害赔偿归入刑诉附民诉讼可赔偿的范畴之内,可以最大程度上安抚被害人及其近亲属受伤害的心灵,降低被害人及其近亲属的愤怒程度,减少被害人及其近亲属因怀疑司法不公,而频于上诉、申诉甚至上访、闹访的频率。在刑诉附带民诉中允许被害人请求精神损害赔偿并建立精神损害赔偿制度,司法的投入并不会因此增加,大多数附带精神损失的刑事附带民事诉讼案件也都有着物质损失,诉讼程序也并不会因增加精神损害赔偿变得更加复杂,相反还可以减少因为维稳所必须支出的费用,而且可以从根本上做到使被害人放弃诉讼、放弃信访。制度完善有利于缓和社会矛盾,建设和谐的社会主义社会,投入小的成本获得大的产出,此产出会转化成更大的社会效益。

三、被害人精神损害赔偿可行程度分析

(一)法治环境的要求

1. 法治观念已深入人心

对于精神损害可否用金钱予以赔偿这一问题,我国法学界及大众的认知历经了从否定到肯定的巨大转变。轻权利重义务是从古至今传承下来的深入人心的法律文化,这种法律文化导致了学理界、司法实务界以及广大群众对精神损害赔偿的重要价值保留着相当程度的无视。在 20 世纪 80 年代,苏联"极左"的法学理论仍旧深深烙印在中国学者的骨子里,几乎所有学者都对精神损害赔偿持不赞成

态度。当年的学者曾认为,精神痛苦的损害无法衡量更无法用金钱来弥补,金钱赔偿那是资产阶级民法的主张,是植根于资产阶级生产资料所有制和资本主义的市场经济之上,并不适合我国的国情。该主张的基本逻辑是:我国的社会主义民法与资产阶级民法存在本质的区别,因而必须否认一切带有资产阶级法制色彩的制度,所以学者甚至广大人民群众排斥精神损害赔偿也合情合理。改革开放以后,随着经济的快速发展,教育水平的快速提高,民众的法律意识有了质的飞跃,我国开始逐渐重视人民的权利保障,用金钱的手段赔偿遭受犯罪行为侵害的被害人的精神痛苦,这不仅可以保护人格尊严,也是对人权保障的手段之一,所以得到了广大民众的大力支持。所以,我国已经具备了全面建立刑事被害人的精神损害赔偿制度的广泛思想基础。

2. 民事方面的精神损害赔偿立法趋于完善

第一次从立法上肯定了精神损害赔偿的是《民法通则》,此法规定了法对于侵犯姓名权、肖像权、名誉权、荣誉权并造成严重损害的行为,侵权人应承担精神损害赔偿的责任。虽然相较于其他国家完备的精神损害赔偿制度,此项规定仍就明显无比粗略,但仍是一条开创性的规定:第一,对于有些受到侵害的人格权,比如,亲属遗骸的损坏、具有特殊意义的物品等,并未规定相关权利人可以提出精神损害赔偿;第二,对于侵犯身份权所导致的精神损害,并未规定可以提请精神损害赔偿。最高人民法院出台的《精神损害赔偿解释》对精神损害赔偿作了进一步的解释,这一解释的出台标志着精神损害赔偿制度又向前推进了一大步:首先,身体权被划分为独立人格权,可以采取提请精神损害赔偿的方法予以保护;其次,对于隐私权的保护抛弃了过去间接保护的方法改为直接保护的方法;最后,规定了对亲属身份权可以采用精神损害赔偿的保护方法,在侵犯某些具有人格因素的财产权的情况下,可以请求精神损赔偿。而 2009 年出台的《侵权责任法》则将精神损害赔偿的范围扩大至“人身权益”。显然,人身权益的范围极为广泛,既包括人格权也包括身份权,甚至还包括具有人身属性的财产权以及其他没有被法律明确列举, 但具有人身性质的利益。可见,我国的民事立法以及相关司法解释已经确立了较为完备、科学的侵权责任法体系。在民事诉讼活动中,对精神损害赔偿的使用也十分频繁,在保护人身权益方面显现出重大的社会功能,同时也为刑事被害人提请精神损害赔偿提供了条件,刑事被害人通过诉讼提请损害赔偿的制度在某种程度上只需要直接规定容许精神损害赔偿,然后直接适用民事法律关于精神损害赔偿的规则即可。

3. 司法实践已具备实施条件

我国确立了司法系统相互分工、相互制约又彼此独立的体制机制，法院具有依法独立行使审判权的权力，能够纯熟应用精神损害赔偿的有关法规，审判委员会也会聚了来自各部门的审判专家，可以把关和指导刑事案件中精神损害赔偿问题的法律适用问题。同时，我国在人民法院内部常常实行轮岗制度，即在一段时期内将不同业务庭之间的审判员相互调动，使得精通民事法律的审判员也能有机会从事刑事案件的审判工作，他们对精神损害赔偿的相关民事规定非常了解，如此便会促进刑事被侵害人相关精神损害赔偿规定的良好实施。

（二）被侵害人精神损害赔偿制度的域外参考

1. 普通法法系国家的刑事被害人精神损害赔偿的相关规定

在德国、法国、意大利等大陆法系国家，因为犯罪行为而造成损害的被害人，不仅可以通过诉讼请求物质损失民事赔偿，对于因为犯罪行为而导致精神损害的，还拥有提请刑事附带民事诉讼的权利。下面将对大陆法系的重要国家的被害人精神损害赔偿的有关规定进行介绍。

法国在民事诉讼和刑事诉讼方面都明确规定刑事犯罪被害人提请精神损害赔偿的权利。在现代法国，非物质损害是应该给予赔偿的，因为所有的损害都应给予赔偿，只要这些损害拥有某些特性。[48] 根据法国《刑事诉讼法典》的规定，民事诉讼与刑事诉讼可同时进行，且由同一法院审理。被告人的行为所导致的被害人的损害，无论是在人身方面、物质方面还是在精神方面，都应该得到赔偿。同时该法典还规定，民事案件诉讼的程序也可与刑事案件诉讼程序分开，假如刑事诉讼已经提前进行而尚未形成判决，民事诉讼程序应当在刑事诉讼作出判决之后再进行。这些法律规定说明，法国刑事诉讼法准许对犯罪所造成的损害提请民事诉讼。此处的损害范围较广，既包含物质的损失，也包含人身的损害以及精神方面的损害。

德国《刑事诉讼法典》也确立了刑事被害人精神损害赔偿的请求权，根据该法典的规定，刑事被害人与其合法财产继承人在刑事诉讼的进程中，具有向刑事被告人提请犯罪人赔偿由于犯罪行为所导致的一切损害的请求权，但这些赔偿请求也要受到诉讼管辖的制约。虽然该规定不甚清晰明了，仅仅在大体上规定了“财产权”，但根据该法典第406条的规定，因犯罪人对其实施侮辱或者伤害身体行为

---

〔48〕 参见陈瑞华：《刑事诉讼的前沿问题》，中国人民大学出版社2005年版，第334页。

造成精神损害的,被害人可以根据此法相关规定,请求精神损害补偿金。

由于受到大陆法系的影响,19 世纪末日本颁布的《刑事诉讼法》也采用了刑诉附带民诉的模式,但赔偿的范围却止于补偿。第二次世界大战之后,日本在立法上移植了判例法系国家刑事诉讼法,刑诉附带民诉模式的弊端也渐渐引起了人们的注意,于是日本在 20 世纪 50 年代颁行了新的《刑事诉讼法》,完全摒弃了刑诉附带民诉的模式。《刑事诉讼法》也删除了有关程序方面的规定,而改为适用有关民事程序的相关规定。这样尽管字面上日本并未在《刑事诉讼法》中直接规定刑事被害人精神损害赔偿制度,但由于其采取的被害人民事赔偿的诉讼方式与其他国家不同,所以实际上在日本,对于因犯罪而造成的精神损害也可以请求民事赔偿。

2. 判例法国家的刑事被侵害人精神损害赔偿制度

判例法国家对于犯罪所引起的赔偿大都采用并列进行的方式,此模式主要是指在刑事诉讼解决争议后再另外提起精神损害赔偿诉讼。判例法国家极其注重刑事诉讼、民事诉讼的独立地位,即刑事诉讼和民事诉讼这两种不同的诉讼模式在进程上是全部分开的,且没有任何附属关系,呈现出并列的状态。由侵害行为所造成的精神损害赔偿问题一般由独立的民诉程序来解决,并且被害人只有在刑事判决作出并生效之后,才能提请民事诉讼来请求精神损害赔偿。在判例法法系国家,被害人请求精神损害赔偿的事由较广,包括侮辱、诽谤等。判例法国家的主流观点主张,伤害他人身体并且致使他人产生精神上的痛苦,受害人就可以提请精神损害赔偿。尤其是在性侵害犯罪的案件中,不仅包含补偿性的损害赔偿,还应当包含惩罚性的损害赔偿。

(三)刑事被害人精神损害赔偿体系构建

1. 修改实体法

目前我国实体法并没有明确承认精神损害赔偿,所以要想构建刑事被害人的精神损害赔偿体系,首先就要在实体法上予以明确,将精神损害赔偿进行一个质的提升。故笔者建议,首先应将最高院的两个司法解释予以废除,扫除现有阻碍精神损害赔偿的篱笆;其次应对《刑法》第 36 条第 1 款进行修改,建议改为“造成被害人精神损害的,除依法给予刑事处罚之外,还应当根据损害后果对被侵害人赔偿其经济损失或者发放精神赔偿金”,作此修改之后,便将精神损害赔偿提升到了与经济损害相同的高度,有利于对精神损害进行救济;最后最高院应以出台解释的方式来确定精神损害赔偿的主体和数额。关于精神损害赔偿的范围,对于一个普通人来说，把精神损害赔偿限制在侵害公民人身利益和人格利益的犯罪中是必要的；对于法人来说，精神损害赔偿应该限制在侵犯行业秘密与名誉权的犯罪中。〔49〕在造成被害人精神损害的刑事案件中，可以区分为请求权主体和赔偿义务主体：请求权主体界定的是什么人可以提请精神损害赔偿，因为性侵害的对象具有特定性，具有提请精神损害赔偿的权利的主体应为被侵害人、死亡或者丧失民事行为能力的刑事被害人的配偶、父母、子女和其他与刑事被害人有着直接赡养或抚养关系的近亲属；赔偿义务主体解决的是什么人应当对赔偿请求权主体所提起的精神损害赔偿承担责任，一般情况下应当包含被告人、限制行为能力被告人的监护人以及已经死亡被告人的遗产继承人。〔50〕

2. 完善程序法

迟到的正义为非正义。诉讼程序在保持公正性的同时也要保证效率。在构建我国被害人精神损害赔偿制度时，应该考虑对被害人主张权利时间的保证。一般意义上，针对精神损害赔偿问题，被害人与被告人之间往往一时难以达成共识，故为了保证被害人的权利得以伸张，必须容许被害人享有另行起诉被告人要求精神损害赔偿的权利。故建议借鉴判例法法系国家实行并列式。

3. 强化保障法

司法判决的意义在于执行，司法判决如果无法很好地执行，将只是纸上谈兵。在我国的司法实践中，被侵害人因被告人拒不赔偿而频繁上访，然后由有关部门再通过截访等手段紧急扑火的情形屡见不鲜。如果刑事受害人通过精神损害赔偿诉讼来要求经济和精神赔偿，必须要做的一点就是强化法律保障，逐步建立一个以国家救济为主、以社会救济为辅助的多层次救济系统。对于以国家为主体的救助体系学界争议较大。有些学者持反对意见，主张财政支出应当遵循公共利益原则，而多层次的救助系统明显违背此原则。笔者认为这种观点是不科学的，被害人群体是社会的一部分，受害人的利益与公众利益是一致的，不是相互排斥的。这种将被害人群体的利益与公共利益对立的观点是不科学的。笔者建议以国家为主体建立“被害人救助基金”，专门用于救助因为被告人赔偿不力所造成的被害人无助的情形，基金的来源由政府财政、社会捐助等构成。

---

〔49〕 参见曲伶俐：《刑事附带精神损害赔偿诉讼探讨》，载《山东社会科学》2002 年第 4 期。

〔50〕 参见梅文娟：《论刑事法律关系三元结构下的被害人精神损害赔偿》，载《江汉论坛》2010 年第 4 期。

▲ 本案分析

在本案中,金某某违背金某乙的自由意志,在明知被侵害人不满 14 周岁的情况下,强行与其先后 4 次发生性行为,致被害人怀孕并堕胎,且后期急需一笔费用用于身体机能的康复和心理疏导,但在判决前后,被害人并没有得到任何物质补偿或者精神损害赔偿。人民法院虽然依法严惩了犯罪认的违法行为,以强奸罪追究了其刑事责任,但在案件中,被害人并没有得到抚慰,犯罪行为给被害人带来的生理与心理伤害仍长期影响着被害人。在这种长期的精神压力下,如果没有相应的精神疏通,极易造成未成年人人生观、价值观的扭曲,摧毁未成年人一生,台湾作家林奕含便是例证。然而无论是生理机能的恢复,还是心理问题的疏导,都离不开经济上的支持,而我国刑事诉讼只承认物质损失,将精神损害排斥在外的做法无疑将使被侵害人陷入困境。

正如前面所论述,笔者建议通过两个方面入手,承认精神损害赔偿的地位与价值,对诉讼的制度体系进行重构。第一,修订实体法和程序法,从规范意义上建立起我国刑事被侵害人精神损害赔偿体系;第二,由国家牵头建立"被害人精神损害补偿金"对被害人进行补偿,在犯罪者无经济能力或者赔偿能力欠缺无法赔偿时作为一种补充手段,给予受到精神损害的被害人以充足的资金去进行后期的治疗,从而实现对刑事被害人的保护。

第四节 吕某城、黄某生拐卖妇女儿童罪

——共犯实行过限的认定

■ 案例基本内容

[案情简介][51]

被告人吕某城,男,汉族,1985 年 7 月 17 日出生,农民。

---

[51] 吕某城等故意杀人、拐卖儿童、黄某某拐卖儿童案,载北大法宝网:http://www.pkulaw.cn/case/pfnl_1970324837278489.html? keywords = % E6% 8B% 90% E5% 8D% 96% E5% A6% 87% E5% A5% B3% E5% 84% BF% E7% AB% A5&Match = Exact,最后访问日期:2017 年 9 月 16 日。

被告人黄某生，男，汉族，1965年9月5日出生，农民。1988年4月6日因犯盗窃罪被判处有期徒刑3年6个月，1991年1月7日刑满释放。

被告人吕某城、黄某生为拐卖儿童牟利，密谋偷盗被害人黄某花（殁年26岁）刚出生不足8个月的男婴黄某某，并商定如被发现就使用暴力抢走婴儿。后二人进行了踩点，并准备了撬门和行凶的匕首、啤酒瓶等物，黄某生通过潘某某（同案被告人，已判刑）联系了买主。2008年9月2日3时许，黄某生骑摩托车载吕某城到福建省南安市罗东镇罗溪村黄某花家屋外，由黄某生在屋外接应，吕某城潜入黄某花和黄某某的卧室，黄某花和黄某花的奶奶戴某治（殁年75岁）发现后呼救。为制服被害人以抢走婴儿，吕某城持匕首先后捅刺黄某花和戴某治，致黄某花失血性休克死亡，戴某治因右颈静脉被割断致失血性休克并脑功能障碍经送医院抢救无效死亡。后二被告人抢走男婴黄某某，将其以37000元的价格卖出。

［**裁判结果**］

法院认为，被告人吕某城与黄某生以出卖为目的，绑架儿童，其行为均构成拐卖儿童罪；吕某城在实施绑架行为时，持刀捅刺，致两名被害人死亡，其行为还构成故意杀人罪，且罪行极其严重，应数罪并罚。黄某生所犯拐卖儿童罪造成两人死亡，罪行极其严重，但没有与吕某城共谋杀人，亦未具体实施杀人的行为。据此，依法以拐卖儿童罪判处黄某生死刑，缓期2年执行；以故意杀人罪判处被告人吕某城死刑，以拐卖儿童罪判处其无期徒刑。经最高人民法院复核核准，罪犯吕某城已于日前被依法执行死刑。

☐ 问题要点

本案的争议焦点在于黄某生对于吕某城的杀人行为是否需要承担责任？两人以上在共同故意下实施犯罪行为成立共同犯罪，但若因为某些因素，部分成员实施了超过共犯人之间的共同犯罪故意内容的行为，则对于这种行为，其他共犯人是否应承担责任？本书拟从以下几方面进行分析：首先，对于共同犯罪承担刑事责任的理论基础进行探讨；其次，从共犯承担刑事责任的理论基础上引申，再结合国内外理论，探讨共犯实行过限责任承担的问题；再次，引出我国刑法学界关于共犯实行过限问题处理上的争议；最后，对在特别情形下共犯实行过限的责任承担展开分析，比较在不同情形下责任承担的差异。

◇ 问题分析

一、共同犯罪行为刑事责任承担的依据

共同犯罪是二人以上基于同一的意思联络而实施的犯罪行为,对于共同犯罪的人应如何承担刑事责任的问题,我国刑法理论界对此有多种判断原则。从共同责任原则的角度来看,共同犯罪具有不可分性,共同犯罪是由共犯成员的主观意向与客观行为相整合形成的统一整体,所针对的犯罪目标是经所有成员共同同意的,造成的危害结果是其共同希望的,实施的行为是共同完成的,并因此认为共同犯罪是由全体成员共同进行的,共犯成员对共同实施的罪行共同承担责任,即在共同故意的范围内不能用不同的罪名处罚共犯人。而依据非实行行为依附于实行行为的原则,对非实行犯的刑事责任的认定也要以实行犯的实行行为为前提,以共犯成员是否能够直接实行刑法分则规定的具体罪名构成要件行为为出发点,可以将共犯成员划分为实行犯和非实行犯,前者亲自实行要件行为,而后者则实施要件之外的其他行为,如帮助犯。所以,此原则为认定共同犯罪中的组织犯、教唆犯、帮助犯等共同犯罪人的刑事责任提供了方式。最后为部分实行全部责任原则,是针对共同犯罪中的共同正犯,即对于共同正犯,虽然仅由一部分人实施了犯罪行为,但全体成员对此行为以及结果都应承担刑事责任。

二、共同犯罪实行过限的概述

(一)共同犯罪实行过限的基础理论

在共同犯罪的过程中,有时会出现特殊情况,即两人以上共同预谋实施某犯罪行为时,有时会因多种因素导致实施的行为超出了共同故意的范围,这种情况在刑法学界有多种称谓,如“共犯的过剩”[52]“实行过当”[53]“逾越之行为”[54]“实行过限”[55]等等。现在我国理论界通说的定义是“实行过限”,而对于如何来定义实行过限,刑法理论界也存在多种表述。

---

[52] [日]野村稔:《刑法总论》,全理其、何力译,法律出版社2001年版,第441页。

[53] 高铭暄:《刑法总则讲义》,天津人民出版社1989年版,第207页。

[54] 蔡墩铭:《刑法基本理论研究》,台湾汉林出版社1980年版,第254页。

[55] 参见《中国刑法词典》编委会:《中国刑法词典》,学林出版社1989年版,第325页;陈兴良:《共同犯罪论》(第2版),中国人民大学出版社2006年版,第381页;赵秉志主编:《中国刑法案例与学理研究总则篇·下》,法律出版社2001年版,第119页。

在我国刑法学界,关于共犯实行过限的定义有多种。第一种观点认为,共犯的实行过限行为也就是共犯的过剩行为,是指作为实行犯的共犯人实施的超出了共同犯之间预谋的行为。[56] 第二种观点认为,共犯的实行过限是实行犯在共同犯罪的实行过程中实施的超过共同犯罪人共同故意的犯罪行为。[57] 第三种观点认为,实行过限是在共同犯罪过程中,实行犯故意或过失地实施了超出共同犯罪故意范围的一种犯罪行为。[58] 第四种观点认为,实行过限是共同犯罪中的实行犯实施了某种超出共犯人共同谋议的犯罪范围的行为[59]

所以在有关共同犯罪实行过限的认定中,可以总结出有几个主要的争议问题。大致可以归纳为:(1)实行过限行为的发生阶段是否有限制,在预备阶段或者是实行行为终了后的一段时间是否存在实行过限;(2)实行过限的过限行为是否有限制,是否可以将一般违法行为囊括在内;(3)实行过限的行为人可否包括教唆犯、帮助犯等共犯人;(4)实行过限行为人的主观方面是故意还是过失,抑或是包含故意和过失。笔者将在后文对此进行详细探讨。

(二)共同犯罪实行过限责任承担域外理论

在共同犯罪故意的驱动下,共犯成员在特定范围内实施犯罪行为并对由此产生的危害结果有所期待,由此,共同犯罪的责任应由全部共同犯罪人一起承担。但是当发生共同犯罪人成员超过共犯故意实施了其他犯罪行为的情形时,应由谁对此行为承担刑事责任,承担责任的依据又是什么。探究实行过限行为的责任承担理论对解决这个问题有重要作用。

要解决共犯实行过限的责任承担问题,首先要从认定实行过限的标准出发。认定实行过限的不同标准对于最终处罚的过限行为的责任承担标准有着不同的影响。对于共犯实行过限中"过限"的认定,理论上存在多种观点。德国学者持"共同犯罪决意说",认为对过限的界定是超出了共犯之间的共同谋意,超过了共同的谋意便构成单独的罪责。[60] 而俄罗斯学者主张"偏离约定说",即主张以行为人是否超出了共同犯罪人之间的共同约定且使行为法律性质发生重大改变来

---

〔56〕 参见陈兴良:《共同犯罪论》(第2版),中国人民大学出版社2006年版,第344页。

〔57〕 参见赵秉志主编:《中国刑法适用》,河南人民出版社2001年版,第120页。

〔58〕 参见梁剑、叶良芳:《实行犯过限行为研究》,载《中共中央党校学报》2004年第1期。

〔59〕 参见赵丰琳、史宝伦:《共犯过限的司法认定》,载《人民检察》2000年第8期。

〔60〕 参见[德]约翰内斯·韦塞尔斯:《德国刑法总论》,李昌珂译,法律出版社2008年版,第325页。

认定其行为是否属于实行过限。[61]

相应地,共犯实行过限的责任承担的理论依据主要存在以下几种类型。日本学者野村稔认为,共犯的实行过限为“共犯的过剩”,共同犯罪中部分共犯人实施了比其他共犯人所能预见到的内容更为严重的犯罪,据此,应由过限行为人自己单独为其实施的行为承担刑事责任。[62] 而德国从“偏离约定说”出发,认为实行过限超越了共同犯罪人之间的共同约定,共同犯罪人仅对共同约定范围内发生的犯罪负责,[63]过限行为人自己承担其超过共犯故意的行为所产生的罪责。俄罗斯将实行过限的行为分类为罪质过限和罪量过限,罪质过限是指共犯人实施的犯罪与其他共犯人所原本共谋的犯罪存在本质不同,例如,原本两人共谋盗窃,但其中一人实施了杀人行为。罪量不同是指共同犯罪人实施的犯罪危害结果重于所共谋的犯罪,但是性质上仍属于同一种类,例如,虽共同合谋故意伤害行为,最后却实施了杀人行为。对于共犯实行过限行为的形态及其责任方面,俄罗斯在其刑法典中有所规定。根据《俄罗斯联邦刑法典》第 36 条的规定,实行犯实施了不属于其他共同犯罪人故意之内的犯罪,是实行犯的过度行为,其他犯罪人对此不负刑事责任。[64] 即对于共犯实行过限的刑事责任承担,俄罗斯认为超出共同故意的行为就应该由行为人自己承担责任。同时,意大利也对实行过限责任承担有明文规定。根据《意大利刑法典》第 116 条第 1 款的规定,当实施的犯罪不同于某个共同行为人所希望的犯罪时,如果结果是其作为或不作为的结果,他也得对该犯罪负责。[65] 所以意大利对于实行过限的判断不仅只考虑主观因素,而开始重视行为人的客观行为。如果过限的结果是其作为所导致的自然承担责任,且行为人有作为义务而不作为,则即使是超出共同故意,也要对该结果负责。《英国刑法典》对实行过限刑事责任的承担也有规制,认为在共同预谋范围中的犯罪责任应

---

〔61〕 参见[俄]库次涅佐娃、佳日科娃主编:《俄罗斯刑法教程(总论)》,黄道秀译,中国法制出版社 2002 年版,第 430 ~ 431 页。

〔62〕 参见[日]野村稔:《刑法总论》,全理其、何力译,法律出版社 2001 年版,第 441 页。

〔63〕 参见[德]汉斯·海因里昂·耶赛克、托马斯·魏根特:《德国刑法教科书》,徐久生译,中国法制出版社 2001 年版,第 837 页。

〔64〕 参见[俄]库次涅佐娃、佳日科娃主编:《俄罗斯刑法教程(总论)》(上卷),黄道秀译,中国法制出版社 2002 年版,第 450 页。

〔65〕 参见[意]杜里奥·帕瓦多尼:《意大利刑法学原理》,陈忠林译,中国人民大学出版社 2004 年版,第 293 页。

该由全体共同承担,自己实施的犯罪行为则由行为人自行负责。[66]

由此可见,对于共犯实行过限的刑事责任承担的规制问题,只有少数国家刑法典对此作了明文规定,多数国家仍然处于理论的探究阶段,但通常都认可实行过限行为由过限行为人自担其责。日本、俄罗斯、德国等国都是从主观方面考虑认定实行过限,认为超过共同故意(或者说共同约定、谋议)实施的是过限行为,由过限行为人自己承担;但意大利是从主观客观结合的角度考量,认为虽然不同于共同故意,但是如果共同犯罪人对过限结果的发生有促进作用也仍然要承担责任;英国则认为只要犯罪为预谋实施了且性质未被根本改变,即使结果有所意外也不认为是实行过限,但若因主犯个人有意改变而实施了其他改变了原本犯罪性质的行为,则视为实行过限。

(三)共同犯罪实行过限责任承担国内理论

从我国对于共同犯罪中责任承担的规定来看,我国大部分理论观点是超越共同犯罪人之间意思联络而为的犯罪行为为实行过限,是从个人罪行自己担责的角度出发,普遍赞同过限行为应由行为人自己对此担责。实行过限理论提出的最初目的是为了明确共犯中的责任承担,免除共犯理论所带来的责任株连的影响。[67]

对于共同犯罪的认定,行为共同说认为,实施了共同的犯罪行为则构成共同犯罪,即使最后认定罪名不同,也不需要必须是同一犯罪;犯罪共同说认为,共同犯罪要求共同犯罪人实施的是共同的特定的犯罪,即客观构成要件相同;[68] 部分犯罪共同说认为,多人实施的行为之间在重合的部分成立共同犯罪。

对于共犯行为过限的认定问题,我国多数学者主张以行为人是否超过了共同故意为标准。如张明楷教授认为,只要行为人实施的行为没有超出共同故意的范围,则无论其行为手段、犯罪情节如何变化,均是在同一限度内的量变,并不能引起质变。[69] 由此认为,超出了共同犯罪人之间意思联络所实施的行为认定为实

[66] 根据英国法律委员会制定的 1989 年《刑法典草案》第 27 条第 5 款的规定,只要犯罪是预谋实施的,即使被害人或者财产不在计划之内,从犯也应对实际实施的行为负责,但从犯无需对主犯故意改变不同被害对象的行为负责。

[67] 参见张高峰:《论实行过限》,厦门大学 2006 年硕士学位论文。

[68] 参见陈兴良:《共同犯罪论》(第 2 版),中国人民大学出版社 2006 年版,第 53 ~ 58 页;陈家林:《共同正犯研究》,武汉大学出版社 2004 年版,第 63 ~ 70 页;张明楷:《部分犯罪共同说之提倡》,载《清华大学学报》(哲学社会科学版)2001 年第 1 期。

[69] 参见张明楷:《刑法格言的展开》(第 3 版),法律出版社 2013 年版,第 545 ~ 552 页。

行过限,而对于未超出共犯故意的行为,虽然在实施方式或者各种具体情节上有所不同,但仍然应认定为共同犯罪。

从部分犯罪共同说出发,我国学者为更好地对共犯实行过限责任的承担进行讨论,以过限行为与共同犯罪之间是否有重合为标准进行划分,认为可以将过限行为分为重合性过限和非重合性过限。这种重合标准的认定基础是行为之间所特有的性质和刑法典所规定的各种分则罪名的具体犯罪构成之间可能具有的相互交叉关系,如故意伤害与故意伤人两罪的关系。〔70〕 重合性过限行为,即行为人实施的过限犯罪行为和共同犯罪之间基于重合性判断后具有交叉重合关系。在重合的限度内,过限行为人与其他共同犯罪人共同承担刑事责任;但在重合限度外,则由过限行为人单独承担刑事责任。对于非重合性过限的情况,由于过限行为人在实施了过限犯罪行为的同时,也实施了共同犯罪,故一般情况下予以数罪并罚;但在成立想象竞合的情形下,仍然应该考虑想象竞合。例如,A 教唆 B 去杀丙,B 前往丙家,但在到达丙家以后发现丙身边有一只宠物,举枪杀丙的同时打中了宠物。B 这一打中宠物的行为主观上超出了共同犯罪故意,客观上实施了其他犯罪行为,构成实行过限。A 对此显然不应当承担责任;而对于 B 来说,开枪的行为构成故意杀人与故意毁坏财物的想象竞合,并不能按数罪并罚来予以处理。〔71〕

三、刑法学界对共犯实行过限的处理争议

(一)客观方面

我国对于共犯实行过限的定义众说纷纭,由上文几种观点可知,主要存在以下几方面的争议。

首先,实行过限行为的存在以共同犯罪人一起实施了犯罪为条件,实行过限问题是为了确定发生特殊情况时共犯人之间的罪责,脱离了共同犯罪来研究实行过限问题就没有意义,所以过限行为必须发生在共同犯罪中。而通常一个犯罪总是会经历预备、实行、完成几个阶段,那么在这每一个阶段都能发生实行过限问题吗? 作者认为实行过限可存在于前两个阶段,但不可能存在于最后一个阶段。因为预备阶段与实行阶段共同犯罪都处于进行中,共同犯罪人都可能在实施共同犯罪行为时超出共同故意而实施其他犯罪行为;而如果共同犯罪行为已经结束,对

---

〔70〕 参见夏强:《过限犯若干问题探析》,载吴振兴主编:《犯罪形态研究精要Ⅱ》,法律出版社 2005 年版,第 592 页。

〔71〕 参见王琼瑶:《实行过限问题研究》,中国人民大学 2008 年硕士学位论文。

共同犯罪的评价也就到此结束,就无所谓实行过限的问题,此时行为人再实施的犯罪理所当然由其自己承担刑事责任。

其次,过限行为人相比其他共同犯罪人在基本的共同犯罪行为以外还实施了过限行为,而对于此过限行为的性质应如何界定?是否应将其限制为犯罪行为,抑或只要认定为违法行为即可?作者认为,过限行为必须是符合刑法分则规定个罪的客观构成要件的行为,"无行为即无责任"。实行过限行为作为一种犯罪行为,其在客观上也应该具备符合《刑法》规定的具体犯罪构成要件行为。有观点认为过限行为并不局限于犯罪行为,一般的违法行为也可以成立实行过限。但该观点也进一步认为,对可以构成实行过限的违法行为范围要加以一定的限制,即过限行为至少应当为在《刑法》上被规定为从重处罚情节的行为。〔72〕此观点其实也在一定程度上主张并非只要有违法行为就可以成立实行过限,而是应当有《刑法》依据。但《刑法》上的从重处罚情节本就是针对每个人自身来进行具体判断的,再以此情节来作为实行过限的行为,无疑是将问题复杂化了。对实行过限理论的探究是为了认定在共同犯罪中超出共同意思联络的实行行为的责任承担,同时限制刑罚的处罚范围,避免共犯人非因自己的行为而承担刑事责任的情形。所以这里讨论的构成实行过限的行为,应该是被《刑法》所禁止的行为,即犯罪行为,不包括所有的违法行为。

最后,对于实行过限实施主体方面的认定。实行过限问题的先决条件是共同罪行的成立,这也意味着实行过限的主体限于共同犯罪的主体范围。有学者认为,共犯实行过限的主体仅限于实行犯。〔73〕对于这种观点,支持的理由大致有两点:第一,根据"共犯从属性说",共犯的成立及其可罚性,必须以一定的实行行为的存在为前提,只有实行犯才能直接实施刑法分则中所明确列出犯罪的基本构成要件行为,具有法益侵害的现实危险性,才有《刑法》规制的必要。而单独地看,教唆犯、帮助犯等共犯的犯罪意图是通过实行犯的实行行为来实现,其行为虽然也可能超出共同犯罪故意的范围,但由于其不具有法益侵害的现实危险性,必须与

---

〔72〕 参见张高峰:《论实行过限》,厦门大学 2006 年硕士学位论文。

〔73〕 参见陈宁:《共同犯罪中的实行过限问题研究》,载《政法学刊》2007 年第 1 期;赵丰琳、史宝伦:《共犯过限的司法认定》,载《人民检察》2000 年第 8 期;叶良芳:《实行过限之构成及其判定标准》,载《法律科学》2008 年第 1 期;吕勇:《实行过限的判断标准研究》,载《吉林公安高等专科学校学报》2006 年第 2 期。

实行行为结合,才具有可罚性。[74] 第二,认为由于非实行犯并不参与到共同犯罪的实施中,所以其超出共犯故意实施的行为很容易被认定为单独犯罪,且与其他的共同犯罪人之间没有直接联系,不属于实行过限讨论的范围,因此不需要在实行过限问题上进行讨论。

对于上述理由,笔者并不完全赞同。对于第一点理由,笔者认为,实行过限属于独立的犯罪形态,其成立虽依赖于之前的共同罪行,但在判断过限行为是否构成犯罪时,并不需要依赖于其他行为,而只需以过限行为本身是否符合犯罪构成要件为判断基准即已足够。因此,此种情形并不适用于"共犯从属性说",即不能因为对帮助犯、教唆犯等实施行为的评价从属于实行行为,就断定对过限行为的评价也必须从属于实行犯的实行行为,这是将两个不同的犯罪构成要件混为一谈了。对于第二点理由,笔者认为有一定的道理,但是存在一个问题,即比较明显的与共同犯罪没有关联的行为很容易会被判定为单独犯罪,这导致帮助犯、教唆犯等共犯在共同犯罪的实施过程中,若超出共同犯罪故意实施的行为与共同犯罪行为关系比较密切就会难以区分。

(二)主观方面

过限行为是指共同犯罪中行为人实施了超越共同犯罪意思行为的情况,共同故意也即行为人之间对犯罪行为在认识一致的基础上,对行为将会导致的危害结果持期待或者放任的心理。[75] 所以在主观方面,行为人要有超出共同故意的罪过,同时由于实行过限存在于共同犯罪中,也即要求行为人主观上拥有两个罪过心理,一个是对于共同犯罪行为的故意,另一个是实施超出共同故意行为的罪过。但我国《刑法》不承认共同过失犯罪,所以对于前一个共同犯罪所持罪过只能是故意,但对于过限行为的主观方面是否有限制仍需进行详细讨论。司法实践中对此有两种观点。第一种观点认为,实行过限只能成立在行为人存在主观故意的情况下,此观点是基于我国《刑法》不承认过失共同犯罪来考虑的。同理可得,在共同犯罪中,若某一行为人过失实施了其他犯罪行为,这种基于过失的心理是不可能成立共同犯罪让其他共犯人共同承担责任的,所以不存在过限理论所要避免的株连情形,实行过限应该仅限于故意的罪过。[76] 但此种观点以不承认过失的共同

---

〔74〕 参见梁剑、叶良芳:《实行犯过限行为研究》,载《中共中央党校学报》2004 年第 1 期。

〔75〕 参见陈兴良:《共同犯罪论》(第 2 版),中国人民大学出版社 2006 年版,第 92 页。

〔76〕 参见张高峰:《论实行过限》,厦门大学 2006 年硕士学位论文。

犯罪理论作为前提,认为过失的实行过限不可能共同承担责任,但实行过限本来就是一种新的形态,如此考虑似乎也有不妥。第二种观点认为,实行过限的主观方面既可以由故意构成,也可以由过失构成。此观点的出发点是对超出共同犯罪故意的概念的界定,后文会进行详细论述,在此不予赘述。

此外,对于实行过限超出共同故意的标准认定,理论界也存在不同学说。第一种观点是"未经同意说",即在两人以上共谋从事某一犯罪行为,所有人都要对此行为以及产生的危害后果(包括意外结果)承担责任,但其中部分人超出了共谋同意的范围实施其他行为时,其他人对这种未经同意的行为不承担责任。[77] 第二种观点是"未预见说",此观点认为共同犯罪的成立范围是行为人能够预见的全部范围,只要行为人之间有共同的故意、共同的行为,即使发生的危害结果不超过其他行为人能够预见的范围,仍然成立共犯,也即认为实行过限的情形是行为人实施了其他共犯人所不能预见范围的犯罪行为。[78] 第三种观点是"预谋范围逾越说",认为实行过限的行为人主观方面是超出了预谋的范围,即超出了共同犯罪人的事先共谋范畴。[79] 第四种观点是"实质改变规则说",此说为英国司法所提倡,认为实行过限是行为人主观方面超过了共犯人原犯罪的实质内容,也即与原共同犯罪具有实质上的不同。对于是否发生实质性改变的认定,一般认为需要从多个方面进行思量,比如犯罪对象、犯罪行为性质等。

(三)本书立场

针对实行过限行为人主观判断同意的后一种观点,本书认为,在实行过限理论的创设中,将其规定为超出共同故意范围的行为并没有将其限定在"故意"的范围内,所以无论是"故意"行为还是"过失"行为,都可能超出共同故意限定的范围。其次,虽然行为人在过失实施过限行为时,不存在责任株连的可能性,但是也仍需运用实行过限的刑事责任分配理论来对该刑事责任问题进行处理。

而针对超过共同故意的不同判断标准,则各有利弊。"未经同意说"这一观点以是否超过行为人之间的共同同意为判断实行过限的主观标准,若考虑到了行为

---

〔77〕 参见欧阳涛、周叶谦、肖贤富、陈中天:《英美刑法刑事诉讼法概论》,中国社会科学出版社 1984 年版,第 78 页。

〔78〕 参见林肯文、茅彭年:《共同犯罪理论与司法实践》,法律出版社 1994 年版,第 204 页。

〔79〕 参见夏强:《过限犯若干问题探析》,载吴振兴主编:《犯罪形态研究精要Ⅱ》,法律出版社 2005 年版,第 583 页。

人之间在共同同意实施某种犯罪行为,即表明他们共同同意实施犯罪行为并且期待犯罪结果的发生。部分共同犯罪人未经其他共同犯罪人的同意实行了其他行为,自然是违反了共同同意的过限行为,但这种观点也存在缺陷。按照通常理解,“同意”这个词可以包括事前同意、事中同意、事后同意。在犯罪过程中部分行为人实施了过限行为,事后其他共犯可能基于利益考量同意这一行为,如果以此为标准则必然认为此过限行为成立了共同犯罪,以事后的主观心态代入到犯罪行为时的场景来进行判断是否合理?本书认为,主客观相一致的原则约束的是行为实施当时,所以对于事后同意的主观意向不应该提前到行为时来进行评价,事后同意不应该具有追溯力,所以“未经同意说”不能排除事后同意这种情况。而“未预见说”这种观点以共同犯罪人所能预见的范围为共犯的成立范围,能够最大限度明确共犯的刑事责任,但界定“共犯人能够预见的所有范围”是一个难题,以一般人标准,一般理性人标准,还是共同犯罪人自身为标准?在这一点上需要考虑。“预谋范围逾越说”即将共同故意理解为“预谋”,相比较未经同意说,此说能够排除在事后同意的情形下责任承担被归类为共同责任的情况。但“预谋”这一词语的概念范围外延较广,难以具体明确。而且“预谋”一词,通常意味着事先进行谋划,对于共犯在事中临时通谋而且经大家共同同意的情况能否界定为“预谋”也争议较多。

本书认为,对实行过限人主观方面进行判断,可以考虑兼采“预谋范围逾越说”和“未预见说”。即对行为人是否为实行过限进行主观判断时,首先应以“预谋范围逾越说”来进行评价,若能评价超出预谋范围,再进行第二步“未预见说”标准,看此行为是否是其他共犯人所应当预见的,如果仍然得出否定结论,即符合实行过限的主观方面要求。

四、共犯实行过限特殊情形下责任承担的认定

在共犯实行过限的通常场合下,对实行过限行为进行准确界定,能使实行过限人自己承担罪责。但在有些较为特殊、典型的情况下,判断实行过限实属不易。在此,本书将进行粗浅讨论。

(一)教唆犯与实行犯

教唆犯是指引起他人犯意、教唆他人实施犯罪行为的人。实施超出共犯故意的行为有两种情形:一种是实行犯超出共同谋议实施了其他行为,另一种是教唆犯超越了共同谋议实施了其他行为。实践中,对于教唆犯超出了与实行犯之间的谋议实施了其他犯罪行为是否属于实行过限存在很大的争议。例如,甲教唆乙去杀人,然后甲自己又实施了盗窃行为。教唆犯被处罚的原理是他人因其教唆产生犯意,进而实施了具有社会危害性的犯罪行为。但若教唆犯自己实施了超出共同故意的行为,实行犯不能知晓、不能预见时,则与此犯罪行为并不存在因果联系,应当作实行过限处理;若实行犯知晓或者是可以预见并且表示支持时,可以视为是双方之间的共同故意,此时作为共同犯罪处理。对于实行犯超出教唆犯教唆范围实施犯罪情况的认定,英国学者福斯特在论述教唆犯与主犯之间的关系时提道:"如果主犯彻底、根本地予以改变,或者故意、明确地实施了另一种罪而不是所教唆的重罪,他将对此行为独自负责,教唆者不对主犯的行为负责。因为对他来说,这一结果并非是他所企图的结果……但是如果主犯事实上完成了企图行为,只是在犯罪的时间、地点或者方式上有所改变……教唆者……将构成从犯。"[80]所以可以考虑从实行犯实施的行为是否能改变教唆犯所教唆犯罪实质的角度来进行探究。本书赞成英国学者福斯特的观点,即实行犯如果实施的犯罪行为从本质上改变了教唆犯所教唆的犯罪性质,则此行为由其单独承担责任。例如,甲教唆乙去强奸丙,但乙未强奸丙,而是去抢劫了丙。此处的抢劫行为自然由乙单独负责,因为教唆犯所教唆的是强奸犯罪,但行为人实施了完全不同于强奸行为的抢劫犯罪,教唆犯未对此犯罪提供作用力,所以无论是从客观角度还是主观角度进行考虑,与此过限行为之间都没有因果关系。但是仍然应该考虑到教唆犯对于此过限行为是否是可以预见的,如果可以预见,仍应当属于共同犯罪。例如,B 曾多次因故意伤害等暴力行为受到处罚,A 明知教唆 B 实施盗窃可能会对 C 实施伤害行为,仍然教唆 B 去盗窃,此时若 B 果然实施重伤 C 的行为(暂不考虑是否转化抢劫问题),A 显然也是要负刑事责任。如果实行犯实施犯罪,只是工具、手段有所改变,并未改变犯罪实质,不成立实行过限,仍然应认定成立共同犯罪。例如,甲教唆乙去用刀杀死丙,但最终乙用毒药毒死了丙,仍然是故意杀人罪,因为手段的改变并未改变犯罪的实质,仍旧达到了教唆犯所追求的犯罪结果。由于并未超出所教唆的犯罪的本质,教唆犯有因果原因力,对此应承担责任。

(二)共同实行犯

实行犯是指直接实施犯罪构成要件的行为或者利用他人作为工具实施犯罪行为的人,[81]所以,共同实行犯是两人以上共同直接参与实施犯罪或者利用他人

---

〔80〕 参见叶良芳:《实行过限之构成及其判定标准》,载《法律科学》2008 年第 1 期。
〔81〕 参见马克昌:《犯罪通论》,武汉大学出版社 1999 年版,第 544 页。

作为工具的间接正犯。在共同犯罪中,对于部分共同犯罪人超出共犯故意所实施的过限行为,一般由该行为人自己承担责任。但是在共同实行犯的情形中,由于都直接参与犯罪的实行,彼此之间行为联系紧密,在这种情况下,区分实行过限非常不容易,同时还存在事中临时谋议实施犯罪的情况。在这种事中临时发起的意思联络下实施的犯罪并非过限行为,只是当事人之间再次合意的一起共同犯罪。但在共同实行犯实施犯罪行为时,存在行为人一时兴起实施其他犯罪的可能,当其他实行犯知晓或者是持赞同态度时,是否可将此行为认定为实行过限?有学者认为,只要其他实行犯对过限行为知情并且持容忍态度,就应将此行为视为新的共同犯罪,而不认为是行为人的过限行为。[82] 也有学者提出,应以实行犯当时在场及其作为或者不作为是否对行为人的行为有帮助作用,也即存在精神支持,来判定是否为实行过限。[83] 如果有精神上的辅助则认定为共犯,反之则为实行过限。还有学者提出分离说观点,本书比较赞成该观点,主张根据其他实行犯的不同态度进行考虑,具体而言,可以总结为以下几种情况:

1. 行为人实施了超出共同犯罪故意的行为,其他实行犯知晓后持积极支持的态度,此种情形下应认定为临时起意的共同犯罪,而不是实行过限。

2. 行为人实施了超出共同犯罪故意的行为,其他实行犯知晓后明确表示反对,或者进行了制止。但无论是否进行制止,持反对态度即说明此行为不是其他共同犯罪人所同意的,在这种不属于共同犯罪意思联络指导下实施的行为,应属于过限行为。

3. 行为人实施了超出同共犯罪故意的行为,其他实行犯知晓后未表示支持也未表示反对,在这种情形下,要考虑具体情况,如果行为人实施共同犯罪行为为之后的过限行为提供了便利,则其他实行犯具有消除自己先前行为带来的原因力的义务,如果没有消除,并且对之后的超出行为知情未表示反对,则视为共同犯罪。

(三)结果加重犯

结果加重犯是指行为人实施的犯罪行为造成了比此基本犯罪行为更严重的结果,《刑法》对发生这种更严重结果的情形规定了处罚。[84] 在共同犯罪中,部分行为人基于共同的犯意联络实施了基本犯罪的行为,由此引起了更严重的结果,

〔82〕 参见陈兴良:《共同犯罪论》(第2版),中国人民大学出版社2006年版,第347页。
〔83〕 参见赵丰琳、史宝伦:《共犯过限的司法认定》,载《人民检察》2000年第8期。
〔84〕 参见马克昌:《犯罪通论》,武汉大学出版社1999年版,第652页。

也即加重结果,对于这一加重结果所产生的刑事责任在共犯人之间如何进行分配承担?是由实施基本犯罪的所有行为人共同承担还是由引起此结果的行为人单独承担责任?对此,刑法学界有诸多争议。持全面肯定说的学者〔85〕认为,共同犯罪中的全体成员在共同的犯罪故意条件下,实施了基本犯罪行为,也即全体成员都实施了基本犯罪构成,对于其中某人引发的加重结果,应由其他共同犯罪人共同承担责任。并且从共同意思主体说、行为共同说、犯罪共同说等理论出发,认为不论共同犯罪人对加重结果持有的是过失还是故意态度,都可以成为结果加重犯的共犯。赞同个别肯定说的学者〔86〕认为,共同正犯之间的结果加重犯能成立共犯,而对其他共犯要进行区别考虑,对于帮助犯、教唆犯等共犯人,只要是在能够预见到加重结果出现的情况下仍然实施了基本犯罪构成,就应该对此承担责任;而对于组织犯则认为其通常应该对组织成员的犯罪行为导致的加重结果负责。此学说与前学说的不同之处在于并不是全盘承认加重结果一定作为共同责任承担,而是考虑具体情形。另一种是全面否定说的支持者,〔87〕他们认为共同犯罪只能由主观方面的故意构成,不承认过失的共同正犯,而在结果加重犯场合,行为人对加重结果是过失心理,加重结果是由其过失引起,所以显然不存在共犯的问题。

由此,对加重结果有过失的行为人应自行担责。从以上几种学说来看,全面否定说显然过于绝对。在有的情况下,其他共同犯罪人是应当或可以预见到行为人的行为会导致加重犯罪的,至少是持有一种放任的态度,而且基本犯罪构成是由全体共同犯罪人共同实施,全体共同犯罪人与加重结果之间的因果关系也不能就此坚决否决,如果仅有行为人承担责任,似乎不能很好地对其他共同犯罪人发挥刑法的特殊预防作用。"全面肯定说"也过于绝对。该学说认为,只要是全体共同犯罪人共同参与实施了基本犯罪行为,不论分工,其中部分行为人的行为导致了加重结果,则全体共同犯罪人均对此负责。在这种情况下,如果其他人对加重结果完全不可能预见,且没有预见的义务,就对行为人行为导致的加重结果承担责任,显然不符合个人罪责自负,无过错无责任的原则,同时,如果只是为了惩罚犯罪,也不符合刑法最初规定结果加重犯的目的。本书比较赞同"个别肯定说"的观点。共同正犯中,正犯是对犯罪起支配引导作用的人,我国对于共同正犯的处

〔85〕 如齐藤金、内田文昭、大塚仁等。
〔86〕 如李邦友、陈兴良、魏东等。
〔87〕 如香川达夫、西村克彦等。

罚原则是部分实行全部责任原则,所以对于作为正犯的行为人实施的犯罪行为,其他正犯也应当承担责任。《刑法》这样规定是因为共同正犯社会危害性大于其他的帮助犯、胁从犯,而且正犯对基本犯罪起支配、控制作用,对于加重结果显然具有极大的原因力,所以应对加重结果承担责任,但可以在主观方面没有故意等因素的情况下考虑酌情从轻。而对于教唆犯、组织犯、帮助犯等,应以其他是否可以预见到加重结果来考虑,如果预见到加重结果而仍然实施了教唆、帮助、组织等行为,应对加重结果负责,这里可能出现其他共同犯罪人因疏忽大意没有预见到等过失情况,有人或许会以不承认过失的共同犯罪来否定此处的共犯成立,但是从危险性理论的解释立场考虑,结果加重犯的基本行为本就包含加重结果的发生,由于这种加重结果的发生概率比较大,《刑法》将其规定为犯罪,“我们不能机械地将加重犯分割为基本犯加过失犯,从而根据过失犯不能成立共同犯罪而否认结果加重犯共犯的成立。这就是说应考虑结果加重犯的特殊类型,既然基本犯罪行为中包含着重结果发生的可能,如果帮助犯明知这一点而不防止重的结果的发生,在重结果现实发生时,帮助犯对这一重结果至少存在过失。如果其不负刑事责任,则显然不合理。因此,只要帮助犯能预见重结果发生,就成立结果加重犯的共同犯罪。”〔88〕所以,以能否预见作为判断帮助犯、教唆犯、组织犯等共犯人是否对加重结果承担责任的标准,在兼顾风险理论的同时,也考虑了行为人的社会危害性。如果其他共犯人难以预见,则由行为人单独担责。此外,对于预见的标准,如果以行为人为标准,则无疑行为人会为自己脱罪而不承认预见到,但如果以一般理性人为标准,则又会陷入标准要求过高的情况。所以,本书认为,可以一般人在当时的情形下能否预见到加重结果的发生作为考量标准。

综上,对共同犯罪中实行过限问题的认定,牵涉诸多理论的交融。实行过限存在于共同犯罪中,我们要从主观与客观两方面对行为人的行为是属于共同犯罪还是实行过限进行判断,以避免以共犯理论进行盲目归罪。

▲ 本案分析

具体结合本案,黄某生与吕某城为谋取利益共谋盗窃婴儿黄某某出卖,黄某生在门口负责望风,吕某城入室偷盗婴儿。两人基于共同的意思联络实施偷

〔88〕 刘凌梅:《帮助犯研究》,武汉大学出版社2003年版,第122~124页。

盗婴儿的犯罪行为,无疑构成了共同犯罪,但吕某城在偷盗婴儿过程中由于被发现,杀害了婴儿的亲属黄某花以及戴某治。吕某城的这一杀人行为是否属于实行过限行为?对于这种情况下的刑事责任承担问题,应结合具体情况分析。共同犯罪实行过限行为是行为人超出共犯之间共同的犯罪故意,实施了其他犯罪行为的情形。根据上文对实行过限认定的分析,应先从客观上进行判断,首先确认杀人行为发生的阶段。吕某城是在偷盗婴儿时为了制服阻拦的黄某花以及戴某治而实施的杀害行为,仍然在共同犯罪的实行阶段内。其次,实行行为人是偷盗婴儿的实行犯,主体条件也符合。最后,实行过限的成立是具有两个行为,即共同的犯罪行为和过限行为,本案中,偷盗婴儿的行为为共同犯罪行为,吕某城实施的杀人行为为过限行为,所以在客观方面符合实行过限的条件。再看主观方面,黄某生与吕某城共谋犯罪,黄某生负责望风,属于帮助犯。但在最初两人商议偷盗婴儿时就曾提出如果被发现就用暴力抢夺婴儿,且准备了撬门的工具以及匕首。从主观判断看,吕某城实施的暴力伤害行为并未超出两人的共同犯意,杀人的行为却可能超出两人的共同犯意,如果未超出共同犯意,则应该构成共同犯罪。如果认为超出了二人的事先预谋,再以是否超出共同犯罪人所能预见的范围进行下一步判断。黄某生与吕某城谋议的是使用暴力,并准备了匕首,在这种危急情形下携带匕首,黄某生应当是预见可能会发生杀人的情形的,所以这种杀人行为并未超出其所能预见的范围,本书认为不成立实行过限。

对共同犯罪的处罚原则源于团体责任原则。由于共同犯罪中,通常共犯人之间会相互提供帮助、共同谋划进行犯罪,社会危害性比较大,所以《刑法》对其规定了更加严厉的惩罚。共同犯罪实行过限的处罚原则源于个人责任原则,受"无责任无刑罚"的理念影响,认为团体责任会不当扩大责任范围,不利于保障公民的人权。大谷实教授曾说过:"个人责任是指个人仅对其所实施的犯罪负责任,对他人所实施的犯罪不能科以责任。"〔89〕所以在共犯的过限认定问题上,要使其他共同犯罪人为行为人的过限行为担责,显然是不利于保障公民的权利,同时也有损于司法的公正。因此,在共犯实行过限的责任承担方面,应贯彻个人责任原则。本案判决认为,黄某生并未与吕某城共谋实施杀人行为,也没

〔89〕 [日]大谷实:《刑法讲义总论》,日本成文堂1994年版,第315页。

有参与到杀人行为的实施过程中,所以不构成共同犯罪。也即吕某城的行为构成实行过限,由其自己承担责任。

此外,对于共犯实行过限行为的刑罚适用而言,虽然过限行为人实施了两个行为——共犯行为和过限行为,但并不能一概而论对行为人处以数罪并罚。本书赞成对两行为从重合性和非重合性角度出发来进行讨论。如前所述,对于非重合性实行过限行为通常是处以数罪并罚,但也不排除想象竞合的成立。而对于重合性实行过限,则要具体考虑两行为之间的关系是吸收关系、转化关系、情节加重或是结果加重关系等来具体进行定罪量刑。本案将吕某城的杀人行为认定为实行过限行为,同时考虑其所犯拐卖儿童罪与故意杀人罪之间并不是重合关系,且也没有想象竞合的情形,所以法院判决数罪并罚。在最后定罪这一点上并无不妥,但在对行为的定性上,本书持有异议。虽然黄某生与吕某城合谋的时候并未谋议杀人行为,但两人都事先同意万一被发现即以暴力抢夺婴儿,而且准备了工具——匕首从准备的工具来看,两人对死伤的结果应该都是在可以接受的范围内,故应将此故意杀人的行为认定为共同犯罪。具体来说,一方面,行为人实施的行为从主客观判断并不符合实行过限的认定;另一方面,从共犯理论分析,黄某生在能预见到吕某城可能会发生杀人行为的同时,仍然为其提供帮助望风;而从吕某城方面来分析,鉴于两人商议过一旦被发现就使用暴力方式夺取婴儿,且黄某生在门外望风,都为吕某城在实施杀人行为时提供了心理上的支持,所以黄某生与吕某城存在共同的谋议,且为实行行为提供了心理上的帮助,对于杀人行为也应认定为共同犯罪。实行过限理论是为了防止共同犯罪理论的株连,但如果此理论适用不当,将会导致部分犯罪人逃脱应有的惩罚。通常情况下的盗窃并不要求行为人对杀人行为应该预见,本案中,通过综合考虑两人的事前准备和谋议可以明显看出行为人应当预见。实践中对于其他共同犯罪人是否应当预见的判断,要结合多重因素考虑。本书认为,针对一些此罪与彼罪关联概率比较高的犯罪,因通常是应当预见到的,故如果发生了彼罪结果要承担责任。比如两人若共谋实施暴力抢劫行为,那么对于发生的杀人结果就应当是有预见可能性的,所以共谋抢劫其中一人对被害人实施了杀害行为,则仍然应当认定为是共同犯罪。而对于一些此犯罪与彼犯罪关联度不高的犯罪,比如共谋盗窃,只要其中一人实施了杀人行为,则在此种情况下就应进行具体情况分析,除非有特殊的情形,多数情况下都是由行为人自担罪责。

综上所述,具体案件中对某一行为认定为共同犯罪还是实行过限,要从多方面因素进行考虑,不能仅仅因为共犯人没有参与到行为人超过共犯故意的行为的实施,就简单将行为认定为实行过限,但也不应将所有存在共同犯罪过程中的犯罪行为都认为是共同犯罪,要坚持“无过错无责任”原则,在保障公民合法权利的同时实施刑罚。

第四章　侵犯财产罪

第一节　深圳梁某“拾金”案

——刑法上占有问题的探讨及
盗窃罪、侵占罪界定

■ 案例基本内容

［**案情简介**］[1]

梁某，女，今年40岁，河南开封人，某清洁公司员工，负责深圳机场候机楼B楼出发大厅的清洁卫生。2008年12月9日8时许，东莞一家珠宝公司的员工王某在深圳机场候机楼19号柜台办理行李托运手续时，由于托运行李内装有黄金饰品，需要到10号柜台办理。王某随即前往距离19号柜台22米远的第10号柜台办理。王某离开19号柜台时，将一个装有一只小纸箱的行李手推车留在19号柜台前1米的黄线处。现场监控视频显示，王某离开33秒后，梁某出现在这个纸箱旁。大约半分钟后，梁某将纸箱搬进了机场一间厕所。王某4分钟后返回，发现纸箱不见了，随即向公安机关报警。当日9时40分许，梁某吃早餐时告诉同事，捡到一个比较重的纸箱。随后，两名同事经梁某同意，将纸箱打开并取走两包黄金首饰。梁某从同事那里得知纸箱内是黄金首饰后，将纸箱放到自己的清洁手推车底层后离开，并从纸箱内取出一件首饰交由同事到黄金首饰店鉴别，证实是黄金首饰。当日14时许，梁某下班后将纸箱带回住处，从纸箱取出一部分黄金首饰放入丈夫放在床边的衣服口袋内，将纸箱放置于床底。

---

〔1〕 载法律快车网：http://anli. lawtime. cn/xsxsssf/2009121753863. html. ，最后访问日期：2018年1月3日。

16 时许，同事找到梁某，告知机场有旅客丢失黄金并已报警。当日 18 时许，民警到梁某家中询问其是否从机场带回物品，梁某否认。民警遂对其进行劝说，直到发现床下存放的纸箱，梁某才承认该纸箱就是从机场带回的。当民警继续追问是否还有首饰未交出，梁某仍予否认。民警随后从梁某丈夫的衣服口袋内查获另一部分黄金首饰。最终民警将大部分黄金首饰追回，但尚有 136 克黄金首饰去向不明。随后，她被警方带走。负责侦破此案的公安机关以涉嫌盗窃罪将其移送检察机关审查起诉。

［**裁判结果**］

2009 年 4 月 30 日，宝安区检察院第一次将该案退回公安机关补充侦查。2009 年 5 月 29 日，公安机关将补充侦查的梁某“拾金”案移交检察院审查起诉。2009 年 7 月 13 日，宝安区检察院第二次将梁某“拾金”案退回公安机关补充侦查。2009 年 9 月 10 日，梁某被取保候审。2009 年 9 月 25 日，因证据不足，深圳市宝安区检察院向梁某通报其不构成盗窃罪，撤销取保候审措施，不提起公诉。但检察院认为此案更符合侵占罪的构成特征，根据“刑疑惟轻”的原则，将案件发回公安机关；是否起诉梁某，由受害方东莞金龙珠宝首饰有限公司决定。东莞金龙珠宝首饰有限公司董事长刘先生 26 日回应称：“我们从来也没有想过追究谁的责任”，最终未提起诉讼。

▣ 问题要点

此案一发，即在社会上引起轩然大波，理论界围绕罪与非罪、此罪与彼罪展开了激烈的争论。本案主要涉及占有的相关问题及盗窃罪和侵占罪的区分问题。本书认为，在对本案进行分析的时候，首先应该认识占有的意义，注意区分民法上的占有和刑法上的占有，重视关于占有的判断和构成，在研究占有问题的基础上对盗窃罪和侵占罪进行区分，因为判断财物由谁占有、是否脱离占有，是判断行为成立侵占罪还是盗窃罪的关键。因本案主要涉及侵占罪，所以本书还对侵占罪存在的关于遗忘物的占有行为、侵占行为、非法占为己有与拒不退还交出之间的关系等问题进行了讨论。财物的占有关系对于解决财产犯罪具有重大的价值，占有重在事实上的支配，占有意思对认定是否存在占有起着补充作用。行为人不可能盗窃自己事实上占有的财物，对自己事实上占有的财物只能成立侵占罪，盗窃罪只能是盗窃他人占有的财物，对自己占有的财物不可能成立盗窃罪；委托物侵占是侵占自己占有的他人财物,脱离物侵占是侵占遗忘物或者埋藏物。拒不退还、拒不交出只是作为侵占罪的一个情节要件,并不是侵占罪的构成部分,且在成立拒不退还、拒不交出时,不以行为人明确表示拒不退还、拒不交出为必要,若可以通过一定的语言或行为判断行为人在主观上具有拒不退还、拒不交出的意思,客观上又可以确定行为人实施了变占有为所有的行为,就表明行为人拒不退还、拒不交出的行为已经成立。

◇ 问题分析

一、对刑法上的占有的理解

分析梁某"拾金"案,先要理解什么是占有? 司法实践中对于财产罪存在的争议,很多都涉及占有的问题,如本案的焦点之一就在于,该财物是否脱离了物主的占有。占有是财产犯罪理论中的一个重要概念。近年来,国内刑法学界关于占有的研究渐趋精细,许多著名学者对此问题发表了见解,而且出现了多篇专题性研究,极大提升了我国刑法学界在占有领域的研究水准。[2] 下文仅就本书所要探讨的有关占有的几个问题进行说明。

(一)刑法上占有的意义

对于我国《刑法》第五章规定的财产犯罪,不同的学者有不同的分类方式。有的学者依据故意的内容分为三个类型:占有型、挪用型、毁损型。其中,占有型又分为公然夺取型、秘密窃取型、骗取型和侵占型四类。[3] 有的学者分为三大类:取得罪、毁弃罪与不履行债务的犯罪。其中,取得罪是财产罪的中心,取得罪分为转移占有的取得罪与不转移占有的取得罪,前者如盗窃、抢劫、抢夺罪,后者则是指侵占罪。[4] 从上面的分类可以看出,无论财产犯罪怎么分类,占有型的犯罪总

---

〔2〕 参见张明楷:《刑法学(下)》(第5版),法律出版社2016年版,第940~950页;陈兴良:《判例刑法学》,中国人民大学出版社2009年版,第306~371页;黎宏:《论财产犯中的占有》,载《中国法学》2009年第1期;周光权:《死者的占有与犯罪界限》载《法学杂志》2009年第4期;赵秉志、于志刚:《论侵占罪的犯罪对象》,载《政治与法律》1999年第2期;周光权、李志强:《刑法中的占有概念》,载《法律科学》2003年第2期;车浩:《占有概念的二重性:事实与规范》,载《中外法学》2014年第5期。以上仅列举了部分具有代表性的观点,关于占有还有许多学者以及博士学位论文都对此问题进行了研究。

〔3〕 参见高铭暄、马克昌主编:《刑法学》(第3版),北京大学出版社2007年版,第558页。

〔4〕 参见张明楷:《刑法学》(第5版),法律出版社2016年版,第938页。

是起着举足轻重的作用,从占有的概念出发也衍生出了诸多关于财产犯罪的问题。理论上,作为犯罪对象的他人财物,存在三种占有状况:一是他人占有的财物。行为人要想取得财物,必须实施转移占有的行为,其中,盗窃就是转移占有的一种行为之一。二是代为保管物。行为人已经合法占有他人财物,要想取得该财物,就要实施变占有为所有的行为,该种行为被称作普通侵占。三是遗忘物和埋藏物。该种财物属于脱离他人占有但是为他人所有的财物,行为人单纯捡拾遗失物建立占有关系的行为并不构成犯罪,但其随后实施的变占有为所有的行为构成犯罪,此种行为被称作脱离占有物的侵占。可以看到的是,后两种占有的状况正是侵占罪的表现形式,所以,研究占有对于处理财产犯罪尤其是明确侵占罪和相关犯罪的界限具有重大的理论意义。司法实践中诸多有争议的案例也涉及占有的问题,如许霆案就存在是盗窃还是侵占抑或不构成犯罪的争议。本书中所讨论的梁某"拾金"案也是如此,成立盗窃罪还是侵占罪,关键要看该财物是否脱离了占有。如果认为该财物已脱离他人的占有,则可能构成侵占罪;如果认为该财物并未脱离他人的占有,则可能构成盗窃罪。综上所述,财物的占有关系对于解决财产犯罪具有重大的价值,尤其是对盗窃罪和侵占罪的界定而言,占有关系可能影响此罪与彼罪,有罪或无罪,故《刑法》上的占有具有重大的理论和实践价值。

(二)刑法上的占有与民法上的占有的区别

占有的概念起源于民法。我国民法理论认为,占有是指占有人对物事实上的控制和支配。[5] 要根据人对物的空间、时间的支配来具体确认占有人在事实上对物的控制和支配。在空间上,物应当处于人的力量作用的范围内始得谓占有;在时间上,人对物的某种支配应当持续一定的时间方为占有,如仅是暂时的接触,就只是持有而不是占有。占有人的占有,并不以占有人对物的亲自支配为必要。占有人基于某种法律关系,通过他人为媒介,也可以成立占有。主要有两种情况:一种情况是辅助占有,如雇主依雇员占有机器;另一种情况是间接占有,如承租人直接占有租赁物,对于出租人构成间接占有。[6]

其实,刑法上的占有概念与上述民法占有的概念大体是相同的,但仍存在如下差别:(1)在占有种类上的差别。刑法在某些方面也承认观念占有,但是对于通过法律关系而成立的抽象占有,如间接占有、占有改定等予以排除,主要原因在

〔5〕 参见王利明:《民法》,中国人民大学出版社2008年版,第342页。

〔6〕 参见魏振瀛主编:《民法》(第3版),北京大学出版社2007年版,第305页。

于,刑法上的占有在于更加明确确认财产被控制支配的现实。(2)刑法上的占有重在事实上的支配、控制,包括物理的支配、控制和观念上的支配、控制。一般说来,物理支配越强,就越少考虑观念支配;物理支配越弱,就更多考虑观念支配。(3)民法上一般要求占有人具有为了自己的利益而占有的意思,但刑法上的占有可以是为了他人的利益而占有。[7] (4)占有的制度功能不同。民法上占有制度的功能,一方面在于确定占有人的地位,以明确占有人与真正权利人的权利义务界限,并对财产的现实支配状态予以法律化;另一方面在于保护该占有,以维护社会和平与秩序。而刑法上的占有本身不构成财产归属与支配秩序的一部分,只是对物的一种事实支配状态,其价值一方面在于保护该占有的状态,另一方面在于根据该占有确定占有人或侵夺该占有人的行为性质。[8]

(三)刑法上占有的判断和构成

在民法上,对于占有的分析一般采取德国法学家萨维尼所提出来的体素——心素的主客观分析模式。[9] 该说认为,占有的成立需要具有事实上的管领力即体素(corpus)和占有的意思即心素(animus)。刑法上的占有一般也应包括占有事实和占有意思,德国学者威尔泽尔(Welzel)认为,占有应包括三个要素:一是现实的要素,即事实上的支配着财物;二是规范的、社会的要素,即事实上的支配应根据社会生活的原则进行判断;三是精神的要素,即有占有的意思。[10] 其中,前两种要素是客观要素,后一种是主观的要素,细分下来,与萨维尼的分析模式如出一辙。一般说来,占有本身就是一种物权的宣示,故占有又被称为准物权。当客观占有事实十分明确时,即使占有意思很弱也不妨碍占有的成立;但当客观占有事实很弱甚至不明确时,必须有积极的占有意思才能成立占有。[11] 因而,日本学者认为在认定占有的时候认为占有意思只是起着补充作用而已,[12] 即在事实上难以认定权利人控制和支配财物,但权利人却具有强烈的占有意思的情形下,也属于权利人占有。如甲不慎从阳台上将钱包掉在公共道路上后,一直在阳台上看守着钱包,应认定甲仍然占有着该钱包。故本书认为,占有重在事实上的支配,占

---

〔7〕 参见[日]西田典之:《日本刑法各论》,中国人民大学出版社 2007 年版,第 112 页。
〔8〕 参见周光权、李志强:《刑法中的占有概念》,载《法律科学》2003 年第 2 期。
〔9〕 参见[德]萨维尼:《论占有》,朱虎、刘智慧译,法律出版社 2007 年版,第 153 页以下。
〔10〕 参见张明楷:《外国刑法纲要》,清华大学出版社 2007 年版,第 541 页。
〔11〕 参见沈志民:《论刑法上的占有及其认定》,载《当代法学》2010 年第 3 期。
〔12〕 参见[日]大谷实:《刑法各论》,黎宏译,法律出版社 2007 年版,第 150 页。

有意思只是对认定是否占有起着补充作用。

（四）关于遗忘物的占有

刑法上的占有有很多种分类方法。根据人对物控制力由强到弱以及控制者单一与复合的角度,可以将占有分为事实占有、观念占有、遗忘物占有、上下主从关系的占有、封缄物的占有等几种情况。[13] 侵占罪的对象为代为保管的他人财物、他人遗忘物和埋藏物。通常情况下,代为保管的他人财物比较容易判断,因为梁某“拾金”案涉及的是遗忘物占有的问题,故本书对遗忘物的占有问题专门讨论。

在刑法理论上,遗忘物是指非出于占有人或所有人之本意,偶然丧失其占有之动产。在论及遗忘物的时候,有必要提及另外一个概念,即所谓遗失物。遗忘物和遗失物之间是否存在区别呢?在我国刑法理论界对此一直存在争议。[14] 赞成存在区别的人认为,两者之间的区别为:(1)遗忘物通常是指忘记把财物从离开地点带走,而遗失物一般是指忘记了财物所处的地点。这两种忘记不仅是形式上的不同,而是意味着,原占有人对财物的事实控制力存在重大差异。在遗忘物场合,原物主忘记的内容仅仅是没有将财物随身带走;在遗失物场合,没有人能够在事实上控制一个根本不知处于何地的财物。[15] (2)遗忘物一经回忆一般都能知道财物的位置,也较容易找回;遗忘物一般脱离物主的时间较短,尚未完全脱离物主的控制范围。遗失物一般不知道财物失落何处,也不易找回;遗失物一般脱离物主的时间较长,已经完全脱离了物主的控制。[16] 本书认为,不应区分遗忘物和遗失物,遗忘物应当包含遗失物,理由如下:(1)从语言学上说,遗忘与遗失只是对同一种现象的不同表述而已。我国民法中称遗失物,而刑法中称遗忘物,易使人以为两者非指一物。但其他国家或者地区的法律则没有这种区分。例如,日本刑法中有侵占脱离占有物罪,这里的脱离占有物是指遗失物、漂流物等不是出于占有者的意思而脱离占有,并且至今尚不属于任何人占有的他人之物。在我国台湾

---

〔13〕 参见沈志民:《论刑法上的占有及其认定》,载《当代法学》2010 年第 3 期。

〔14〕 主张区分两者的,参见高铭暄主编:《刑法各论(下编)》,高等教育出版社 2012 年版,第 751 页;周道鸾、张军主编:《刑法罪名精释(下)》,人民法院出版社 2013 年版,第 657 页 。主张不区分两者的,参见陈兴良、周光权:《刑法学的现代展开》,中国人民大学出版社 2006 年版,第 662 页;张明楷:《刑法学》(第 5 版),法律出版社 2016 年版,第 969 ~ 970 页。

〔15〕 参见车浩:《占有概念的二重性:事实与规范》,载《中外法学》2014 年第 5 期。

〔16〕 参见高铭暄主编:《刑法各论(下编)》,高等教育出版社 2012 年版,第 751 页。

地区,民法与刑法使用同一术语遗失物,因而,在刑法中没有侵占遗失物罪。(2)我国《刑法》第270条侵占罪的犯罪对象为他人代为保管物、遗忘物和埋藏物,并没有特别说到遗失物,说明立法者在进行反复考量以后觉得遗忘物大概可以包含遗失物。在对1979年《刑法》进行修订时,1996年8月8日的修改草稿中规定的还是"遗失物",但在1996年8月31日的修改草稿中就变成了"遗忘物",并最终在1997年《刑法》中规定且沿用至今。〔17〕 (3)虽说遗忘物和遗失物忘记的形式不同,两者可以根据遗忘的时间等予以区分,但是事实上,这是一种量的判别而不是质的区别,要真正区别遗忘物和遗失物本身就是困难甚至是不可能的,且在某种程度上,对两种情况作的刑法处理也差不多,所以没有区分之必要。(4)将遗忘物和遗失物的区别点界定为被害人是否可经回忆想起且能找回,其合理性值得怀疑。该观点将行为人的行为是否成立犯罪归咎于被害人的记忆,当被害人起先不知掉落何处,后经回忆知道财物所在的位置时,行为人的行为就由无罪变为有罪,这显然不合适且不合理。〔18〕 现在对遗忘与遗失的区分根据主要是财物所有人(所谓失主)的主观心理状态,即丢失的时间长短、是否知道丢失的地点等,而这一切对于侵占者来说并不可知。呈现在侵占者面前的只是一个无人控制的物品,同样实施了占有行为,如果失主丢失的时间较长并且不知道丢失地点,其物为遗失物,行为人属于不当得利,应当受到民事处分。在这种情况下,罪与非罪的界限不取决于行为人的主观与客观要素,而取决于失主的某种心理状态,显然不妥。因此,本书认为,遗忘物与遗失物之间不必作区分,都是指非出于他人本意而脱离他人占有,偶然由行为人占有或者占有人不明的财物。〔19〕

对于脱离他人占有而为他人所有的财物,行为人单独建立占有关系并不成立犯罪,但是行为人随后实施的变占有为所有的行为则可以成立犯罪。侵占罪为故意犯罪并具有不法所有的目的,在主观故意方面要求行为人具有认识,具体到侵占遗忘物的犯罪,要求行为人明知是他人的遗忘物而不法据为己有。本来是他人

---

〔17〕 参见高铭暄:《中华人民共和国刑法的孕育诞生和发展完善》,北京大学出版社2012年版,第495页。1996年8月8日的刑法分则修改草稿规定:"将他人的埋藏物或者遗失物非法占有,数额较大,拒不交出,依照前款的规定处罚。"1996年8月31日的刑法修改稿规定:"将他人的埋藏物或者遗忘物非法占有,数额较大,拒不交出,依照前款的规定处罚。犯本条罪,告诉才处理。"从1996年10月10日、1996年12月中旬、1997年2月17日、1997年3月1日的修订草案直至1997年《刑法》,都维持了"遗忘物"的表述和规定。

〔18〕 参见张明楷:《刑法学》(第5版),法律出版社2016年版,第969~970页。

〔19〕 参见张明楷:《刑法学》(第5版),法律出版社2016年版,第969~970页。

占有的财物,但行为人误认为是遗忘物或者埋藏物而取得该财物的,属于抽象的事实认识错误,只能认定为侵占罪。[20] 本书亦认为,若行为人将他人占有的财物误认为是遗忘物,只能定侵占罪。

遗忘物,如果是被遗忘在他人事实支配的领域内,当然属于他人占有;他人明显支配、管理的财物,即使他人短暂离开或者短暂遗忘,但只要财物属于他人力所能及的范围,也应认定他人占有该财物;如果原占有者丧失了占有,但是遗忘在他人排他性实力支配的场所,则该财物转移为场所管理者或者第三者占有,也应认定为他人占有该财物。以上几种情况皆不能认为财物发生了脱离占有,若行为人占有该财物均成立盗窃罪。存在疑问的是,若财物遗忘在受他人排他性实力支配的场所,是否要求场所的管理者具有意识,对此有三种不同的观点:第一种观点认为,在任何情况下,占有关系的形成都必须坚持主客观相统一的标准,要求特定场所的有关人员具有占有的意识,才能成立新的占有关系。[21] 第二种观点认为,无须考虑占有者的主观意识,因为在特定的场所,财物具有双重的控制关系,一是财物所有人的控制,二是特定场所的有关人员控制。在财物所有人失去控制的情况下,财物自然转移为特定场所的有关人员控制。[22] 第三种观点认为,特定场所应被划分为公共空间与非公共空间。在公共空间里,管理人必须对遗忘物具有明确的管理或者支配意识,才能成为第二控制人(第一控制人为被害人);在非公共空间内,管理人或控制人当然成为该空间内遗忘物的第二控制人,不需要对其具有明确而具体的控制意识或支配意识。[23] 本书赞同第三种观点,原因是:第三种观点将特定场所区分为公共空间和非公共空间,充分考虑了可能存在的各种情况,既考虑了被害人因为自己的过失或者原因需要承受的不利后果,也考虑了应当给予犯罪嫌疑人或者被告人的"优惠",符合刑法的谦抑性原则。在诸如机场、火车站、银行等场所,因完全开放,来往人群多,事实上所谓的第二占有人对遗忘物的控制力已经很弱了,考虑占有者的意识就是为了限制刑法打击面和打击程度的扩大。而在诸如旅馆、私人住宅等场所,采取占有意思为辅的原则,符合普通人的期待,因为该场所具有很强的封闭性,即使场所主人没有明确的意识,依然成立占

---

〔20〕 参见张明楷:《刑法学》(第5版),法律出版社2016年版,第969~970页。

〔21〕 参见黄祥青:《侵占罪若干适用问题探析》,载《法学评论》2000年第4期。

〔22〕 参见陈兴良:《非法占有他人遗忘在特定场所之财物的定性》,法律出版社1997年版,第180页。

〔23〕 参见叶希善:《侵占遗忘物和盗窃遗忘物的区别新议——修正的二重控制论》,载《法学》2005年第8期。

有,这就是上文所提到的,占有重在事实上的支配,占有意思只是对认定是否占有起到补充作用。

二、盗窃罪与侵占罪的区分

盗窃罪,是指以非法占有为目的,窃取他人占有的数额较大的财物,或者多次盗窃、入户盗窃、携带凶器盗窃、扒窃的行为。侵占罪,是指将代为保管的他人财物非法占为己有,数额较大,拒不退还的,或者将他人的遗忘物或者埋藏物非法占为己有,数额较大,拒不退还的行为。前者属于普通侵占或者委托物侵占,后者属于脱离占有物侵占。这是我国《刑法》关于盗窃罪和侵占罪的一般规定。那么具体,应如何区分盗窃罪与侵占罪呢?在实践中,一般从以下几个方面进行区分:

(一)从对财物的占有关系角度来区分

该说认为,判断财物由谁占有、是否脱离占有,是判断行为成立侵占罪还是盗窃罪的关键。[24] 行为人不可能盗窃自己事实上占有的财物,对自己事实上占有的财物只能成立侵占罪,盗窃罪只能是盗窃他人占有的财物,对自己占有的财物不可能成立盗窃罪;委托物侵占是侵占自己占有的他人财物,脱离物侵占是侵占遗忘物或者埋藏物。这个观点几乎可以解决大部分需要区分盗窃罪和侵占罪的案件。但有学者认为,占有的认定不能形成一个统一的判断标准,所以从对财物的占有、持有关系角度难以准确地区分盗窃罪和侵占罪。该学者进而举了如下例子进行说明:张某雇佣三轮车工人刘某将其摔坏的冰箱拉到修理店修理,刘某蹬车在前面走,张某骑车在后面扶着。途中经过一家修理店时,张某让刘某停车休息一会儿,自己进修理店去问价钱,刘某趁张某进店之机跳上车猛蹬回家,将冰箱占为己有。在不排除张某没有明示的情况下,根据社会通行的观念可以推知张某具有委托保管的意思,应当认为所有人或持有人实际上已经将财物的保管权暂时转移给事实上掌握其财产的人,所以应认定刘某构成侵占罪。[25] 本书认为,本案中张某并没有明示让刘某看管冰箱,且即使张某让刘某看管冰箱,在此种情况下,刘某充其量也只是占有辅助者。所以根据社会的一般观念,虽然张某离开了一会儿,但是财物仍然归张某占有,所以刘某的行为成立盗窃罪。本书认为,从财物占有关系的角度,基本上可以解决大部分需要区分盗窃罪和侵

---

〔24〕 参见张明楷:《刑法学》(第5版),法律出版社2016年版,第970页。

〔25〕 参见董玉庭:《盗窃罪与侵占罪界限研究》,载《法学专论》2011年第4期。

占罪的案件。

(二)从非法占有目的与占有财物的时间先后关系角度来区分

该说认为,盗窃罪和侵占罪的根本区别在于行为人产生非法占有的目的时,财物归谁占有。[26] 若行为人在占有财物以后才产生非法占有的目的,行为人构成侵占罪;反之,若行为人先产生非法占有的目的,将属于他人占有的财物转移占有,则行为人构成盗窃罪。该观点主要基于以下理由:(1)侵占罪的表现形式为"合法持有加非法侵吞"也即"自己持有加非法侵吞",而盗窃罪的表现形式为"他人持有加非法侵吞"。由此可以合乎逻辑地推出以下结论:侵占罪行为人非法占有财物的目的产生于行为人控制财物后,侵占罪侵吞的财物与此前合法持有的财物必须是同一物,而盗窃罪则是在非法占有的目的产生后,通过窃取行为取得对他人财物的控制。(2)从立法目的来看。盗窃罪的法定刑比侵占罪的法定刑设置得更重,其原因在于,盗窃罪是将他人占有的财物非法占为己有,而侵占罪只是将自己已经合法占有的财物变为了非法占有,因此,盗窃罪的行为人无论是社会危害性还是从主观恶性均比侵占罪大,这才是立法需要设置两个罪名的本意所在。[27] 本书认为,诚然,盗窃罪的主观恶性及社会危害性比侵占罪要大,但是该观点仍存在如下问题:(1)该种区分方法只能解决侵占罪中关于委托物侵占的部分问题,而对于脱离占有物即遗忘物和埋藏物则可能陷入无能为力之境。因为在脱离占有物场合,行为人在非法占有目的产生之前,本来就没有占有财物,当然就无法区分犯罪故意产生的时间。(2)以上看法对此进行区别的第一点理由过分侧重于行为人的主观方面,其合理性值得怀疑,在实践中容易将行为人的供述视作是区分盗窃罪和侵占罪的关键,某种程度上还会导致主观归罪。所以该说在某些方面具有一定的合理性,但是并不能解决大部分盗窃罪和侵占罪区分的问题,在对两罪进行区分的时候,需要结合其他学说,在实践中认真结合客观证据予以综合认定。

综合以上两种观点,我们对盗窃罪和侵占罪的区分可以大概形成一个清晰的认识。从财物的占有关系角度进行区分主要就是从客观方面进行比较,盗窃罪的犯罪对象是他人占有的财物,其中占有重在事实上的支配,不仅包括物理支配范围内的支配,而且包括社会观念上可以推知财物的支配人的状态;侵占罪中的犯罪对象是行为人业已占有的财物,财物在行为人的控制之下。从非法占有目的与

[26] 参见肖怡:《侵占罪、诈骗罪与盗窃罪的构成辨析与实务难点》,载《人民司法》2012 年第 21 期。

[27] 肖怡:《侵占罪、诈骗罪与盗窃罪的构成辨析与实务难点》,载《人民司法》2012 年第 21 期。

占有财物的时间先后关系来区分,主要就是从主观方面进行考虑,其本身就是一个犯罪故意产生的时间问题,侵占罪中的行为人在产生非法占有的目的之前就已经占有了他人的财物,而盗窃罪反之。以上虽对两种区分方法进行了评鉴,但总体上我们应从客观方面进行区分,从犯罪对象的占有角度来进行区分,在实践中具体操作时,还应当综合考虑主观方面,遵循主客观相统一的标准,才能得出合理的结论。

三、对侵占罪中侵占行为的理解

《刑法》第270条规定:"将代为保管的他人财物非法占为己有,数额较大,拒不退还的,处二年以下有期徒刑、拘役或者罚金;数额巨大或者有其他严重情节的,处二年以上五年以下有期徒刑,并处罚金。将他人的遗忘物或者埋藏物非法占为己有,数额较大,拒不交出,依照前款的规定处罚。"从该规定中我们可以看出,侵占罪与一般的罪名,诸如盗窃、诈骗等财产犯罪相比,在构成犯罪的条件上更为严格,加入了"拒不退还""拒不交出"的要件,且一般财产犯罪所要求具有的"非法占有为目的"这一不成文的构成要件要素,在侵占中也被明确写入。由此带来的问题就是如何理解非法占为己有?如何理解拒不退还和拒不交出?非法占为己有和"拒不退还""拒不交出"之间又存在什么关系呢?下文将对此问题进行分别探讨。

(一)对非法占为己有的理解

关于"非法占为己有"的含义,理论界一直存在争议,主要代表性的观点如下:(1)非法占为己有是指行为人意图使自己具有类似于所有人的地位,或者说有归己所有的非法意图,[28]这主要是从主观方面进行定义的。(2)非法占为己有是指行为人将其保管的他人财物加以扣留,应退还而不退还的行为,[29]这主要是从客观方面进行定义的,认为不应当包括主观方面的要件。(3)非法占为己有是指非法占有为目的,以扣留、侵吞的手段,直接或采用改头换面的方式将代管的他人财物自己使用和借他人使用,拒不退还,或者将代管的他人财物擅自处理,无法退还原物,又不退还价款的行为。[30] 本书赞同第三种观点,认为应该从主客观方面理解非法占为己有,坚持主客观相统一的标准。即认定行为人具有非法占为己有的目的,既要认定其具有将他人财物非法占为己有的目的,又要认定行为人将其目的付诸了实践。

---

〔28〕 参见王光华、刘锁民:《论侵占罪的构成要件》,载《现代法学》1999年第4期。

〔29〕 参见刘家琛:《新刑法条文释义(下)》,人民法院出版社1997年版,第1197页。

〔30〕 参见张凤阁:《最新刑法释义与适用指南》,中国检察出版社1997年版,第450页。

关于侵占罪中"非法占为己有"的性质,刑法理论上也存在越权行为说和取得行为说之争。越权行为说认为,侵占是指破坏委托信任关系,对委托物实施超越权限的行为。取得行为说认为,侵占是指将占有变为所有的一种取得行为。[31] 我国《刑法》显然采取的是取得行为说,这也是刑法学界的通说观点,本书亦赞同此观点。非法占为己有主要有两种表现方式:一种是基于法律行为的侵占,如民法上具有法律效力的诸如买卖、赠与、消费、抵消等行为;另一种是基于事实行为的侵占,这主要是指对他人财物进行的消费、隐匿他人财物的行为等。[32]

(二)对"拒不退还""拒不交出"的理解

对"拒不退还""拒不交出"应作如何理解,一直是我国刑法学界具有很大争议的问题,且这一问题基本上属于我国独有,因为大多数大陆法系国家的刑法典针对侵占罪并没有规定"拒不退还、拒不交出"。[33] 对于此问题的理解,主要涉及对其与非法占为己有关系问题的理解,关于此问题,主要有以下几种观点:(1)拒不退还或拒不交出不是一般的犯罪情节,而是侵占行为的一部分。如果行为人只是实施了非法占有的行为,而没有拒不退还或拒不交出的行为,则因其侵占行为不完整,不能构成侵占罪。[34] (2)侵占行为成立的核心要素是对代管的他人财物拒不退还,对他人的遗忘物、埋藏物拒不交出,并非只要有非法占为己有的事实就成立侵占行为。因为在我国《刑法》中,侵占行为以拒不退还或拒不交出的行为为终结,而不是以非法占为已有为终结,因为持有人在将物变卖、质押以后,尽管已经表现出了不法所有的意思,但尚不能说明其一定不会退还或交出持有物,只有主观上具有不法的意思,客观上将持有之物拒不退还或者拒不交出的,才能构成《刑法》上的侵占罪。[35] (3)作为侵占罪客观方面的行为,是指在合法权利人提出

---

〔31〕 参见张明楷:《刑法学》(第5版),法律出版社2016年版,第968页。

〔32〕 关于非法占为己有的表现形式,目前刑法学界认识基本一致,均认为存在基于法律行为和具有事实行为,只是在具体的表述上不同,也有人将其表述为具有法律效力的支配行为和事实上对财物的支配行为,但是含义基本一致。参见张明楷:《刑法学》(第5版),法律出版社2016年版,第968页;买园园:《侵占罪客观行为要件争议问题探析》,载《河北法学》2009年第11期。

〔33〕 如《德国刑法典》第264条规定:"意图不法侵占自己持有或保管的他人动产的,处……侵占他人委托保管的动产的,处……"《日本刑法典》第350条规定:"侵占自己占有的他人的财物的,处……"二者均未将"拒不退还、拒不交出"作为构成要件写入刑法。

〔34〕 参见周少华:《侵占埋藏物犯罪的若干问题探析》,载《法律科学》1998年第3期;刘志伟:《侵占罪研究》,载高铭暄主编:《刑法论丛》,法律出版社1999年版,第129页。

〔35〕 参见刘辉:《侵占罪若干问题的研究》,载《法律科学》1999年第1期;于世忠:《拒不退还或拒不交出的含义探微》,载《当代法学》2000年第3期。

要求时拒不退还代为保管的他人财物或者拒不交出他人的遗忘物、埋藏物,侵占行为的实质是不按权利人的要求返还财物。[36] (4)拒不退还、拒不交出只是对非法占为己有的强调,而不是与非法占为己有相并列的独立要素。[37] (5)拒不退还、拒不交出只是侵占行为构成要件中的附加要件,其作用相当于我国刑法分则理论中作为"情节犯"成立说应达到的情节严重。[38]

本书赞成第五种观点,即认为拒不退还、拒不交出只是作为侵占罪中的一个情节要件,其作用只是为了限制该罪的打击范围。理由如下:(1)第一、二、三种观点将拒不退还、拒不交出或是认为是侵占罪的一部分,或是认为是侵占罪的核心,均拔高了对拒不退还、拒不交出的认识,没有真正认清侵占罪的实质。侵占罪的实质是将占有的他人财物非法占为己有,而拒不退还、拒不交出则是行为人在该行为实施后所实施的行为,只是对非法占为己有行为的进一步强调。(2)第二、三种观点将侵占罪的成立取决于行为人是否明确表示拒绝退还或者拒不交出,即非法占为己有之后,经他人要求退还或交出的,就不成立犯罪。倘若如此,大体只有想进监狱的人才能构成犯罪。[39] 再者,将该罪的成立完全取决于主观意识,有主观归罪之嫌,且违背了该罪的本质,也不符合《刑法》所要求的罪责刑相适应的原则。(3)将拒不退还、拒不交出看作一个部分或者核心,即是以行为人是否表示拒绝退还或者拒不交出为侵占罪的既遂标准。《刑法》第 270 条把"拒不退还"和"拒不交出"规定为侵占罪的要件,因此它既是罪与非罪的界限,又是犯罪成立的标准。[40] 由此带来如下的问题:第一,侵犯财产罪,一般都是以被害人的财物失去控制或者以给他人的财产造成损害结果为既遂标准,而侵占罪却以"拒不退还、拒不交出"为标准,违背了财产犯罪的危害本质,且基本上排除了侵占罪未遂的可能性,即只要"拒不退还、拒不交出",即成立侵占罪。第二,由于"拒不退还、拒不交出"所侵占财物的时间跨度大,以何时为标准来认定,也是一个有争议的问题。有人以物主找行为人索要财物时为准,有人以立案时为准,有人以判决时为准……总之众说

---

〔36〕 参见陈明华:《刑法学》,中国政法大学出版社 1999 年版,第 617 页。

〔37〕 参见张明楷:《刑法学》(第 5 版),法律出版社 2016 年版,第 968 ~ 969 页;于世忠:《拒不退还或拒不交出的含义探微》,载《当代法学》2000 年第 3 期。

〔38〕 买园园:《侵占罪客观行为要件争议问题探析》,载《河北法学》2009 年第 11 期;刘明祥:《办理侵占罪案件应注意区分的几个问题》,载《人民检察》2009 年第 15 期。

〔39〕 参见张明楷:《刑法学》(第 5 版),法律出版社 2016 年版,第 968 页。

〔40〕 参见高铭暄、马克昌主编:《刑法学》(第 3 版),北京大学出版社 2007 年版,第 580 页。

纷纭。如果时间提得过早，就会使法律规定的侵占罪的成立条件毫无意义；如果时间推得过晚，就会使《刑法》所规定的侵占罪几乎无存在之必要，因为行为人在面临牢狱之灾又可以作出选择的时候，往往会选择退还或者交出财物，以逃避刑事责任，但是这显然不利于保护财产所有权，也与立法精神相悖。〔41〕(4)认为"拒不退还、拒不交出"只是对非法占为己有的强调虽有一定的道理，但是我国《刑法》毕竟已经将其规定到了侵占罪的《刑法》条文中，目的就是缩小刑法的打击范围，将侵占罪划定在一定范围，对客观危害性小、主观恶性不大的问题可以通过民事法律来调整，体现了宽严相济的刑事政策和和刑法的谦抑性精神，〔42〕这也与我国《刑法》所规定的侵占罪为自诉案件的精神相一致。(5)上文已经提到，大陆法系大多数国家的刑法并没有将"拒不退还、拒不交出"作为侵占罪的成立要件，故将"拒不退还、拒不交出"作为侵占罪的一个情节要件，既符合各国对本罪的通常看法，也符合本罪的本质。

"拒不退还、拒不交出"在司法实践中通常难以掌握或者认定，且如此认定又与财产犯罪的精神和理念相违背，故本人认为可以在今后修改《刑法》时予以废除。但是，在《刑法》没有修改的情况下，还是必须遵照执行，所以存在的问题是，构成要件的满足是否要向行为人提出"退还"或"交出"的要求呢？理论界有两种观点：肯定说认为，必须以权利人提出要求为必要。〔43〕否定说认为，不以权利人提出要求而构成"拒不退还、拒不交出"为必要。例如，有学者认为，无论被害人是否向行为人提出返还请求，只要行为人实施了非法占有且事实上没有退还或者交出，都属于"拒不退还、拒不交出"。〔44〕但是以上两种观点均存在一定的问题：肯定说没有认识到侵占罪的本质，回到了主观归罪的路子上，否定说否定了"拒不退还、拒不交出"在侵占罪中存在的必要性，与我国现在的《刑法》规定和司法实践相违背。本书认为，成立"拒不退还、拒不交出"不以行为人明确表示"拒不退还、拒不交出"为必要，若可以通过一定的语言或行为判断行为人在主观上具有"拒不退还、拒不交出"的意思，客观上又可以确定行为人实施了变占有为所有的行为，就表明行为人"拒不退还、拒不交出"的行为已经成立。即要遵循主客观相统一的原

〔41〕 参见刘明祥：《办理侵占罪案件应注意区分的几个问题》，载《人民检察》2009年第15期。
〔42〕 参见买园园：《侵占罪客观行为要件争议问题探析》，载《河北法学》2009年第11期。
〔43〕 参见王光华、刘锁民：《论侵占罪的构成要件》，载《现代法学》1999年第4期。
〔44〕 参见杜国强：《关于侵占罪若干问题的思考》，载《法学评论》2002年第6期。

则,如果要求行为人只有以语言直接明确地表明其拒不退还或交出才构成犯罪的话,那么行为人为了逃避法律的制裁,就会尽量以语言直接明确地表示其拒不退还或者交出的意思,这样无疑为真正的犯罪分子提供了一个逃避法律制裁的机会,结果只能导致对任何侵占犯罪行为都无法追究刑事责任。[45]

▲ 本案分析

一、本案中财物的占有问题

本案中梁某拿回家的黄金首饰是有人占有的财物还是遗忘物,是与案件定性有重要关系的问题。如果综合所有证据考虑,黄金首饰仍在王某的占有之下,则梁某的行为就有可能构成盗窃罪;如果黄金首饰是遗忘物,则有可能构成侵占罪或者民法上的占有等。分析本案中财物的占有问题,需要特别指出以下几点:(1)本案案发的场所为机场候机楼,属于一个大型公共场所,人流量大,且不特定;(2)从距离上看,王某从19号柜台到10号柜台办理相关手续,两个柜台之间的距离是22米,且在两个柜台之间无疑有其他乘客来往,王某离开19号柜台时并将一个装有一只小纸箱的行李手推车留在19号柜台前1米的黄线处;(3)从时间上看,王某离开33秒后,梁某出现在这个纸箱旁,大约半分钟后,梁某将纸箱搬进了机场一间厕所,王某4分钟后返回,发现纸箱不见了,随即向公安机关报警。在上文中占有的判断和构成部分,本书已经指出占有重在事实上的支配,占有意思只是对认定是否成立占有起着补充作用。即对王某是否还占有财物主要从客观方面进行判断,在本案中,王某办理手续4分钟后返回,应该是并未忘记其财物,只是因为到附近柜台办理托运才临时离开财物放置的地方。但是结合社会的一般观念看,普通人在携带贵重物品的时候,一般都会将物品推到自己视野范围内的位置,然后再办理相关的事务。但是本案中被害人王某办理托运手续的柜台离财物放置地22米远,且在王某离开后33秒梁某拿走财物,4分钟后王某返回,也就是说,王某是在财物被拿走3分30秒后才发现自己的财物未见。故本书认为,根据社会一般概念,本案应当认定王某事实上已暂时脱离对其财物的占有,该案中的黄金首饰应为遗忘物。即本案中的黄金首饰属于非出于他人本意而脱离他人占有,偶然由行为人占有或者占有人不明

[45] 刘志伟:《侵占犯罪的理论与司法适用》,中国检察出版社2000年版,第108页。

的财物。

经过以上的分析可以认定,该案的涉案黄金首饰已经不属于被害人占有,但是并不必然排除梁某构成盗窃的可能性。如果原占有者丧失了占有,但是遗忘在他人排他性实力支配的场所,则该财物转移为场所管理者或者第三者占有,应认定为他人占有该财物。转移为他人占有的财物不能被认定为脱离占有,而应依然属于他人占有的财物,若行为人占有该财物,均成立盗窃罪。所以,本案由此存在的问题是,王某丧失占有的黄金首饰是否转移给了机场占有。上文已经提到,若财物遗忘在他人排他性实力支配的场所,是否要求场所的管理者具有意识,本书采纳的观点是特定场所应区别为公共空间和非公共空间,由于诸如机场、火车站等场所是一个完全开放的场所,来往人群多,所以事实上所谓的第二占有人对遗忘的控制力已经很弱了,此时考虑占有者的意识就是为了限制刑法打击面和打击程度的扩大。

综上,本书的观点是本案的涉案黄金首饰在被害人王某丧失占有以后,并不转移给机场这个第二占有者占有,而是脱离占有物的遗忘物。

二、本案的定性分析

本案案发后,对于其定性一直存在争议,比较有影响力的观点是构成盗窃罪或者侵占罪。上文中关于盗窃和侵占的区分部分已经提到,判断财物由谁占有、是否脱离占有,是判断行为成立侵占罪还是盗窃罪的关键。行为人不可能盗窃自己事实上占有的财物,盗窃罪的对象必须是他人占有之物,对行为时由自己占有或无人占有的物不可能构成盗窃罪,如果该财物属于无人占有,是一种脱离占有物,那么行为就绝无构成盗窃罪的可能。上文已经分析了,本案的涉案黄金首饰是脱离占有物中的遗失物,故梁某的行为不构成盗窃罪。

本书认为,梁某的行为构成侵占罪,原因如下:(1)梁某占有的财物属于遗忘物,遗忘物属于侵占罪的犯罪对象。(2)行为人梁某实施了变占有为所有的侵占行为。上文说到,在认定行为人具有非法占为己有的目的时既要认定其具有将他人财物非法占为己有的目的,又要认定行为人将其目的实际上付诸实践。结合本案的案情,梁某在得知纸箱内是黄金首饰后便将纸箱带回住处,从纸箱取出一部分黄金首饰放入其丈夫放在床边的衣服口袋内,剩余的就放置于床底下。同事找到梁某,告知机场有旅客丢失黄金并已报警后梁某也没有交出黄金首饰,但随后民警到梁某家中询问其是否从机场带回物品,梁某均予以否认。从案情中所描述的梁某行为来看,结合其客观行为,我们完全可以推断其具有非法占有己有的目的,其已经对占有的财物进行了处置,实施了变占有为所有的行为。(3)本案涉案黄金达300余克,当然达到了侵占罪所要求的数额较大的标准。(4)行为人梁某实施了拒不交出的行为。其问题可以从两个角度进行分析:其一,梁某在民警到其家中询问其是否从机场带回物品,梁某否认。直到床下存放的纸箱被民警发现,梁某才承认该纸箱就是从机场带回的。当民警继续追问是否还有首饰未交出,梁某仍予否认。民警随后从梁某丈夫的衣服口袋内查获另一部分黄金首饰。相当于梁某两次否认其占有从机场带回的黄金首饰,当然可以认定为拒不交出。其二,上文已经分析"拒不退还、拒不交出"只是作为侵占罪的一个情节要件,并不是侵占罪的构成部分,且在成立"拒不退还、拒不交出"时,不以行为人明确表示"拒不退还、拒不交出"为必要,若可以通过一定的语言或行为判断行为人在主观上具有"拒不退还、拒不交出"的意思,客观上又可以确定行为人实施了变占有为所有的行为,就表明行为人"拒不退还、拒不交出"的行为已经成立。本案中的行为人梁某实施了上述客观方面的行为,即使其没有口头明确表达拒不交出的意思,也可以认定其有拒不交出的行为。综上,将梁某的行为认定为侵占罪更为适宜。检察院认为,此案更符合侵占罪的构成特征,把案件发回公安机关的处理方式是基本正确的。发回公安机关后,因为该案由公诉案件转为自诉案件,是否需要追究梁某的刑事责任则转由被害人决定。后因被害方东莞金龙珠宝首饰有限公司表示不追究梁某的刑事责任,本案终得以平息。

第二节　何某某等盗窃案

——网络盗窃的认定

■ 案例基本内容

[**案情简介**]

2008年年初,被告人何某甲与同案人何某乙在从化开办的日用品商店内从事广东省交通违章代办业务,同年5月,何某甲和何某乙与从化市公安局交警大队太平中队的交通协管员被告人黎某某相互纠合,经密谋后,以何某甲在从化、增城等地开办的商店及何某乙在花都等地开办的店铺内代办交通违章业务的名义,由何某甲和何某乙收取违章人委托缴纳的交通违章罚款,再将这些违章记录通过飞信、手机短信和邮箱等方式分别发送给黎某某。黎某某即以何某甲提供的或自己网上盗取的多名民警的账号和密码登录广东省交通违法管理系统,非法消除从化、增城、花都、广州、佛山、中山、云浮等地的公安机关的交通违章记录,并共同将交通违章罚款占为己有。作案后,何某甲、何某乙以每宗100元的价格分赃给黎某某。何某甲又于2009年11月、2010年4月分别与从化街口中队的交通协管员被告人徐某某、龙潭中队的交通协管员被告人温某某相互纠合,分工合作,以同样的手段将违章罚款数额改小后再由何某甲到银行缴交罚款的方式,共同非法处理在从化、增城、花都、广州、番禺、南沙、佛山、中山、江门、韶关等地的公安机关交通违章记录,并共同将违章罚款占为己有。作案后,何某甲分别以每宗罚款80~100元、40元的价格分赃给徐某某、温某某。被告人李某某于2009年9月至2010年8月在何某甲所开的从化、增城等地店铺内协助何某甲将违章罚单进行整理和绘制表格,并通过QQ等方式将表格发给何某甲,再由何某甲将该表格发送给徐某某、温某某进行非法处理。

2008年5月至2010年8月,被告人何某甲共参与非法处理交通违章记录13688宗,窃取金额2604300元;被告人徐某某参与非法处理交通违章记录8883宗,窃取金额1756100元;被告人黎某某参与非法处理交通违章记录5422宗,窃取金额1031700元;被告人李某某协助参与非法处理交通违章记录11912宗,窃取金额2253300元;被告人温某某参与非法处理交通违章记录3029宗,窃取金额497200元。

[**裁判结果**]

判决如下:"一、被告人何某甲犯盗窃罪,判处有期徒刑13年8个月,并处罚金三万元。二、被告人徐某某犯盗窃罪,判处有期徒刑13年4个月,并处罚金二万五千元。三、被告人黎某某犯盗窃罪,判处有期徒刑11年10个月,并处罚金二万元。四、被告人李某某犯盗窃罪,判处有期徒刑10年2个月,并处罚金二万五千元。五、被告人温某某犯盗窃罪,判处有期徒刑10年,并处罚金一万元。六、缴获的作案工具(略)予以没收。"

一审宣判后,广东省从化市人民检察院认为,原审判决事实不清,定性和适用法律错误,量刑不当,向广东省广州市中级人民法院提出抗诉。被告人何某甲、李某某、黎某某、温某某亦提出上诉,认为自己的行为构成滥用职权、职务侵占或行贿罪,一审定性错误。

二审裁定驳回广东省从化市人民检察院的抗诉以及上诉人何伟城、黎志坚、李剑兰、温阳石的上诉,维持原判。

□ 问题要点

在本案的审理过程中,广东省从化市人民检察院分别以被告人何某甲、李某某犯行贿罪和被告人黎某某、徐某某、温某某犯受贿罪为由,向广东省从化市人民法院提起公诉,而广东省从化市人民法院最终判决五被告的行为构成盗窃罪并分别量刑。因此,本案的主要争议焦点在于对被告人行为的定性。检察机关认为,被告人黎某某、徐某某、温某某收受何某甲、李某某的财物并非法消除交通违章记录的行为构成受贿罪。黎某某、徐某某、温某某三人作为交通协管员,其职权内容包括接触、使用广东省交通违法信息管理系统,协助处理违章记录,但无权擅自删除和修改其中的违章记录,盗用他人警号进行非法操作的行为恰恰是利用职务便利、超越职权的表现。黎某某、徐某某、温某某接受何某甲、李某某给予的好处费,利用职务便利修改交通违章记录,符合受贿罪收受他人贿赂为他人谋取利益的犯罪特征。一审法院则认为,黎某某、徐某某、温某某是利用工作便利,盗用其他民警的账号对违章记录进行非法处理,符合盗窃罪的犯罪构成。

笔者支持法院的判决。我国《刑法》第264条规定:"盗窃公私财物,数额较大的,或者多次盗窃、入户盗窃、携带凶器盗窃、扒窃的,处三年以下有期徒刑、拘役或者管制,并处或者单处罚金;数额巨大或者有其他严重情节的,处三年以上十年以下有期徒刑,并处罚金;数额特别巨大或者有其他特别严重情节的,处十年以上有期徒刑或者无期徒刑,并处罚金或者没收财产。"在本案中,被告人何某甲、徐某某和温某某在共同商量后,分工负责,利用各自工作的便利,通过收取违章人委托缴纳的交通违章罚款后,利用飞信、手机短信和邮箱等方式将这些违章记录分别发送给黎某某、徐某某和温某某,黎某某、徐某某和温某某即以何某甲提供的或自己网上盗取的多名民警的账号和密码登录广东省交通违法管理系统,非法消除或者更改广东省境内多地的交通违章记录,并共同将数额特别巨大的违章罚款占为己有。显然,被告人何某甲、黎某某、徐某某和温某某是以非法占有为目的,窃取国家占有的财物,且数额特别巨大,其行为符合我国《刑法》关于盗窃罪的规定,因此四被告的行为构成盗窃罪。而被告人李某某于2009年9月至2010年8月,在何某甲在从化、增城等地所开的店铺内,协助何某甲将违章罚单进行整理和绘制表格,并通过QQ等方式将表格发给何某甲,再由何某甲将该表格发送给徐某某、温某某进行非法处理。虽然被告人李某某没有直接参与窃取民警的账号和密码,也没有登录广东省交通违法管理系统,非法消除或者更改广东省境内多地的交通违章记录,但是,李某某在店铺内协助何某甲将违章罚单进行了整理并绘制了表格,通过QQ等方式将表格发给了何某甲,为整个盗窃行为提供了帮助行为。因此,被告人李某某的行为同样构成盗窃罪。

本案是通过工作便利,盗用他人警号,删除和修改交通违章记录,并最终将交通违章罚款占为己有。和传统的盗窃罪不同,本案具有其特殊性。法院在审理此类案件的过程中往往会面临各种各样的问题。在本案的审理过程中,一审法院和二审法院在遭遇到种种问题后,排除重重迷雾,最终以盗窃罪将本案五被告定罪,甚为妥当。在本案中,如果法院按照检察院的要求,以行贿罪和受贿罪分别定罪,则五被告面临的刑罚将远远重于现在所承担的刑罚。虽然受贿罪与盗窃罪都是对他人财物的占有,但从罪状可以明显看出,两罪无论是在犯罪主体、行为方式还是在侵犯的客体等构成要件方面均存在较大的差别。

随着计算机网络的迅速发展,网络盗窃案件也呈快速上升趋势。目前我国《刑法》只有在破坏社会秩序犯罪一章中有关于网络犯罪的规定。在司法实践中,由于我国目前网络盗窃以及相关的法律规定不完善,实务界和学术界对网络盗窃的定性与处罚常常发生争议,因此有必要对网络盗窃的刑法问题进行研究。网络盗窃是伴随网络而产生的新犯罪形式,网络对于盗窃罪的犯罪对象的影响有两种方式,本文要探讨的是第一种:利用计算机、网络等技术,通过网络盗取社会生活中真实存在的财产,例如电子银行中的货币。我国《刑法》第287条规定:"利用计算机实施金融诈骗、盗窃、贪污、挪用公款、窃取国家秘密或者其他犯罪的,依照本法有关规定定罪处罚。"因此,对网络盗窃犯罪,应该依照《刑法》第264条规定的盗窃罪定罪处罚。但是,网络盗窃罪是特殊类型的盗窃罪,在犯罪构成方面,网络盗窃罪与传统盗窃罪相比,具有相同的地方,也存在一定的差别。

另外,本案的争议焦点主要是对被告人行为的定性:检察院主张五被告的行为分别构成行贿罪和受贿罪;被告人亦提出自己的行为属于滥用职权、职务侵占或行贿罪;而一审、二审法院均以盗窃罪将五被告定罪。本案的关键在于,对于交通协管员收受他人财物,在无权擅自删除和修改交通违章记录的情况下,盗用他人警号,对违章记录进行非法处理的行为应如何定性?由此,引发出了一系列的理论问题:如何理解他人占有的财物中的“占有”?受贿罪和盗窃罪的区别以及职务侵占罪和盗窃罪的区别是什么?除此之外,本案还成立共同犯罪,那么在网络空间中,对帮助使用盗窃行为又应该如何定罪呢?

问题分析

一、网络盗窃罪与传统盗窃罪的区别

(一)侵犯的客体和对象

传统盗窃罪侵犯的客体是公私财产的所有权,是单一客体。而网络盗窃罪侵犯的客体往往是复杂客体,例如行为人利用木马病毒实施盗窃金融机构的行为,不仅侵犯了公私财产的所有权,还侵犯了计算机网络系统安全保护的秩序。网络犯罪客体的复杂性,主要是由计算机信息网络的特殊性决定的。为了保障计算机信息网络的运行安全和信息安全,国家对计算机信息网络的运行必须进行管理。因此,国家制定了网络保护和网络监管方面的法律法规,对人们利用计算机信息网络进行的活动予以了规定。所以,在多数情况下,实施网络盗窃不仅侵害了财产所有人的财产,同时又必然会侵害计算机网络系统安全保护的秩序。传统盗窃罪侵害的对象是他人的合法收入、储蓄、房屋、股份、股票、债券、电力、煤气以及其他生活资料、生产资料等有形和无形财产,但网络盗窃罪侵害的对象是代表他人财产的电子资金或电子货币、电信服务以及虚拟财产等无形财产。因为行为人只有通过计算机网络窃取这些无形财产,才能实现其占有他人财产的目的。

(二)犯罪行为方式

无论是网络盗窃罪还是传统盗窃罪,在客观方面都表现为行为人秘密窃取公私财产。所谓秘密窃取,是指行为人采取自认为不为财产的所有者、保管者或者经手者发觉的方法,暗中将财产取走的行为。网络盗窃罪不同于传统盗窃罪的扭锁、撬门等行为方式,其特殊行为方式是利用编程、加密、解码以及其他计算机网络技术和电子资金过户系统,在计算机网络上窃取电子资金或者盗用电信服务的行为,实践中主要有:(1)非法划拨。这是行为人采取的最为直接的方式,行为人利用计算机网络非法操作,将某金融机构中不属于自己的款项秘密地直接划入到自己或者第三人的账户之内,从而实现非法占有。(2)盗用电信服务。盗用电信

服务,是指行为人非法获取、使用他人电信密码号或者账号,或者非法侵入电信部门计算机信息系统,非法设立电信账号并使用该账号接受电信服务的行为。(3)修改金融凭证。有的犯罪人使用计算机技术修改合法客户的存款账目,采取另设账号转移资金的办法窃取他人的资金。(4)编造病毒程序窃取。这是一种新的网络盗窃的方式,即利用网络技术编制病毒程序侵入金融系统实行盗窃。(5)盗窃信用卡并使用。盗窃他人信用卡账号密码,并通过网络特约商户进行邮购商品,或者通过网络银行秘密转移资金,是利用互联网实施盗窃罪的又一行为方式。(6)盗取虚拟财产。随着网络游戏业的发展,网络游戏已成为现代人休闲娱乐的主要方式之一。在虚拟的网络世界,玩家们为了能胜出,就购买虚拟的高级装备、虚拟角色、虚拟货币等。这些虚拟高级装备、虚拟角色、虚拟货币可以转换为现实中的金钱,因而也就具有了一定的价值,有的价值还相当高。一些人为了获得利益,采取上网时偷看别人输入的账号、密码,或者装载黑客软件等方法,盗取这些虚拟的装备、角色和货币,然后转卖给他人,从中牟取利益。(7)利用其他方法实施盗窃,例如修改他人信息、利用电子信箱获取他人资金信息,登录银行在线网站,猜配银行卡密码,窃取他人的银行卡资金,并在电子交易平台交易,实现现金套现等。

(三)主观目的

传统盗窃罪在主观上均表现为行为人具有非法占有目的;构成网络盗窃罪,行为人也应具有非法占有目的。但是有部分网络盗窃罪的主观目的并不是非法占有,例如盗接他人通信线路、复制他人电信码号或者明知盗接、复制的电信设备、设施的行为,即盗用电信服务,根据《刑法》第265条的规定,该罪主观上是以牟利为目的的,构成犯罪的,仍然要按照盗窃罪定罪处罚。

(四)既遂的认定标准

正如上文所言,网络盗窃行为与传统盗窃行为在如下方面存在较大区别:(1)撬门破锁、翻墙入院等传统盗窃都有一个具体的行为过程,其行为会持续一定时间,网络盗窃通常瞬间即可完成;(2)传统盗窃的行为对象是实体财物,而网络盗窃的行为对象则是以电磁形式存在的电子货币或网络虚拟财物;(3)传统盗窃中,行为人会实体接触他人财物,网络盗窃中,行为人是在不直接接触财物的情形下,通过远程操作在计算机存储介质上修改存款数字或变更款项所有人,获取非法利益;(4)传统盗窃中,被盗财物在脱离被害人控制之后,不一定就能被行为人控制,网络盗窃中,被害人失控与行为人控制之间通常能实现完美衔接;(5)传统盗窃中,被害人很难发现被盗财物的具体去向,网络盗窃中,由于财物的划拨或转移会有电子记录,故财物的具体去向很容易被察觉。

在网络盗窃中,对既、未遂的认定标准也存在"离账说"和"提现说"之分。"离账说"认为,当财产被划离被害人账户时,财产脱离被害人控制及侵犯他人财产权的危害后果就已成为客观事实,故应以财产被盗划出被害人的账户作为既遂标准;而"提现说"认为,行为人的盗窃行为只会引起计算机内部电磁内容的变化,当财产被划离被害人账户但未被提现时,一方面,被害人可以根据电子系统的记录及时追踪到被非法盗转的财产,并通过冻结、挂失等方式重新获得对财产的控制权;另一方面,在未提现之前,行为人并没有实际控制他人财产,其所控制的只是以电磁形式存在的虚拟电子货币或其他虚拟财产,而且这种控制权极不稳定,极易因被害人追索而中断。因而,只有在提现后,网络盗窃的社会危害性才能得以完全体现。故应根据网络盗窃的特征,以"提现说"作为既遂的认定标准。客观行为方面的差异造成在某些细节问题上,网络盗窃行为与传统盗窃行为有所不同,如在传统盗窃罪中,失控说与控制说存在巨大区别,但在网络盗窃中,由于计算机自身具有自动平衡账户的功能,故被害人失控与行为人控制同步完成,"离账说"与"提现说"不存在实质性差异。

由于网络盗窃和传统盗窃只是在具体行为方式的层面上存在差异,而在以秘密窃取方式侵犯他人财产权的实质层面上是相同的,因而,当涉及理念性与根本性问题时,如在确定网络盗窃犯罪的既、未遂认定标准时,应忽略具体行为方式上的差异,而遵从刑法的基本理念。无论是网络盗窃还是传统盗窃,其犯罪性都体现在对法益的侵害上。因而,尽管划拨电子记录的存在确实可以使被害人容易追踪到财产的去向,并且在被提现或消费前,被害人可以通过有关手段冻结他人账户,但这是盗窃行为完成后的追赃行为,不会影响财产因行为人的盗窃行为而一度脱离被害人控制的客观事实。尽管在提现或消费之前,网络盗窃行为只是变更了他人账户内以电磁形式存在的存款数字,但这不会使网络盗窃行为对他人财产权的侵害就此消弥。因此,本书认为,应将以"法益侵害说"为基础的"离账说"作为网络盗窃既遂的认定标准。

(五)网络空间中帮助使用盗窃行为

网络空间中存在大量的使用盗窃行为,有使用盗窃行为,就会有伴生帮助使用盗窃行为的可能,在网络空间中,帮助使用盗窃行为的社会危害性发生了严重的异化,已经远远超过了使用盗窃行为的社会危害性。网络空间中常见的使用盗窃的行为包括,行为人利用计算机技术,非法使用他人所有或者租用的网络带宽、网络存储空间,非法使用他人计算机的运算能力,非法使用他人的IP地址等网络资源等。网络带宽,是指网络的数据传输能力;网络存储空间,是指在托管主机、虚拟主机等连接到网络的计算机上,用于数据存储的空间网络带宽。网络存储空间、网络应用服务等网络资源已经具有了实际经济价值,成为违法犯罪分子的重要作案目标。此类使用盗窃行为没有侵犯他人的所有权,也没有给他人造成实际的损失,但是,在性质上都属于典型的使用盗窃行为。

应当注意的是,使用盗窃行为在网络空间中开始逐渐成为一种大众化的现象,无线“蹭网”现象是其典型代表。随着计算机技术和网络技术的快速发展,笔记本无线上网已经非常普遍。由于无线上网突破了网线对网络使用地域的限制,可以在一定的范围内实现随时随地使用网络,越来越多的人开始在家里宽带上安装无线路由器,实现了有线到无线的转化。随之带来的负面后果是,家庭无线网络被蹭现象遍地开花,各类无线蹭网卡随处可见。一般而言,家庭用户使用的无线网络设备信号一般可覆盖半径50米左右的范围,使用时会有信号泄露到室外,这就给蹭网者提供了可乘之机。所谓“蹭网”是指,通过蹭网卡搜索到他人无线网络,然后破解他人无线路由器密码,将自己的电脑挂靠在他人的无线路由器上,实现免费无线上网。除了“蹭网”现象,网络空间中常见的使用盗窃行为还有以下几种:(1)非法占用他人网络空间和网络带宽。此类行为非法占用他人网络虚拟空间,从事自己的网络运转,对他人网站的正常运营产生了不利影响。(2)盗用运算能力和存储空间。司法实践中存在大量的非法使用他人计算机信息系统的行为,最为常见的是窃用计算机,通常是指无权使用计算机者非法或者擅自使用计算机的工作时间、设备、存储容量、数据和信息等有偿服务而不缴纳费用的行为。

在网络环境中,帮助使用盗窃行为的情况开始发生变化。网络空间的虚拟性和无限延展性,将使用盗窃帮助行为的犯罪能量无限放大化,从而导致原本较小的法律真空被快速拉大直至完全暴露:(1)网络空间的虚拟性和无限延展性,使得帮助者和被帮助者之间的内在联系更加虚拟化,双方往往不存在直接的意思交流。网络联系具有一定的单向性,例如,在免费下载相关网络犯罪软件的网站,甚至不需要注册就可以直接下载,软件提供方对于下载使用人的目的几乎毫无认知。很显然,上述那些专门提供可以作犯罪工具软件的人与软件下载人之间没有具体的犯罪意思联络,软件提供者所具有的仅仅是对下载使用人实行犯罪行为的一种放任。这样,网络空间的虚拟性和无限延展性在无形之间就拉开了各个共犯人之间的联系,导致很多情况下的犯罪结合完全是偶然,甚至是片面帮助。《刑法》第25条第1款明确规定:"共同犯罪是指两人以上共同故意犯罪。"根据我国刑法理论通说,共同犯罪必须有各共犯人之间的主观意思联络。而在网络空间中的帮助使用盗窃行为之中,帮助犯对于实行犯的具体犯罪内容,例如,罪名、时间、地点、对象等,都没有明确的认识,而共同犯罪理论要求构成帮助犯的一个前提就是具有帮助故意,共同故意要求各共犯人都明知共同犯罪行为的内容、社会意义与危害结果。因此,对于犯罪有认识是帮助故意的首要内容,缺乏帮助认识就等于没有帮助故意,不可能构成帮助犯。(2)即使帮助行为构成了帮助犯,但个案中的具体犯罪人往往会因犯罪数额无法确定或者被害人根本就没有实际损失难以被刑法所评价,在这种情况下,即使《刑法》已经将使用盗窃行为人罪化,却仍旧无法对以处的实际刑罚。但是帮助者可能一直是在同时或者先后帮助无数的使用盗窃行为的实施者,此时,虽然个案中使用盗窃的实施者的犯罪数额难以确定,但帮助的危害行为在次数上却是一直在无限复制和增加的,也就意味着帮助行为的社会危害性也在无限增加。此时,若强行依赖于一个个被帮助者的犯罪数额和行为性质来确定帮助者的刑事责任,一方面,无法在帮助者和被帮助者之间依据共同犯罪理论建立起一种共犯关系,另一方面,即使此种共犯关系能够强行建立,对于帮助行为的评价也未必就准确:它究竟是帮助型的从犯还是帮助型的主犯,将会是一个巨大的争议。

二、财产犯罪中"占有"的含义

我国刑法理论界过去对这一问题甚少关注,近来有学者提出了一种类似于"折中说"的观点,认为刑法上的占有通常属于上位者(店主),而不属于下位者(店员),即使下位者事实上握有财物,或者事实上支配财物,但也只不过是单纯的占有辅助者,因此,下位者基于不法所有的目的取走财物的,构成盗窃罪。但是,如果上位者与下位者具有高度的信赖关系,如下位者被授予某种程度的处分权时,就应承认下位者的占有,此时,若下位者任意处分财物,不构成盗窃罪,而构成其他犯罪。

在本案中,认定交通违章费的归属,即谁享有交通违章费的所有权有着重要意义,是认定何某甲的行为是否构成盗窃罪的关键。盗窃罪中的窃取行为要求行为人必须实施了移转占有的行为,盗窃罪的对象必须是他人占有的财物,这就要求财物应当发生空间上的位置变化,因此,对自己占有的他人财物不可能成立盗窃罪。那么,在何某甲和何某乙收取违章人委托缴纳的交通违章罚款后,交通违章罚款到底归谁所有?我们又应该如何正确地理解“占有”呢?

本书认为,应该归国家所有,属于罚没款。理由如下:(1)涉案款项是违章行车人员因为违反交通法规而受到的处罚,其依法应当向国家缴纳。(2)何某甲、李某某为他人代办违章处罚业务,在收取违章行车人员应缴纳的罚款后,应当将这些款项转交给国家财政。虽然何某甲和李某某在违章行车人员将交通违章罚款委托其代为向国家缴纳后暂时取得保管、占有合法性,但是此时的款项在没有缴纳给国家之前,其所有权仍归属于违章行车人员,一旦将其缴纳给国家之后,其所有权就归属于国家,这些款项的性质也就实现了从个人财物到罚没款再到国家财产的转变。笔者认为,在何某甲、李某某将这些违章记录通过飞信、手机短信和邮箱等方式分别发送给黎某某、徐某某和温某某时,这些交通违章罚款就已经属于罚没款,归国家所有。因为黎某某、徐某某和温某某是交通协管员,其负责协助管理,所以一旦何某甲、李某某将这些违章记录告知给他们,这些款项就应当被视为交通违章罚款归国家所有。因此,后面黎某某、徐某某和温某某通过盗用其他民警的账号和密码非法删除和更改交通违章信息的行为构成盗窃罪。其理论基础在于对他人占有的财物中“占有”的正确理解。正如前述观点,盗窃罪的对象必须是他人占有的财物,对于自己占有的他人财物不可能成立盗窃罪,[46]所以,对占有的判断分为占有的有无以及占有的归属两个方面,这里重点判断的是占有的归属。一般来说,处于他人的直接支配下,属于他人占有,对此毋庸置疑。那么在某些非典型性占有的情况下,应如何判断是否属于他人占有呢?原则上,只要是在他人的事实支配领域内的财物,即使他人没有现实把握或监视,也属于他人占有。在本案中,只要何某甲、李某某将这些违章记录告知黎某某、徐某某和温某某,就表明交通违章罚款已经成为受国家的事实支配的财物,作为罚没款属于国家所有。

三、受贿罪和盗窃罪的区分

受贿罪是贿赂犯罪,其保护的法益是国家工作人员职务行为的不可收买性;盗窃罪是财产性犯罪,其保护的法益是公私财产不被侵犯性。虽然受贿罪和盗窃

〔46〕 参见张明楷:《刑法学》(第4版),法律出版社2011年版,第878页。

罪的犯罪对象均可以是财产,但是二者无论是在犯罪主体上还是在保护法益上都有很大的不同。

(一)犯罪主体不同

受贿罪是身份犯,其犯罪主体要求是国家工作人员,而盗窃罪的犯罪主体则是一般主体。本案之所以会在定性问题上出现纠纷,一个很重要的原因就在于对交通协管员的身份的认定上的分歧,即交通协管员是否属于国家工作人员。理论界关于国家工作人员主体认定方面的争议观点,包括最高人民法院的"身份论"和最高人民检察院的"职能论"。持"身份论"的认为,国家工作人员或以国家工作人员论,是一种资格或者称为身份,这是国家工作人员从事公务的前提条件。该观点主张,应以行为人是否具有上述资格身份来确定国家工作人员的范围。持"公务论"观点则认为,国家工作人员的本质特征在于其依法从事公务,故应以其是否从事公务来确定行为人是否具有国家工作人员身份。[47] 上述两种不同的司法解释,造成了司法实践中法律适用的不统一。"刑法学界将两种不同特点的争议视为讨论的热门话题,造成司法实践中对案件定罪量刑上产生偏差,造成了消极影响,不利于严格、规范执法。"[48]根据《刑法》第 93 条的规定,国家工作人员具体包括:国家机关中从事公务的人员;在国有公司、企业、事业单位、人民团体中从事公务的人员;国家机关、国有公司、企业、事业单位委派到非国有公司企业、事业单位、社会团体中从事公务的人员以及其他依照法律从事公务的人员。因此,国家工作人员的本质特征是"从事公务"。最高人民法院 2003 年印发的《全国法院审理经济犯罪案件工作座谈会纪要》(以下简称《纪要》)指出:"公务主要表现为与职权相联系的公共事务以及监督、管理国有财产的职务活动。"可见,公务具有国家权力性、职能性和管理性的特点。

本案中,被告人黎某某、徐某某、温某某分别是从化市交警大队太平中队交通协管员、街口中队交通协管员、龙潭中队交通协管员,三人均与从化市公安局签订了劳动合同,是从化市交警大队的聘用人员,协助交通民警工作,其中黎某某协助内勤民警工作,徐某某、温某某协助疏导交通和整理材料。所谓交通协管员,顾名思义就是在交通繁忙的路段或路口,协助交警管好交通的人员,主要负责的是行人及车辆的秩序。因此,交通协管员实际上没有行政执法权,他们是在管理者(交

---

[47] 参见孙国祥:《关于国家工作人员的几个问题》,中国方正出版社 1999 年版,第 23 页。

[48] 孙谦:《职务犯罪研究》,法律出版社 2008 年版,第 17 页。

警)的组织、领导、监督和管理之下从事一项具有社会服务性质的劳务活动,而非公务活动,不具有国家权力性、公共管理性、职能性的特征。事实上,三名被告人均无权独立处理包括交通违章业务在内的各种公务的权力,他们必须在民警的授权、指导下才能协助工作。因此,黎某某、徐某某、温某某三被告人不具有国家工作人员的主体身份。而根据我国《刑法》的规定,受贿罪是身份犯,其犯罪主体必须是国家工作人员。所以,黎某某、徐某某、温某某三被告人的行为不构成受贿罪。与此相对应,被告人何某甲和李某某也不构成行贿罪。基于上述理由,黎某某、徐某某、温某某同样不符合滥用职权罪的主体要求。而盗窃罪的主体是一般主体,因此,五被告可以成为盗窃罪的主体。

(二)客体不同

盗窃罪与受贿罪的犯罪对象均是财物,从犯罪客体来看,盗窃罪侵犯的是单一客体,即公私财产的所有权;关于受贿罪的客体则在我国存在争议。1979 年《刑法》颁布以来,我国刑法理论关于受贿罪的客体主要有以下几种观点:(1)受贿罪侵犯的是国家机关的正常管理活动,即正确执行国家机关对内对外职能任务的一切活动。这种观点在过去的较长时间内是一种通说,但它没有说明"国家机关正常管理活动"的具体内容。(2)受贿罪的法益不仅包括国家机关、国有公司、事业单位、军队、团体的正常管理活动,而且包括公私财产的所有权。[49] (3)国家机关、集体经济组织和其他社会组织公务活动的正常进行以及公务的声誉为基本法益,与社会经济管理秩序和公私财产所有权选择组合这样成一个结构性客体。[50] (4)受贿罪的法益是国家工作人员职务行为的廉洁性。[51] 无论采用上述哪种学说,受贿罪的法益都不是单纯的公私财产所有权。本案中,被告人黎某某、徐某某、温某某利用工作上的便利,盗用民警账号和密码,非法进入广东省交通违法信息管理系统,对违章记录进行非法删除和更改,再与何某甲、李某某等人将收取的违章罚款非法据为己有,共同分赃。显然,各行为人之间具有共同犯罪的故意,有着共同的犯罪目的,即非法占有国家罚没款,这与国家机关正常的工作秩序并无太大的联系。实际上,五名被告人以这种方式秘密窃取了本应上缴国家的违章罚款,致使国家财产遭受损失,但对交警部门对交通违章的

---

〔49〕 参见刘白笔、刘用生:《经济刑法学》,群众出版社 1989 年版,第 504 页。

〔50〕 参见韩建国、韦亚力:《受贿罪客体新论》,载《法学研究》1991 年第 3 期。

〔51〕 参见高铭暄、马克昌:《刑法学》(第 4 版),北京大学出版社、高等教育出版社 2010 年版,第 709 页。

执法和管理没有造成实质影响。

四、职务侵占罪与盗窃罪的区分

职务侵占罪和盗窃罪都是财产犯罪,侵犯的法益都是财产所有权。但是,二者在主体、客观行为上表现不同。职务侵占罪是公司、企业或者其他单位人员,通过“利用职务之便”将本单位财物非法占为己有,数额较大的行为;而盗窃罪则是以非法占有为目的,窃取他人占有的公私财物数额较大的行为。

我国刑法理论的通说认为,盗窃是指秘密窃取公私财物。本案中,被告人何某甲、黎某某、徐某某和温某某利用各自工作的便利,通过收取违章人委托缴纳的交通违章罚款,再利用飞信、手机短信和邮箱等方式将这些违章记录分别发送给黎某某、徐某某和温某某,黎某某、徐某某和温某某即以何某甲提供的或自己网上盗取的多名民警的账号和密码后登录广东省交通违法管理系统的手段,非法消除或者更改广东省境内多地的交通违章记录,并共同将数额特别巨大的违章罚款占为已有,对这一行为应该如何认定?本案被告人何某甲、李某某、黎某某、温某某亦提出上诉,认为自己的行为属于滥用职权、职务侵占或行贿罪,一审定性错误。如果将被告人的行为认定为职务侵占罪,必须要求被告人有“利用职务之便”的行为,那么本案中是否存在“利用职务上的便利”呢?对本案被告人行为的定性直接影响对被告人行为的定罪量刑,这也是区分被告的行为是构成职务侵占罪还是构成盗窃罪的重要方面。

▲ 本案分析

本案中,被告人之所以主张自己的行为构成职务侵占罪,实际上是混淆了“利用职务上的便利”和“利用工作的便利”。“利用职务上的便利”和“利用工作的便利”是不同的两个概念,绝不能将二者等同。依据1995年全国人大常委会颁布的《关于惩治违反公司法犯罪的决定》(以下简称《决定》)第10条的规定,原来的职务侵占罪是公司董事、监事或者职工利用职务或者工作上的便利所实施的。而1997年《刑法》将“利用职务或者工作上的便利”修改为“利用职务上的便利”。从上述立法变更中可以看出立法者的立法意图的变更,即“利用职务上的便利”和“利用工作的便利”是不同的。“利用工作的便利”的含义很丰富,从广义上讲,甚至利用公务以及利用劳务的便利,都可以称得上是“利用工作的便利”。正如有学者指出的那样,“利用工作的便利”,是指行为人因为工作关系熟悉作案环境,凭其身份便于进出某些单位,轻易接近作案目标等方便条件。在此意义上,职务侵占罪的客观表现显然是与设立职务侵占罪的初衷相悖离的,它可能带来的一个最大问题是,将作为身份犯的职务侵占罪与非身份犯的如侵占罪、盗窃罪以及其他一般犯罪混同。[52] 而"利用职务上的便利",是指行为人利用自己主管、经手或者管理本单位财物的便利条件。《纪要》明确指出,"利用职务上的便利",既包括利用本人职务上主管、负责、承办某项公共事务的职权,也包括利用职务上有隶属、制约关系的其他国家工作人员的职权。由此可见,"利用职务上的便利"建立在行为人职务范围内的权限、职责的基础之上,这就要求行为人本身就具有主管、管理或者经手单位财物的职权和职责,依职权和职责能够实际支配、控制、处置单位财物,并利用这种便利实施非法占有财物的行为。而本案中,被告人黎某某、徐某某、温某某仅是交通协管员,虽然他们在交警的授权、指导下可以接触并使用广东省交通违法信息管理系统,协助交警在该管理系统中的工作,但他们无权单独处理其中的违章记录。正因为三被告人根本不具有主管、经手、管理交通违法信息管理系统的职责,当然也就不存在利用职务上的便利实施涉案犯罪行为的基础。而且,登录广东省交通违法信息管理系统需要在职民警的个人账户和密码,三被告人作为交通协管员并不具有上述账户和密码,他们通过盗用民警账号和密码非法进入管理系统,并对违章记录进行非法处理的行为,显然是利用了易于接触管理系统和得知民警账号和密码的工作便利。

窃取行为是排除他人对财物的支配,建立新的支配关系的过程。[53] 本案被告人利用各自工作的便利——何某甲受他人委托收取交通违章费并代为缴纳,黎某某、徐某某和温某某则利用交通协管员的身份通过窃取的其他民警的账号和密码登录广东省交通违法信息管理系统,删除和更改交通违法信息,从而在国家不知情的情况下将交通违法款占为已有,其行为构成盗窃罪。

---

〔52〕 参见郭泽强:《关于职务侵占罪主体问题的思考——以对"利用职务上的便利"之理解为基点》,载《法学评论》2008 年第 11 期。

〔53〕 参见张明楷:《刑法学》(第 4 版),法律出版社 2011 年版,第 878 页。

第三节　田某某盗窃案

——盗窃虚拟财产刑法认定

■ 案例基本内容

[**案情简介**]

2009年1月,被告人田某某在工作期间,偶然发现在互联网上登录深圳市聚梦资讯有限公司运营的“巴适游戏”时,如果使用一台计算机进行游戏,可以利用另一台计算机以同一游戏账号登录,并以不断上下线的方式使该账号中的游戏金币不断增加。随后,被告人田某某将“巴适游戏”的服务器漏洞告知了被告人唐某某。二人商量后,重新申请了十余个“巴适游戏”新账号,反复测试该游戏服务器漏洞,最终决定通过上述方式获得“巴适游戏”金币,同时利用代理服务器向“巴适游戏”服务器发送错误数据包,以避免被该款游戏运营商发现,并同时出售所获游戏金币获利。后被告人田某某、唐某某在本市成华区浅水半岛一期5栋1单元201室内,采用上述方式,使“巴适游戏”服务器不断增加其账号内的游戏金币,所获游戏金币由被告人田某某、唐某某并伙同被告人肖某、汤某某以1亿游戏金币折合人民币350元的价格在互联网上出卖,获取非法利益。2009年1月至4月,四人以此种方式获取赃款共计人民币60余万元,其中除部分作为活动经费,另有4万余元未分配外,被告人田某某共获赃款17万余元,被告人唐某某共获赃款20余万元,被告人肖某共获赃款7000余元,被告人汤某某共获赃款2万余元。四被告人所获赃款分别耗用。

[**裁判结果**]

一审法院经审理认为,四被告人主观上具有非法占有他人财物的目的;客观上实施了利用被害公司服务器漏洞,采用秘密手段盗取他人能实现现实财产价值的游戏金币的行为,符合盗窃罪的构成要件,已构成盗窃罪。“巴适游戏”金币虽然是虚拟财产,但并非虚无,虚拟财产存在于网络空间,其所有者可以对虚拟财产占有、支配和处分,虽然我国明确禁止虚拟货币的交易,但并不禁止虚拟货币在网络空间的交易,虚拟财产仍然具有价值性;虚拟财产一旦与真实财产存在交易,其财产价值就具有社会真实性,即具有现实意义上的价值,属于《刑法》所保护的其他财产范畴。综上,一审法院判决田某某犯盗窃罪,判处有期徒刑10年6个月,没收财产人民币150000元;唐某某犯盗窃罪,判处有期徒刑11年,没收财产人民币200000元;肖某犯盗窃罪,判处有期徒刑3年,并处罚金人民币10000元;汤某某犯盗窃罪,判处有期徒刑4年,并处罚金人民币14000元。

问题要点

本案的争论焦点在于对四被告人行为的定性问题,对此,在案件的审理过程中,产生了三种不同的意见:第一种意见认为,四被告人的行为构成侵犯著作权罪;第二种意见认为,四被告的行为构成破坏计算机信息系统数据罪;第三种意见认为,四被告人的行为构成盗窃罪。其实,判定四被告人的行为到底构成什么样的犯罪,是对本案四被告人的行为进行定性。而本案之所以社会影响如此巨大,就在于本案是通过计算机信息网络进行的盗窃游戏金币的犯罪,这和传统的犯罪有很大差别,网络犯罪是新兴犯罪,是随着人类社会的发展进步而产生的。并且,计算机网络起步晚,发展快,这使得其与法律、法规以及一些相关的制度规章脱离开来,我国的法律更是缺少对有关计算机网络犯罪领域的系统、明确规定。

虽然本案最终将四被告定以盗窃罪,但是由此引起的一系列问题值得我们研究。本案的争论焦点在于,对非法侵入他人服务器盗走游戏金币,并在互联网上销赃的行为应该如何定性?这一问题的关键就在于我国《刑法》对于盗窃虚拟财产的评价。然而,我国现行《刑法》并没有对盗窃虚拟财产的行为作出明确规定。因此,盗窃虚拟财产行为、对象等的特殊性决定了这一新型犯罪行为对刑法理论的挑战。虚拟财产的性质是否属于我国刑法所保护的财产范围?虚拟财产的归属如何,即虚拟财产的所有者是谁?对盗窃虚拟财产的行为应作如何认定,也即是什么样的行为我们可以将其认定为"盗窃"行为?对盗窃虚拟财产的数额应如何认定?对盗窃虚拟财产这一行为应作怎样的刑法评价?

问题分析

关于虚拟财产的概念,学界没有统一的概念。但是,学界通常都承认QQ号、游戏装备、Q币等属于虚拟财产。在计算机信息业人士看来,最简单也是最术语化的解释是:虚拟财产是由0和1组成的二进制的电子信号,通过3D等形式表现为不同的画面形象。一般可分为两种:一是广义的虚拟财产,即一切存在于特定网络虚拟空间的专属性的虚拟物,包括ID(如QQ账号、电子邮箱)、虚拟货币、虚拟装备等;二是狭义的网络虚拟财产,特指具备现实交易价值的虚拟财产,只包括那些网络游戏玩家通过支付费用取得,并具有在离线交易市场内通过交易获取现实利益可能性的商品,其典型表现为网络游戏中的虚拟武器装备,游戏金币、Q币、网易泡泡币以及游戏角色ID点数等。[54] 总之,虚拟财产是客观存在于网络空间中的非物化、数字化并且具有一定价值的财物。

关于虚拟财产的属性有肯定说和否定说两种观点,学界的通说是肯定说。否定说主张,首先,相对于一般财产,虚拟财产是虚无的,其并不存在于现实生活中,相反,其仅存在于网络的虚拟世界中,其实质就是存储于网络服务器中的数字化的电磁记录。其次,虚拟财产本身不具有普遍的价值,并非对所有人有一个相对恒定的价值。虚拟财产的价值具有较强的主观特点,类似于对于特定人具有收藏价值的照片等。正如游戏Q币,或许对于游戏Q币拥有者而言具有较高价值,但可能对其他人却一文不值。另外,有些虚拟财产的产生独立于社会财富的生产,其产生或消灭对社会总财富没有影响,其总和不能计入每年的GDP中。最后,虚拟财富的产生和积累的过程不属于社会劳动,只是虚拟财产拥有者享有网络服务和娱乐休闲的活动,因此不能产生价值。更为重要的是,如果承认虚拟财产具有财产属性,只会把玩家往"利"字上引导,不利于发展健康的网络游戏文化,有可能诱发更多的网络越轨行为甚至是犯罪行为。[55]

本文认为,首先,相对于一般财产,虚拟财产只存在于网络的虚拟世界中,是存储于网络服务器中的数字化的电磁记录,但是,这只是就虚拟财产的存在方式而言,就好比国库券,虽然其形式不存在于现实生活中,但这不能否定其价值,存在方式只是财物的载体,而并非财物的本身。因此,游戏金币虽然存在于网络的虚拟世界中,但这并不影响其价值,在现实生活中,游戏金币可以与金钱进行交易,实现起价值。其次,本文不赞同虚拟财产本身不具有普遍价值的观点。诚如,

[54] 刘守芬、申柳华:《网络犯罪新问题刑事法规制与适用研究》,载《中国刑事法杂志》2007年第1期。
[55] 参见刘守芬、申柳华:《网络犯罪新问题刑事法规制与适用研究》,载《中国刑事法杂志》2007年第1期。

游戏Q币的价值在于人们的喜好,但这只是纯粹的交易风险。正如本案中的“巴适游戏”金币,其实在该游戏运营商拟定时,它是有一个相对恒定的价值的,只是后来在自由市场交易中发生了或多或少的变化,但这本身就是市场交易的特征,与游戏金币的价值恒定与否不直接相关。而且,那些认为有些虚拟财产的产生独立于社会财富的生产,其产生或消灭对社会总财富没有影响,其总和不能计入每年的GDP的说法也是欠妥的。虚拟财产的产生并非独立于社会财富的产生,虚拟财产虽然存在于网络的虚拟世界中,但是其价值最终都会转换成社会财富,归游戏运营商或者游戏玩家所有。最后,本文认为,虚拟财产也是社会劳动的产物。虚拟财产的产生是游戏运营商拟定的,但是,其并非是为了满足游戏运营商本身的需要,而是为了满足社会不特定多数人的需求,虚拟财产从产生到积累也是一个社会分工的过程。而且,承认虚拟财产具有财产属性,与把玩家往“利”字上引导并不具有直接的因果关系,更不会必然导致网络犯罪数量的增加。

虚拟财产具有财产属性,是属于游戏运营商或者玩家的财产,承认虚拟财产的财产属性,将更有利于构建和谐的网络环境。如果一概地否认虚拟财产的财产属性,那么对盗窃虚拟财产或者其他有关虚拟财产的行为应该如何认定呢?目前,我国《刑法》规定的通过计算机犯罪的罪行只有妨害社会管理秩序罪中的扰乱公共秩序罪中的几个条文,如果不承认虚拟财产的财产属性,则根据这几个条文,完全不能评价盗窃虚拟财产的行文。这样,就存在了一个《刑法》调控的空白,易滋生乱象,更加不利于网络社会的稳定与发展。从法经济学的角度来看,承认虚拟财产的财产属性更优于否认虚拟财产的财产属性。因此,本文肯定了虚拟财产的财产属性,认为虚拟财产就是财产的一种。

相对于否定说,肯定说承认虚拟财产的财产属性。但是,在肯定说的观点内部也存在分歧,分为“物权说”“债权说”“知识产权说”“权利凭证说”四种学说。持“物权说”观点的人认为,虚拟财产是无形物,其本质就是一种电磁记录数据,是玩家付出了精力、时间甚至是通过货币购买而取得的,必然享有物权。虚拟物品虽然存在于网络中,但是其具有占有、使用、收益、处分的特征,因此其权利是物权。“债权说”认为,虚拟财产是债权的客体,是债权存在的一种凭证。这种债的关系产生于玩家与服务商之间的服务合同,玩家可以通过虚拟财产向游戏服务商请求提供相应的服务内容,其存在的重点不是虚拟财产本身,而是其所反映的服务合同关系,因此,虚拟财产是债权的客体。“知识产权说”的观点认为,玩家在玩游戏的过程中耗费了大量的时间、精力,与此同时还有智力性的脑力付出,因此,虚拟财产具备了知识产权的新颖性、创造性和可复制性。但是,“物权说”无法解决虚拟财产价值的相对性问题;“债权说”反映了虚拟财产是债权存在的凭证的特点,却忽视了虚拟财产相对于计算机运营商而言,其具有一定程度的独立性,而不是完全的依附于服务合同;“知识产权说”未解决虚拟财产虽是取得方法的创新,却无创造性,且不具有知识产权排他性和法定的时间性的问题;而“新型权利说”,则实质上采用了折中的方法,没有说明虚拟财产的法律属性与保护方式。因此,本文认同最近有学者提出的“权利凭证说”,即认为虚拟财产的实质是一种具有财产价值的权利凭证,类似于存款单和股票。这种凭证本身没有太大意义,但其能够体现与证明主体所拥有的财产价值;它保存在虚拟游戏社区中,却具有一定的独立性,如同存款单独立于银行,股票独立于股市的管理者一样。笔者认为这种观点比较准确地界定了虚拟财产的法律性质,真实反映了虚拟财产本质为电磁记录,依赖于特定的虚拟社区空间,但却具有相对稳定的使用价值和交换价值,且具有可流通的特点。以游戏装备、Q 币、网易泡泡币为例,ID 号注册之初就如同该财产拥有者在银行开通一个没有存款的账户。随着上网费用、购买游戏服务费用的支出及其智力的投入,游戏装备、Q 币及网易泡泡币增多,其价值也越来越大,就像银行账号里的存款越来越多一样,玩家可以通过转让等方式使虚拟的物品和游戏装备换得现实的货币。因此,虚拟物品和游戏装备的本身不是重点,其所体现和证明的玩家所拥有的财产价值才是其意义所在。

如果盗窃、抢劫、诈骗了这种具有财产价值的权利凭证并将其变卖,就侵犯了该财产拥有者的财产利益,理应受到《刑法》的处罚。[56] 但是,本文认为,“权利凭证说”忽略了广义的虚拟财产与狭义的虚拟财产的区别。正如上文中提出的,广义的虚拟财产,即一切存在于特定网络虚拟空间的专属性的虚拟物,包括 ID(如 QQ 账号、电子邮箱)、虚拟货币、虚拟装备等等;狭义的网络虚拟财产,特指具备现实交易价值的虚拟财产,只包括那些网络游戏玩家通过支付费用取得,并具有在离线交易市场内通过交易获取现实利益可能性的商品,其典型表现为网络游戏中的虚拟武器装备,游戏金币、Q 币、网易泡泡币以及游戏角色 ID 点数等。只有广义的虚拟财产中具有登录性质的虚拟财产才能被评价为权利凭证,虚拟财产本质上就是电磁记录数据,应属于无形物,是玩家付出了精力、时间等劳动性投入以及

---

〔56〕 参见刘守芬、申柳华:《网络犯罪新问题刑事法规制与适用研究》,载《中国刑事法杂志》2007 年第 1 期。

金钱的财产性投入之后获得的。

虚拟财产只存在于网络环境中，所以，虚拟财产又有别于现实传统意义上的动产与不动产。一方面，虚拟财产具有虚拟性，因此，无论属于哪个玩家，自始至终都不能离开提供该种虚拟财产的网络平台或公司，即虚拟财产不能独立于网络平台或公司创造的特定环境。另一方面，虚拟财产相对于玩家而言是独立存在的，玩家只有通过付出劳动和金钱才能取得。尽管虚拟财产相对于一般财产而言具有种种特殊性，但这不影响其成为“财产”。洛克曾提出被后世称为经典的所有权理论：“土地和一切低等动物为一切人所共有，但是每人对他自己的人身享有一种所有权，除他之外任何人都没有这种权利。他的身体所从事的劳动和他的双手所进行的工作，我们可以说，是正当地属于他的，所以只要他使任何东西脱离自然所提供的和那个东西所处的状态，他就已经掺进他的劳动，在这上面参加他自己所有的某些东西，因而使它成为他的财产。既然是由他来使这件东西脱离自然所安排给他的一般状态，那么在这上面就由他的劳动加上了一些东西，从而排斥了其他人的共同权利。因为，既然劳动是劳动者的无可争议的所有物，那么对于这一有所增益的东西，除他之外就没有人能够享有权利，至少在还留有足够的同样好的东西给其他人所共有的情况下，事情就是如此。”[57]除此之外，2008 年 10 月 29 日，国家税务总局批复北京地税局公布了《关于个人通过网络买卖虚拟货币取得收入征收个人所得税问题的批复》。该批复明确规定，个人通过网络收购玩家的虚拟货币，加价后向他人出售取得的收入的，应按照“财产转让所得”项目交纳个人所得税，税率固定为 20%。对虚拟财产征税，也就意味着虚拟财产是合法财产。

一、虚拟财产是否受刑法保护

互联网的高速发展带动了网络经济产业的快速提升，赋予了网络世界虚拟财产更多的现实价值，由此也导致了虚拟财产犯罪的产生，并且越来越普遍。虚拟财产犯罪作为一个新的立法领域已进入很多国家（地区）立法者的视野，但世界各国对针对虚拟财产犯罪的处理方式各有不同。

在美国的司法实践中，法官是通过解释相关法律、扩展现行法律的适用范围的方法来解决问题的。网络游戏最为发达的韩国，就曾采取过以立法的方式完全

〔57〕［英］洛克：《政府论（下）》，叶启芳、瞿菊农译，商务印书馆 1996 年版，第 19 页。

禁止虚拟交易,并且不承认虚拟财产交易的合法性,然而这一举措收效甚微。现实中的虚拟财产交易仍然大量进行,而且形成了一条完整的灰色产业链,也出现了大量的纠纷,众多的用户因为法律的空缺导致利益受到侵害后无法得到救济。韩国有关机构不得不开始重新审视虚拟财产交易,并最终在法律上承认了虚拟财产的合法性,虚拟财产交易也受到了法律保护。韩国法律明确规定,网络游戏中的虚拟角色和虚拟物品独立于服务商而具有财产价值,网络财物的性质与银行账号中的钱财并无本质的区别。可见,韩国把网络虚拟财产等同于一种"电子货币",当然具有物的属性。瑞士 2003 年修订刑法典时,在分则第二章第 143 条明确设立了非法获取数据罪。根据该条规定,为使自己或他人非法获利,为自己或他人获取以电子或以类似方式储存或转送的非本人的已经采取特殊保安措施的数据的,即构成非法获取数据罪。显然,网络虚拟财产就属于虚拟存储空间中的数据。

根据此项规定,侵犯虚拟财产的行为应以非法获取数据罪论处。[58] 在我国香港地区,根据有关法律规定可推论,未经授权进入他人游戏账户、窃取他人的游戏武器等,都构成严重刑事犯罪。如根据香港《刑事罪行条例》第 200 章第 161 条的规定,有犯罪或以不诚实意图取用电脑而使其本人获益或引致他人蒙受损失,最高刑罚可判监禁 5 年。如以欺骗手段取得财产的,根据该条例第 201 章第 17 条的规定,最高刑罚可判监禁 10 年。又如,根据《电讯条例》第 27 条的规定,任何人借电讯,明知而致使计算机执行任何功能,从而在未获授权下取用该计算机所保有的任何程序或数据,即属违法,最高刑罚罚款 2 万元。盗窃他人网上游戏账户或虚拟武器的,也属于刑事案件。而我国台湾地区则将虚拟财产归为电磁记录,是指以电子、磁性或其他不以人知觉直接认识方式制成之记录,而供电脑处理之用者。根据台湾地区"刑法修正案"增订的第 359 条的规定,无故取得、删除或变更他人电脑或其他相关设备之电磁记录,致损害于公众或他人者,处五年以下有期徒刑、拘役或科或并科 20 万元以下罚金。[59]

随着互联网的发展和广泛运用,我国在互联网领域的法律规范体系也随之不断完善——从 1997 年《刑法》中涉及计算机、网络犯罪的第 285 条非法侵入计算

---

〔58〕 参见郑蕾:《盗窃网络虚拟财产的定性及刑法规制》,载《陕西理工学院学报》(社会科学版)2011 年第 3 期。

〔59〕 参见黄宏生:《网络虚拟财产的性质及法律保护》,载《东南学术》2009 年第 6 期。

机信息系统罪、第286条破坏计算机信息系统罪以及第287条利用计算机实施的相关犯罪,到同年出台的《计算机信息网络国际联网管理暂行规定实施办法》,以及2000年的《关于维护互联网安全的决定》,全国人大常委会于2009年2月通过了《刑法修正案(七)》。《刑法修正案(七)》在《刑法》第285条后增加了第2款:"违反国家规定,侵入前款规定以外的计算机信息系统或者采用其他技术手段,获取该计算机信息系统中存储、处理或者传输的数据,或者对该计算机信息系统实施非法控制,情节严重的,处三年以下有期徒刑或者拘役,并处或者单处罚金;情节特别严重的,处三年以上七年以下有期徒刑,并处罚金。"再到2009年10月,最高人民法院、最高人民检察院《关于执行〈中华人民共和国刑法〉确定罪名的补充规定(四)》将《刑法》第285条第2款的犯罪行为的罪名确定为非法获取计算机信息系统数据罪等,都在打击计算机、网络相关犯罪的过程中发挥了重要作用。但是我国法律特别是《刑法》对侵犯虚拟财产犯罪尚缺乏明确具体的法律规定,当被害人虚拟财产受到侵犯时,其往往无法有效保护自身合法权益。而司法机关在实践中也常常因"无法可依"处于同案不同判的窘境,让公众对法律的权威性产生了怀疑。呼吁立法对虚拟财产进行保护的呼声越来越大,对于盗窃虚拟财产的行为进行有效地法律规制,显得尤为必要和紧迫。

虽然承认虚拟财产具有财产属性,可是对《刑法》第264条和第265条之间关系的理解不同,得出的结论也不相同,即《刑法》第265条相对于第264条的规定,是属于注意规定还是拟制规定。[60] 注意规定,是指在《刑法》已作基本规定的前提下,提示司法工作人员注意,以免司法工作人员忽略的规定。注意性规定不改变基本规定的内容,是对相关规定的重申,只是具有提示性。[61] 如果认定《刑法》第265条是第264条的注意性规定,则盗窃虚拟财产构成盗窃罪,因为虚拟货币、虚拟角色、高级装备等可以转换为现实中的金钱。[62] 正如上文所述,网络游戏中的游戏币等虚拟财产具有现实的经济价值和可支配的动产属性,完全可以成为盗窃罪的犯罪对象。网络游戏中的虚拟财产虽具有智力性、虚拟性的特点,但与现实生活中一般财产一样,都具有财产属性,因此,盗窃虚拟财产的行为和盗窃一般

---

〔60〕 参见姜金良:《盗窃虚拟财产的刑法定性——以胥磊等盗窃案分析为例》,载《武汉交通职业学院学报》2009年第1期。

〔61〕 参见张明楷:《刑法分则的基本解释原理》,中国人民大学出版社2004年版,第247页。

〔62〕 参见黄泽林:《网络犯罪的刑法适用》,重庆出版社2005年版,第393页。

财产的行为在本质上是相同的。盗窃虚拟财产具有社会危害性,可以盗窃行为定性,应通过对网络虚拟财产的价值评估予以现实法律规制。[63] 而法律拟制是将原本不同的行为按照相同行为处理,有意将不同者同视之。法律拟制是一种特别规定,例外规定,不具有普遍性。[64] 如果将《刑法》第265条认定为第264条的拟制性规定,那么我国《刑法》规定盗窃罪则是以保护有体物为限,《刑法》第265条对原本不属于盗窃罪的行为规定为盗窃罪的一种表现形式,是立法上的类推,或者说是立法上的特别规定,即是将一种特殊的盗窃(盗用)行为按盗窃罪处理的规定。法律及有关司法解释只承认盗窃电力、煤气、天然气和盗接他人通信线路、复制他人电信码号等情形能够成立财产罪,即虚拟财产不在法律明文规定能够成立财产罪的几种特殊无体物范围内。既然特别规定只能适用于特别对象,所以,对于法律尚无明文规定的,不能在司法实践中类推定罪处罚,即使QQ号有使用价值和交换价值,即使肯定其是一种财物,也只是一种特殊、新型的财物。

通过分析可知,现行立法是不能包括此类财物的。按照以上理念与原则,对于盗窃QQ号以及时下出现的盗窃虚拟财产等法律上的新型问题,若严格按照罪刑法定原则的精神是不能认定为财产犯罪的。笔者认为《刑法》第265条规定的盗窃罪是注意规定。首先,从财产学说角度来考察,针对盗窃罪对象大致有以下四种学说:(1)有体性说;(2)管理可能性说;(3)效用说;(4)持有可能性说。[65] 现今一般认为,只要具有管理可能性,就可以成为盗窃的对象。其次,如果把《刑法》第265条理解为拟制性规定,则除了本法条规定的无体物外,盗窃其他无体物均不构成犯罪,这与我国的法律规定,司法解释都不符合,我国通过司法解释已经明确规定电、气等也可以构成盗窃罪对象,所以我国《刑法》中的财物应当包括无体物甚至在某些情形下应当包括财产性利益,既然无体物可能被盗窃,对其予以刑法上的保护也就是顺理成章,因此,《刑法》第265条规定不适用法律拟制,而是注意规定。既然司法实践将盗窃无形财产认定为盗窃罪,所以对司法解释盗窃电力、煤气、天然气等"等"字的理解,指的并非是与等字之前列举的电力、煤气、天然气等性质相同的公私财物,而是所有未列举的任何客观存在形式上有特殊性的公私财物。所以在我国,无体物完全可以构成盗窃罪的犯罪对象,虚拟财产具有财

---

〔63〕 参见唐棣:《盗窃网络游戏中虚拟财产问题的刑法研究》,载《贵州工业大学学报》2006年第1期。

〔64〕 参见张明楷:《刑法分则的基本解释原理》,中国人民大学出版社2004年版,第253~254页。

〔65〕 参见赵秉志:《侵犯财产罪研究》,中国法制出版社1998年版,第27~28页。

产属性，属于民法上物的范畴，完全可以构成盗窃罪的犯罪对象。立足于罪刑法定原则，根据我国《刑法》第92条有关“其他财产”的规定，以及我国现行的法律法规和司法解释对“财物”的内涵和外延还没有明确界定的，将QQ号码、Q币等虚拟财物认定为《刑法》意义上的财物，是对我国《刑法》的正确理解与维护。

二、虚拟财产数额的认定

由于虚拟财产的特殊性，对虚拟财产数额的确定有别于一般财产的评估，在司法实践中对虚拟财产数额的认定存在一定的困难。根据虚拟财产产生的特殊性与运行的特殊性，我们可以将虚拟财产的数额分为运营商自定价格的数额、运营商回收价格形成的数额、商业合同价格所形成的价格以及玩家离线交易形成的价格，由此可以看出虚拟财产数额确定的复杂性与主观性。由于我国《刑法》对财产性犯罪有数额要求，数额较大、数额巨大、数额特别巨大的法定刑有很大的区别，所以，要做到罪责刑相适应，将虚拟财产纳入《刑法》的保护范围，虚拟财产数额的确定势必会成为这类案件的难点。在这类案件中，对虚拟财产价值的认定对案件定性十分关键。对虚拟财产数额的认定，郭丽娜曾在《网络虚拟财产的价值及评估标准探析》中构建了一个相对完善的结构：如何对虚拟财产进行价值评估，我国还没相关的法律或司法解释出台，刑法理论界就虚拟财产的价值评估标准提出了若干方案以解决司审判中的难题，主要的评估标准如下：

首先，由玩家举证，根据玩家进行游戏投入的成本评估虚拟财产的价值。成本的计算应该考虑的因素主要有网费、点卡消费和在线时间。比如，游戏卡由运营商发行，在市场上销售，玩家只需将购买游戏卡的票据保存好，就可以向侵害人主张权利。这种方式有益于玩家举证，并且虚拟财产价值的判定简单明了，在诉讼中也容易获得法院的认可，但该标准会造成对网络游戏玩家的权益保护不力的后果，因为玩家投入到虚拟财产的成本价格都是比较低廉的，而游戏玩家为进行游戏付出的体力、脑力都无法通过费用来评估，也无法举证。

其次，根据游戏运营商自定的价格评估虚拟财产的价值。现在许多游戏运营商为了营利都通过某种礼包的形式来销售虚拟装备，如网易公司发行的“金猴闹春包”，里面的虚拟财产的价格从几十元至几千元。我国也有法院认为，游戏运营商出具的虚拟财产的估价结论虽然不是由法定机关出具的，但仍可以视为被盗装备的有效证明，因为游戏运营商具有相对独立性，有出具虚拟财产价格证明的主体资格，其估价是客观真实的。然而，游戏开发者确定的价格是从其自身利益出发的,价格高低取决于营销策略、运营和利润状况,所以价格不具有公允性。然后,根据游戏玩家之间离线交易的市场价格评估虚拟财产的价值。不可否认,市场交易的最大特点在于能够较为及时、灵敏、准确地估算出虚拟财产的需求程度及其价格,但我们也应当注意离线交易的价格,玩家之间的离线交易具有随意性,针对熟人之间的交易,交易价格就带有感情色彩,所以其价格也不具有公允性,不应作为价值评估标准。

再次,根据虚拟财产销赃数额评估虚拟财产的价值。参照最高人民法院《关于审理盗窃案件具体应用法律若干问题的解释》的规定,销赃数额高于核定价格的,盗窃数额按销赃数额计算;销赃数额低于核定价格的,盗窃数额按核定价格计算。笔者认为,以销赃数额来认定虚拟财产价值的方式也存在问题。当销赃价格明显低于虚拟财产的实际价值的时候,这样的评估是纵容罪犯、显失公平的。假设张某盗得王某以2000元的价格从别的玩家处购得的武器装备,因急于用钱再以400元的低价销赃,则按此标准,张某的行为连盗窃罪的起刑点都够不上,如何保护受害人的财产权益呢。再者,最高人民法院司法解释的规定适用于此,又犯了重复论证的毛病,“销赃数额低于核定价格的,盗窃数额按核定价格计算”,虚拟财产的“核定价格”由谁核定,怎样核定,这又得借助于其他标准来认定。

最后,根据制定的价格参照表评估虚拟财产的价值。在这个方面,我国目前尚无统一的价格参照表。有关学者正积极建议有关部门制定统一的虚拟财产价格参照表,一旦制定,将为我国刑事司法实践中解决这一问题提供参考依据。但是,让相关部门制定虚拟财产的价格表来评估,有“纸上谈兵”之嫌。网络服务这个领域专业性、技术性太强且变化较快,很多虚拟财产一年前也许还“价值连城”,但一年后或许就“不名一文”;此外,还存在贬值或升值的情形,如QQ币现今已升值了70%,俨然成为网络世界的“硬通货”;况且,要联合多少有关部门,才能制定出一个相对稳定的价目表,这在操作上存在难度。

笔者认为,由玩家举证,根据玩家进行游戏投入的成本评估虚拟财产的价值具有不可忽视的缺陷。首先,需要玩家将购买游戏卡的票据保存好的要求加重了玩家负担。刑事诉讼的举证责任和民事诉讼中的“谁主张,谁举证”的举证责任不同,只有在自诉案件中有自诉人承担举证责任,我国的自诉案件包括三类:一是告诉才处理的案件;二是被害人有证据证明的轻微刑事案件;三是被害人有证据证明对被告人侵犯自己人身,财产权利的行为应当追究刑事责任,而公安机关或者人民法院不予追究被告人刑事责任的案件。盗窃罪并不必然属于自诉案件。因此,由玩家举证,加重了玩家的负担;此外,如果行为人盗窃的并非玩家的游戏金币而是游戏运营商的游戏金币等虚拟财产,玩家该如何举证?在这种情形下又应当以何种标准计算虚拟财产的价值?这些问题都不是由玩家举证能解决的问题。

笔者赞同将根据游戏运营商自定的价格评估虚拟财产的价值与根据虚拟财产销赃数额评估虚拟财产的价值相结合,来评估虚拟财产的价值,即以游戏运营商自定的价格为核定价格,为了不放纵此类犯罪,结合虚拟财产销赃数额评估虚拟财产的价值确定最终的虚拟财产价值。如上文所言,游戏开发者确定的价格是从其自身利益出发的,价格高低取决于营销策略、运营和利润状况,所以价格不具有公允性,游戏玩家之间的离线交易也带有感情色彩,所以其价格也不具有公允性,不应作为价值评估标准。笔者认为,这种说法欠妥。从游戏开发者制定价格到游戏玩家之间的离线交易就是纯粹的商品市场交易活动,其价格的高低是商品市场调节的结果,而且个人的好恶并不能影响整个市场的交易价格,只是一种交易风险。因此,认为游戏运营商自定的价格不具有公平性是不成立的。

另外,游戏运营商具有专业性、技术性,相对于其他个人或者机构作出的价格更具有客观真实性。所以,在司法实践中,可以将游戏运营商制定的价格作为核定价格。为了防止行为人将所窃取的虚拟财产非法低价出卖给游戏玩家,可以参照最高人民法院《关于审理盗窃案件具体应用法律若干问题的解释》的规定,销赃数额高于核定价格的,盗窃数额按销赃数额计算;销赃数额低于核定价格的,盗窃数额按核定价格计算。无论是从刑法理论还是从司法实践出发,将虚拟财产纳入到《刑法》的保护范围势在必行。因此,对虚拟财产的价值评估尤为迫切。有关部门和立法部门应该联合起来,综合各方利益,制定出一套合理的虚拟财产价值评估机制。

三、盗窃虚拟财产的行为界定

盗窃虚拟财产的盗窃行为和传统盗窃罪不同,如何界定盗窃虚拟财产的"盗窃"行为尤为重要。根据 2000 年 12 月 28 日全国人大常委会《关于维护互联网安全的决定》第 4 条的明确规定,为了保护个人、法人和其他组织的人身、财产等合法权利,对于利用互联网进行盗窃、诈骗、敲诈勒索的,构成犯罪的,依照《刑法》有关规定追究刑事责任。行为人通过用木马程序或者远程控制的方式盗取玩家账号、密码,利用系统漏洞,在本机植入木马或者远程控制工具进行盗号活动,在网吧等公共上网场所直接窥探他人的游戏账号、密码,利用外挂传播木马程序,窃取对方游戏账号、密码并非法利用;欺诈销售网络游戏装备等手段,对《刑法》所保护的客体造成危害构成犯罪的,如使被害人的实际财产或者财产利益受到侵害的,应当受到刑罚处罚。

盗窃罪的行为方式一般表现为“窃取”,即完全违背对方的意志,秘密转移财物的占有。盗窃虚拟财产的行为一般表现为,行为人在服务提供者或者服务使用者不知情的情况下,通过非法手段(如黑客手段,获取服务提供者或者服务使用者的账号、密码,然后修改密码或者相关内容获取该账号的虚拟财产)或者利用系统的漏洞(如本案中不断上下线的方式,非法获取服务提供者或者服务使用者的虚拟财产)窃取服务提供者或者服务使用者的虚拟财产。

本案分析

本案中,被告人田某某发现“巴适游戏”的服务器漏洞并告知被告人唐某某,二人商量后,重新申请了十余个“巴适游戏”新账号,反复测试该游戏服务器漏洞,最终决定通过上述方式获得“巴适游戏”金币,同时利用代理服务器向“巴适游戏”服务器发送错误数据包,以避免被该款游戏运营商发现。这种在利用服务器漏洞的同时,利用代理服务器发送错误数据包规避被“巴适游戏”运营商发现的危险的行为符合秘密窃取,就好似即使主人不在而门又开着,在未经主人允许前任何人也不能随便拿走主人家的东西。游戏金币属于该款游戏运营商深圳市聚梦资讯有限公司所有,是他人占有的财物。被告人将秘密窃取的游戏金币出售并获取了60万元的赃款,显然具有非法占有目的。所获游戏金币由被告人田某某、唐某某并伙同被告人肖某、汤某某以1亿游戏金币折合人民币350元的价格在互联网上出卖,获取非法利益,并分赃,从“伙同”一词中可以看出,肖某和汤某某对于田某某和唐某某整个盗窃行为是知情的,所以随后实施的销赃行为不再构成掩饰、隐瞒犯罪所得罪,而是成立盗窃罪的帮助犯,所以几被告构成盗窃罪的共犯。

本案中,四被告以非法占有“巴适游戏”公司的游戏金币的目的,利用被害公司服务器漏洞,采用秘密手段盗取“巴适游戏”公司的游戏金币,并获取利益60余万元。游戏金币是以数据为载体的虚拟财产,四被告通过盗取游戏金币获得60余万元现实利益,因此,“巴适游戏”金币虽然是虚拟财产,但并非虚无,

“巴适游戏”公司可以对游戏金币占有、支配和处分。在我国现行《刑法》中，盗窃罪的行为对象是财物，既包括有体物，也包括无体物，只有既不具有交换价值，又不具有使用价值的物才不能成为盗窃罪的行为对象。在我国现行法律中，虽明确禁止交易虚拟货币，但并不禁止网络空间中虚拟货币的交易，因而，虚拟财产是具有交换价值的。另外，游戏金币作为虚拟财产的一种，虽然只存在于虚拟网络空间中，但是游戏金币是联系游戏运营商和玩家之间的纽带，它需要玩家投入一定的智力、体力劳动，甚至是现实意义上的金钱。因而，游戏金币虽然只存在于网络虚拟空间中，但却与真实财产具有紧密联系，往往需要与真实货币进行交换，其价值具有社会真实性，即具有现实意义上的价值，属于我国《刑法》所保护的财产范畴。根据我国现行《刑法》的规定，盗窃罪要求以非法占有为目的，窃取他人占有的数额较大的财物，或者存在多次盗窃、入户盗窃、携带凶器盗窃、扒窃的行为。四被告的行为符合盗窃罪的构成要件，已构成盗窃罪。

在本案审理过程中，一审、二审法院均看到了游戏金币这一“虚拟财产”的特殊性。我国现行《刑法》并没有对盗窃虚拟财产这一行为作出明确的规定，本案法官结合现行《刑法》的规定充分考虑本案的特殊性，最终以盗窃罪将四被告的行为定罪，既实现了个案的公正，又符合罪刑法定原则的要求。

第五章　妨害社会管理秩序罪

第一节　秦某某寻衅滋事罪

——司法解释适用的合理性分析

■ 案例基本内容

［案情简介］〔1〕

2011 年 7 月 23 日，甬温铁路浙江省温州市相关路段发生特别重大铁路交通事故。在事故善后处理期间，被告人秦某某为了利用热点事件进行自我炒作，提高网络关注度，于 2011 年 8 月 20 日使用昵称为“中国秦某某_192”的新浪微博账户（UID 号：×××××××）编造并散布虚假信息，称原铁道部向“7·23”甬温线动车事故中的外籍遇难旅客支付了 3000 万欧元高额赔偿金。该微博被转发 11000 次，评论 3300 余次，引发大量网民对国家机关公信力的质疑，原铁道部被迫于当夜辟谣。被告人秦某某的行为对事故善后工作的开展造成了不良影响。被告人秦某某作案后于 2013 年 8 月 19 日被公安机关查获归案。公诉机关就上述指控向法院移送了被害人陈述、证人证言、书证及被告人供述等证据，认为被告人秦某某编造虚假信息在信息网络上散布，起哄闹事，造成公共秩序严重混乱，其行为已构成寻衅滋事罪。

［裁判结果］

北京市朝阳区人民法院于 2014 年 4 月 17 日作出（2013）朝刑初字第 2584 号刑事判决，认定被告人秦某某犯寻衅滋事罪，判处有期徒刑 1 年 6 个月。一审宣判后，被告人秦某某未上诉，公诉机关亦未抗诉，本判决已经发生法律效力。

---

〔1〕 参见北京市朝阳区人民法院刑事判决书（2013）朝刑初字第 2584 号。

问题要点

秦某某是自2013年9月，最高人民法院、最高人民检察院发布《关于办理利用信息网络实施诽谤等刑事案件适用法律若干问题的解释》（以下简称《解释》）出台以来，第一个获罪的“网络造谣者”。该案引起社会的广泛关注的同时，也在法学界引起热烈讨论质疑，有学者认为被称为三大“口袋罪”的寻衅滋事罪在此案后“口袋”更大了。本书主要针对秦某某的这一网络传谣行为被认定为寻衅滋事罪的合理性进行分析。

不可否认，秦某某的网络造谣行为对社会具有较大的危害性，其编造、传播网络虚假信息的行为对公民、社会、国家都会造成严重危害，因此适用《刑法》进行定罪量刑十分必要，但是根据《解释》定罪量刑是否合理值得思考。对秦某某的行为是否应当认定为起哄闹事型的寻衅滋事罪在学界存在较大争议。《刑法》第293条规定了起哄闹事行为是发生在公共场所，是严重扰乱公共场所秩序的犯罪，秦某某编造、散布编造网络虚假信息一案主要争议点在于网络空间是否应当认定为“公共场所”？虚假信息应该如何界定？秦某某发布涉原铁道部的虚假信息是否足以造成公共秩序严重混乱？“两高”的司法解释是否超越了司法解释应有的限度？这一罪名的认定是否违反了罪刑法定原则？寻衅滋事罪是否真正成为彻底清除网络谣言的“口袋罪”？我国公民享有的言论自由权应当如何进行保障？网络言论自由的界限在哪里？这些均是本案需要解决的问题。

问题分析

一、网络寻衅滋事罪的认定依据

（一）网络寻衅滋事罪的犯罪构成

1. 犯罪客体：公共秩序与公共场所秩序之辩

基本概念的界定决定着整个罪刑体系的逻辑方向。寻衅滋事罪是1997年刑法典修订时，从第160条规定的流氓罪中分解而来的罪名。现行《刑法》第293条对其规定如下：“有下列寻衅滋事行为之一，破坏社会秩序的，处五年以下有期徒刑、拘役或者管制：（一）随意殴打他人，情节恶劣的；（二）追逐、拦截、辱骂、恐吓他人，情节恶劣的；（三）强拿硬要或者任意毁损、占用公私财物，情节严重的；（四）在公共场所起哄闹事，造成公共场所秩序严重混乱的。纠集他人多次实施前款行为,严重破坏社会秩序的,处五年以上十年以下有期徒刑,可以并处罚金。”

寻衅滋事罪的犯罪客体在学界存在一定争议。有学者主张,该罪侵犯的是单一客体,即寻衅滋事罪的犯罪客体是社会秩序,也有学者认为是公共秩序;〔2〕有学者认为该罪侵犯的是复杂客体;本书认为此案的犯罪客体较为清晰,秦某某侵犯的是社会公共秩序,即这一罪名的保护法益是社会公共秩序。周光权教授认为,“在公共场所起哄闹事,造成公共场所秩序严重混乱的”中的两个“公共场所”应作区分理解:第一个概念可以包括虚拟的公共场所,因为在该种场所起哄闹事可以不负责任;第二个概念必须是现实社会的公共场所,即行为只有造成现实社会秩序混乱才能定罪。〔3〕 本书赞同这一观点,对两个“公共场所”的概念不可混为一谈,应作区别解读。

《解释》第5条所指的“公共秩序”的内涵是什么?有学者认为,这里的“公共秩序”应该包括道德秩序,也就是公共秩序混乱也包括道德秩序混乱,对五壮士和雷锋的诋毁行为都应该以寻衅滋事罪论处。〔4〕 本书并不赞同这一观点。“公共秩序”,是指社会进程中存在某种程度的一致性、连续性和确定性,另外,无序概念则表明存在断裂(或非连续性)和无规则性的现象,〔5〕不应将道德秩序包含在内。也有学者认为,公共秩序是指“根据社会公德或法律确立的公共生活规则,根据这个规则而维持的社会正常秩序,包括非公共场所秩序和公共场所秩序”。〔6〕 有学者准确地指出,公共秩序与社会秩序是十分抽象的概念,将寻衅滋事罪的保护法益概括为公共秩序或者社会秩序,不仅不利于解释本罪的构成要件,而且有损于罪刑法定原则的贯彻。保护法益的抽象化,必然导致对构成要件的解释缺乏实质的限制,从而使构成要件丧失应有的机能,致使不值得被科处刑罚的行为,也被认为属于过于抽象的法益,进而以犯罪论处。〔7〕

本书认为,网络秩序应当是社会公共秩序的组成部分,网络源于现实,折射着现实,影响着现实,凡是现实社会中不能僭越的法律和伦理底线,网络世界同样也

---

〔2〕 参见高铭暄、梁健:《寻衅滋事罪若干疑难问题探讨》,载《人民司法·应用》2008年第17期。

〔3〕 参见鞠靖、曾鸣:《打击谣言的法律边界:重拳出击,天下无谣》,载《南方周末》2013年第9期。

〔4〕 参见洪道德:《政法大学教授解读网络谣言司法解释:并非简单打压》,载《京华时报》2013年9月10日,第6版。

〔5〕 参见[美]埃德加·博登海默:《法理学——法律哲学与法律方法》,中国政法大学出版社2004年版,第227~228页。

〔6〕 赵秉志:《扰乱公共秩序罪》,中国人民公安大学出版社2003年版,第294~295页。

〔7〕 参见张明楷:《寻衅滋事罪探究(上篇)》,载《政治与法律》2008年第1期。

不应逾越。[8] 近年来网络违法犯罪行为频发，且犯罪手段多样，危害性较大，对网络秩序和社会秩序都造成了严重的破坏，网络是人们的交互平台是人们生活的一部分，网络世界的伦理道德规范应当符合现实生活中的规范标准。近年来利用网络编造虚假信息，起哄闹事，误导民众的行为已多次引发群体性实践，对社会公共秩序带来极大影响。如编造地震谣言，令山西数百万人街头“避难”；散布不实信息，制造“京温商城事件”；利用日本福岛核电站事故，散布谣言，引发全国的“抢盐事件”。这些虚假信息内容的发布不指向特定自然人，而是以扰乱社会秩序，危害公共利益和国家安定为目的，使得普通民众难辨真假。在这意义上，网络秩序一定是属于公共秩序的。

但公共秩序和公共场所秩序不可等同，两者是包含和被包含的关系，侵犯公共场所秩序必然侵犯公共秩序，但侵犯公共秩序并不一定侵犯公共场所秩序。在本案中，秦某某编造政府机关天价赔偿外籍乘客的虚假信息，并发布到网络空间引起社会关注，导致信息不断蔓延，这一起哄闹事的行为造成的后果是现实生活中社会秩序的严重混乱，其行为符合寻衅滋事罪的犯罪构成。

2. 犯罪客观方面

有学者认为犯罪必须是“行为”。这不仅是客观主义刑法学的基本要求，而且在表征行为人的行为危险性上也是必要的，行为于主观主义刑法学而言也是不可或缺的前提。[9] 根据寻衅滋事罪法条的规定可知，该罪客观方面包括：随意殴打他人，追逐、拦截、辱骂、恐吓他人，强拿硬要或任意损毁、占用公私财物，在公共场所起哄闹事，纠集他人多次实施前款行为5项，本案中符合犯罪构成要件客观方面的是在公共场所起哄闹事。但网络寻衅滋事罪的特殊之处在于，网络传谣的行为发生在网络空间内，但法益侵害结果却存在于现实空间，存在一定错位，这也是与寻衅滋事其他四种情形及其他网络犯罪行为的不同之处。最典型的是网络盗窃，由于犯罪行为发生在网络，对现实财产权利和网络安全同时造成了侵害，因此可以盗窃罪论处。我国学者指出：“《刑法》第293条第1款第4项中规定的：起哄闹事根本不可能在‘虚拟世界’或‘网络空间’里产生，而只能是，以信息网络为手段，导致了在现实社会：‘公共场所’中的‘起哄闹事’，最终被追究‘寻衅滋事罪刑

〔8〕 参见张音、于洋：《网络空间不是独立王国》，载《人民日报》2013年2月28日，第14版。

〔9〕 参见[日]松宫孝明：《刑法总论讲义》（第4版补正版），钱叶六译，中国人民大学出版社2013年版，第37页。

事责任'。"[10]这一解读有其合理之处,但学界对此仍有较多质疑,主要存在于以下几个方面:

(二)网络空间可否被认定为"公共场所"

本书认为,网络寻衅滋事事实上是以网络为手段的起哄闹事,也有学者将本案称为"网络造谣型的寻衅滋事"或"起哄闹事型寻衅滋事罪"。

网络寻衅滋事,是指寻衅滋事罪在网络领域的表现形式,是"两高"《解释》中确认的一种行为方式,即第5条第2款规定的"编造虚假信息,或者明知是编造的虚假信息,在信息网络上散布,或者组织、指使人员在信息网络上散布"。本案中,秦某某编造虚假信息,并在信息网络上散布的行为符合这一条件性规定。

最高人民法院、最高人民检察院自2013年7月22日起施行的《关于办理寻衅滋事刑事案件适用法律若干问题的解释》(以下简称《解释一》)第5条规定:"在车站、码头、机场、医院、商场、公园、影剧院、展览会、运动场或者其他公共场所起哄闹事,应当根据公共场所的性质、公共活动的重要程度、公共场所的人数、起哄闹事的时间、公共场所受影响的范围与程度等因素,综合判断是否'造成公共场所秩序严重混乱'。"依据此解释,有学者认为,公共场所只能是物理意义上的实际存在的场所、设施、建筑物,虚拟空间不属于公共场所。如果将网络环境纳入公共场所,就属于类推解释,将违背罪刑法定原则。有论者认为,寻衅滋事法定情形所指的公共场所并不包括网络虚拟场所,社交媒体等虚拟场所实际上是言论场所,属于言论自由的范畴,所以不该列为寻衅滋事的场所……把在虚拟场所的发言说成寻衅滋事,会对言论自由造成很大的伤害。[11] 有学者认为,将"网络空间"认定为"公共场所"使得有关罪行和法益发生了实质性变化,寻衅滋事罪罚对是发生在公共场所的寻衅滋事"行为",正因为是"行为",所以才需要发生在现实的物理空间,也才可能因此造成社会秩序混乱。[12] 网络只是综合了以前的纸质媒介、通讯功能、视频功能,正如我们不能说报纸、刊物版面、电视画面是公共场所一样,网络

---

[10] 李晓明:《刑法:"虚拟世界"与"现实社会"的博弈与抉择——从两高"网络诽谤"司法解释说开去》,载《法律科学》2015年第2期。

[11] 参见吴汉钧:《网络举报不同于网络造谣 警方应撤销"刘虎案"》,载《联合早报》2013年9月5日,第8版。

[12] 参见仝宗锦:《对曲新久教授〈一个较为科学合理的刑法解释〉一文的评论》,载新浪博客:http://blog.sina.com.cn/s/blog_70043df00101g43l.html,最后访问日期:2018年2月9日。

并不具有物理空间属性。[13]

有学者针对此问题提出反对意见,有意见称,现代社会已经进入信息社会,对“公共场所”概念作符合信息社会变化的解释是可以接受的,互联网各类网站、主页、留言板等网络空间具有“公共场所”属性……可以包含信息网络空间意义的“公共场所”日益为人们所接受。所以,将《刑法》第293条第1款第4项中的“公共场所”扩张解释到信息网络系统中的公共空间,是可以接受的.在信息网络上编造和传播虚假信息,符合“起哄闹事”的特征,造成社会公共秩序混乱的,完全符合《刑法》第293条规定的“破坏社会秩序”的要求。[14] 有论者认为,随着互联网的发展和网络运用的普及,这一虚拟空间同样为人们提供了与实体空间一样的条件,人们同样可以在网络空间中工作、交流、娱乐、社交,甚至有过之而无不及。而且,虚拟空间的交流、娱乐、社交通常会折射回现实世界,否则“秦某某”等人的造谣行为也不会在现实世界产生巨大的负面影响,因此应该将互联网络定义为公共场所。[15] 某一场所是否具有公开性 ,取决于在该场所发表的言论能否被不特定的自然人接收,是否具有同一性。[16] “两高”《关于办理利用互联网、移动通讯终端、声讯台制作、复制、出版、贩卖、传播淫秽电子信息刑事案件具体应用法律若干问题的解释》对“淫秽物品”这个概念作了信息化的解释。对于“淫秽物品”这一概念,如果只从字面意思来解释和理解,它只可能包括淫秽的书籍、录像带、录影、图片等制品,但是该解释却将在网络中的淫秽视频、电子杂志、图片等都认定为是淫秽物品。基于这个先例,《解释》将信息网络作为“公共场所”对待是合理的。[17]

针对此争议,最高人民法院新闻发言人孙军工就《解释》的制定背景和主要内容作出了说明。他认为信息网络具有两种基本属性,即“工具属性”和“公共属性”,《解释》第5条第1款针对的是把信息网络作为“工具”,利用信息网络实施辱骂、恐吓他人,情节恶劣,破坏社会秩序的犯罪行为,体现了其“工具属性”。《解释》第5条第2款规定体现了其“公共属性”,编造虚假信息,或者明知是编造的虚假信息,在信息网络上散布,或者组织、指使人员在信息网络上散布,起哄闹事,造

---

〔13〕 参见孙万怀、卢恒飞:《刑法应当理性应对网络谣言——对网络造谣司法解释的实证评估》,载《法学》2013年第11期。

〔14〕 参见曲新久:《一个较为科学合理的刑法解释》,载《法制日报》2013年9月12日,第7版。

〔15〕 参见曹作和:《网络造谣为何涉寻衅滋事罪》,载《北京日报》2013年8月28日,第18版。

〔16〕 参见韩玉胜、胡杰:《诽谤罪中散布行为的界定》,载《人民检察》2014年第5期。

〔17〕 参见赵阳:《法学专家释疑“两高”网络诽谤司解热点》,载《法制日报》2013年9月26日,第5版。

成公共秩序严重混乱的,依照《刑法》第293条第1款第4项的规定,以寻衅滋事罪定罪处罚。

互联网发源地美国,早已明确将互联网世界定性为"与真实世界一样需要进行管控"的领域,并先后出台130多项涉及互联网管理的法律法规;而新加坡以法治严肃著称,在打击惩处恶意制造和传播网络谣言方面也毫不姑息手软,除了针对互联网行业设立专门法律外,原有的《诽谤法》《煽动法》《维护宗教融合法》《刑法》等相关内容也适用于互联网管理,形成了有效的法律威慑;在英国,通过互联网散播恐怖主义威胁、诽谤他人,都是违法的,行为人将承担法律责任。[18] 与这些国家相比,我国对网络空间的违法犯罪行为的规制相对宽容。

本书认为,公共场所的认定不能仅局限于物理空间,网络空间可以被认定为公共场所,其具备公共场所的社会属性。将寻衅滋事行为扩展到网络领域,是对社会公共秩序的维护,也是对网络行为的进一步规范,但应需要进步一举证说明,在何种情况下可界定为属于公共空间,否则将给司法机关办案带来较大困扰。

随着网络信息化的快速发展,人们的工作生活都和网络密不可分,网络空间在一定程度上已经成了人们生活的一部分,将网络空间认定为"公共场所"这一概念解释符合社会发展变化的现实需要。传统的观点将"公共场所"限定为码头、机场、车站等具有物理性特征的公共区域,在这些空间中人们可以自由出入,并且可以随时进行信息的沟通交流,互联网作为新媒介同样具备这一功能,并且在网络空间中,信息获取更为迅捷,网民可以第一时间获取并发布信息,相对于物理空间的局域性,各大网站的主页、留言板等网络空间的"公共场所"开放性更强,信息交流量更大,出入的自由度更高。北京市公安局有关负责人表示:网络空间是公共场所,并认为将网络空间定义为公共场所,是一种刑事法学层面认识,更是司法实践的一次突破。[19]

(三)对"起哄闹事"与"虚假信息"的认定

在本案中,《解释》第5条第2款规定的"起哄闹事"是否包括"编造虚假信息,或者明知是编造的虚假信息,在信息网络上散布,或者组织、指使人员在信息网络上散布"的情形?

---

〔18〕 参见张媛、王新:《国外治理网络谣言的实践及对我国的启示》,载《生产力研究》2012年第10期。

〔19〕 参见佚名:《网络空间也是公共场所》,载《法制时报》2013年8月23日,第4版。

1. 起哄闹事的概念及特征

起哄的意思是"胡闹、捣乱",闹事的意思是"捣乱"。在刑事立法中,这是一个生活用语,意为"出于取乐、寻求精神刺激等目的在公共场所无事生非,制造事端,扰乱公共场所秩序"。[20]

本案中,秦某某散布网络谣言被认定为起哄闹事型的寻衅滋事罪。"编造虚假信息,或者明知是编造的虚假信息,在信息网络上散布,或者组织 、指使人员在信息网络上散布,起哄闹事"的行为与传统意义上的"起哄闹事"性质是否相同值得商榷。有学者认为,起哄闹事型的寻衅滋事罪只能是行为性犯罪,而网络造谣行为即使具有较大的社会危害性,构成犯罪依然只能认定为言论犯罪,并进而提出对司法解释的质疑。

我国有学者在论及起哄闹事行为时,曾经揭示该行为具有煽动性、蔓延性、扩展性三个特征。[21] 煽动性是起哄闹事中的起哄,以语言为工具,且语言具有煽动性和刺激性。在本案中,秦某某利用网络平台煽动群众和媒体称,"原铁道部向'7・23'甬温线动车事故中外籍遇难旅客支付3000万欧元高额赔偿金",引发大量网民对国家机关公信力的质疑,煽动群众对国家机关的不满。蔓延性在本案中体现得较为明显,秦某某散步编造虚假信息的微博被转发11000次,评论3300余次,网络强大的蔓延性、传播性在未来更是不容小觑。2018年1月31日,中国互联网络信息中心(CNNIC)在京发布第41次《中国互联网络发展状况统计报告》(以下简称为《报告》)。报告显示截至2017年12月,我国网民规模达7.72亿人,普及率达到55.8%,超过全球平均水平(51.7%)4.1%,超过亚洲平均水平(46.7%)9.1%。网络的扩展性使得起哄闹事的行为和后果的影响进一步恶化和扩大,本案的中秦某某散布、散步编造的虚假信息,不仅造成了网络空间的混乱,也在现实社会引发了不明真相群众的不满,对"7・23"甬温线动车事故的相关善后工作的开展造成了十分严重的后果,在行为目的上符合"起哄闹事"无事生非、制造事端的语义内涵。

2. 虚假信息认定为寻衅滋事罪的评价标准

《现代汉语词典》中的虚假信息是指与实际不符的消息,而怎样的虚假信息需

---

〔20〕 全国人大常委会法制工作委员会刑法室:《中华人民共和国刑法条文说明、立法理由及相关规定》,北京大学出版社2009年版,第293页。

〔21〕 张明楷:《寻衅滋事罪探究(上篇)》,载《政治与法律》2008年第1期。

要《刑法》加以规制值得探讨。虚假信息本身内容具有不真实性和诱导性,学界对此有多种观点。有的依据“公共福祉理论”认为危害公共利益的言论不应受到保护;有的认为应依据“比例原则”该原则由弗兰克福特大法官提出,要求在处理相互冲突的各种利益时,衡量、比较它们的轻重、大小,按照利益的位阶来进行取舍;〔22〕还有的认为应依据“明确、即刻的危险原则”,即在言论具有实际明确的有害性,能直接引起某种危害的时候就需要法律对其进行调整。但若仅因为言论本身的虚伪性就动用《刑法》难免有侵犯公民言论自由以及滥用《刑法》的嫌疑,另外在人们沟通交流的过程中存在“信息差”,“信息差”是一种普遍存在,这种普遍存在和干扰的普遍存在是一致的。干扰不仅存在于传播过程中的传者、受者、语言和媒介,也存在于过程之外的情境与社会,因此,在人际语言传播中,“信息差”的产生是在所难免的。〔23〕所以不能苛求语言传播没有偏差,但也不能以此为由放纵恶性言论本身及其所造成的社会秩序紊乱的后果。对《解释》中的“虚假信息”应作限制解释,理解为“没有根据的消息”。〔24〕

有论者将司法解释中可作为寻衅滋事罪评价的“虚假信息”的因素总结为四个,即故意散布、信息虚假、虚假信息的内容极易让人对国家和社会的秩序产生不安感、事后审查发现确实造成了现实社会秩序的混乱。〔25〕本书赞同这一观点,本案中秦某某散布的“虚假信息”符合这四个要素。

3.“公共秩序严重混乱”的认定

对于什么标准才能认定为本款的“社会秩序严重混乱”,司法解释并没有指出,但是《解释》第2条第1项规定了网上诽谤罪的严重情形。〔26〕但依据这一解

---

〔22〕 参见陈桃生:《网络环境中的言论自由及其规制》,载《贵州大学学报》(社会科学版)2006年第1期。

〔23〕 参见付义荣:《试论人际语言传播中信息差的生成》,载《汕头大学学报》(人文社会科学版)2003年第4期。

〔24〕 参见孙万怀、卢恒飞:《刑法应当理性应对网络谣言——对网络造谣司法解释的实证评估》,载《法学》2013年第11期。

〔25〕 其中主要包括网络政治谣言、网络恐怖谣言、网络灾害谣言、网络犯罪谣言、网络食品及产品安全谣言五个方面。参见江奥立:《寻衅滋事罪对散布“虚假信息”行为的规制》,载《山西警官高等专科学校学报》2014年第4期。

〔26〕 《解释》第2条规定:“利用信息网络诽谤他人,具有下列情形之一的,应当认定为刑法第二百四十六条第一款规定的‘情节严重’:(一)同一诽谤信息实际被点击、浏览次数达到五千次以上,或者被转发次数达到五百次以上的;(二)造成被害人或者其近亲属精神失常、自残、自杀等严重后果的;(三)二年内曾因诽谤受过行政处罚,又诽谤他人的;(四)其他情节严重的情形。”

释的定量标准来衡量本罪是否合理仍值得商榷。“公共场所秩序严重混乱”并不等于“公共秩序严重混乱”。《解释》第5条第2款的用语是:“造成公共秩序严重混乱的”,而《刑法》第293条第1款第4项中的用语是:“造成公共场所秩序严重混乱的”。显然,司法解释为了在一定程度上避免“场所”的实体性对于定罪的影响,将“公共场所秩序严重混乱”改为了“公共秩序严重混乱”。但是,“公共秩序”与“公共场所秩序”并不是一回事。刑法理论一般认为,“公共秩序”,是指社会公共生活依据共同生活规则而有条不紊进行的状态,既包括公共场所的秩序,也包括非公共场所的秩序。[27] 根据《解释(一)》第5条的规定,在车站、码头、机场、医院、商场、公园、影剧院、展览会、运动场或者其他公共场所起哄闹事,应当根据公共场所的性质、公共活动的重要程度、公共场所的人数、起哄闹事的时间、公共场所受影响的范围与程度等因素,综合判断是否“造成公共场所秩序严重混乱”。本案中秦某某的行为导致的恶劣后果明显,事实不存在争议,但对于“综合判断”社会秩序严重混乱的标准,还需要进一步出台相关规定予以明确。

4. 犯罪主体

寻衅滋事罪的主体是一般主体,且此罪的主体只能是自然人,即已满16周岁具有刑事责任能力的自然人均能成为本罪的主体,本案中,秦某某的犯罪主体资格无争议。

5. 犯罪主观方面

主客观相统一是我国《刑法》的基本原则之一。有学者认为,寻衅滋事罪的主观方面只能是故意,即行为人明知道自己的行为会破坏社会公共秩序,并且希望或放任结果发生。有学者认为,“无事生非”是寻衅滋事罪的一个重要特征,行为人实施相关行为没有任何原因、理由,完全是出于寻求刺激。[28] 也有论者认为,行为人在实施强拿硬要的行为前,总要找到相关借口,这种借口一般会违反生活常理和社会公序良俗,以一般理性人的标准看来是毫无道理的,但事出无因不能理解为绝对的无因。[29] 司法解释为制裁网络谣言类型的起哄闹事已作了如下规定,即对“明知是虚假信息在网络上散布,或者组织人员在网络上散布,起哄闹事”的行为规定了行为人“明知”这一直接故意主观要件。本案中辩护人提出的被告

---

〔27〕 参见高铭暄:《新编中国刑法学(下册)》,中国人民大学出版社1998年版,第808页。

〔28〕 参见汤晓慰:《寻衅滋事罪在司法适用中的若干疑难问题》,载《法律适用》2002年第4期。

〔29〕 参见何庆仁:《寻衅滋事罪研究》,载《中国刑事法杂志》2003年第4期。

人秦志晖主观上不明知系虚假信息,客观上亦未实施捏造、编造虚假信息行为的辩护意见法庭并未采纳。秦某某作为网络从业人员,主观上明知是其捏造、编造虚假信息仍予以发布,事实清楚,证据充分,符合寻衅滋事罪的犯罪构成要件。在主观方面,本书认为可以理解为行为人知道或者应当知道散布信息的虚假性。

二、罪刑法定原则的价值

有学者指出,在近年来的司法实践中,寻衅滋事罪已成为"口袋罪",在司法适用中有扩大化的趋势。在针对一些严重妨害社会管理秩序的行为时,如相关法条不适合规制,寻衅滋事罪就会扮演"兜底条款"的角色,成为司法机关使用的法律依据,这一司法使用的泛化问题亟待理论和实务界解决。

对比《解释》和《刑法》条文的表述可发现,《解释》将《刑法》条文中的"造成公共场所秩序严重混乱"解释为了"造成公共秩序严重混乱"。有学者认为,"两高"的司法解释把规制物理空间行为的法律规定适用在规制网络空间言论上,不适用扩张解释而应适用类推解释。也有学者认为,如此解释表面看起来像是类推适用,但这是在《刑法》第 293 条第 4 项规定范围内的类比推理,没有超出《刑法》第 293 条规定的范围,因而实际上并不存在因类推适用《刑法》而违反罪刑法定原则的问题。[30] 一般认为,类推解释是违背刑法罪刑法定原则,因与法律规定的情形相似而适用,但本身不包含在法条的字面意思之下的解释方法,为法律所禁止。而扩张解释是指根据立法者制定某一《刑法》规定的意图 ,结合社会现实需要,将该规定中所使用的词语的含义扩大到较字面含义更广范围的解释方法。[31] 这一问题也是判定本案罪名正当性与否的核心问题,有部分学者认为,这一类推解释是对罪刑法定原则的违背。

罪刑法定原则被称为刑法中的帝王条款,世界各国的宪法和刑法都没有从正面规定过罪刑法定主义的内容。德日刑法理论通说认为,罪刑法定原则的内容有六点,即法律主义、刑罚法规明确性原则、罪刑均衡原则、禁止绝对的不定期刑 、类推解释的禁止和禁止事后法。[32] 经典的罪刑法定原则是以"法无明文规定不为罪"和"法无明文规定不为处罚"为内容的,而我国的罪刑法定原则由两个部分组成:《刑法》第 3 条关于罪刑法定原则规定的前段部分,即"法律明文规定为犯罪行

---

〔30〕 参见曲新久:《一个较为科学合理的刑法解释》,载《法制日报》2013 年 9 月 12 日,第 7 版。

〔31〕 参见赵秉志:《刑法总论》,中国人民大学出版社 2007 年版,第 105 页。

〔32〕 参见[日]内田文昭:《改订刑法(总论)》,青林书院 2009 年版,第 50 页。

为的,依照法律定罪处刑”,被称为积极的罪刑法定。而后段部分,即“法律没有明文规定为犯罪行为的,不得定罪处刑”,则被称为消极的罪刑法定。[33] 罪刑法定的核心思想是限制刑罚的滥用,保障被告人的基本权利,但“积极的罪刑法定”要求在司法实践中做到有法必依、执法必严、违法必究,因此必须依靠司法解释的适用,但司法解释的适用不能超越其本来的权限,无论是扩大解释还是限缩解释,都不能违反法律规定的原本的真实意图,不然就会与罪刑法定原则相悖。

林山田认为,《刑法》分则所规定的所有条文均以某种法益为保护目的,因而,法益也就成为刑法解释之重要工具。[34] 张明楷认为,刑法谦抑性,是指刑法应根据一定的规则控制处罚范围与处罚程度,即凡是适用其他法律足以抑制某种违法行为、足以保护合法权益时,就不将其规定为犯罪;凡是适用较轻的制裁方法就足以抑制某种犯罪行为,足以保护合法权益时,就不规定较重的制裁方法。[35] 也有学者认为,如此解释意味着刑法中明确禁止的类推死灰复燃,突破了罪刑法定原则,突破了法制的底线。[36] 最高人民法院曾就怎样合法、合理进行刑法解释作过如下论述 :“根据刑法解释原理,对刑法用语,应当适应社会的发展,结合现实语境,作出符合同时代一般社会观念和刑法精神的解释。”[37] 也有学者认为,将“公共场所秩序 ”扩大解释为“公共秩序”符合目的解释规则。秦某某的行为挑起了民众对政府的不满,是严重破坏公共秩序的行为,符合《刑法》规定的寻衅滋事罪的目的。相对于法律滞后性带来的对某一犯罪行为的规制无奈 ,对罪刑法定原则的无视往往会带来更为严重的后果。本书同意将网络空间视为公共空间,认为司法解释的规定并未超出刑法条文的表述,并非是为了规制犯罪而无限制地将所有的类似行为强塞进“寻衅滋事”这一口袋罪中。有学者将之称为刑事司法对刑事立法的 “救火式应对”[38]。本书对此并不赞同。本书认为,这一法律适用是为了更好地规范网络空间的言论,是对人权和自由精神的保障。

“两高”《解释》用“公共秩序”代替“公共场所秩序”的做法,尽管成功避免了

---

〔33〕 参见何秉松:《刑法教科书(上卷)》,中国法制出版社 2000 年版,第 63 页。

〔34〕 参见林山田:《刑法特论(上册)》,台北,三民书局 1978 年版,第 6 页。

〔35〕 参见张明楷:《刑法格言的展开》,法律出版社 1999 年版,第 353 页。

〔36〕 参见魏巍:《“寻衅滋事罪”适用于网络吗?》,载凤凰网:http://news.ifeng.com/opinion/special/xunxinzishi/,最后访问日期:2018 年 2 月 15 日。

〔37〕 最高人民法院刑一厅、刑二厅:《刑事审判参考》(2004 年第 3 集),法律出版社 2004 年版,第 140 ~ 142 页。

〔38〕 张书琴:《网络谣言刑法治理的反思》,载《学海》2014 年第 2 期。

具有物理空间属性的“场所”一词,但是这种做法扩张了《刑法》中关于寻衅滋事罪的规定,有借解释之名,行立法之实的嫌疑。所以,对于传统罪状中的关键词,有必要通过法定程序进行再解释,因为这些关键词是刑法罪状的重要组成部分,对于确定罪与非罪、此罪与彼罪有决定性作用,同时,如何理解这些关键词将成为传统刑法延伸至网络空间犯罪的首要前提。[39]

2015 年 3 月修订的《立法法》增加的第 104 条规定:“最高人民法院、最高人民检察院作出的属于审判、检察工作中具体应用法律的解释,应当主要针对具体的法律条文 ,并符合立法的目的、原则和原意。遇有本法第四十五条第二款规定情况的,应当向全国人民代表大会常务委员会提出法律解释的要求或者提出制定、修改有关法律的议案。”《立法法》第 45 条第 2 款规定:“法律有以下情况之一的,由全国人民代表大会常务委员会解释:(一)法律的规定需要进一步明确具体含义的;(二)法律制定后出现新的情况,需要明确适用法律依据的。”对于司法解释的定位,值得强调的是,法院和检察院都不是立法机关,而“两高”的司法解释实际上是一种准立法行为,因而必须慎之又慎,在解释过程中尤其要尊重立法原意和宪法精神,避免篡改法律的目的和范围。[40]

十八届四中全会中共中央《关于全面推进依法治国若干重大问题的决定》提出,要“健全落实罪刑法定、疑罪从无、非法证据排除等法律原则的法律制度”。法无明文规定不为罪,法无明文规定不处罚,充分重视罪刑法定原则。在当前的法治背景下,罪刑法定原则作为刑法的基石,仍需以追求保障被告人的基本权利作为唯一的价值目标。

三、网络言论自由的保护边界

网络谣言与一般谣言相比有其自身特点。首先,以网络为载体的谣言传播具有快捷性的特点,在相同的时间内,网络谣言相对于一般谣言的流动传播速度更快。在本案中秦某某就“7·23”动车事故编造的谣言仅在 2 小时内就被转发了 1.2万次,传播速度是一般谣言口口相传不能比拟的。其次,网络谣言的传播面广,互联网作为谣言传播的平台,不受时空的限制,谣言传播的受众也是可能是再次传播的发起者。最后,网络谣言“可信”度高,网络媒体对谣言的加工处理手段

---

〔39〕 参见于志刚:《“双层社会”中传统刑法的适用空间》,载《法学》2013 年第 11 期。

〔40〕 参见张千帆:《刑法适用应遵循宪法精神——以寻衅滋事司法解释为例》,载《法学》2015 年第 4 期。

日趋丰富,可以进行视频剪辑、图片拼接,更加形象直观,也使得普通民众更加难辨信息真伪。

有学者认为,信息网络上的寻衅滋事首先是一种言论,是一种以信息网络为媒介的言论。对言论的规制不是不可以,但不能由一个此前只针对行为的刑法条文解释而来,尤其是当该问题牵涉到《宪法》规定的公民言论自由权这样兹事体大的问题之时。[41] 宪法学者也表达了将"寻衅滋事"扩展到网络将会与《宪法》第35条所规定的言论自由背道而驰的忧虑。[42]

言论自由作为《宪法》赋予公民的基本权利,应当受到法律保护,但是否任何言论都应受到法律保护还值得商榷。美国作为言论自由度较高的国家采取的是绝对保护模式,即"在言论自由的保护方面,宪法第一修正案禁止普通立法对言论自由进行限制。联邦最高法院可以宣布国会及各州制定的法律,因限制个人宪法上的基本权利的行使而成为违宪的法律,并有权终止执行侵犯个人宪法基本权利法律的效力,宣告其不具有法律的效力。法院直接适用宪法保障公民的言论自由,从基础上就杜绝了对于言论自由的立法限制"。[43]这一绝对保护模式体现了美国这个言论高度自由国家的立场,但不可否认的是,现实生活中存在诸多滥用自由的情况,所以,不能认为恶意言论就没有受法律规制的必要。如果所有的谣言和虚假信息都披上了言论自由的外衣,则不仅是网络空间秩序,社会公共秩序也会陷入混乱。但在能够不使用刑罚,以其他手段亦能达到维护社会共同生活秩序及保护社会和个人法益之目的时 ,则务必放弃刑罚手段。[44]

网络言论自由的边界是当前司法实践和理论界都亟待解决的重要问题。在现实中存在如下矛盾:一方面,以增加制造谣言、传播谣言的代价来阻止谣言的扩散,使谣言的制造者、传播者为其行为承担相应的法律责任;另一方面,必须注意到,任何规范言论自由的法律途径都可能会产生"寒蝉效应"[45]。

任何自由都是相对的,任何权利都是有边界的,言论自由亦如此。不能以言

---

〔41〕 参见仝宗锦:《对曲新久教授〈一个较为科学合理的刑法解释〉一文的评论》,载新浪博客:http://blog.sina.com.cn/s/blog_70043df00101g43l.html,最后访问日期:2018 年 2 月 9 日。

〔42〕 参见张千帆:《刑法适用应遵循宪法精神——以寻衅滋事司法解释为例》,载《法学》2015 年第 4 期。

〔43〕 邢璐:《德国网络言论自由保护与立法规制及其对我国的启示》,载《德国研究》2006 年第 3 期。

〔44〕 参见林山田:《刑罚学》,商务印书馆 1983 年版,第 128 页。

〔45〕 寒蝉效应,是指人们因为害怕言论遭到国家的刑罚或者是高额赔偿而不敢发表意见,如同蝉在寒冷天气中噤声一般。参见[美]卡斯·R.桑斯坦:《谣言》,中信出版社 2010 年版,第 5 页。

论自由为网络造谣行为作辩解,以期逃脱法律的制裁。若言论自由的形势危害他人权利或危害公共秩序,就应当受到法律的规制,公民言论自由要权衡个人利益和公共利益的关系。当然法律对言论自由的有限度的规制不是剥夺公民表达的自由,而是为了更好地保障公民的言论自由,防止权利滥用。《刑法》必须禁止个体在主观上具有严重过错(罪过)的情况下,以严重侵害其他个体或超个体的利益为代价,来实现自己的宪法权利。[46]

▲ 本案分析

"秦某某网络有组织制造传播谣言案"入选为"2014年首都十大网络安全案件"且名列第二,仅次于"7·3特大网络贩卖婴儿案"。作为《解释》出台后的首个获刑的网络造谣案,检察机关根据所掌握的证据指控被告人秦某某的行为符合《解释》第5条的相关规定,即将利用信息网络辱骂、恐吓他人及利用信息网络编造、散布虚假信息并造成严重危害结果的行为定性为寻衅滋事罪,追究其刑事责任。但这一案件的定性是否合理,在学界和社会均存在一定争议,这一案件也暴露出了目前学界在打击网络犯罪方面所面临的困境。相较于传统犯罪而言,网络犯罪手法、行为方式多样新颖,法律的滞后性尤为明显,对司法实务工作造成了极大的困难。为了维持刑法典的稳定性,司法解释总是具备着对刑事立法进行或缩小或扩大的弹性解释空间,在规范与现实之间扮演着"架桥铺路"角色,发挥着"调试"功能,试图实现刑事立法对纷繁杂芜之现实生活的"以不变应万变"之策。[47]

不可否认,网络谣言的散播不仅会危害社会秩序,而且可能对国家的安全稳定及国际形象造成破坏。本案中,秦某某的网络造谣起哄闹事的行为导致公共秩序严重混乱,需要受到《刑法》的规制。根据《刑法》第293条第1款第4项的规定,"在公共场所起哄闹事,造成公共场所秩序严重混乱的",属于寻衅滋事罪的行为类型之一。从罪状表述看,它要求起哄闹事行为及危害后果均发生在"公共场所"。网络造谣型寻衅滋事罪在本案中适用的最大问题就是刑法典中规定的寻衅滋事罪的发生空间"公共场所"是否能够依法转化到网络空间,即网

---

〔46〕 参见高铭暄、张杰:《宪法权利的刑法保护——以言论自由为例的解读》,中国人民大学出版社2007年版,第7页。

〔47〕 参见刘宪权:《网络造谣、传谣行为刑法规制体系的构建与完善》,载《法学家》2016年第6期。

络空间能否被认定为“公共场所”？适用《刑法》第293条第1款第4项的规定，以寻衅滋事罪定罪处罚，是否实质性改变了立法本意？在具体案件中，公共秩序与公共场所秩序的含义不可等同，网络秩序是公共秩序的一部分，只有当网络虚假信息确实严重扰乱了现实公共场所的秩序，才有可能构成“寻衅滋事罪”。信息的高速发展使人们的生活和网络密不可分，在此背景下，“公共场所”的概念是否应当扩展到网络空间是本案争议的核心。这一司法解释适用的合理性遭到了众多学者的质疑。本书认为，在辩证分析网络空间和“公共场所”的基础上把握这一问题更加客观，网络空间可以被认定为公共空间，在《刑法》没有直接对应的法条来规制某一犯罪行为时，本司法解释的适用是合理的，网络空间的虚假信息散布不应该是法律空白地带。这一司法解释的适用未限制公民的言论自由，也符合罪刑法定原则的要求。

在本案中，秦某某在网络空间中散布的虚假信息造成的后果是引发大量网民对国家机关公信力的质疑，并且对事故善后工作的开展造成了不良影响。这是网络虚假信息对现实社会影响的直接体现。法律本身的滞后性要求，当社会中出现新的违法形态并且具有较大的社会恶性有必要进行刑法追究时，就应当进行合理的扩大解释。仅根据网络的工具性就认定其不具备物理空间属性是片面的，结合网络空间的社会属性，本书认为这是一种合理的扩大解释，而非类推解释。寻衅滋事罪的立法目的是维护社会稳定，打击破坏社会秩序的行为。〔48〕

不可否认，对起哄闹事型的网络寻衅滋事罪的具体适用，确实有需要完善的部分，如虚假信息的标准是什么，公共秩序严重混乱应怎样认定，量化指标的衡量适用是否合理。可以看出，司法机关对《解释》中的通过信息网络实施寻衅滋事行为的认识和解读还不统一，界定模糊，条款过于宽泛笼统，导致法律条款被高高架在空中，并导致司法实践中的适用结果存在很大差异。寻衅滋事作为传统犯罪，对于该罪罪状中的关键词有必要进行更为严谨的界定或再解释。因为这些关键词是刑法罪状的重要组成部分，对于确定罪与非罪、此罪与彼罪有决定性作用，同时，如何理解这些关键词将成为传统刑法延伸至网络空间犯罪

---

〔48〕 参见周道鸾、张军：《刑法罪名精释——对最高人民法院最高人民检察院关于罪名司法解释的理解和适用》，人民法院出版社2013年版，第6页。

的首要前提。但本书认为,针对秦某某的起哄闹事行为适用寻衅滋事罪的司法规定是合理合法的,这是网络转型期我国法律体系需要面临的一个"青春期"。

虽然本案一度引起了学界的强烈质疑,但就是这样的质疑才使得本案的积极意义不容忽视。在网络环境下,随意地诽谤、侮辱他人,起哄闹事可能会受到《刑法》的制裁,这告诫广大网民在网络世界依然要规范自己的言行,遵守道德底线,维护公共秩序,不能僭越法律的红线。此外,本案引起的学界对"罪刑法定原则"的探讨,对"网络言论自由"边界的分析,以及对司法解释的合理适用,都对我国法律体系的建设和完善起到了重要作用,本案涉及的法理问题仍有待进一步完善和思考。有学者在本案基础上提出增加网络造谣相关罪名的意见也已实现。2015 年 8 月,全国人民代表大会常务委员会通过《刑法修正案(九)》,该修正案将编造虚假的险情、疫情、灾情、警情,在信息网络或者其他媒体上传播,或者明知是上述虚假信息,故意在信息网络或者其他媒体上传播,严重扰乱社会秩序的行为新设"编造、故意传播虚假信息罪"予以规制,这也再次证明在网络散布虚假信息的危害性和编造、故意传播假信息行为入刑的必要性。目前我国《刑法》中可用以规制网络造谣、传谣行为的罪名有 15 个。

第二节 刘某组织、领导黑社会性质组织罪案

——组织、领导、参加黑社会性质组织罪认定问题探究

■ 案例基本内容

[**案情简介**][49]

1993 年,被告人刘某之兄刘某甲(已另案判处死刑)在四川省广汉市组织人员非法转移被法院查封的一批货物。湖南省和四川省的公安人员对涉嫌诈骗的刘某甲执行刑事拘留时,刘某持枪阻碍执行,被公安人员当场抓获,刘某甲得以逃脱。此后,刘某甲、刘某兄弟因敢于暴力抗法在广汉市有了恶名。

---

[49] 载 360 个人图书馆:http://www.360doc.com/content/18/0126/16/52381972_725292759.shtml,最后访问日期:2018 年 1 月 29 日。

同年,刘某甲在广汉市开设圣罗兰游戏机厅,从事赌博活动,谋取非法利益。之后,刘某甲将赌博游戏机厅先后交给其兄刘某乙及被告人刘某经营,自己与孙某甲(另案处理)在四川省绵阳市合伙成立绵阳市平原建材公司,通过经营建筑材料、从事期货交易等业务,逐渐积累经济实力,并于1997年在绵阳市成立四川汉龙(集团)有限公司(以下简称汉龙集团)、绵阳小岛建设开发有限公司(以下简称小岛公司)。为强行推进对绵阳市游仙区小岛的开发业务,小岛公司组建保安队,多次对当地村民使用暴力。小岛公司保安唐某某(已另案判处死刑)还将打伤自己的村民熊甲杀害。其间,孙某甲之兄孙某乙(已另案判刑)先后网罗谬某某、李某某、刘某某、车某某(均已另案判刑)等人在广汉市、绵阳市等地"混社会",发展黑恶势力,为刘某甲、孙某甲发展经济实力提供武力保护,并在刘某甲、孙某甲的指使下安排人员枪杀了对汉龙集团产生威胁的王某甲。熊甲和王某甲相继被杀,为刘某甲、孙某甲的经营活动扫除了障碍,树立了刘某甲等人在绵阳市的非法权威。

与此同时,在刘某甲的资助和扶持下,被告人刘某通过经营圣罗兰游戏机厅、开办餐饮、娱乐场所,具有一定经济基础后,开始带文某某、旷某甲(均系同案被告人,已判刑)及曾某某、陈某某、旷某乙(均已另案判刑)等小弟"混社会",并为加强对小弟的控制和管理,将位于广汉火车站附近的房产提供给旷某甲等人开办音豪娱乐会所。刘某组织他人通过"看场子"、收"保护费"、枪杀与其争夺势力范围的周甲,确立了强势地位,逐步垄断了广汉市的赌博游戏机行业。刘某还通过经营广汉市乙源实业发展有限公司(以下简称乙源实业公司)等经济实体,聚集财富;拉拢四川省什邡市人民检察院原副检察长刘某丙、四川省德阳市公安局刑侦支队原政委刘某丁、德阳市公安局装备财务处原处长吕某某(均已另案判刑)等充当其保护伞。以刘某为首的黑恶势力在逐渐发展、壮大的同时,也为刘某甲、孙某甲排除异己、聚敛钱财提供了暴力支持。刘某多次派手下携带枪支充当刘某甲的保镖、司机,为刘某甲、孙某甲等人杀害王某甲、史某某提供枪支,还授意文某某、旷某甲杀害了对刘某、刘某甲产生威胁的陈某甲等人。随着经济实力的增强,刘某甲、孙某甲通过"政商结合",在获取政治地位的同时谋取更大的经济利益,还利用结交的社会关系,多次为刘某、孙某乙等人的违法犯罪活动提供庇护。

被告人刘某与刘某甲、孙某甲、孙某乙以兄弟亲情为纽带,以乙源实业公司、汉龙集团等经济实体为依托,通过合作经营,相互支持,彼此融合,形成了以刘某、刘某甲、孙某甲为组织领导者,以旷某甲、文某某、曾某某、孙某乙、谬某某、陈某某、旷某乙(均已另案判刑)等9人为骨干成员,以被告人刘某某、李某某、车某某(均已另案判刑)等20人为参加者的较稳定的犯罪组织。

该组织内部分工明确,刘某甲负责决策和指挥整个组织的运转,孙某甲主要负责执行刘某甲的指示及汉龙集团的日常经营管理,被告人刘某开办了相对独立的乙源实业公司等经济实体。该组织依托汉龙集团、乙源实业公司及其关联企业的经营活动聚敛钱财,所获取的经济利益部分用于购买枪支、弹药、刀具和车辆等作案工具,以增强组织威慑力,提升组织犯罪能力;收买国家工作人员,为组织成员实施违法犯罪活动提供庇护;为组织成员购买房屋、车辆、发放工资、奖金、偿还赌债、提供逃跑经费和经济补偿;组织手下成员聚会、娱乐、吸毒等,以维系组织的生存、发展,"以商养黑"。刘某通过开设赌场、敲诈勒索和有组织地实施违法犯罪活动等其他手段获取巨额经济利益,具有很强的经济实力;刘某还和孙某乙各自带领手下充当打手或保镖,为该组织排挤、打击对手,铲除异己,"以黑护商"。

该组织崇尚暴力,从武术学校、退伍军人中招募了多名保安、保镖,吸纳在逃犯罪嫌疑人、刑满释放人员和社会闲散人员,非法买卖、持有大量枪支、弹药、刀具、警械,将刘某甲在广东省深圳市佳宁娜广场小区购买的房屋作为窝藏违法犯罪组织成员的场所,为实施暴力犯罪提供保障。该组织宣扬"为公司利益要敢打敢冲,出了事公司会负责";"要是公司遇到事了,打架要打赢,要勇敢一点";"表现好的有重用,不好的被开除";"'哥佬倌'带小弟,小弟服从'哥佬倌'指挥"等不成文的规约和纪律,纵容组织成员为组织利益实施违法犯罪活动,并通过奖励、提拔为公司利益敢打敢冲的成员和开除少数违反组织纪律的成员的方式,不断强化组织纪律和规约,树立组织者、领导者的权威。

1993年至2013年,该组织有组织地实施故意杀人5起,致6人死亡、1人轻伤、1人轻微伤;故意伤害1起,致1人死亡、1人轻伤;非法拘禁1起,致1人死亡;敲诈勒索2起;故意毁坏财物1起;妨害公务1起;寻衅滋事1起;开设赌场1起;窝藏多起;非法买卖枪支2支;非法持有枪支18支、子弹622发、钢珠弹2163发、手榴弹3枚;另实施违法行为11起。该组织通过实施上述违法犯罪活动,同时利用国家工作人员的包庇和纵容,为非作恶,欺压、残害群众,称霸一方，在广汉市、什邡市、绵阳市等地形成重大影响，在广汉市的赌博游戏机行业内形成非法控制，严重破坏了当地的经济、社会生活秩序。

［**裁判结果**］

2014年5月22日湖北省咸宁市中级人民法院作出(2014)鄂咸宁中刑初字第10号刑事判决，认定被告人刘某犯组织、领导黑社会性质组织罪，判处有期徒刑15年，并处没收个人全部财产；犯故意杀人罪，判处死刑，剥夺政治权利终身；犯故意伤害罪，判处无期徒刑，剥夺政治权利终身；犯非法拘禁罪，判处有期徒刑10年；犯非法买卖枪支罪，判处有期徒刑3年；犯非法持有枪支、弹药罪，判处有期徒刑7年；犯非法经营罪，判处有期徒刑5年，并处没收个人财产人民币五百万元；犯敲诈勒索罪，判处有期徒刑8年；犯故意毁坏财物罪，判处有期徒刑5年；犯妨害公务罪，判处有期徒刑2年；犯开设赌场罪，判处有期徒刑8年，并处罚金人民币1000万元；犯寻衅滋事罪，判处有期徒刑4年；犯窝藏罪，判处有期徒刑1年，决定执行死刑，剥夺政治权利终身，并处没收个人全部财产。宣判后，刘某提出上诉。湖北省高级人民法院经依法开庭审理，于2014年8月6日以(2014)鄂刑一终字第00073号刑事判决，撤销原审对被告人刘某犯非法经营罪的定罪量刑部分，维持原审对被告人刘某以组织、领导黑社会性质组织罪判处有期徒刑15年，并处没收个人全部财产；以故意杀人罪判处死刑，剥夺政治权利终身；以故意伤害罪判处无期徒刑，剥夺政治权利终身；以非法拘禁罪判处有期徒刑10年；以非法买卖枪支罪判处有期徒刑3年；以非法持有枪支、弹药罪判处有期徒刑7年；以敲诈勒索罪判处有期徒刑8年；以故意毁坏财物罪判处有期徒刑5年；以妨害公务罪判处有期徒刑2年；以开设赌场罪判处有期徒刑8年，并处罚金人民币1000万元；以寻衅滋事罪判处有期徒刑4年；以窝藏罪判处有期徒刑1年；决定执行死刑，剥夺政治权利终身，并处没收个人全部财产的部分。最高人民法院于2015年1月27日核准了湖北省高级人民法院(2014)鄂刑一终字第00073号刑事判决中对被告人刘某的定罪量刑部分。

回　问题要点

组织、领导、参加黑社会性质组织罪系行为犯，即行为人只要实施了组织、领导、参加黑社会性质组织的行为就构成犯罪。本书围绕该罪的发展沿革,辨析了黑社会组织与黑社会性质组织之间的关系,重点讨论了对黑社会性质组织四个特征的认定方式,完全认同我国《刑法》和相关司法解释对黑社会性质组织特征所作的界定。本书主要对黑社会性质组织所要求的组织性特征、经济性特征、行为性特征和危害性特征所包含的具体要件进行了详细的分析,并结合司法解释及其具体的司法实践对适用中存在的问题和难点进行了论述。最后,本书还对该罪的罪数问题进行了探讨,认为将组织、领导、参加黑社会性质组织罪与其他具体的犯罪实行数罪并罚符合我国当今的刑事司法实践,且不违背重复评价的原则。

◇ 问题分析

组织、领导、参加黑社会性质组织罪规定在我国《刑法》第 294 条,该条共有 5 款、3 个罪名,除组织、领导、参加黑社会性质组织罪之外,还包括第 2、3 款规定的入境发展黑社会组织罪和包庇、纵容黑社会性质组织罪。第 4 款是关于有前 3 款规定的犯罪,依照数罪并罚的规定处罚。第 5 款是关于黑社会性质组织特征的规定。鉴于本书所讨论的案例仅涉及第 1、4、5 款的规定,故本书主要围绕组织、领导、参加黑社会性质组织罪的构成、特征及其罪数等相关问题展开。

一、组织、领导、参加黑社会性质组织罪的沿革

据相关文献显示,在我国大陆,首次使用黑社会概念的正式文件是 1982 年深圳市政府发布的《关于取缔黑社会活动的通告》。[50] 1993 年 11 月 16 日,广东省通过了第一部反黑地方性法规,即《广东省惩处黑社会组织活动规定》。[51] 据相关文献记载,由于改革开放以来,境外黑社会组织对我国内地的渗透性犯罪增多,因此,我国逐渐把黑社会性质的犯罪作为打击的重点。在此情况下,黑社会犯罪成了一种危害突出,党和政府以及人民群众都非常关心的犯罪对象,因此,有必要在《刑法》中作出明确的针对性规定。[52] 尽管围绕着是否应该增设此罪曾进行过

---

〔50〕 参见何秉松:《恐怖主义 · 邪教 · 黑社会》,群众出版社 2002 年版,第 327 页。

〔51〕 参见周心捷:《广东黑社会问题初探》,载《政法学刊》1999 年第 3 期。

〔52〕 参见公安部修改刑法领导小组办公室:《关于增设有组织犯罪和黑社会犯罪的设想(1996 年 7 月)》,载高铭暄、赵秉志编:《新中国刑法立法文献资料总览(下)》,中国人民公安大学出版社 1998 年版,第 2661 ~ 2662 页。

反复研究,[53]但是立法机关最终还是采纳了上述建议,在1996年10月10日的修订草案(征求意见稿)中首次规定了此罪,但是当时的规定还是有组织犯罪,[54]直到1996年12月中旬的修订草案才首次将其称为组织、领导、参加黑社会性质组织罪。[55] 后经1997年3月1日在修订草案中再次修改完善,最终形成了1997年《刑法》第294条第1款的规定,[56]即"组织、领导和积极参加以暴力、威胁或者其他手段,有组织地进行违法犯罪活动,称霸一方,为非作恶,欺压、残害群众,严重破坏经济、社会生活秩序的黑社会性质的组织的,处三年以上十年以下有期徒刑;其他参加的,处三年以下有期徒刑、拘役、管制或者剥夺政治权利"。总结我国近15年适用本罪名的司法实践可知,为更好地体现罪刑相适应原则,2011年2月25日通过的《刑法修正案(八)》对本款的罪状进行了简化,并对该罪的刑罚体系进行了修改,将组织者、领导者的刑罚由原来的3年以上10年以下有期徒刑提高到7年以上有期徒刑,最高刑为15年;增加规定了财产刑,以便铲除黑社会性质组织存在的经济基础,消除其再犯罪的能力。最终形成了以下规定:"组织、领导黑社会性质的组织的,处七年以上有期徒刑,并处没收财产;积极参加的,处三年以上七年以下有期徒刑,可以并处罚金或者没收财产;其他参加的,处三年以下有期徒刑、拘役、管制或者剥夺政治权利,可以并处罚金。"第4款与第1款的关系延续了1997年《刑法》的规定,即犯组织、领导、参加黑社会性质组织罪又有其他犯罪行为的,依照数罪并罚的规定处罚。

---

[53] 事实上,围绕着本罪存废的争论一直就没有停止过。反对者主要认为本罪具有重复评价的性质,而且无法准确描述黑社会性质组织,导致下级司法机关滥用本罪。本罪的适用不仅严重违背了责任主义,侵害了行为人的合法权益,而且严重阻碍经济发展,助长司法腐败,进而认为,若设立一个罪名却不能明确划定该罪的处罚范围时,就不得设立此罪。参见张明楷:《刑法学(下)》(第5版),法律出版社2016年版,第1071~1072页。

[54] 参见当时的修订草案第261条,具体内容为:"有组织地进行违法犯罪活动,以暴力、威胁或者其他手段为非作恶,称霸一方,欺压群众,对首要分子或者其他罪恶重大的,处五年以上有期徒刑。"

[55] 参见当时的修订草案第266条,具体内容是:"组织、领导以暴力、威胁或者其他手段,有组织地进行违法犯罪活动,称霸一方。为非作恶,欺压、残害群众,严重破坏经济、社会生活秩序的黑社会性质的组织的,处三年以上十年以下有期徒刑;其他参加进行违法活动的,处三年以下有期徒刑、拘役或者管制。"

[56] 参见高铭暄:《中华人民共和国刑法的孕育诞生和发展完善》,北京大学出版社2012年版,第520~521页。

二、黑社会性质组织特征概述

(一)黑社会组织与黑社会性质组织辨析

《刑法》第294条第1、3款出现了“黑社会性质组织”,第2款出现了“黑社会组织”的表述,我们应在司法实践中对两者作出区分。关于黑社会组织的概念一直以来说法不一,汉语的“黑社会”是从英语的“under - world society”转译过来的,如果采取字面翻译则为“地下社会”,这就表明该社会组织是脱离于政府管制的,通常具有秘密性及非法性,往往得不到官方组织的认可,甚至会是打击的重点对象。我国《刑法》并未就黑社会组织给出明确的定义,所以实务界和理论界也是认识不一,以下是几种具有代表性的观点。一种观点认为,“黑社会组织是指以获取某种利益(主要是经济利益)为主要目的,具有严密的组织结构,严格的组织纪律,在一定地域内有组织、有计划地从事多种犯罪活动的非法组织”。[57] 该观点主要突出了黑社会组织的经济性和组织性。另一种观点认为,“黑社会组织应为在一定地域内从事违法犯罪活动的,控制一定地域、形成与主流社会相对抗的、具有自己独立的文化制度的地缘组织”。[58] 这主要突出了黑社会组织的非法性和控制性。上述观点从不同的角度对黑社会组织进行了定义。我国1996年10月10日的修订草案(征求意见稿)首次规定此罪时用的是“有组织犯罪”的表述,可是后来专家组认为,有组织犯罪的规定并不能涵盖黑社会犯罪,[59]所以才又增加了组织、领导、参加黑社会组织罪的规定。但是国际社会一般把有组织犯罪都认定为黑社会犯罪,二者的含义基本一致。[60] 国际刑警组织反有组织犯罪处认为,“有组织犯罪是任何具有组织的控制结构的通过不法活动获取钱财为其主要目的,通常以恐怖活动和腐败活动的经济来源为生的群体”。[61] 美国司法部认为,“有组织犯罪是划分为两级以上的犯罪组织或若干不同的犯罪组织,采用阴谋手段,以分工合作的方式所从事的刑事犯罪活动,其目的在于获取经济利益或对公众生活施加影响”。[62] 在意大利,“黑手党型有组织犯罪集团是指由三人或者三

---

〔57〕 高铭暄:《刑法修改建议文集》,中国人民大学出版社1997年版,第702页。

〔58〕 高一飞:《有组织犯罪问题专论》,中国政法大学出版社2000年版,第102页。

〔59〕 参见高铭暄:《中华人民共和国刑法的孕育诞生和发展完善》,北京大学出版社2012年版,第520页。

〔60〕 参见梁华仁、王洪林:《黑社会性质犯罪司法疑难问题研究》,载《政法论坛》2002年第5期。

〔61〕 计水胜:《国际刑法学界关于有组织犯罪的最新研究动向》,载《中国法学》1997年第4期。

〔62〕 康树华:《比较犯罪学》,北京大学出版社1994年版,第264页。

人以上的人组成的集团,它利用这一集团关系的恐吓力量,以及与该集团相关的人所形成的从属关系和互稳条件来实施犯罪"。[63] 1989 年,深圳市人民检察院、深圳市公安局、深圳市中级人民法院、深圳市司法局在发布的《关于处理黑社会组织成员及带黑社会性质的违法犯罪团伙成员的若干政策界限(试行)》中,第一次以官方形式对黑社会组织的含义作了如下定义:"黑社会组织是严重危害人民民主专政,危害公共安全,破坏社会治安秩序和社会管理秩序,有独立确定的名称,有较为严密的组织,有相对确定的活动场所、区域及行业,带有封建行帮色彩,兼具反动性、流氓性的犯罪组织。"1993 年 11 月 16 日通过的我国第一部反黑地方性法规《广东省惩处黑社会组织活动规定》第 2 条规定:"本规定所称黑社会组织,是指有组织结构,有名称、帮主、帮规,在一定的区域、行业、场所,进行危害社会秩序活动的非法团体。"以上各种定义或者规定均从不同的侧面反映了黑社会组织存在的特征,具有很大的借鉴意义。本书认为,黑社会组织,是指独立于正常社会、具有严密的组织形式、往往以获取某种利益(主要为经济利益和政治利益)为主要目的、以暴力等手段有组织进行各种违法犯罪活动、严重破坏社会秩序的非法组织。

"黑社会性质组织"是我国《刑法》创制的一个新概念。[64] 所谓性质,就是事物的内在的质的规定性,它使一事物区别于其他事物。只要具备黑社会组织这种事物的内在的质的规定性,则该组织在性质上就已经是黑社会组织了。[65] 所谓"黑社会性质组织",从字面意思上理解就是具有或者带有黑社会性质的组织,这种组织还不是完全意义上的黑社会组织。两者的共同点在于他们在性质上都属于有组织的犯罪集团,而且本质上具有反社会性。黑社会性质组织是黑社会组织的低级形态或者说是不成熟形态,[66] 有学者指出:"如果说一般犯罪集团是有组织犯罪的初级形态,黑社会组织是有组织犯罪的高级形态的话,黑社会性质组织就是有组织犯罪的中间形态"。[67] 之所以在 1997 年修订《刑法》时,并没有用"黑

---

〔63〕 参见刘晓明:《意大利打击黑手党型有组织犯罪集团的刑事规定及组织体系》,载《犯罪研究》2001 年第 4 期。

〔64〕 参见黄燕:《论我国黑社会性质组织的法律性质及特征》,载《法律适用》2002 年第 11 期。

〔65〕 参见何秉松:《恐怖主义邪教黑社会》,群众出版社 2001 年版,第 353 页。

〔66〕 参见刘宪权、吴允锋:《黑社会性质组织犯罪司法认定若干疑难问题探讨》,载《犯罪研究》2002 年第 1 期。

〔67〕 高铭暄、马克昌主编:《刑法学(下)》,中国法制出版社 1996 年版,第 301 页。

社会组织”的表述,是因为立法者认为,“在我国,明显的、典型的黑社会犯罪还没有出现,但带有黑社会性质的犯罪集团已经出现,横行乡里、称霸一方、为非作歹,欺压、残害居民的有组织犯罪时有出现”。[68] 黑社会组织和黑社会性质组织在组织结构和活动方式上都存在一定的区别,黑社会组织的组织结构更为严密,犯罪活动更有序。[69] 不过也有学者认为,在我国,没有必要对两种分类进行区分,原因是黑社会性质组织和黑社会组织只存在发展形态上的差别,黑社会组织完全可以按照黑社会性质组织犯罪的规定予以处罚,这并不违背罪刑法定原则。再者,从实际情况来看,国际社会或者港澳台的黑社会组织和大陆的黑社会组织其实没有太大的差别,因此将黑社会性质组织和黑社会组织视为截然不同的两类组织是脱离实际的。[70] 本书认为,既然立法者在立法的时候已经考虑到此问题,就有必要对黑社会性质组织和黑社会组织进行区别对待,因为这是认识和理解若干司法解释和我国黑社会性质组织相关犯罪的逻辑起点,[71] 同时也与我国惩治黑社会性质组织犯罪案件所要求的“打早打小”的立法精神和打防并举、综合治理的方针相符。[72] 具体来说,黑社会性质组织并不是典型的黑社会,黑社会性质组织在组织的严密性、层级划分、具体的控制和非法性方面离真正的黑社会组织还有一定

〔68〕 王汉斌:《关于中华人民共和国刑法修订草案的说明——1997 年 3 月 6 日在第八届全国人民代表大会第五次会议上》,载《全国人民代表大会常务委员会公报》1997 年第 2 期。

〔69〕 参见刘宪权、吴允锋:《黑社会性质组织犯罪司法认定若干疑难问题探讨》,载《犯罪研究》2002 年第 1 期。

〔70〕 参见黄燕:《论我国黑社会性质组织的法律性质及特征》,载《法律适用》2002 年第 11 期;何秉松:《黑社会组织(有组织犯罪集团)的概念与特征》,载《中国社会科学》2001 年第 4 期。除以上观点之外,还有学者认为,“对黑社会性质组织应该从广义上理解,计既包括低级形态的带有黑社会性质的组织,也包括高级形态的典型的黑社会组织”。理由是,我国《刑法》仅将“黑社会性质组织”解释为“带有黑社会性质组织”,则必将造成危害程度显然更重的组织、领导、参加典型的黑社会组织的行为反而不能论以犯罪、不能追究刑事责任的反常局面。参见赵秉志主编:《扰乱公共秩序罪》,中国人民公安大学出版社 1999 年版,第 333 页。

〔71〕 除了以上本书的观点之外,还有学者主张将黑社会组织和黑社会性质组织予以区分的理由还有以下几点:(1)这种区分是由中国的国情决定的,如果一味强调概念的国际化,以境外的黑社会组织作为标尺来衡量我国整体上尚处于初级形态的黑社会组织,就违背了我国对于黑社会性质组织犯罪“一定要消灭于萌芽状态、防止蔓延”的刑事政策;(2)从我国司法实践来看,我国打击的所谓黑社会性质组织犯罪,大多都是黑社会性质组织的,能称得上黑社会组织的寥寥无几。参见黄京平、石磊:《论黑社会性质组织的法律性质和特征》,载《法学家》2001 年第 6 期;王志祥:《论黑社会性质组织的界定》,载《法治研究》2010 年第 2 期。

〔72〕 参见最高人民检察院《关于认真贯彻执行全国人大常委会〈关于刑法第二百九十四条第一款的解释〉的通知》(2002 年 5 月 13 日,高检发研字〔2002〕11 号)。

的差距，但是其发展方向就是黑社会组织，可谓是黑社会组织的雏形。所以有学者认为，“黑社会性质组织同黑社会组织的显著区别在于黑社会的社会化组织程度更高，具备了社会的结构、功能、运转管理方式和人数众多的特征”。[73]

（二）关于黑社会性质组织的认定

黑社会性质组织的定义和黑社会组织的含义一样众说纷纭，1997 年《刑法》第 294 条第 1 款曾对黑社会性质组织作了定义，即以暴力、威胁或者其他手段，有组织地进行违法犯罪活动，称霸一方，为非作恶，欺压、残害群众，严重破坏经济、社会生活秩序的组织。但是这一定义在司法适用过程中却面临尴尬境地，缺乏可操作性，所以后来采取了司法解释和立法解释的形式来增强其操作性，后来的官方文件也放弃了给这一概念下定义的做法，转而从其特征方面进行界定，一直延续到《刑法修正案（八）》。《刑法修正案（八）》对第 1 款的罪状进行了简化，删除了黑社会性质组织的定义，将黑社会性质组织的特征规定在了第 5 款。

学界对于黑社会性质组织的特征也一直说法不一。有的认为，黑社会性质组织作为犯罪集团向黑社会组织过渡的中介形式，具有以下基本特征：是人数众多的犯罪分子的结合，具有严密而稳定的组织架构；犯罪活动趋向职业化，较长期从事一种或几种犯罪；独霸一方，有一定的经济实力和势力范围；以暴力、威胁或者其他手段为后盾，维护黑社会性质组织的生存秩序。[74] 还有的学者认为，黑社会性质组织的特征应从两个层次进行认定：第一层次是本质特征，即有一定的反社会“性格”和机能。第二层次是具体特征，包括：其一，必须拥有一定的较为固定的公开的活动区域、势力范围，能做到“称霸一方”；其二，必须有 3 人以上的成员；其三，通过违法犯罪活动获取其存在和发展所需要的经济基础；其四，通常具有一定的规章制度和职能机构；其五，通常具有明显的反社会的心理特征，黑社会组织往往会形成与主流意识格格不入的“亚文化”。[75] 有的学者在总结我国部分学者观点的基础上，将黑社会组织的特征归纳为以下几点：人数众多，有自己的名称、帮规盟约以及较为严密的组织纪律和行为规范，成员相对稳定，分工有序，等级森严；犯罪活动多元化和网络化，犯罪成员基本上是刑事犯罪的骨干和职业罪犯；组

---

〔73〕 参见高铭暄、王秀梅：《试论我国刑法中若干新型犯罪的定罪问题》，载《中国法学》1999 年第 1 期。

〔74〕 参见张文军：《试论组织、领导、参加黑社会性质组织罪的犯罪构成与认定》，载《湖南公安高等专科学校校报》1993 年第 3 期。

〔75〕 参见赵秉志主编：《扰乱公共秩序罪》，中国人民公安大学出版社 1999 年版，第 331 ~ 332 页。

织本身相对稳定,具有一套能够逃避社会控制和法律制裁的防护体系;犯罪主要目的是获取经济利益和其他利益(对政治和社会问题的影响);犯罪的主要手段是暴力、阴谋、恐吓和腐蚀等,金融机构将成为犯罪组织的首要目标,计算机敲诈也会成为该种犯罪的主要财源之一。[76] 上述学者从不同的角度分析了黑社会性质组织的相关特征,但是因为观点存在分歧,不利于司法实践中对案件作出具体认定。

官方最早对黑社会性质组织的特征作出界定的是2000年12月10日起施行的最高人民法院《关于审理黑社会性质组织犯罪的案件具体应用法律若干问题的解释》(以下简称《2000解释》)根据《2000解释》第1条的规定,"黑社会性质的组织一般应具备以下特征:(1)组织结构比较紧密,人数较多,有比较明确的组织者、领导者,骨干成员基本固定,有较为严格的组织纪律;(2)通过违法犯罪活动或者其他手段获取经济利益,具有一定的经济实力;(3)通过贿赂、威胁等手段,引诱、逼迫国家工作人员参加黑社会性质组织活动,或者为其提供非法保护;(4)在一定区域或者行业范围内,以暴力、威胁、滋扰等手段,大肆进行敲诈勒索、欺行霸市、聚众斗殴、寻衅滋事、故意伤害等违法犯罪活动,严重破坏经济、社会生活秩序。该规定在施行中最大的问题来自以上第3项中关于"保护伞"的规定,问题如下:(1)在1997年《刑法》第294条对黑社会性质组织作出的定义中并没有提到"保护伞"这一规定,而以上的司法解释用的也是"一般特征"这一不确定的词汇,这将导致在司法实践中出现法律适用混乱的局面。(2)一味要求所有的黑社会性质组织特征都要求"保护伞"的规定,并没有抓住其本质特征,且在国际社会中,对于黑社会组织的认定也没有一定要求有此规定,最多只是作为一个选择性的要件。而在最高人民法院的司法解释中出现此规定,显然会将黑社会性质组织的认定标准定得过高,也不利于对黑社会性质组织的打击。为了克服以上的不足,全国人大常委会在2002年4月28日通过的全国人民代表大会常务委员会《关于〈中华人民共和国刑法〉第294条第1款的解释》中,以立法解释的形式对黑社会性质组织的特征进行了新的界定,即"刑法第二百九十四条第一款规定的'黑社会性质的组织'应当同时具备以下特征:(一)形成较稳定的犯罪组织,人数较多,有明确的组织者、领导者,骨干成员基本固定;(二)有组织地通过违法犯罪活动或者其他手段获取经济利益,具有一定的经济实力,以支持该组织的活动;(三)以暴力、威胁或者其他手段,有组织地多次进行违法犯罪活动,为非作恶,欺压、残害群众;(四)通

---

[76] 参见王秀梅:《黑社会性质的有组织犯罪刍议》,载《山东法学》1999年第2期。

过实施违法犯罪活动,或者利用国家工作人员的包庇或者纵容,称霸一方,在一定区域或者行业内,形成非法控制或者重大影响,严重破坏经济、社会生活秩序”。以上立法解释对司法解释作出的主要修改就是将原司法解释中第3项关于“保护伞”的规定移至立法解释第4项中,作为第4项中的一个选择性的构成要件。作此修改的原因是:在一般情况下,犯罪分子要在一定的区域和行业内形成非法控制或重大影响,如果没有国家工作人员的包庇或纵容是难以实现的。但也不能排除尚未取得国家工作人员的包庇或纵容,通过有组织地实施多次违法犯罪活动形成黑社会性质组织的情形。[77] 通过以上修改最终形成了黑社会性质组织的四个特征:组织特征、经济特征、行为特征、危害性特征,以立法解释固定下来的这四个特征在实践中基本上符合我国司法实践,故在2011年2月25日通过的《刑法修正案(八)》中被写进刑法。但是由于以上特征表述冗长且很多用语不明确,且在实践中很多黑社会性质组织的四个特征并不是很明显,所以在作具体认定时,我们应该认真审查、分析。下文将围绕这四个特征展开分析。

三、关于黑社会性质组织特征中组织性特征的认定

《刑法》第294条第5款关于组织性特征的表述为:“形成较稳定的犯罪组织,人数较多,有明确的组织者、领导者,骨干成员基本固定。”该表述并没有用连接词,说明组织性特征应该包括以下四个构成要件:(1)较稳定的犯罪组织;(2)人数较多;(3)有明确的组织者、领导者;(4)骨干成员基本固定。但是由此引发的问题是何为稳定的犯罪组织?何为人数较多?怎么界定组织者、领导者、骨干成员?以上问题有的有司法解释的明确规定,有的虽有司法解释规定但在司法实践中仍然存在争议。

(一)对“较稳定的犯罪组织”的理解

稳定性表现在它不是一个松散的临时纠合体,而是一个较长时期内在一定地域有组织地从事犯罪活动的比较稳定的犯罪组织。[78] 黑社会性质组织是以实施多次或不定次数的违法犯罪活动为目标而联合起来的,其组织机构和活动计划都是出于长远考虑,实施一次违法犯罪活动后,该组织仍继续存在。[79] 本书认为,在犯罪组织的稳定性方面,可以从以下方面进行综合认定:(1)该黑社会性质组织

〔77〕 参见王志祥:《论黑社会性质组织的界定》,载《法治研究》2010年第2期。

〔78〕 参见方明:《黑社会性质犯罪的构成特征及司法认定》,载《云南大学学报法学版》2003年第3期。

〔79〕 参见王志祥:《论黑社会性质组织的界定》,载《法治研究》2010年第2期。

的存在时间。一般情况下,如果存在时间较短,则犯罪活动不明显,即使存在一些犯罪活动,一般也不宜将其认为具有稳定性的犯罪组织。正如2015年10月13日印发的《全国部分法院审理黑社会性质组织犯罪案件工作座谈会纪要》(以下简称《2015纪要》)中指出的:"存在、发展时间明显过短、犯罪活动尚不突出的,一般不应认定为黑社会性质组织。"若存在时间长,则一般应认定为具有稳定性,正如2018年1月16日印发的最高人民检察院、最高人民法院、公安部、司法部《关于办理黑恶势力犯罪案件若干问题的指导意见》(以下简称《2018意见》)指出的:"组织形成后,在一定时期内持续存在,应当认定为形成较稳定的犯罪组织。"在具体的时间判断上,应根据《2015纪要》的规定来进行综合判断,即"黑社会性质组织存续时间的起点,可以根据涉案犯罪组织举行成立仪式或者进行类似活动的时间来认定。没有前述活动的,可以根据足以反映其初步形成核心利益或强势地位的重大事件发生时间进行审查判断。没有明显标志性事件的,也可以根据涉案犯罪组织为维护、扩大组织势力、实力、影响、经济基础或按照组织惯例、纪律、活动规约而首次实施有组织的犯罪活动的时间进行审查判断"。[80] (2)该黑社会性质组织是否形成了组织纪律、活动规约。一般来说,如果一个黑社会性质组织已经形成并具备了稳定性,都会有一套"规章制度"来约束组织成员,而该组织的成员也会对该"规章制度"进行遵守。其形成的相关纪律、规约都是为了该黑社会性质组织的发展壮大。根据《2015纪要》的规定,"凡是为了增强实施违法犯罪活动的组织性、隐蔽性而制定或者自发形成,并用以明确组织内部人员管理、职责分工、行为规范、利益分配、行动准则等事项的成文或不成文的规定、约定,均可认定为黑社会性质组织的组织纪律、活动规约"。

(二)对"人数较多"的理解

何为"人数较多",在学界一直没有达成共识。犯罪集团一般要求要3人以

---

〔80〕 2018年1月16日印发的最高人民检察院、最高人民法院、公安部、司法部《关于办理黑恶势力犯罪案件若干问题的指导意见》关于成立认定的时间指出:"黑社会性质组织未举行成立仪式或者进行类似活动的,成立时间可以按照足以反映其初步形成非法影响的标志性事件的发生时间认定。没有明显标志性事件的,可以按照本意见中关于黑社会性质组织违法犯罪活动认定范围的规定,将组织者、领导者与其他组织成员首次共同实施该组织犯罪活动的时间认定为该组织的形成时间。该组织者、领导者因未到案或者因死亡等法定情形未被起诉的,不影响认定。"该规定与《2015纪要》的规定类似,只是增加了"按照足以反映其初步形成非法影响的标志性事件的发生时间认定"的规定。另参见《刑事审判参考》第1154号史锦钟等人组织、领导、参加黑社会性质组织案。

上,所以有人主张按此下限进行认定。[81] 有人认为,3 名左右的犯罪分子要形成一个“黑社会”是不可能的,其组织成员必须达到一定的规模,在 5 人至 10 人确定一个下限。[82] 还有人主张,黑社会性质组织是犯罪集团中一种较为高级的形态,因此一般应掌握在 10 人以上。[83] 司法部门最终采纳了第三种观点,认为黑社会性质组织应当具有一定的规模,人数较多,组织成员一般在十人以上。[84] 本书认为,虽然司法部门采纳了十人以上的观点,但若一定要给黑社会性质组织设定一个人数下限,似乎是不可能的,因为完全不排除 10 人以下成立黑社会性质组织的可能性,如果把其他方面均符合黑社会性质组织的特征,唯独人数不符合的情况排除在外,就会放纵该类犯罪集团。所以,机械地给黑社会性质组织规定一个确切的人数反而不利于黑社会性质组织的认定,我们应该针对个案的情况作具体分析,结合黑社会性质组织特征来予以综合认定。其实,关于这点,《2015 纪要》是留了一定的余地的,因为其所表述的“一般”,并不完全排除 10 人以下的情况。

(三)对“有明确的组织者、领导者且骨干成员基本固定”的理解

有明确的组织者、领导者且骨干成员基本固定是从参加黑社会性质组织的成员角度予以说明的。黑社会性质组织的成员一般有三种类型:第一种是组织者、领导者;第二种是积极参加者;第三种是一般参加者。要界定组织者、领导者和参加者,就需要界定组织、领导和参加,组织、领导、参加黑社会性质组织罪中的组织、领导、参加和黑社会性质组织中的组织者、领导者、参加者中的组织、领导、参加是同一个概念。

所谓“组织”是指倡导、发起、策划、安排、建立黑社会性质组织的行为,而“领导”是指在黑社会性质组织中处于领导地位,对该组织的活动进行策划、决策、指

〔81〕 参见胡敏、万富海:《有组织犯罪、带黑社会性质的团伙犯罪和流氓恶势力犯罪的特征及其认定》,载《华东政法学院学报》2001 年第 5 期;刘宪权、吴允锋:《黑社会性质组织犯罪司法认定若干疑难问题探讨》,载《犯罪研究》2002 年第 1 期。

〔82〕 参见高一飞:《犯罪现状呼唤黑社会犯罪的刑法完善》,载《犯罪与改造研究》2001 年第 4 期。

〔83〕 参见陈兴良、熊选国等:《谈谈黑社会性质组织犯罪》,载《刑事审判参考》2001 年第 5 期;朱本欣、梁健:《论黑社会性质组织的司法认定》,载《法学评论》2008 年第 1 期。

〔84〕 该规定在 2015 年《全国部分法院审理黑社会性质组织犯罪案件工作座谈会纪要》中才予以明确,2009 年 12 月 15 日施行的《最高人民法院、最高人民检察院、公安部办理黑社会性质组织犯罪案件座谈会纪要》均没有提到这个问题。

挥、协调的行为。[85] 通常情况下,组织者和领导者是一致的。但是一些学者主张,即使两者区分难度比较大也要进行区分,区分的依据是黑社会性质组织建立前后这一时点,将在黑社会性质组织建立前为促使组织的建立而实施的组织、领导行为称为组织。对于这一主张,理论界存在不同的看法。一种观点认为,建立后对组织进行管理,从事指挥、策划、安排调配等事务的,应既认定为组织又认定为领导。[86] 另一种观点认为,建立以后的组织、领导行为称为领导。[87] 本书认为虽然组织行为和领导行为在其他学科上有含义上的区别,但是在本罪中没有必要进行区分,原因如下:(1)上文已经说过,在司法实践中一定要去查明黑社会性质组织成立的时间基本是不可能的,而上述观点就是以组织建立的前后来认定组织行为和领导行为,在实践中很难去实现,导致作此区分毫无意义。且上述区分存在观点分歧,一味将建立后的行为全部看作领导行为也有失偏颇。(2)组织和领导虽然字面含义不同,但是两者包含的很多内容是交叉的,所以一定要在一个案件中区分出行为人的行为系组织行为和领导行为往往是不可能或者是困难的,且法律上也没有对这两种行为作出明确的区分。(3)组织、领导、参加黑社会性质组织罪把组织、领导行为置于一个层次,但并没有作区分,两者的量刑也是一样的。所以在 2009 年 12 月 15 日施行的最高人民法院、最高人民检察院、公安部《办理黑社会性质组织犯罪案件座谈会纪要》(以下简称《2009 纪要》)对组织者、领导者也没有作区分,用的是一个概念,即"组织者、领导者,是指黑社会性质组织的发起者、创建者,或者在组织中实际处于领导地位,对整个组织及其运行、活动起着决策、指挥、协调、管理作用的犯罪分子,既包括通过一定形式产生的有明确职务、称谓的组织者、领导者,也包括在黑社会性质组织中被公认的事实上的组织者、领导者"。但是《2018 意见》又对两者进行了区分,即"发起、创建黑社会性质组织,或者对黑社会性质组织进行合并、分立、重组的行为,应当认定为'组织黑社会性质组织';实际对整个组织的发展、运行、活动进行决策、指挥、协调、管理的行为,应

---

[85] 参见刘宪权、吴允锋:《黑社会性质组织犯罪司法认定若干疑难问题探讨》,载《犯罪研究》2002 年第 1 期。关于组织、领导的具体表现行为,另参见陈明华、王政勋:《组织、领导、参加黑社会性质组织罪研究》,载《中国刑事法杂志》2000 年第 5 期。该文认为,组织行为具体表现为:(1)创立、组建黑社会性质组织,确定组织的宗旨、目的;(2)确定黑社会性质组织的组织机构、人员安排、行为规范、活动方式等;(3)发展成员;(4)对成员进行惩罚、奖励等。该文认为,领导行为具体表现为策划行为和指挥行为。

[86] 参见赵秉志主编:《扰乱公共秩序罪》,中国人民公安大学出版社 1999 年版,第 340 ~ 341 页。

[87] 参见李希慧主编:《妨害社会管理秩序罪新论》,武汉大学出版社 2001 年版,第 124 页。

当认定为‘领导黑社会性质组织’。黑社会性质组织的组织者、领导者，既包括通过一定形式产生的有明确职务、称谓的组织者、领导者，也包括在黑社会性质组织中被公认的事实上的组织者、领导”。从此规定可以看出，以上主要是从定义以及黑社会性质组织的建立出发对二者进行区分的，但是上文已述，在实践中要区分二者往往难度大，且要认定黑社会性质组织具体成立的时间点也难度极大，故本书仍主张不宜对两者进行区分。

在参加的认定方面，一般认为参加成员都会履行一定的“入会”或者“入帮”手续，所以，司法实践中，我们一般以行为人是否履行了一定的“入会”或者“入帮”手续为标准来判断行为人是否参加了黑社会性质组织。但是，也要结合具体情况来判断，凡是与黑社会性质组织正式成员和骨干分子共同多次以该组织名义实行或准备实行违法犯罪活动的，或是自觉听令于该组织并多次参与违法犯罪活动的，或是多次自发参与该组织有组织违法犯罪的，都应视为参加。〔88〕关于参加的分类，理论上有分歧：一种观点认为，可分为积极参加和消极参加。所谓积极参加强调的是行为人在加入黑社会性质组织后又实施了其他黑社会性质组织所安排、组织、策划的其他违法犯罪活动。而消极参加反映的是行为人参加了黑社会性质组织，但没有实施其他违法犯罪活动，或者受蒙骗、胁迫参加黑社会性质的组织，情节轻微的。〔89〕另一种观点认为，可区分为积极参加和其他参加。积极参加基本上没有什么争议，其含义与第一种观点中的积极参加一致。但是在“其他参加”方面，有学者认为其他参加类似于消极参加，只是表述不一样〔90〕。还有一种观点认为，“其他参加”是积极参加之外的其他行为，具体成员包括随身附和者、消极对待者以及被迫参加者。〔91〕以上的分类均试图科学地区分出各类参加者所起作用的大小，来为量刑的适用设定一个科学的根据，但是仍然不够精细，本书认

---

〔88〕参见曾祥生、陈放：《黑社会性质组织犯罪的司法认定》，载《人民检察》2001 年第 5 期。

〔89〕参见刘宪权、吴允锋：《黑社会性质组织犯罪司法认定若干疑难问题探讨》，载《犯罪研究》2002 年第 1 期。

〔90〕参见高一飞：《有组织犯罪问题专论》，中国政法大学出版社 2000 年版，第 142 页。该学者认为，“其他参加”是指参加黑社会性质组织，但是并没有实施具体的违法犯罪活动。

〔91〕参见高铭暄、马克昌主编：《刑法学(下编)》，中国法制出版社 1999 年版，第 966 页；赵秉志主编：《扰乱公共秩序罪》，中国人民公安大学出版社 1999 年版，第 340 页。还有观点按在犯罪集团中作用的大小进行区分，认为其他参加者对应犯罪集团中起次要或辅助作用的成员，包括参与黑社会性质组织但没有实施违法犯罪活动或者虽然实施了违法犯罪活动但仅起到了次要或者辅助作用的犯罪分子。参见王志祥：《论黑社会性质犯罪构成特征的界定》，载《法治研究》2010 年第 10 期。

为,参加可分为积极参加、一般参加和消极参加。积极参加本书采上述含义;一般参加是指参加了黑社会性质组织,但是作用次之于积极参加;消极参加是指参加黑社会性质的组织,但是没有实施其他违法犯罪活动的,或者受蒙蔽、胁迫参加黑社会性质的组织,情节轻微的。《2009 纪要》也是如此作区分和规定的,即“积极参加者,是指接受黑社会性质组织的领导和管理,多次积极参与黑社会性质组织的违法犯罪活动,或者积极参与较严重的黑社会性质组织的犯罪活动且作用突出,以及其他在组织中起重要作用的犯罪分子,如具体主管黑社会性质组织的财务、人员管理等事项的犯罪分子;其他参加者,是指除上述组织成员之外,其他接受黑社会性质组织的领导和管理的犯罪分子。对于参加黑社会性质的组织,没有实施其他违法犯罪活动的,或者受蒙蔽、胁迫参加黑社会性质的组织,情节轻微的,可以不作为犯罪处理”。〔92〕

需要指出的是,《2009 纪要》和最近的《2018 意见》均没有对骨干成员作出规定,关于骨干成员的规定是在《2015 纪要》中予以明确的,本书同意《2015 纪要》的观点,认为骨干成员是指直接听命于组织者、领导者,并多次指挥或积极参与实施有组织的违法犯罪活动或者其他长时间在犯罪组织中起重要作用的犯罪分子,属于积极参加者的一部分。需要指出的是,骨干成员在黑社会性质组织中所起的作用应当大于一般的积极参加者。〔93〕

四、关于黑社会性质组织特征中经济性特征的认定

《刑法》第 294 条第 5 款第 2 项关于经济性特征的表述为:“有组织地通过违法犯罪活动或者其他手段获取经济利益,具有一定的经济实力,以支持该组织的活动。”一定的经济实力是黑社会性质组织坐大成势,称霸一方的基础。经济实力是黑社会性质组织赖以存在和发展的物质基础;只有在一定经济实力的前提下,黑社会性质组织稳定其组织结构、扩张其犯罪手段以及寻求政治庇护才有了保

---

〔92〕《2018 意见》也对积极参加者进行了规定:“参加黑社会性质组织并具有以下情形之一的,一般应当认定为‘积极参加黑社会性质组织’:多次积极参与黑社会性质组织的违法犯罪活动,或者积极参与较严重的黑社会性质组织的犯罪活动且作用突出,以及其他在组织中起重要作用的情形,如具体主管黑社会性质组织的财务、人员管理等事项。”从以上规定可以看出,《2018 意见》完全维持了《2009 纪要》的规定,是对《2009 纪要》的重复和再强调。

〔93〕参见《刑事审判参考》第 1153 号朱光辉组织、领导、参加黑社会性质组织案。该案对骨干成员的认定进行了分析,认为要认定“骨干成员”应从以下层次去把握:第一,骨干成员是积极参加者中的一部分,应当满足积极参加者的认定条件;第二,骨干成员应当是直接听命于组织者、领导者的积极参加者;第三,骨干成员在黑社会性质组织中所起的作用应当大于一般的积极参加者。

障,具有一定的经济实力是黑社会性质组织在获取非法的经济利益这一目的的支配下疯狂聚敛社会财富的必然结果,是黑社会性质组织企图在以刑罚等国家强制力为后盾的法律秩序中建立以暴力等犯罪手段为后盾的反社会秩序的物质保障。[94] 黑社会性质组织与恐怖组织的重要区别之一是,它更多的是以获取经济利益为目的,而恐怖组织更多的是获取政治利益。所以经济性特征是黑社会性质组织特征的立足点和落脚点,也是黑社会性质组织存在的动力所在,该特征不仅让黑社会性质组织成员获取经济利益,而且为支持黑社会性质组织活动提供了物质保障。经济性特征的构成包括以下三个方面:第一,有组织地通过违法犯罪活动或者其他手段获取经济利益;第二,具有一定的经济实力;第三,获取的经济利益支持该组织的活动。

(一)对"有组织地通过违法犯罪活动或者其他手段获取经济利益"的理解

对该问题的理解主要涉及以何种手段或者方式获取经济利益。从司法实践来看,黑社会性质组织的敛财方式或者说追逐经济利益的方式是多种多样的,但主要分为两类:一是通过违法犯罪活动攫取经济利益,如开设赌场、敲诈勒索、贩卖毒品、抢劫、"收取保护费"等;二是在合法外衣下谋取不当的经济利益,如通过开办公司、企业的方式获取经济利益。随着社会的发展,黑社会性质组织所实施的犯罪活动的领域也在不断更新与扩展,金融诈骗犯罪、伪造货币犯罪、洗钱犯罪等不断涌现并极大地吸引着黑社会性质组织的注意力,成为黑社会性质组织的又一重要经济来源。[95] 关于获取经济利益的具体方式,《2015纪要》和《2018意见》都予以了明确的规定,其中,《2018意见》的规定较为详细,即"在组织的形成、发展过程中通过以下方式获取经济利益的,应当认定为"有组织地通过违法犯罪活动或者其他手段获取经济利益":(1)有组织地通过违法犯罪活动或其他不正当手段聚敛;(2)有组织地以投资、控股、参股、合伙等方式通过合法的生产、经营活动获取;(3)由组织成员提供或通过其他单位、组织、个人资助取得。[96] 该意见在上文分类的基础上增加了资助的方式,虽然有的

---

[94] 参见王志祥:《论黑社会性质组织的界定》,载《法治研究》2010年第2期。

[95] 参见孙应征、逄锦温:《黑社会性质组织的司法认定》,载《人民司法》2002年第1期。

[96] 《2015纪要》的相应规定如下:"1. 有组织地通过违法犯罪活动或其他不正当手段聚敛的资产;2. 有组织地通过合法的生产、经营活动获取的资产;3. 组织成员以及其他单位、个人资助黑社会性质组织的资产。"从此规定可以看出,《2018意见》延续了《2015纪要》的规定,只是在某些表述方式方面作了一些改变。

资助方式也可分为违法或合法两种方式,但是司法解释将其单独予以强调,也有一定的合理性,可以对那些资助黑社会性质组织活动的个人、组织和单位形成一定的威慑力。

(二)对"具有一定的经济实力"理解

一定的经济实力,是指黑社会性质组织在形成、发展过程中获取的,足以支持该组织运行、发展以及实施违法犯罪活动的经济利益。具体经济实力的来源主要依靠上文论述的三个方面,在《2018 意见》中还增加了"包括调动一定规模的经济资源用以支持该组织活动的能力"也认为应当归为"具有一定的经济实力"的规定。但是对何谓"一定的",即具体的数额标准认定,一直以来都不明确。《2009 纪要》的规定为:"由于不同地区的经济发展水平、不同行业的利润空间均存在很大差异,加之黑社会性质组织存在、发展的时间也各有不同,因此,在办案时不能一般性地要求黑社会性质组织所具有的经济实力必须达到特定规模或特定数额。"《2015 纪要》也只是划定了一个最低的数额认定标准,即"各高级人民法院可以根据本地区的实际情况,对黑社会性质组织所应具有的'经济实力'在 20 万~50 万元幅度内,自行划定一般掌握的最低数额标准"。但是在实践中要具体划定一个具体的数额来认定是不可能,其推算依据是什么?司法解释得出最低数额为 20 万~50万元幅度的依据又是什么?在实践中,我们应该具体根据黑社会性质组织基本活动来具体认定,所以在这方面本书认为《2009 纪要》的规定更加合理。我们在办理具体案件时不能一般性地要求黑社会性质组织所具有的经济实力必须达到特定规模或特定数额,所以大部分省份均没有规定具体的固定的数额标准,一般性的理解为:组织的经济实力能够支持该组织基本活动或组织成员的部分生活开支,并不要求其经济实力需达到某一固定的数额标准,也不论经济实力较为雄厚还是薄弱,只要将其获取的经济利益用以支持该组织的活动,就可以认定该特征。[97] 《2018 意见》又恢复了《2009 纪要》的观点,认为:"由于不同地区的经济发展水平、不同行业的利润空间均存在很大差异,加之黑社会性质组织存在、

---

〔97〕 参见河南省《关于办理黑社会性质组织犯罪案件若干问题的意见(试行)》、广东省《关于办理黑社会性质组织犯罪案件若干问题的意见》、重庆市《关于办理黑社会性质组织犯罪案件若干问题的意见》、内蒙古自治区《关于办理黑社会性质组织犯罪案件若干问题的意见》、福建省《关于办理黑社会性质组织犯罪案件若干问题的意见》、陕西省《关于办理黑社会性质组织和恶势力犯罪案件具体适用有关法律规定若干问题的意见》、湖北省《关于办理黑社会性质组织和恶势力犯罪案件若干问题的意见》等相关规定。

发展的时间也各有不同,在办案时不能一般性地要求黑社会性质组织所具有的经济实力必须达到特定规模或特定数额。”这也就肯定了在实践中不宜认定具体数额的观点。

（三）对“获取的经济利益支持该组织的活动”的理解

将获取的经济利益用于支持该组织的活动是黑社会性质组织获取经济利益的归宿和目的,所获取的经济利益既包括非法手段获取的,也包括合法方式获取的。《2015 纪要》指出:“是否将所获经济利益全部或部分用于违法犯罪活动或者维系犯罪组织的生存、发展,是认定经济特征的重要依据。无论获利后的分配与使用形式如何变化,只要在客观上能够起到豢养组织成员、维护组织稳定、壮大组织势力的作用即可认定。”《2009 纪要》指出:“无论其财产是通过非法手段聚敛,还是通过合法的方式获取,只要将其中部分或全部用于违法犯罪活动或者维系犯罪组织的生存、发展即可。”关于何谓“用于违法犯罪活动或者维系犯罪组织的生存、发展”,《2009 纪要》解释为:“一般是指购买作案工具、提供作案经费,为受伤、死亡的组织成员提供医疗费、丧葬费,为组织成员及其家属提供工资、奖励、福利、生活费用,为组织寻求非法保护以及其他与实施有组织的违法犯罪活动有关的费用支出等。”但是近年来,一些黑社会性质组织改变手法,往往不再直接向组织成员提供工资、福利、奖励、生活费用或者作案经费,而是通过安排组织成员承揽工程、承接项目、从事特定生产、经营活动等方式进行间接的利益分配,或者授意、指使、帮助组织成员实施某种违法犯罪活动以获取不法经济利益。针对这一变化,《2015 纪要》规定:“无论获利后的分配与使用形式如何变化,只要在客观上能够起到豢养组织成员、维护组织稳定、壮大组织势力的作用即可认定。”

五、关于黑社会性质组织特征中行为特征的认定

《刑法》第 294 条第 5 款关于行为特征的表述为:“以暴力、威胁或者其他手段,有组织地多次进行违法犯罪活动,为非作恶,欺压、残害群众。”对行为特征的理解,我们主要应从以下两个方面进行展开。

（一）对“以暴力、威胁或者其他手段”的理解

暴力性、胁迫性和有组织性是黑社会性质组织行为方式的主要特征,但有时也会采取一些等同于暴力、威胁的其他手段,即黑社会性质组织实施的违法犯罪活动也包括非暴力性的违法犯罪活动,但是暴力、威胁手段是黑社会性质组织实

施违法犯罪活动的基本手段,并随时可能付诸实施,甚至是认定黑社会性质组织是否成立的重要条件。如在最高人民法院所发布的《刑事审判参考》第1157号符青友等人敲诈勒索、强迫交易、故意销毁会计账簿,对公司、企业人员行贿一案中,从符青友等人所触犯的罪名、次数以及非法获利的数额等方面看,其行为基本符合黑社会性质组织行为特征中的有组织性、违法性和危害严重性等特点,但是其实施的敲诈勒索和强迫交易手段的暴力色彩极为微弱,既没有一般黑社会性质组织中打打杀杀的行为,也没有通过相关的暴力对当地群众形成事实上的心理威慑,故本案最后没有将其定性为黑社会性质组织。[98] 也因为如此,《2015纪要》指出:"在黑社会性质组织所实施的违法犯罪活动中,一般应有一部分能够较明显地体现出暴力或以暴力相威胁的基本特征。否则,定性时应当特别慎重。"

在暴力、威胁手段之外,我们还应该严格把握对"其他手段"的理解。根据同类规则,"其他手段"应该等同于暴力、威胁所能造成的后果或危害。根据《2009纪要》的规定,其他手段主要包括:以暴力、威胁为基础,在利用组织势力和影响已对他人形成心理强制或威慑的情况下,进行所谓的"谈判""协商""调解";滋扰、哄闹、聚众等其他干扰、破坏正常经济、社会生活秩序的非暴力手段。《2018意见》又对以上的规定进行了以下两个方面的明确:第一,对"其他手段"进行了定义,认为其他手段是指"以组织的势力、影响和犯罪能力为依托,以暴力威胁的现实可能性为基础,足以使他人产生恐惧、恐慌进而形成心理强制或者足以影响、限制人身自由、危及人身财产安全或者影响正常生产、工作、生活的手段"。第二,改变了《2009纪要》对其他手段列举的周延性规定,明确了其他手段包括但不限于所谓的"谈判""协商""调解"以及滋扰、纠缠、哄闹、聚众造势等手段,更加具有科学性和实践可操作性。

---

[98] 本案在行为方面主要采取的手段是非暴力性的,具体事实如下:符青友等人在承揽土石方工程或砂石材料供应业务过程中,大多数是以"当地事由当地人做"、政府批复"同等条件下优先安排劳务"等为理由,与开发商、承建商进行"谈判"和"协商"承揽工程的,而这些"谈判""协商"并不是以暴力为基础。在少数项目中,符青友等人以自己是失地农民要生活、"工程在谁地皮上劳务由谁做"为理由,采取到工地堵门、堵路、不让施工等手段强揽土石方工程或砂石供应,而没有直接对开发商、承建商或者其他提供劳务者使用暴力或者以暴力相威胁、开发商、承建商之所以妥协退让,也不是基于对暴力或者以暴力相威胁的恐惧,而是为了避免因符青友等人的滋扰导致工程拖延。因此,本案在行为特征方面,并不是表现为暴力或者以暴力相威胁,其与黑社会性质组织应有的行为方式存在明显的差别。

(二)对"有组织地多次进行违法犯罪活动,为非作恶,欺压、残害群众"的理解

《2009纪要》和《2015纪要》没有对"有组织地多次进行违法犯罪活动,为非作恶,欺压、残害群众"进行具体的定义,采取的是列举性的规定,且主要是从"有组织地多次进行违法犯罪活动"方面入手。《2009纪要》认为,黑社会性质组织实施的违法犯罪活动主要包括以下五种情形:(1)由组织者、领导者直接组织、策划、指挥、参与实施的违法犯罪活动;(2)由组织成员以组织名义实施,并得到组织者、领导者认可或者默许的违法犯罪活动;(3)多名组织成员为逞强争霸、插手纠纷、报复他人、替人行凶、非法敛财而共同实施,并得到组织者、领导者认可或者默许的违法犯罪活动;(4)组织成员为组织争夺势力范围、排除竞争对手、确立强势地位、谋取经济利益、维护非法权威或者按照组织的纪律、惯例、共同遵守的约定而实施的违法犯罪活动;(5)由黑社会性质组织实施的其他违法犯罪活动。《2018意见》在继续维系列举规定情形[99]的基础上,对"有组织地多次进行违法犯罪活动,为非作恶,欺压、残害群众"进行了定义,认为"为确立、维护、扩大组织的势力、影响、利益或者按照纪律规约、组织惯例多次实施违法犯罪活动,侵犯不特定多人的人身权利、民主权利、财产权利,破坏经济秩序、社会秩序,应当认定为有组织地多次进行违法犯罪活动,为非作恶,欺压、残害群众"。特别需要指出的是,以上列举的五种情形只是黑社会性质组织实施的违法犯罪活动的表现形式之一,且五种情形必须符合"有组织地多次进行违法犯罪活动"的定义,若有证据证明行为确与维护和扩大组织势力、实力、影响、利益无关,也不是按照纪律规约、组织惯例而实施的违法犯罪活动,则只能作为组织成员的个人违法犯罪活动处理。以上列举的具体情形若能体现组织意志、符合组织利益,可使组织扩大影响力,则应当被认定为组织违法犯罪;若与组织意志或利益无任何关联,则不能被认定为组织违法犯罪。

"有组织地多次进行违法犯罪活动",说明黑社会性质组织往往会伴随大量的违法犯罪活动,在对黑社会性质组织的违法犯罪活动进行认定时,不仅要认定其

---

[99] 《2018意见》与《2009纪要》相比,在黑社会性质组织实施的违法犯罪活动的情形方面没有变化,但是《2018意见》将《2009纪要》中的"组织成员为组织争夺势力范围、排除竞争对手、确立强势地位、谋取经济利益、维护非法权威或者按照组织的纪律、惯例、共同遵守的约定而实施的违法犯罪活动"分为了两项予以表述,所以在《2018意见》中为六种情形。

犯罪活动,还要认定其实施的违法活动。但是需要注意的是,如果仅仅实施了违法活动,而没有实施犯罪活动,则不能认定为黑社会性质组织。即“多次进行违法犯罪活动”只是认定黑社会性质组织的必要条件之一,最终能否认定为黑社会性质组织,还要结合其他特征予以综合判断。另外,需特别说明的是,若涉案犯罪组织仅仅触犯了少数罪名,则其虽然有其他大量的违法事实,也不一定构成黑社会性质组织,如《刑事审判参考》中发布的第1156号焦海涛等人寻衅滋事案。在该案中,公诉机关指控以焦海涛为首的犯罪组织构成组织、领导、参加黑社会性质组织罪,但指控的具体犯罪事实中仅涉及寻衅滋事一个罪名。指控的20起犯罪事实中,有12起是该组织实施的有组织犯罪,包括11起暴力拆迁引发的寻衅滋事和1起因焦海涛为承揽工程而实施的寻衅滋事。本案指控的犯罪行为虽然在次数、手段上符合“以暴力、威胁或者其他手段,有组织地多次进行违法犯罪活动”的特征,但是因为仅仅涉及一个罪名,且没有实际对当地的经济、社会生活进行非法控制,因而最终没有被认定为黑社会性质组织。〔100〕 故此,《2015纪要》规定:“涉案犯罪组织仅触犯少量具体罪名的,是否应认定为黑社会性质组织要结合组织特征、经济特征和非法控制特征(危害性特征)综合判断,严格把握。”焦海涛等人一案还符合《2009纪要》的规定,即“即使有些案件中的违法犯罪活动已符合‘多次’的标准,但根据其性质和严重程度,尚不足以形成非法控制或者重大影响的,也不能认定为黑社会性质组织”。

六、关于黑社会性质组织特征中危害性特征的认定

《刑法》第294条第5款关于危害性特征的表述为:“通过实施违法犯罪活动,或者利用国家工作人员的包庇或者纵容,称霸一方,在一定区域或者行业内,形成非法控制或者重大影响,严重破坏经济、社会生活秩序。”该特征是黑社会性质组

---

〔100〕 除了焦海涛等人涉及的罪名只有一个,因而不适宜认定其构成黑社会性质组织这一个理由以外,认定其不构成黑社会性质组织,还可从焦海涛等人的主观目的以及不符合黑社会性质组织其他特征等方面进行分析。本案中焦海涛等人是因为中央花园项目才聚集在一起,但他们并非依靠非法手段获得该项目征地拆迁业务,而是受项目部雇佣从事暴力拆迁活动,从这点上,焦海涛等人并没有组织黑社会性质组织的主观目的。另外,焦海涛等人并未染指其他拆迁工程,这些因素都表明了他们犯罪的手段和对象具有特定性,只需要采用暴力、威胁、滋扰等手段迫使项目征地范围内的住户尽快签订拆迁协议即可,不需要实施其他性质不同的犯罪来制定西平县拆迁行业的从业规则或者影响当地与拆迁无关的生产、生活秩序。从这点上看,焦海涛等人没有对当地的经济、社会生活进行非法控制的意图,也没有实施相应的违法犯罪活动来实际控制当地的生产。扰乱生活秩序,不符合黑社会性质组织的非法控制特征。

织最本质、最核心的特征，是黑社会性质组织区别于一般犯罪集团的关键所在。正确理解和把握该特征对于准确认定黑社会性质组织罪具有非常重要的意义，下面将对该特征展开分析。

（一）对“利用国家工作人员的包庇或者纵容”的理解

黑社会性质组织要形成非法控制或者重大影响，一般是通过两种途径：一是通过实施违法犯罪活动。实施违法犯罪活动主要体现的是黑社会性质组织中的行为特征，因已经在上文作过讨论，故不再赘述。二是寻求非法保护，即“利用国家工作人员的包庇或者纵容”，这就是我们俗称的“保护伞”。上文已经分析过“保护伞”只是黑社会性质组织的选择性要件，但是这并不意味着该问题没有研究的价值。相反，对该问题的研究有以下重要的实践和理论意义：（1）黑社会的发展壮大有一个长期的过程，在形成非法控制的过程中，离不开国家工作人员的包庇和纵容。如刘涌等黑社会性质组织案，在背后充当“保护伞”的有沈阳市原市长慕绥新、原常务副市长马向东以及政协、法院、检察院、财政局、建委等多个要害部门的领导。可以这样说，几乎每一个黑社会性质组织后面都会有“保护伞”的影子，要从根本上取得“打黑除恶”的决定性胜利，就必须彻底消灭黑“保护伞”，这也是我们研究“保护伞”的意义所在。[101] 研究“保护伞”，还有助于我们厘清黑社会性质组织存在的原因和机制，具有重大的社会学意义。（2）国家工作人员若包庇或者纵容黑社会性质从事犯罪活动，则单独构成《刑法》上的包庇、纵容黑社会性质组织罪。我们只有厘清了黑社会性质组织利用国家工作人员的包庇或者纵容所从事的相关犯罪活动，才能厘清国家工作人员包庇或者纵容黑社会性质所从事的相关犯罪活动，两者相得益彰，还有助于我们弄清国家工作人员包庇和纵容黑社会性质组织的原因所在，为净化社会风气，彻底肃清“保护伞”提供理论依据和实践方法。

有学者认为，“所谓黑恶势力的‘保护伞’，它是一个形象化的比喻，是指支持、纵容、包庇黑恶势力的滋长、蔓延、扩大并逃避法律惩处的国家机关工作人员”。[102] 法律和司法解释并没有对“利用国家工作人员的包庇或者纵容”进行具体的解释和规定。关于“包庇和纵容”主要是规定在包庇、纵容黑社会性质组织罪中，我们可以从以下方面对黑社会性质组织的“保护伞”的特征和法律构成要件进

---

〔101〕 参见黄立：《“保护伞”研究》，载《河北法学》2005 年第 8 期。

〔102〕 左吴、潮龙起：《黑恶势力“保护伞”的危害及其防治》，载《甘肃社会科学》2005 年第 5 期。

行认定:(1)从主体上来看,被认定为黑社会性质组织“保护伞”的人,只能是国家工作人员,且一般是和黑社会性质组织活动的地域或行业有一定关系的国家机关工作人员,此外,这些人应该具有一定的地位和职权,可以为黑社会性质组织的活动“遮风避雨”,提供或多或少的庇护。[103] (2)从对象上来看,黑社会“保护伞”的保护对象是黑社会,这使其具备了法律与道义的非难性与可责性。[104] (3)从行为表现来看,主要为国家工作人员对黑社会性质组织的包庇和纵容。对“包庇”和“纵容”的定义规定在《2000解释》第5条中,即《刑法》第294条第4款规定的“包庇”,是指国家机关工作人员为使黑社会性质组织及其成员逃避查禁,而通风报信,隐匿、毁灭、伪造证据,阻止他人作证、检举揭发,指使他人作伪证,帮助逃匿,或者阻挠其他国家机关工作人员依法查禁等行为;《刑法》第294条第4款规定的“纵容”,是指国家机关工作人员不依法履行职责,放纵黑社会性质组织进行违法犯罪活动的行为。特别需要指出的是,《刑法》第294条中关于包庇、纵容黑社会性质组织罪还规定了情节严重加重法定刑的情形,关于“情节严重”的情形规定在《2000解释》第6条中。[105] (4)从主观要件上来看,成为“保护伞”的人在主观上肯定是故意的。根据《2009纪要》的规定,包庇、纵容黑社会性质组织罪的主观方面必须要求是故意。只要行为人知道或者应当知道是从事违法犯罪活动的组织,仍对该组织及其成员予以包庇,或者纵容其实施违法犯罪活动,即可认定本罪。至于行为人是否明知该组织系黑社会性质组织,不影响本罪的成立。另外,从语言的表述来看,包庇黑社会性质组织,行为人主观方面必须是直接故意,而纵容黑社会性质组织,行为人主观方面既可以是直接故意,也可以是间接故意。

(二)对“一定区域”或者“一定行业”的理解

“一定区域”是指在一定的地域范围内,黑社会性质组织的非法控制和影响了这个区域内生活的人以及这个区域的经济、社会生活秩序。因此《2009纪要》规

---

〔103〕 参见黄立:《“保护伞”研究》,载《河北法学》2005年第8期。

〔104〕 参见杨道现、谭振国:《黑社会性质组织“保护伞”成因及其防范机制研究》,载《湖北警官学院学报》2013年第3期。

〔105〕 具体规定内容如下:“国家机关工作人员包庇、纵容黑社会性质的组织,有下列情形之一的,属于刑法第二百九十四条第四款规定的‘情节严重’:(一)包庇、纵容黑社会性质组织跨境实施违法犯罪活动的;(二)包庇、纵容境外黑社会组织在境内实施违法犯罪活动的;(三)多次实施包庇、纵容行为的;(四)致使某一区域或者行业的经济、社会生活秩序遭受黑社会性质组织特别严重破坏的;(五)致使黑社会性质组织的组织者、领导者逃匿,或者致使对黑社会性质组织的查禁工作严重受阻的;(六)具有其他严重情节的。”

定指出:“不能简单地要求‘一定区域’必须达到某一特定的空间范围,而应当根据具体案情,并结合黑社会性质组织对经济、社会生活秩序的危害程度加以综合分析判断。”[106]但是《2015纪要》对区域的具体特征作出了规定,认为“一定区域”应该具备一定的空间范围,并承载一定的社会功能,包括两种情况:一是一定数量的自然人共同居住、生活的区域,如乡镇、街道、较大的村庄等;二是承载一定生产、经营或社会公共服务功能的区域,如矿山、工地、市场、车站、码头等。如果涉案犯罪组织的控制和影响仅存在于一座酒店、一处娱乐会所等空间范围有限的场所或者人口数量、流量、经济规模较小的其他区域,则一般不能视为是对“一定区域”的控制和影响。

“一定行业”是指在一定区域存在的同类生产、经营活动。[107] 黑社会性质组织为了牟取非法的经济利益,必将对某一行业进行非法的控制和影响,这也是黑社会性质组织反社会性的重要体现。上文已述,黑社会性质组织获取经济利益的方式既包括合法的形式也包括非法的形式,故黑社会性质组织所控制和影响的行业也应如此,既包括合法行业,也包括非法行业。对此,《2009纪要》规定:“黑社会性质组织所控制和影响的行业,既包括合法行业,也包括黄、赌、毒等非法行业。这些行业一般涉及生产、流通、交换、消费等一个或多个市场环节。”

(三)对“形成非法控制或者重大影响,严重破坏经济、社会生活秩序”的理解

现行《刑法》和司法解释并没有对“非法控制”“重大影响”作出明确的定义,而是采取列举式的方式对两者的定义予以具体化。但是在最高人民法院发布的《刑事审判参考》第1159号王云娜等人故意伤害、非法拘禁、敲诈勒索案中,法院认为:非法控制是指以有组织的违法犯罪手段使一定的对象处于自己的占有、管理和影响之下;重大影响是指以有组织的违法犯罪手段对一定对象的思想和行动产生作用。两者具有以下共同点:(1)都是有意识地以非法方式主动干涉他人(包括其他单位、组织)的结果;(2)都不是一种偶然、短暂的现象,而是一种持续的状

[106] 《2018意见》对此也持同样观点,与《2009纪要》相比,未作任何修改。
[107] 这是《2015纪要》所作的定义。

态;(3)控制和影响的对象具有广泛性,控制和影响的程度具有严重性。[108] “非法控制”和“重大影响”均是指黑社会性质组织对经济、社会生活的干预度和影响力,二者没有本质区别,只是在控制程度上有所不同。具体到个案,应根据具体案情,对黑社会性质组织的危害程度进行区分,准确认定个案属于是“非法控制”还是“重大影响”。[109]

根据《2009 纪要》的规定,要构成“形成非法控制或者重大影响,严重破坏经济、社会生活秩序”,需要满足以下条件:(1)实施违法犯罪活动,或者利用国家工作人员的包庇、纵容,称霸一方;(2)实施了《2009 纪要》所规定的八种情形之一。[110] 其中条件一是实施的非法途径,条件二是具体的表现形式,其构成符合非法途径之下实施非法的法定行为。关于非法途径的两种途径已经在上文详细论述过,故不再赘述,下文将围绕八种表现情形具体展开。

《2009 纪要》明确了可以认定为“在一定区域或者行业内,形成非法控制或者重大影响,严重破坏经济、社会生活秩序”的八种情形;《2015 纪要》为了进一步增强八种情形的适用性,对八种情形中不明确或者在适用时需要注意的地方进行了进一步的规定和明确。现将两个纪要相关的规定概括如下:(1)对在一定区域内生活或者在一定行业内从事生产、经营的群众形成心理强制、威慑,致使合法利益受损的群众不敢举报、控告的。其中,“致使合法利益受损的群众不敢举报、控告的”,是指致使多名合法利益遭受犯罪或者严重违法活动侵害的群众不敢通过正

---

[108] 需要说明的是,基于以上理由,王云娜等人犯罪组织一案并没有认定为黑社会性质组织犯罪,主要原因是:第一,王云娜犯罪团伙存在时间明显过短,犯罪次数明显偏少,故该团伙不可能对一定区域或行业内的人员、单位、组织形成长期、持续的控制和影响,不符合黑社会性质组织在一定区域或行业内建立非法秩序的基本要求。第二,由于侵害对象特定、单一,王云娜犯罪团伙不足以争霸一方或者严重破坏当地挤塑板行业的生产经营秩序。参见 2017 年《刑事审判参考》(总第 107 辑)。

[109] 参见最高人民法院发布的《刑事审判参考》第 74 辑中《如何结合具体案情认定黑社会性质组织的非法控制特征——刘烈勇等组织、领导、参加黑社会性质组织案》。该文认为,刘烈勇黑社会性质组织对仙桃市的水泥销售市场、烟花爆竹销售市场、生猪屠宰销售市场等行业的生产、经营形成垄断,多数生产企业因产品无法进入而被迫退出当地市场;多数经营者因无法销售其他产品而放弃了经营多年的代理权;多数上游企业因无法购买到质优价廉的原材料及原材料短缺不足,提高了经营成本,蒙受了巨大的经济损失;相关政府职能部门如质检、屠管办、建委及运管处,其工作人员均因惧怕刘烈勇等人的打击报复而不敢维持正常的市场经营秩序。因此,应认定该组织在水泥销售、烟花爆竹销售、生猪屠宰销售以及 1 号公交线路运营等行业已形成非法控制。

[110] 《2018 意见》对于该问题的看法完全维持了《2009 纪要》的规定,仅仅在 8 种情形的某些表述上有区别,其余内容一致。

当途径维护权益。(2)对一定行业的生产、经营形成垄断,或者对涉及一定行业的准入、经营、竞争等经济活动形成重要影响的。“形成垄断”,是指可以操控、左右、决定与一定行业相关的准入、退出、经营、竞争等经济活动。“形成重要影响”,是指满足对于一定行业相关的准入、退出、经营、竞争等经济活动具有较大的干预和影响能力,或者具有在该行业内占有较大市场份额、通过违法犯罪活动或以其他不正当手段在该行业内敛财数额巨大(最低数额标准由各高院根据本地情况在20 万~50万元的幅度内自行划定)或者给该行业内从事生产、经营活动的其他单位、组织、个人造成直接经济损失 100 万元以上等情节之一的。(3)插手民间纠纷、经济纠纷,在相关区域或者行业内造成严重影响的。(4)干扰、破坏他人正常生产、经营、生活,并在相关区域或者行业内造成严重影响的。(5)干扰、破坏公司、企业、事业单位及社会团体的正常生产、经营、工作秩序,在相关区域、行业内造成严重影响,或者致使其不能正常生产、经营、工作的。以上第 3、4、5 点都同时提到了“造成严重影响”,其意思是一致的,均指具有致人重伤或致多人轻伤、通过违法犯罪活动或以其他不正当手段敛财数额巨大(数额标准同“重要影响”中的标准)、造成直接经济损失 100 万元以上、多次引发群体性事件或引发大规模群体性事件等情节之一的。(6)多次干扰、破坏国家机关、行业管理部门以及村委会、居委会等基层群众自治组织的工作秩序,或者致使上述单位、组织的职能不能正常行使的。“多次干扰、破坏国家机关、行业管理部门以及村委会、居委会等基层群众自治组织的工作秩序”,包括以拉拢、收买、威胁等手段多次得到国家机关工作人员包庇或纵容,或者多次对前述单位、组织中正常履行职务的工作人员进行打击、报复的情形。(7)利用组织的势力、影响使组织成员获取政治地位,或者在党政机关、基层群众自治组织中担任一定职务的。(8)其他形成非法控制或者重大影响,严重破坏经济、社会生活秩序的情形。《2015 纪要》为了进一步增强八种情形的适用性,对八种情形中不明确的地方进行了进一步的规定和明确。具体内容为:第 1 种情形中的“致使合法利益受损的群众不敢举报、控告的”,是指致使多名合法利益遭受犯罪或者严重违法活动侵害的群众不敢通过正当途径维护权益。“获取政治地位”,是指当选各级人大代表、政协委员。“担任一定职务”,是指在各级党政机关及其职能部门、基层群众自治组织中担任具有组织、领导、监督、管理职权的职务。[111] 需要特别强调的是,以上八种情形在具体案件中往往都是几

〔111〕 参见《2009 纪要》《2015 纪要》《2018 意见》。

种情况一起交织出现的,所以我们在适用时应结合全案案情进行综合认定。形成非法控制和重大影响的一个必然结果就是严重破坏经济、社会生活秩序。黑社会性质组织企图建立以暴力犯罪为后盾的反社会秩序,其存在动摇的是社会的根基,是社会群体的信念,容易使人民在心理上觉得邪恶当道、正义不存,而善良的人们只能向邪恶低头的错觉。[112]

七、组织、领导、参加黑社会性质组织罪的罪数问题

我国《刑法》第294条第4款规定:"犯前三款罪又有其他犯罪行为的,依照数罪并罚的规定处罚。"这是本罪关于罪数问题在《刑法》中的表述。一般认为,在触犯了组织、领导、参加黑社会性质组织罪以后,又有其他犯罪行为的,应当实行数罪并罚。但是我国刑法学界对该规定的理解一直存在争议。一种观点认为,行为人组织、领导、参加黑社会性质组织的行为与其加入该组织后所实施的其他犯罪行为之间通常具有原因和结果、手段和目的的牵连关系,符合牵连犯的构成特征,《刑法》对此种情形规定了数罪并罚的处罚原则。[113] 牵连犯一般要求原因行为结果行为、手段行为结果行为需具有紧密的牵连关系,结合黑社会性质组织的特征,将两者看成是一个牵连关系是不合适的,且牵连犯在处罚时一般也是处罚一罪,再者,牵连犯本身也是存在争议的,所以该种观点基本上被束之高阁。最具代表性的观点认为,该规定突破了刑法禁止重复评价原则的限制。该观点指出:"如果一个组织没有实施任何违法犯罪活动,司法机关不可能将其认定为黑社会性质的组织,在此意义上,本罪具有重复评价的性质,从立法论上来说,其合理性值得研究。"[114] 赞同该理论的学者进而论述道:"这里的'其他犯罪行为'既作为组织、领导、参加黑社会性质组织罪的构成要件予以评价,又作为其他具体犯罪的构成要件予以评价,属于重复评价,且这种重复评价与刑法的公正性、谦抑性和人道性相冲突。"[115] 禁止重复评价原则是指在定罪量刑时,禁止对同一犯罪构成事实予以

---

[112] 参见王永禄、林宁、刘艳华:《查办黑社会性质组织犯罪的有关问题的探讨》,载姜伟主编:《刑事司法指南》,法律出版社2001年版,第54页。

[113] 参见李文燕、田宏杰:《"打黑除恶"刑事法律问题适用解说》,群众出版社2001年版,第221页。

[114] 张明楷:《刑法学(下)》(第5版),法律出版社2016年版,第1071~1072页;另参见陈明华、王政勋:《组织、领导、参加黑社会性质组织罪研究》,载《中国刑事法杂志》2000年第4期。该文章指出,这一规定突破了刑法禁止重复评价原则的限制。一方面,组织、领导、参加黑社会性质组织的行为本身已构成犯罪;另一方面,犯罪分子仍要对其在组织中实施的具体犯罪行为承担刑事责任。这样,《刑法》就对组织、领导黑社会性质组织的行为进行了两次评价。

[115] 石经海:《黑社会性质组织犯罪的重复评价问题研究》,载《现代法学》2014年第6期。

二次或者二次以上的法律评价。[116] 本书认为,对"其他犯罪行为"依照数罪并罚的原理进行处罚并不违背重复评价的原则,符合我国现行《刑法》的要求和精神。主要理由如下:(1)组织、领导、参加黑社会性质组织罪是行为犯,行为人只要实施了组织、领导、参加黑社会性质组织的行为就构成犯罪,并不以行为人是否实施了其他犯罪为本罪的构成要件。黑社会性质组织所具有的反社会性的特点决定了其成立目的就是实施某种或某些违法犯罪活动,因而在其活动过程中必然会伴生其他各种各样的违法犯罪活动。如果行为人组织、领导、参加黑社会性质组织,但实施的其他行为未达到犯罪的程度,仅是多次违法的,则直接以组织、领导、参加黑社会性质组织罪一罪定罪处罚;如果行为人组织、领导、参加黑社会性质的组织,又实施了其他犯罪的,应当依照数罪并罚的规定处罚。[117] 组织、领导、参加黑社会性质组织的行为和加入黑社会性质组织后实施的犯罪行为分属于两个犯罪行为,因此,《刑法》规定实行数罪并罚,是有逻辑基础的。[118] (2)从量刑均衡原则来说,《刑法》第 294 条第 1 款所规定的组织、领导、参加黑社会性质组织罪最高刑 15 年,若认为违背了重复评价的原则,对组织、领导、参加黑社会的行为不予评价,仅仅评价其单独实施的犯罪行为,则会丧失《刑法》打击犯罪的公正性,因为行为人组织、领导、参加黑社会性质组织的行为确实已经上升到需要靠《刑法》来打击的地步,甚至其危害性比单独实施的犯罪还要大,因此我国《刑法》将罪数原则规定为数罪并罚是完全科学合理的,这也与我国一贯坚持的对黑社会性质组织实行严厉打击的刑事政策相一致。[119] (3)从我国司法实践来看,自 1997 年《刑法》将

---

[116] 参见陈兴良:《禁止重复评价研究》,载《现代法学》1994 年第 1 期。

[117] 参见刘宪权、吴允锋:《黑社会性质组织犯罪司法认定若干疑难问题探讨》,载《犯罪研究》2002 年第 1 期。关于犯罪行为应当与黑社会性质组织犯罪实行并罚的问题,有学者主张,《刑法》第 294 条第 3 款规定的"其他犯罪行为"不包括敲诈勒索罪、聚众斗殴罪、寻衅滋事罪和一般情形的故意伤害罪,当黑社会性质组织实施上述行为时,仅以黑社会性质组织犯罪处罚即可,不应当数罪并罚;对黑社会性质组织实施的其他犯罪,则应当根据《刑法》第 294 条第 3 款的规定,与黑社会性质组织犯罪数罪并罚。参见王恩海:《组织、领导、参加黑社会性质组织罪中并罚的适用标准》,载《法学》2009 年第 9 期。

[118] 持此论者还有孟庆华、王敏。参见孟庆华、王敏:《刑法 294 条第三款规定的理解适用问题探讨》,载《辽宁大学学报》(哲社版)2010 年第 5 期。

[119] 也有学者认为,黑社会性质组织的犯罪与其他单独犯罪成立想象竞合,理由如下:由于《刑法》第 294 条第 1 款规定的法定最高刑无法包容黑社会性质组织所实施的其他犯罪行为,因此,《刑法》对本罪与黑社会性质组织实施的其他犯罪所形成的想象竞合犯,没有按照"从一重处断"的惯常原则处罚,而是例外地规定实行数罪并罚。参见黄京平、石磊:《试论组织、领导、参加黑社会性质组织罪的几个问题》,载《法学论坛》2002 年第 6 期。

该条款写入刑法以来,在历次修改中均维系了这一规定,这说明经过多年的实践,该规定与我国的实际情况基本相符。因此,我们还是应该严格按照法律的规定实施,这也是与黑社会性质组织罪具有的严重社会危害性相适应的。综上,《刑法》第294条第4款的规定符合我国现今的司法实践,在理论上也有其存在的逻辑和法律依据。

本案分析

一、本案的定性分析

本案中,被告人刘某伙同他人,组织、领导人数众多且骨干成员基本固定的较为稳定的犯罪组织,有组织地通过实施违法犯罪活动或者其他手段获取巨额经济利益,支持该组织的活动,以暴力、威胁或者其他手段,有组织地多次进行违法犯罪活动和利用国家工作人员的包庇、纵容,称霸一方,为非作恶,欺压、残害群众,在广汉市、什邡市、绵阳市等地造成重大影响,在广汉市的赌博游戏机行业内形成非法控制,严重破坏了当地经济、社会生活秩序,其行为已构成组织、领导黑社会性质组织罪。上文已述,要认定刘某构成组织、领导黑社会性质组织罪,就必须认定以刘某为首的犯罪集团是黑社会性质组织,而黑社会性质组织应当同时具备组织性、经济性、非法性和危害性四个方面的特征。下文将对以刘某为首的犯罪集团符合黑社会性质组织的四个特征展开分析。

(一)关于组织性特征

组织性特征要求包括形成较稳定的犯罪组织,人数较多,有明确的组织者、领导者,骨干成员基本固定这四个方面。具体到本案,刘某团伙成员人数达20人,有一定的规模;组织成员基本稳定;有明确的组织者、领导者,骨干成员也基本固定,内部层次分明;刘某与刘某甲、孙某甲、孙某乙以兄弟亲情为纽带,以乙源实业公司、汉龙集团等经济实体为依托,通过合作经营,相互支持,彼此融合,形成了以刘某、刘某甲、孙某甲为组织者、领导者,旷某甲、文某某、曾某某、孙某乙、谬某某、陈某某、旷某乙等9人为骨干成员,以被告人刘某某、李某某、车某某等20人为参加者的较稳定的犯罪组织。同时,该组织宣扬"为公司利益要敢打敢冲,出了事公司会负责","要是公司遇到事了,打架要打赢,要勇敢一点","表现好的有重用,不好的被开除","'哥佬倌'带小弟,小弟服从'哥佬倌'指挥"等不成文的规约和纪律。在四川文化中,"哥佬倌"有两种意思,一种就是打工、雇佣关系;另一种是江湖上的"哥佬倌"带小弟,违法犯罪的事小弟也要做。结合本案实际情况,更多体现的是第二种意思。综上,可以认定以刘某为首的犯罪团伙符合黑社会性质组织组织性特征的要求。

（二）关于经济性特征

经济性特征要求包括有组织地通过违法犯罪活动或者其他手段获取经济利益,具有一定的经济实力,以支持该组织的活动这几个方面。在本案中,以刘某和刘某甲为首的犯罪集团组织内部分工明确,刘某甲负责决策和指挥整个组织的运转,孙某甲主要负责执行刘某甲的指示及汉龙集团的日常经营管理,被告人刘某开办了相对独立的乙源实业公司等经济实体。该组织依托汉龙集团、乙源实业公司及其关联企业的经营活动聚敛钱财,所获取的经济利益部分用于购买枪支、弹药、刀具和车辆等作案工具,增强组织威慑力,提升组织犯罪能力;收买国家工作人员,为组织成员实施违法犯罪活动提供庇护;为组织成员购买房屋、车辆、发放工资、奖金、偿还赌债、提供逃跑经费和经济补偿;组织手下成员聚会、娱乐、吸毒等,以维系组织的生存、发展,"以商养黑"。刘某通过开设赌场、敲诈勒索和有组织地实施违法犯罪活动或者其他手段获取巨额经济利益,具有很强的经济实力;刘某还和孙某乙各自带领手下充当打手或保镖,为该组织排挤、打击对手,铲除异己,"以黑护商"。如上所述,以刘某为首的犯罪集团主要通过实施违法犯罪活动,成立具有合法形式的公司来谋取不正当经济利益,并做成了具有相当规模的经济实体。该组织所获取的经济利益主要用来购买作案工具、提供作案经费,为组织成员提供工资、奖励、福利、生活费用,为组织寻求非法保护以及其他与实施有组织的违法犯罪活动有关的费用支出等,客观上起到了豢养组织成员、维护组织稳定、壮大组织势力的作用。故可以认定,以刘某为首的犯罪团伙符合黑社会性质组织经济性特征的要求。

（三）关于行为性特征

行为性特征要求包括以暴力、威胁或者其他手段,有组织地多次进行违法犯罪活动,为非作恶,欺压、残害群众这几个方面。黑社会性质组织所实施的违法犯罪活动通常具有暴力性特征,一般都是利用暴力、威胁等手段。以刘某为首的犯罪组织崇尚暴力,从武术学校、退伍军人中招募多名保安、保镖,吸纳在逃犯罪嫌疑人、刑满释放人员和社会闲散人员,非法买卖、持有大量枪支、弹药、刀具、警械,将刘某甲在广东省深圳市佳宁娜广场小区购买的房屋作为窝藏违法犯罪组织成员的场所,为实施暴力犯罪提供保障。1993～2013年,该组织有组织地实施故意杀人5起,致6人死亡、1人轻伤、1人轻微伤;故意伤害1起,致1人死亡、1人轻伤;非法拘禁1起,致1人死亡;敲诈勒索2起;故意毁坏财物1起;妨害公务1起,寻衅滋事1起;开设赌场1起;窝藏多起;非法买卖枪支2支;非法持有枪支18支、子弹622发、钢珠弹2163发、手榴弹3枚;另实施违法行为11起。以刘某为首的犯罪组织为确立、维护、扩大组织的势力、影响、利益或者按照纪律规约多次实施违法犯罪活动,侵犯了不特定对人的人身权利和财产权利,破坏了当地的经济秩序和社会秩序,应当认定为"有组织地多次进行违法犯罪活动,为非作恶,欺压、残害群众",符合黑社会性质组织行为性特征的要求。

(四)关于危害性(非法控制)特征

危害性特征要求包括通过实施违法犯罪活动,或者利用国家工作人员的包庇或者纵容,称霸一方,在一定区域或者行业内,形成非法控制或者重大影响,严重破坏经济、社会生活秩序这几个方面。上文已述,要能"称霸一方,在一定区域或者行业内,形成非法控制或者重大影响"需要通过两种途径:一种是实施违法犯罪活动;另一种是寻求"保护伞"。本案中,两种途径兼具。在实施违法犯罪活动方面,除了主要的违法犯罪活动之外,还包括刘某通过经营圣罗兰游戏机厅、开办餐饮、娱乐场所,在具有一定经济基础后,开始带文某某、旷某甲及曾某某、陈某某、旷某乙等小弟"混社会",并为加强对小弟的控制和管理,将位于广汉火车站附近的房产提供给旷某甲等人开办音豪娱乐会所作为聚集场所;组织他人通过"看场子"、收"保护费",枪杀与其争夺势力范围的周甲,确立了强势地位,逐步垄断了广汉市的赌博游戏机行业。在寻求"保护伞"方面,刘某通过经营广汉市乙源实业发展有限公司等经济实体,聚集财富;拉拢四川省什邡市人民检察院原副检察长刘某丙、四川省德阳市公安局刑侦支队原政委刘某丁、德阳市公安局装备财务处原处长吕某某等充当其保护伞。以刘某为首的黑恶势力在逐渐发展、壮大的同时,还为刘某甲、孙某甲排除异己、聚敛钱财提供暴力支持。刘某多次派手下携带枪支充当刘某甲的保镖、司机,为刘某甲、孙某甲等人杀害王某甲、史某某提供枪支,还授意文某某、旷某甲杀害了对刘某、刘某甲产生威胁的陈某甲等人。随着经济实力的增强,刘某甲、孙某甲通过"政商结合",在获取政治地位的同时谋取更大的经济利益,还利用结交的社会关系,多次为刘某、孙某乙等人的违法犯罪活动提供庇护。该组织通过实施上述违法犯罪活动及利用国家工作人员的包庇和纵容,为非作恶,欺压、残害群众,称霸一方,在广汉市、什邡市、绵阳市等地造成重大影响,在广汉市的赌博游戏机行业内形成非法控制,严重破坏了当地的经济、社会生活秩序。故可以认定,以刘某为首的犯罪团伙符合黑社会性质组织危害性特征的要求。

综上,以刘某为首的犯罪集团符合黑社会性质组织的四个特征,且刘某系犯罪集团中的发起者、创建者,在组织中实际处于领导地位,对整个组织及其运行、活动起着决策、指挥、协调、管理作用,可认定刘某为组织者和领导者,故刘某成立组织、领导黑社会性质组织罪。

二、本案量刑适用的罪数分析

本案中,最高人民法院以被告人刘某犯组织、领导黑社会性质组织罪判处其有期徒刑15年,并处没收个人全部财产,以故意杀人罪判处死刑,剥夺政治权利终身;以故意伤害罪判处无期徒刑,剥夺政治权利终身;以非法拘禁罪判处有期徒刑10年;以非法买卖枪支罪判处有期徒刑3年;以非法持有枪支、弹药罪判处有期徒刑7年;以敲诈勒索罪判处有期徒刑8年;以故意毁坏财物罪判处有期徒刑5年;以妨害公务罪判处有期徒刑2年;以开设赌场罪判处有期徒刑8年,并处罚金人民币1000万元;以寻衅滋事罪判处有期徒刑4年;以窝藏罪判处有期徒刑1年;决定执行死刑,剥夺政治权利终身,并处没收个人全部财产的部分。上述判决完全符合《刑法》第294条第3款的规定,即"犯前三款罪又有其他犯罪行为的,依照数罪并罚的规定处罚"。这也与本书所主张的黑社会性质组织犯罪与其他犯罪行为实行数罪并罚并没有违反重复评价原则的观点一致。

第六章 贪污贿赂罪与渎职罪

第一节 张某受贿、巨额财产来源不明案

——受贿罪、巨额财产来源不明罪定罪及量刑问题分析

■ **案例基本内容**

[**案情简介**][1]

2010~2012年,被告人张某在担任上海市浦东新区××管理署(以下简称浦东××署)设施管理科科长期间,利用对署内相关外发工程的管理、协调、竣工验收和工程价格审核等职务便利,在业务往来过程中,收受各业务单位人员所送的贿赂共计28万元(以下币种皆为人民币),个人实得18万元。另指控,2012年8月8日被告人张某到案后,侦查机关对其个人财产进行核算,并依法要求被告人张某说明财产来源,张某对于其个人财产中454万余元无法说明来源。

被告人张某因涉嫌巨额财产来源不明罪到案后,主动供述了上述全部事实。被告人张某对于受贿罪的指控没有异议,对于巨额财产来源不明罪提出异议,认为其财产均能说明来源:其中历年来工资、奖金、红利等收入总计253万元,妻子历年来收入99万元,本人住房补贴10万元,房屋出租租金收入24.2万元,父母资助、结婚、生病住院等人情往来、孩子压岁钱等收入总计94万元,观测费补贴7万~8万元,评审会补贴110万元,竣工验收会补贴52.5万元,跟随

[1] 载北大法宝网:http://www.pkulaw.cn/fulltext_form.aspx?Db=pfnl&Gid=120314055&keyword=&Encoding Name=&SearchMode=accurate,最后访问日期:2019年10月10日。

领导参加宴请收受红包110万元，搓麻将赢得70万元，故该罪不成立。

［**裁判结果**］

上海市浦东新区人民法院经审理，根据本案的犯罪事实、情节、性质、对于社会的危害程度等，依照《中华人民共和国刑法》第385条第1款、第386条、第383条第1款第1项、第395条第1款、第69条、第67条第1款、第64条之规定，判决如下：

"一、被告人张某犯受贿罪，判处有期徒刑6年，没收财产人民币六千元；犯巨额财产来源不明罪，判处有期徒刑3年；决定执行有期徒刑7年，没收财产人民币六千元；（刑期从判决执行之日起计算，判决执行以前先行羁押的，羁押一日折抵刑期一日，即自2012年8月7日起至2019年8月6日止。）

二、受贿违法所得以及来源不明的巨额财产均予以没收。"

问题要点

一、本案的定性问题

（一）关于受贿罪

1. 张某与任某某是否成立受贿罪的共犯

张某的辩护人提出：张某与署长任某某共同收受周某某的20万元，张某个人实际分得10万元的这一节事实不构成受贿罪。理由是：张某未利用职务便利收取管理费。收取管理费是由署长任某某决定的，张某是根据任某某的安排操作，收取的管理费归单位所有。张某收到钱后都交给了任某某，没有占为己有。任某某私自决定给张某10万元，是任某某个人对钱款的处分，张某和任某某无共同受贿的故意，该笔钱款不属于受贿性质。故张某与任某某不能成立受贿罪的共犯。

2. 张某受贿罪犯罪金额

据周某某的证词，2010年下半年，其想承建浦东新区人民塘道路改造工程，这个工程总价审计下来是374万元，被告人张某和该署署长任某提出要收取40万元的"管理费"。周某某虽然感觉有点多，但还是答应了，而且在把钱给被告人张某的时候，提出了索要收据的请求，但被张某拒绝了。据周某某和任某某的证言，周某某曾经给了被告人张某40万元，其中被告人张某留下了10万元，任某某收下了10万元，剩下20万元作为奖金发放给了浦东××署老浦东的中层以上干部及财务人员。如果张某收到的40万元款项是受贿款，那么张某和任某某是应当对40万元承担责任还是对20万元承担责任还是为各自实际收取的10万元承担责任?

(二)关于巨额财产来源不明罪

1. 张某能够说明巨额财产的来源是否仍然成立本罪

张某认为自己的行为不成立巨额财产来源不明罪,因其对其家庭财产均能说清具体来源,自己也已向办案机关作了说明,且数目总额与司法机关所查金额大致相当,所以不应成立巨额财产来源不明罪。那么,在巨额财产来源不明罪的认定中,应如何确定该罪名的客观表现形式:到底应当是以被告人不能说明其巨额财产来源为该罪的客观表现形式,还是以被告人持有非法的巨额财产为该罪的客观表现形式?

2. 张某是否应当对“搓麻”所得的70万元款项承担刑事责任?

张某认为打麻将赌博并不是法律禁止的行为,因此上述金额不是违法所得,不成立犯罪。那么,张某是否应当对“搓麻”所得的70万元款项承担刑事责任呢?

3. 张某巨额财产来源不明罪的犯罪数额

张某巨额财产来源不明罪的犯罪数额需要计算张某工作23年以来的所有收入与支出的差额吗?张某巨额财产来源不明罪的犯罪数额到底应当是多少呢?

4. 张某的家庭成员是否成立巨额财产来源不明罪的共犯

家庭成员的一方成立巨额财产来源不明罪,则另一方共同生活的家庭成员不属于国家工作人员,能否成立巨额财产来源不明罪的共犯呢?据2000年6月27日最高人民法院《关于审理贪污、职务侵占案件如何认定共同犯罪的几个问题的解释》第1条及第3条的规定以及1998年最高人民法院颁布的解释的规定可知,行为人是否能成为共犯,不是看他的身份,而是看他的行为。在本罪中,根据主犯论的规定可以理解为,若行为人具有国家公务人的身份,同时又是整个共同犯罪中的主犯,其通过非法手段获得财产,而其他行为人即非特殊主体如其配偶、子女也采取了某些帮助行为比如为主犯转移隐藏财产,或者是提供虚假证明而逃避国家侦查机关的侦查,在犯罪活动中起了次要或者是辅助作用,那么,对这些行为人是否可以巨额财产来源不明罪的共犯进行处罚呢?

二、本案的量刑问题

(一)张某在受贿罪中是否具有自首和立功情节

被告人张某因涉嫌巨额财产来源不明罪到案后,主动供述了受贿的全部事实，是否成立自首？张某同时主动交代了任某某的受贿事实，是否成立立功？

（二）张某巨额财产来源不明罪的量刑档次如何确定

我国《刑法》第395条对该罪的规定是："国家工作人员的财产、支出明显超过合法收入，差额巨大的，可以责令该国家工作人员说明来源，不能说明来源的，差额部分以非法所得论处，处五年以下有期徒刑或者拘役；差额特别巨大的，处五年以上十年以下有期徒刑。财产的差额部分予以追缴。"最高人民检察院《关于人民检察院直接受理立案侦查案件立案标准的规定（试行）》贪污贿赂犯罪案件第9项规定："巨额财产来源不明罪是指国家工作人员的财产或者支出明显超出合法收入，差额巨大，而本人又不能说明其来源是合法的行为。涉嫌巨额财产来源不明，数额在30万元以上的，应予立案。"

根据法律及司法解释的规定，本人涉嫌巨额财产来源不明达30万元就应予立案。该项财产应认定为差额巨大？还是差额特别巨大？其另刑应当适用《刑法》第395条的第一个量刑档次还是第二个量刑档次？

◇ 问题分析

一、本案的定性问题

（一）关于受贿罪

1. 受贿罪共犯的认定

什么样的行为才能构成受贿罪的共犯？我国《刑法》第25条第1款规定："共同犯罪是指二人以上共同故意犯罪。"受贿罪共同犯罪也必须符合《刑法》的这一规定，其犯罪构成如下：（1）犯罪主体中至少有一人是国家工作人员。受贿罪是一种职务犯罪，在单独犯罪的情况下，其犯罪主体必须是特殊主体。在共同犯罪中，涉及特殊主体与非特殊主体、不同的特殊主体之间能否构成共同受贿犯罪的问题。非国家工作人员可以构成受贿罪的共犯的主体，受贿罪的主体可以是两个以上的国家工作人员构成，也可以由国家工作人员与非国家工作人员共同构成。（2）各犯罪主体侵犯的客体都是国家的廉政制度。受贿罪的客体是国家的廉政建设制度，这是受贿罪最本质的特征。受贿罪共同犯罪的犯罪主体虽然也包括非国家工作人员，但他们本身没有职务上的便利可以利用，不能直接侵犯国家工作人员职务行为的廉洁性，但他们在共同受贿犯罪中可以通过教唆、帮助等行为，与国家工作人员相互勾结，借助国家工作人员犯罪主体的行为来达到这一效果。因此,在受贿罪共同犯罪中,犯罪主体无论是不是国家工作人员,他们的犯罪行为所指向的客体都是同一的,即国家的廉政制度。(3)受贿犯罪主观方面具有共同受贿犯罪的故意。共同受贿犯罪的故意表现为贿赂心理的沟通性,行为人对贿赂的追求,是受贿罪的主观心理基础,而贿赂心理的沟通、融合则是各共同受贿犯罪人勾结在一起,共同受贿的心理基础。(4)犯罪客观方面表现为各犯罪主体相互配合进行受贿犯罪。在共同受贿犯罪中,各犯罪主体有可能分工不同,不像在单一主体的受贿犯罪中,犯罪主体只能表现为受贿行为,在共同受贿犯罪中,各犯罪主体可能会表现出多种行为方式,如教唆他人受贿,帮助他人受贿,组织、策划、指挥多人受贿。这些行为方式虽然并不相同,但都是同一受贿犯罪的有机组成部分,各自的行动都是密切配合的,共同构成了一起完整的受贿罪。

2. 受贿罪犯罪金额的认定

受贿罪犯罪既遂之后,和其他财产性犯罪类似,都有一个后续行为,那就是赃款的去向。对于行为人将贿款用于个人保存或用于个人支出的,学术界和实践中一般都认为这是符合受贿人的正常动机和目的的,所以赃款的去向不会影响受贿行为的认定。但若受贿人将贿款用于公务支出、捐赠给公益或为他人利益而支出等方面,则对于这些款项能否从受贿总额中予以扣除的问题,理论上和实践中都存在巨大争议。

持否定意见的认为,行为人一旦利用职权收受贿赂,即构成犯罪,赃款的去向只是受贿行为的后续行为,并不影响之前的受贿行为,无论赃款作何用途,都不能从受贿数额中扣除;持肯定意见的认为,行为人将受贿款用于公务开支或捐赠公益证明其缺乏非法占有的故意,且此种行为的积极意义足以抵消之前受贿行为的社会危害性,应当将用于公务支出或捐赠公益的贿款从受贿总额中扣除。持折中意见的认为,绝对的肯定或否定都是不全面的,应当根据案件的具体情况加以区分,在一定的前提下有条件地对于赃款用于公务支出或捐赠公益的情况予以扣除。

本书认为,持同意说看法的人混淆了犯罪目的和犯罪动机。受贿罪的犯罪目的只有一个,那就是非法收受财物,但犯罪动机有可能多种多样。同时,其同意将赃款扣除的人把赃款的去向混为受贿罪的构成要件之一。犯罪目的体现的是受贿犯罪的故意性,而赃款的去向反映出的是行为人犯罪后对赃款的处置,二者是两种截然不同的状态。对赃款的使用和对赃物的处理,本质上是犯罪既遂后赃款去向的一类事实状态,既不属于受贿犯罪的客观构成要件,也不属于受贿犯罪的主观构成要件。行为人在构成受贿罪后对赃款的处置,或归个人所用,或用于非个人支出,犯罪行为已经完成,危害结果不可逆转,且该情节在立法上无明文规定,故不影响案件定性。司法机关在认定受贿数额时,可以根据实际收受的钱财和其他因素来最终量刑。

(二)关于巨额财产来源不明罪

1. 被告人能够说明巨额财产的来源是否成立犯罪

《刑法》第395条第1款规定:"国家工作人员的财产、支出明显超过合法收入,差额巨大的,可以责令该国家工作人员说明来源,不能说明来源的,差额部分以非法所得论……"由此可见,该条文明确规定巨额财产来源不明罪的客观表现是"说明巨额财产的来源"。根据通说理论,犯罪客观方面,是指刑法所规定的、说明行为对刑法所保护的社会关系造成损害的客观外在事实特征。犯罪客观方面是构成犯罪所必须具备的条件。[2] 关于本罪的客观方面,尤其是该罪实行行为的界定,理论界一直存在分歧和争议。

本书赞同"持有说"的观点。"持有说"认为,巨额财产来源不明罪的实行行为是国家工作人员非法持有来源不明的巨额财产。该理论持有者认为,直接侵害本罪法益的行为是持有来源不明之财产,而非拒不说明财产来源,当行为人"面对司法机关的责问而拒不说明"直接侵犯的不是廉洁性,而是司法机关的监督权。另外,若该财产来源得以查清,则行为人的说明程度实际上就丧失了任何规范意义。根据法条的表述,"国家工作人员的财产支出明显超过合法收入,差额巨大的,可以责令该国家工作人员说明来源",由此可以看出,相关国家机关在发现行为人涉嫌持有来源不明的巨额财产时,也只是"可以"而非"应当"责令说明,故对巨额财产"不能说明"应是本罪成立的限定条件或是程序性条件,而行为人持有来源不明的巨额财产才是本罪的根源。该罪应属于持有型犯罪,是一种作为犯罪。[3]

2. "搓麻"行为性质的认定

从法律实践上来看,在很多巨额财产来源不明的案件中,被告人都会以"打麻将"为由来说明来源,但是"打麻将"所赢得的钱是一种"灰色收入"。首先,这种收入不是犯罪行为所得,不是"赃款"。具体可见最高人民法院、最高人民检察院

---

〔2〕 参见高铭暄、马克昌:《刑法学》(第7版),北京大学出版社2016年版,第61页。

〔3〕 参见朱建华、牛忠志:《两种对立立场的巨额财产来源不明罪解释之比较》,载《刑法论丛》2001年第1期。

2005年5月11日公布的《关于办理赌博刑事案件具体应用法律若干问题的解释》第9条及《治安管理处罚法》第70条的规定,法条并没有明确地将“麻将”看作为一种赌博行为,从历史上来说,麻将也被称为我国的“国粹”,所以对于它是否能成为赌博的一种方式也是要具体情况具体分析的。

在司法实践中,我国并没有出台统一的法律规定多少赌资以上的麻将局算赌博,多少赌资以下的就不算,国家把制定这项具体规定的权力下放到了地方。比如,浙江、湖南、重庆规定,个人单次输赢20元以上,属于赌资较大的违法行为;四川省规定,现场收缴赌资价值合计在人民币1000元以上4000元以下的,属赌资较大;北京规定,参与赌博,个人赌资1500元以上,或者共同参赌蔡屋围合计6000元以上,属情节严重;上海、山东规定个人赌资在100元以上,河北认定个人赌资在200元以上的,认定“情节严重”。即便不说这些制定金额是否合理,是如何制定出来的,但联系实际情形,这些标准是否能在现实生活中得到实际适用也是一个大问题。或者说,当公安局执法机关查处到个人时,就是违法的赌博行为,不查处时就是正常的娱乐活动,这显然是不合理和不公平的,而且在现实生活中,随着科技的发展和麻将玩法的多样性,查处麻将输赢金额更是一个比较难的事情。

因为我国法律一直没有明确规定麻将算不算赌博,所以在实际生活中也不能明确区分违法赌博行为和亲友之间娱乐活动的界限。2005年“两高”《关于办理赌博刑事案件具体应用法律若干问题的解释》第9条中认为:不以营利为目的,进行带有少量钱财输赢的娱乐活动 ,以及提供棋牌室等娱乐场所只收取正常的场所和服务费用的经营行为等,不以赌博论处。

3. 巨额财产来源不明罪的犯罪数额应如何计算

《刑法》第395条规定的“非法所得”,一般是指行为人的全部财产与能够认定的所有支出的总和减去能够证实的有真实来源的所得。在具体计算时,应注意以下问题:(1)应把国家工作人员个人财产和与其共同生活的家庭成员的财产、支出等一并计算,而且应一并减去他们所有的合法收入以及确属与其共同生活的家庭成员个人的非法收入。(2)行为人所有的财产包括房产、家具、生活用品、学习用品及股票、债券、存款等动产和不动产;行为人的支出包括合法支出和不合法的支出,包括日常生活、工作、学习费用、罚款及向他人行贿的财物等;行为人的合法收入包括工资、奖金、稿酬、继承等法律和政策允许的各种收入。(3)为了便于计算犯罪数额,对于行为人的财产和合法收入,一般可以从行为人有比较确定的收入和财产时开始计算。

实践中,计算巨额财产来源不明罪的犯罪数额,可按照以下公式进行:

$X = K + Z - F - H - W$

其中,X 表示巨额财产来源不明罪的犯罪金额;K 表示扣押财产;Z 表示行为人以往的所有支出;F 表示巨额财产来源不明罪以外的犯罪金额;H 表示行为人合法收入;W 表示行为人违纪等非法所得金额。

4. 巨额财产来源不明罪共犯的认定

从该罪的法条规定来分析,它是一种特定的职务犯罪,主体为国家工作人员,所以作为非国家工作人员的家庭成员不可能成为巨额财产来源不明案的共犯。但是,在一般情形下,家庭成员(主要是配偶)与其共同生活居住这么多年,对于嫌疑人的工资收入等水平也是很了解的,在知道家庭实际收入与嫌疑人工资收入不符时,没有声张,并且以积极作为的方式参与了非法敛财,此时家庭共同生活成员是有可能成为巨额财产来源不明罪的共犯的。

对这一问题,不同地区的司法实践差异也是很大的。比如,原安徽省副省长王怀忠受贿、巨额财产来源不明一案,由于证词表明王怀忠与韩桂荣二人收入与支出都归韩桂荣个人进行保管支配,所以法院认定韩桂荣同样对非法所得的家庭共有财产承担说明义务,但韩桂荣未能作出合理解释,所以法院认定其妻子韩桂荣成立该罪共犯。但有的法院却只追究具有该罪特殊身份的人一人的责任,如原沈阳市政府副市长马向东受贿一案,其妻子章亚非二人共有巨额财产 1068 万元不能说明来源,法院在最终认定的过程中并未追究章亚非巨额财产来源不明罪。在第一个案件中,因为王怀忠和韩桂荣都是国家机关工作人员,所以法院将韩桂荣认定为了巨额财产来源不明罪的共犯;在第二个案件中,章亚非不是国家机关工作人员,可能法院也是基于这一原因没有认定其为该罪的共犯。

二、本案的量刑问题

(一)受贿罪中自首和立功情节的认定

《刑法》第 67 条第 2 款规定:“被采取强制措施的犯罪嫌疑人、被告人和正在服刑的罪犯,如实供述司法机关还未掌握的本人其他罪行的,以自首论。”立功是指犯罪人犯罪后揭发他人犯罪行为,查证属实,或者提供重要线索,从而得以侦破其他案件,以及其他有利于预防、查获、制裁犯罪的行为。

根据1998年4月17日最高人民法院《关于处理自首和立功具体应用法律若干问题的解释》第5条的规定,根据《刑法》第68条第1款的规定,犯罪分子到案后有检举、揭发他人犯罪行为,包括共同犯罪案件中的犯罪分子揭发同案犯共同犯罪以外的其他犯罪,经查证属实;提供侦破其他案件的重要线索,经查证属实;阻止他人犯罪活动;协助司法机关抓捕其他犯罪嫌疑人;具有其他有利于国家和社会的突出表现的,应当认定为有立功表现。

可以肯定的是,首先,既然法条表述的立功主体是"犯罪行为",就表明行为人在犯罪后才可能有立功的表现。其次,按照同类解释规则,立功应当仅限于抑止与犯罪有关的举止。最后,前述有关立功的立法根据也表明,只有表明犯罪人对犯罪的痛恨,表明其再犯罪可能性有所降低,有利于司法机关发现、侦破其他犯罪案件的举止,才成立立功。所以,不能将犯罪人的任何"良好表现"都认定为立功。因此,从自首和立功的法律规定中可以明确知道,如实供述本人的罪行不仅指自己的罪行,还包括自己和他人共同犯罪的罪行;揭发他人犯罪只有在揭发的是共同犯罪以外的其他犯罪才能认定为立功。

(二)巨额财产来源不明罪的量刑标准

修正前的《刑法》条文对于该罪的规定是:"国家工作人员的财产或者支出明显超过合法收入,差额巨大的,可以责令说明来源。本人不能说明其来源是合法的,差额部分已非法所得论,处五年以下有期徒刑或者拘役,财产的差额部分予以追缴。"《刑法修正案(七)》将该罪的量刑增加了一档,故该罪现有两档量刑,行为人非法所得差额特别巨大的,处5年以上10年以下有期徒刑。所以,如何界定行为人非法持有的巨额财产达到条文所表述的"差额特别巨大",就对该罪的量刑有着极为重要的影响。换言之,"差额特别巨大"的标准应当是多少?

当前的法律规定和司法解释对该罪"差额特别巨大"的具体数额并未作出明确的规定,相关司法解释也只是确定了该罪的立案标准为差额达到30万元人民币。由此可知,立法者在制定该条文时之所以没有明确指出差额特别巨大的标准是什么,也是考虑到具体案件的实际情况各不相同,各地的经济发展水平也存在较大差异,若统一适用相同的标准,可能出现不公正的情形。所以在这个问题上,法律就间接赋予了法官一定的自由裁量权,法官应当在案件事实清楚,证据确实充分的基础上,作出合理的判决,以此维护个案的公正。

▲ 本案分析

一、本案的定性

(一)关于受贿罪的定性

张某与任某某成立受贿罪的共犯,张某应当对48万元受贿款承担责任。

在本案中,被告人张某和任某二者成立受贿罪的共同犯罪,二者应同时对40万元的受贿款负责。首先,张某和任某某二者有共同的犯意联络。从公诉机关的证人证言中也可以看出来,周某某的公司能接到这一个工程与其跟××署关系密切有很大联系。所以,被告人张某向任某提议将总价374万元的工程交给周某某做,并收取工程款的10%,以"管理款"的名义返还给他们,任某表示同意。于是在周某某给了被告人张某40万元"管理费"之后,被告任某某和张某就把这个工程给了周某某。事实和证据表明,任某某和张某两人均清楚地知道当时已经有相关法律规范明确规定不能再收取工程管理费,但任某某仍提出要收取管理费并与张某商议,张某不仅没有表示反对,还积极响应,与任某某共同向周某某提出收取管理费,并具体操作实施。周某某虽然感觉有点多,但是最后还是给了。之后周某某也找过被告人张某开收据,但是被告人张某予以拒绝。张某收到20万元交给任某某后,两人当场进行了私分,一人分得10万元。

应当指出的是,犯意的联络不应仅限于言语的明示,上述的种种行为表现足以反映出被告人张某和任某某在提出收取所谓的管理费之时即心照不宣,达成默契,管理费仅仅是名义上的,其根源是两人想从中捞取好处。被告人张某和任某某有沟通、联络意思,又利用各自的职务便利相互支持配合,协同为行贿人谋取请托利益,两人对于40万元这一具体金额也都是清晰明了的,也都清楚地知道自己并不是一个人在单独实施犯罪,而是两人共同收受请托人财物给予的40万元,故两人成立共同受贿,理当对40万元全部负责。由谁起意收钱、决定分钱并不影响共同受贿的成立,但对于该情节以及张某个人实得10万元的情节在量刑时可以酌情考虑。

(二)关于巨额财产来源不明罪的定性

1. 被告人不能说明其持有财产的合法性仍然成立犯罪

本书认为,巨额财产来源不明罪的客观实行行为应当采取持有说的观点,该罪以行为人确实非法持有巨额来源不明的财产为核心要素,即若被告人不能说明持有财产的合法来源,则其仍然成立犯罪。

2. 张某应当为70万元"搓麻"所得款项承担刑事责任

本书认为,根据前述理论分析,对于麻将收入是否是非法收入的问题,必须具体情况具体分析。被告人张某从1989年9月至2012年8月以来,参加工作已经23年,按照20年的"麻龄"来说,打麻将收入"70万元",平均一年收入3.5万元,每年打麻将的次数可能有很多。而根据沈甲等人的证人证言,他们是被告人张某的同事、同学或朋友等,曾经一起跟张某打过麻将,一场麻将进出在一两千元或者两三千元,多的时候有五六千元或者1万元的进出,多人证实张某赢的次数多一点。这样来说,第一,张某的麻将没有以营利为目的,因为他们仅是朋友之间的娱乐活动。第二,作为一个有几十年"麻龄"的麻友来说,这么多年下来有一定的麻将收入也是有可能的。然而,麻将收入是否是合法收入,能认定的数额是多少,在实践中都是问题。司法实践中,很多人以"搓麻收入"为借口来解释自己的巨额财产,甚至以前云南某地某官员说自己一年麻将收入几百万元,这显然是不可能的。所以,一旦在地区性的司法实践中将此认定为合法收入,那么这个缺口一定会越来越大,将会有越来越多的嫌疑人辩解说该收入是麻将赢得的收入,也会诱导很多行为人在麻将桌上完成贿赂。所以,认定麻将收入一定要慎重。

在司法实践中,为了避免这种窘状,干脆"一刀切",将麻将收入一律不认定为合法收入。尽管这样做有利于开展工作,但在本案中对被告张某则有失公允了。所以,我国需要出台一部司法解释,以确定麻将收入的性质到底是合法收入还是非法收入。

3. 张某应为300多万元来源不明的财产承担刑事责任

张某本人到案后对其家庭财产来源进行了解释。法院在审查张某的工资、奖金后,认为其合法的收入为1726294.31元,与其自述235万元之间尚有80余万元是其非法持有的;同时法院认为张某所说其搓麻将赢得的70万元不是合法收入,尽管张某已说明了其具体来源且有相关证人证言,故该笔金额仍是张某非法持有的;关于张某参加宴请收受的红包110万元,法院同样认定收受红包的行为本身就是违法违纪的,故该笔款项也是张某违法持有;最后关于张某参加评审会、验收会等获取的收入,法院认为合法持有的仅为100万元,仍有62.5万元是被告人非法持有的财产。对于以上所提到的四笔金额,尽管张某都已说明其来源,但由于法院认为张某非法持有的财产总额达到了300余万元,仍然应当成立巨额财产来源不明罪。

4. 张某的家属与张某不成立巨额财产来源不明罪的共犯

被告人张某的妻子陈丙能否成立巨额财产来源不明罪的共犯？在实践活动中，很少有涉及此罪的共犯问题。在本案中，被告人张某的妻子陈丙在证人证言中表示，家中大多数财务有张某保管，陈丙自己不知道财务的具体来源和去向。我国目前对于此罪的司法解释并不完善，学界也坚持着各种各样的观点。本书认为，首先，现有证据不能证明陈丙与被告人张某关于巨额财产来源不明罪在主观上有犯意联络。其次，从刑法的谦抑性角度出发，也不宜认定为巨额财产来源不明罪的共犯，因为陈丙不是国家工作人员，从严格解释角度来讲，她不能成为该罪的主体。

二、本案的量刑

（一）关于受贿罪的量刑

1. 受贿金额

根据受贿犯罪既遂与未遂的理论，本书认为，在本案中，被告人张某应该对48万元受贿款负责，而不是28万元。具体包括：2010年下半年，张某伙同任某某共同收受周某某贿赂40万元（其中20万元用于发放职工福利）；2010年6月至2011年4月，张某先后两次收受周某某贿赂6万元；2012年4、5月间，张某收受园林公司杨甲贿赂2万元。因此张某在进入管理署工作之后，可认定的受贿行为共三次，受贿金额共计48万元。

2. 量刑情节

第一，自首情节。本案中，张某于2012年8月7日在浦东新区环保局纪委找其谈话时，并没有交代自己的犯罪事实，次日被带至司法机关协助调查，当日司法机关以张涉嫌巨额财产来源不明罪对其立案侦查并刑事拘留，后张某主动供述了受贿犯罪事实，符合《刑法》第67条之规定的自首情节。对于自首的犯罪分子，可以从轻或者减轻处罚。其中，犯罪较轻的，可以免除处罚。但是其所辩称的立功情节并不成立。另外，因为受贿罪侵害的是国家工作人员的廉洁制度，[4]案发后张某已经不可能降低其对社会的危害程度，且其

---

[4] 刘白笔、刘用生：《经济刑法学》，群众出版社1989年版，第504页。

具有索贿情节,受贿金额巨大,因此对其所犯受贿罪可以适用从轻而不是减轻处罚的规定。

第二,索贿情节。本案中,张某对于业务单位行贿的40万元贿赂款明显具有积极主动的索贿情节。根据《刑法》第386条的规定,对于索贿的应给予从重处罚。故应对张某在法定量刑幅度内予以从重处罚。

第三,实得贿赂款情节。在本案中,张某虽然索贿40万元,但实得贿赂款为10万元,因此在对其以40万元受贿金额进行定罪量刑时,可对其实得10万元贿赂款的情节予以考量。

3. 对张某受贿罪的量刑

最高人民法院、最高人民检察院《关于办理贪污贿赂刑事案件适用法律若干问题的解释》,将贪污贿赂的量刑起点提高到3万元。3万元以上不满20万元是"数额较大",20万元以上不满300万元是"数额巨大",300万元以上是"数额特别巨大"。《刑法》第386条规定:"对犯受贿罪的,根据受贿所得数额及情节,依照本法第三百八十三条的规定处罚。索贿的从重处罚。"第383条规定:"对犯贪污罪的,根据情节轻重,分别依照下列规定处罚:……(二)贪污数额巨大或者有其他严重情节的,处三年以上十年以下有期徒刑,并处罚金或者没收财产。……"第67条规定:"犯罪以后自动投案,如实供述自己的罪行的,是自首。对于自首的犯罪分子,可以从轻或者减轻处罚……"根据前述分析,本案中张某受贿48万元,属于数额巨大,因此本案对被告人张某判处有期徒刑6年是合适的。

(二)关于巨额财产来源不明罪的量刑

《刑法》第395条规定:"国家工作人员的财产、支出明显超过合法收入,差额巨大的,可以责令该国家工作人员说明来源,不能说明其来源的,差额部分以非法所得论,处五年以下有期徒刑或者拘役;差额特别巨大的,处五年以上十年以下有期徒刑。财产的差额部分予以追缴。"由于本案中张某不能说明合法来源的金额是300多万元,属于法律规定的数额特别巨大,故针对张某财产不明金额的处罚应当在5年以上10年以下论处。考虑其金额特别巨大,社会影响力恶劣等,故原判决对该罪的量刑是不适当的。

（三）受贿罪和巨额财产来源不明罪数罪并罚

根据数罪并罚原则，[5]张某犯受贿罪和巨额财产来源不明罪应数罪并罚。

第二节　赛某、韩某某受贿、食品监管渎职案

——食品监管渎职罪中行为、罪过及特别情节问题的研究

■ 案例基本内容

[案情简介][6]

2011年9月17日，群众举报称云南丰瑞粮油工业产业有限公司（位于云南省嵩明县杨林工业园区，以下简称“杨林丰瑞公司”）违法生产地沟油，时任嵩明县质监局局长、副局长的赛某、韩某某等人到杨林丰瑞公司现场检查，得知该公司无生产许可证，其生产区域配套的食用油加工设备以“调试设备”之名在生产，现场有生产用原料毛猪油2244.912吨，其中有的外包装无标签标识等，不符合食品安全标准。9月21日，被告人赛某、韩某某没有计量核实毛猪油数量、来源，仅凭该公司人员陈述500吨，而对毛猪油591.4吨及生产用活性土30吨、无证生产的菜油100吨进行封存。同年10月22日，韩某某以“杨林丰瑞公司采购的原料共59.143吨不符合食品安全标准”为由建议立案查处，赛某同意立案，并召开案审会经集体讨论，决定对杨林丰瑞公司给予行政处罚。10月24日，嵩明县质监局作出对杨林丰瑞公司给予销毁不符合安全标准的原材料和罚款1419432元的行政处罚告知，并将行政处罚告知书送达该公司。之后，该公司申请从轻、减轻处罚。同年12月9日，赛某、韩某某以企业配合调查及经济困难为由，未经集体讨论，决定减轻对杨林丰瑞公司的行政处罚，嵩明县质监局于12月12日作出行政处罚决定书，对杨林丰瑞公司作出销毁不符合食品安全标准的原料和罚款20万元的处罚，并下达责令改正通知书，责令杨林丰瑞公司

---

[5] 各国刑法所采取的原则主要有吸收原则、并科原则、限制加重原则与混合原则，我国采用混合原则，但是针对有期徒刑则采用限制加重原则。

[6] 参见最高人民检察院指导性案例（检例第16号，2014年2月21日印发）。

于2011年12月27日前改正“采购的原料毛猪油不符合食品安全标准”的违法行为。12月13日,嵩明县质监局解除了对毛猪油、活性土、菜油的封存,实际并未销毁该批原料。致使杨林丰瑞公司在2011年11月至2012年3月,使用已查获的原料无证生产食用猪油并流入社会,对人民群众的生命健康带来较大隐患。

2011年10月至11月,被告人赛某、韩某某在查处该案的过程中,先后两次在办公室收受该公司吴某某给予的人民币10万元、3万元。

2012年3月13日,公安机关以该公司涉嫌生产、销售有毒、有害食品罪为由立案侦查。3月20日,赛某和韩某某得知该情况后,更改了相关文书材料,销毁了原始行政处罚文书,伪造了质监局分析协调会、案审会记录及杨林丰瑞公司毛猪油原材料的销毁材料,并将所收受的13万元受贿款作为对杨林丰瑞公司的罚款存入罚没账户。

［**裁判结果**］

2012年11月26日,云南省嵩明县人民法院一审认为,被告人赛某、韩某某作为国家工作人员,利用职务上的便利,非法收受他人财物,为他人谋取利益,其行为已构成受贿罪;被告人赛某、韩某某作为质监局工作人员,在查办杨林丰瑞公司无生产许可证生产有毒、有害食品案件中玩忽职守、滥用职权,致使查获的不符合食品安全标准的原料被用于生产,有毒、有害油脂流入社会,造成严重后果,其行为还构成食品监管渎职罪。鉴于杨林丰瑞公司被公安机关查处后,赛某、韩某某向领导如实汇报了受贿事实,且将受贿款以“罚款”形式上交,属自首,可从轻、减轻处罚。综合上述情况,法院判决被告人赛某犯受贿罪和食品监管渎职罪,数罪并罚,判处有期徒刑6年;韩某某犯受贿罪和食品监管渎职罪,数罪并罚,判处有期徒刑2年6个月。

一审宣判后,赛某、韩某某提出上诉。

2013年4月20日,云南省昆明市中级人民法院二审裁定驳回上诉,维持原判。

☐ 问题要点

在认定是否构成食品监管渎职罪时,应当注意判断行为人在食品安全监督管理中客观上有无滥用职权或者玩忽职守的行为,在分析行为人具体行为的基础之上,进而判断行为人主观罪过系故意还是过失。最后,还应当把握是否发生了重大食品安全事故或者其他严重后果。因本罪是结果犯,所以对于那些虽然有一定玩忽职守、滥用职权的渎职行为,但尚未发生严重后果的,可以不作为犯罪论处。对本罪所要求的"发生重大食品安全事故和造成其他严重后果"可从以下方面进行理解。第一,"发生重大食品安全事故"主要包括以下三种情形:(1)事故影响波及县级行政区域内2个以上乡镇,给大众饮食安全带来严重危害的;(2)造成伤害人数30人以上或造成死亡1人以上的;(3)县级政府认定为一般食品安全事故的。第二,"造成其他严重后果"至少应当包括给人民群众的健康安全造成威胁和造成恶劣的社会影响两种情况。在对从重情节进行适用的时候,要注意其与受贿行为之间的关系问题。

◇ 问题分析

一、对食品监管渎职罪行为的理解

根据《刑法》第408条之一的规定,食品监管渎职罪,是指负有食品安全监督管理职责的国家机关工作人员,滥用职权或者玩忽职守,导致发生重大食品安全事故或者造成其他严重后果的行为。据此,该罪表现为违反食品监管领域的相关法律、行政法规、规章等实施的滥用职权或者玩忽职守的行为。大多国家的刑法典中并没有明确区分滥用职权与玩忽职守,往往都表现为滥用职权。《日本刑法典》第25章的渎职罪包括两种类型:滥用职权的犯罪和有关贿赂的犯罪,可见其并未将玩忽职守罪作为一种独立于滥用职权的犯罪,其同时认为所谓的滥用职权,就是指非法使用职务上的权限,实施违反其职务宗旨的行为。[7] 在《意大利刑法典》《德国刑法典》等刑法典中,也没有明确区分滥用职权与玩忽职守。我国《刑法》明确区分了这两种行为,并对这两种行为进行了解释。最高人民检察院《关于渎职侵权犯罪案件立案标准的规定》指出,滥用职权罪是指国家机关工作人员超越职权,违法决定、处理其无权决定、处理的事项,或者违反规定处理公务,致使公共财产、国家和人民的利益遭受重大损失;玩忽职守罪是指国家机关工作人员严重不负责任,不履行或者不认真履行职责,致使公共财产、国家和人民的利益遭受重大损失。据此,本书有以下理解:第一,滥用职权罪的表现形式侧重于职权中的有两个方面:一是行为人违法行使食品安全监督管理职权的行为;二是行为

---

〔7〕 参见黎宏:《日本刑法精义》(第2版),法律出版社2008年版,第540页。

人超越了食品安全监督管理职权范围内的实施行为。第二,玩忽职守罪的表现形式则更加侧重于职责的方面,表现为行为人对食品监管行为的极其不负责任,不履行或不按规定履行食品安全监督管理的职责。[8] 实践中,本罪还表现为有关监督管理部门工作人员明知他人生产、销售有毒、有害食品,为了隐瞒事实真相、逃避责任追究等而滥用职权,向生产、销售有毒、有害的犯罪分子通风报信,帮助逃避处罚的行为。[9] 但是最高人民法院、最高人民检察院《关于办理危害食品安全刑事案件适用法律若干问题的解释》第16条第3款规定:"负有食品安全监督管理职责的国家机关工作人员与他人共谋,利用其职务行为帮助他人实施危害食品安全犯罪的行为,同时构成渎职犯罪和危害食品安全犯罪共犯的,依照处罚较重的规定定罪处罚。"由此带来的问题是,指导案例是把负有监督管理职责的国家机关工作人员通风报信的行为都认定为食品监管渎职罪,但是上述司法解释则认为应当在渎职犯罪和危害食品安全犯罪共犯中从重处罚,两者之间是存在一定矛盾的,甚至指导案例有突破司法解释之嫌。因为根据共犯原理,两人以上共同故意犯罪即为共同犯罪,所以,负有食品监督管理职责的国家机关工作人员明知他人生产、销售有毒、有害食品而滥用职权给他人通风报信,完全可能成立危害食品安全犯罪的共犯。故本书认为,司法解释的规定更加合理。

二、食品监管渎职罪罪过的界定

我国对于食品监管渎职罪中罪过的理解主要存在两种观点,即"过失说"和"故意与过失并存说"。支持"过失说"的学者主要以贾宇教授为代表,该学说的主张如下:第一,罪过形式只能是在故意与过失两者中确定其一,在同一个罪名里,行为人的主观罪过形式不是属于故意,就是属于过失,而不能是模棱两可的。第二,行为人对重大食品安全事故的发生持不希望态度,虽然该罪行为有滥用职权,但是在渎职的过程中,行为人对于导致重大食品安全事故这一危害结果肯定是抱着避免发生的心理状态。无论是疏忽还是故意,两种行为都是违背自己职责的极其不负责任的渎职行为,但由于这两种情况下行为人主观恶性不同,所以其

---

[8] 参见储槐植:《食品监管渎职罪探析》,载《法学杂志》2012年第1期。

[9] 参见最高人民检察院指导案例:胡林贵等人生产、销售有毒、有害食品,行贿,骆梅等人销售伪劣产品,朱伟全等人生产、销售伪劣产品,黎达文等人受贿、食品监管渎职案【检例第15号,2014年2月21日印发】。该指导案例在要旨中指出,负有安全监督管理职责的国家机关工作人员,滥用职权,向生产、销售有毒、有害的犯罪分子通风报信,帮助犯罪分子逃避处罚的,应当认定为食品监管渎职罪。

所受到的谴责程度必然也会有所不同。对于这种区别应着重体现在量刑上，而不能体现为罪质的区别。《刑法》中类似的条文并不少见，如交通肇事罪、重大责任事故方面的犯罪等。这些罪名的罪过形式都比较复杂，客观方面都存在行为人在生产、工作等行为中违反相关的安全管理规定的情形，即所谓的“明知而故犯”，但由于行为人对其自身行为可能导致危害结果的发生抱着避免、消极抵制的心态，显然符合过失犯罪的意志特征，所以应当以过失论处。也就是说，尽管这些犯罪的客观方面都包含着滥用职权的故意行为，但主观方面仍然符合过失犯罪的罪过特征。在司法实践中，这些犯罪也都是以过失犯来界定的，因此，食品监管渎职罪也属于此列。第三，以危害结果作为犯罪的必要构成要件符合过失犯的基本特征。刑法条文中“导致发生重大食品安全事故或者造成其他严重后果的”这一明确规定，意味着食品监管行为与危害结果发生之间具有因果关系，这是认定本罪的一个关键要素，也是说过失犯罪“以危害结果发生为必要条件”的犯罪构成模式为固定的表达方式。〔10〕

但是以上观点存在如下问题：第一，虽说在一个罪名里或者一个法条中只能存在一种罪过，即故意或者过失，但是这是立法技术的问题，这方面的问题在渎职犯罪里体现得较为突出，故也有学者认为该罪的主观罪过是由间接故意与过于自信过失聚合的复合罪过，〔11〕不能因为立法中的技术问题否认罪名存在的罪过问题。对此，有学者指出：“未将《刑法》第408条之一的规定确定为食品监管玩忽职守罪和食品监管滥用职权罪两罪，而是确定为一罪。这主要是考虑两罪法定刑完全相同，分别确定罪名没有实际意义。相反，实践表明滥用职权和玩忽职守的区分，往往遇到困难，引发争议，会给司法适用和理论研究人为制造难题，且可能引发不必要的上诉、抗诉或者申诉，浪费国家司法资源。”〔12〕第二，《刑法》第408条之一的罪状中已经很明显地包含了滥用职权和玩忽职守，而滥用职权罪和玩忽职守罪在司法习惯中分别属于故意犯与过失犯，由此，食品监管渎职罪的罪过形式

---

〔10〕 参见贾宇：《食品监管渎职罪的认定及适用》，载《河南财经政法大学学报》2012年第2期。

〔11〕 参见储槐植、李莎莎：《食品监管渎职罪的复合罪过》，载《检察日报》2012年3月1日，第3版。

〔12〕 张军：《认真学习刑法修正案（八）促进经济社会科学发展》，载《人民日报》2011年5月4日。时任最高人民法院副院长的张军之所以没有将该条分为两条主要是从实践的角度进行解读的，但是并没有否认该罪存在故意和过失。

应当包括故意与过失。[13] 无可否认的是,在玩忽职守方面,行为人因为严重不负责任,不履行或者不认真履行职责,对结果的发生持的是一种否定的态度,即存在主观过失;但是在滥用职权方面,行为人超越职权,违法决定或违反规定处理相关事项或公务,可见其对结果是有认识的,至少应是间接故意。第三,虽然结果的发生是过失犯的一个重要特征,但是结果的发生并不为过失犯所独有,在故意犯罪中,很多的犯罪都需要有危害结果的发生,且是以危害结果的发生来区分犯罪的未完成形态的。

综上,本书认为,本罪的罪过应为故意与过失并存。基于此,有学者认为,《刑法》第308条之一应当分解为食品监管滥用职权罪和食品监管玩忽职守罪。[14] 诚如张军所言,若对本罪不作区分将会为司法实践解决一些难题,但是本罪在实践中真的就不需要区分故意或者过失吗?在认定共同犯罪的案件中,是否需要区分故意或过失呢?两人以上共同滥用职权,如果不区分主从犯,应当如何去认定两人作用的大小呢?不区分故意或者过失,是否会形成结果责任,违反责任主义呢?[15] 在赛某、韩某某食品监管渎职案中,无论是判决书还是指导案例的要旨均表述为"滥用职权或玩忽职守",而没有区分两种行为,也未对两人是否构成共同犯罪及其相关的作用进行评价。这种局面并不是法律适用导致的,而是由案件的证据导致的,因为只要对行为人主观上是故意或过失有证据予以证实,司法办案人员就完全可以凭借自己的专业知识予以判断。所以,明确该罪罪过系故意与过失并存对司法实践具有重大的指导意义。

三、对食品监管渎职罪中特别情节的理解

(一)本罪是否系结果犯的争论

根据《刑法》第408条之一的规定,成立食品监管渎职罪必须满足"导致发生重大食品安全事故或者造成其他严重后果的"条件。这就意味着,没有造成重大食品安全事故或者其他严重后果的渎职行为即使有一定的滥用职权或玩忽职守的行为,也不能以犯罪论处。因此,本书认为,食品监管渎职罪是结果犯,这也是刑法理论界和实务界的通说。

---

〔13〕 参见安文录、虞浔:《食品监管渎职罪疑难问题司法认定研究——以〈刑法修正案(八)〉第49条为主线》,载《政治与法律》2011年第9期。

〔14〕 参见张明楷:《刑法学》(第5版),法律出版社2016年版,第1266页。

〔15〕 张明楷:《刑法学》(第5版),法律出版社2016年版,第1266页。

但是仍有学者从“风险刑法”的角度提出,“食品安全监督渎职犯罪可作为一种危险犯来认定”。[16]其理由主要是围绕食品安全事故影响的“长期潜伏性”来阐述的,其认为若发生了食品安全问题,但短时间内无法看到现实的“严重后果”,则为满足保护社会民生、打击食品监管渎职犯罪的需要,将食品监管渎职罪规定为危险犯显然更为适宜。也有学者从大陆法系刑罚阻却事由理论的角度出发,认为“导致发生重大食品安全事故或者造成其他严重后果”这一条件本身不属于该罪的犯罪成立条件,而只是犯罪成立条件之外的客观处罚条件,该条件是否具备不影响食品监管渎职罪的成立。[17] 以上学者所述都有一定的道理,理由是:第一,本罪系《刑法修正案(八)》新增之罪名,主要的立法背景是近年频发食品安全事件,而某些职能部门的不作为让食品安全监管几乎形同虚设,一些负有食品安全监管职责的国家机关工作人员,尽管涉嫌玩忽职守或者滥用职权,却很少被追究刑事责任。为确保百姓的餐桌安全,单靠处罚相关企业显然不够,必须把失职的监管部门工作人员一并纳入处罚范围,追究监管人员的法律责任。[18] 本罪的立法目的主要是惩治不履职的食品监管工作人员,保障百姓的餐桌安全,故从风险刑法的角度看,似乎有一定的道理。但是由此带来的问题是,如果一定要完全实现立法原意,则完全可以把“导致发生重大食品安全事故或者造成其他严重后果的”这一规定予以删除,即只要负有食品监督管理职责的国家工作人员实施了滥用职权或者玩忽职守的行为即可入罪。另外,若把本罪当作危险犯对待,那么,应该是抽象的危险犯还是具体的危险犯呢?《刑法》之所以没有采纳“风险刑法”的观点,是因为负有监管职责的国家机关工作人员虽有一定的滥用职权或者玩忽职守的行为,但是行为却没有造成任何损害后果或者损害后果轻微,也就没有必要纳入刑法调整,且我国除了可以对行为人的违法行为作违法性评价以外,还可以作违纪性评价。第二,上述学者还认为,“导致发生重大食品安全事故或者造成其他严重后果”属于客观的处罚条件,该条件是否具备,不影响该罪的成立,即倾向于认为“导致发生重大食品安全事故或者造成其他严重后果”不作为犯罪的构成要件要素。该说虽有一定的道理,但是本书认为把上述规定作为本罪的一个构

---

〔16〕 参见盛杨:《浅析“食品安全监管渎职罪”》,载《法制与社会》2011 年第 7 期。

〔17〕 参见潘星丞:《论食品安全监管的刑事责任——监督过失理论的借鉴及“本土化运用”》,载《华南师范大学学报》(社会科学版)2010 年第 3 期。

〔18〕 参见高铭暄:《中华人民共和国刑法的孕育诞生和发展完善》,北京大学出版社 2012 年版,第 631 页。

成要件要素更加合适,也更有利于做到保障人权和有效打击犯罪。本书认为,关于上述特别情节,可以用张明楷教授所提出的"客观超过要素"的概念予以解释。客观超过要素仍然是犯罪构成要件的要素,不是构成要件之外的客观处罚条件。就一般意义而言,客观的超过要素既可能存在于故意犯罪,也可能存在于过失犯罪。客观超过要素的主要特点是,不需要行为人对之具有认识与放任或希望态度,[19]且《刑法》渎职罪一章中的特别情节大多是这种情况,如若按照上述学者所提倡之观点,则有可能导致犯罪认定的扩大化。

综上,本书认为,《刑法》第 408 条将"导致发生重大食品安全事故或者造成其他严重后果"规定为食品监管渎职罪成立的必要条件之一是正确的。据此,本书再作以下两点说明:

第一,将食品监管渎职罪规定为结果犯,符合我国《刑法》针对一般渎职犯罪和其他领域监管渎职犯罪的立法模式。食品监管渎职罪是渎职犯罪在食品安全监管方面的特殊运用。在我国《刑法》第九章关于渎职罪的规定中,不仅是一般国家机关工作人员的监管渎职罪(例如《刑法》第 397 条滥用职权罪和玩忽职守罪),而且是其他特定领域国家机关工作人员的监管渎职罪(例如《刑法》第 408 条环境监管失职罪),都统一地将"致使公共财产、国家和人民利益受到重大损失"或者"导致发生重大环境污染事故,致使公私财产遭受重大损失或者造成人身伤亡的严重后果"作为定罪量刑的必要要件。可见,将食品监管渎职罪归属为结果犯符合《刑法》针对一般渎职犯罪和其他领域监管渎职犯罪的立法模式。

第二,"风险刑法"的宗旨并不是盲目将法益的保护早期化,而是追求风险和谦抑的统一。进入工业社会以来,为了保护社会的公共利益,避免由于危害结果发生而造成无法挽回的损失,越来越多的立法将法益保护提前到了风险或危险出现之前,例如非法持有枪支罪和醉酒型危险驾驶罪等。尽管这种立法符合现代刑法法益保护的宗旨,但是若将法益保护不当提前,也存在会扩大《刑法》干预范围、违反《刑法》谦抑性原则的问题。正如马克昌教授在生前最后一堂课中所讲:"风

[19] 参见张明楷:《刑法分则的解释原理(上)》(第 2 版),中国人民大学出版社 2011 年版,第 475 ~ 480 页。也有学者认为张明楷教授的客观超过要素概念大体等同于大陆法系的客观处罚条件,但是两者是不同的,尤其是在是否作为犯罪的构成要件要素方面。张明楷在该书客观超过要素中一章中还详细论述了为什么客观超过要素不是故意的认识和意志内容,而是依然要作为犯罪构成要件要素,另外还对此情况是否违反责任主义原理等问题进行了说明。限于本书篇幅和讨论问题的重点不在于此,故不再罗列。

险刑法不能只强调危险,还要考虑危险到什么程度才入罪,不要让刑法过于提前介入,而应尽量加以限制,以实现两者(风险刑法和刑法谦抑)之间的平衡。"[20]虽然将食品监管渎职罪归属为危险犯,可以在很大程度上避免公共财产、国家和社会公众利益可能遭受的损失,但同时也会导致负有食品监管职责的国家机关工作人员为其并不具有确定的社会危害性的行为承担刑事责任,这无疑将侵犯该类人员的合法权益。

(二)对重大食品安全事故或者其他严重后果的理解

《刑法修正案(八)》新增本罪后,最高人民法院、最高人民检察院于 2013 年 4 月 28 日通过了《关于办理危害食品安全刑事案件适用法律若干问题的解释》,该解释于同年 5 月 4 日起施行,对《刑法》第 143 条、第 144 条、第 408 条之一以及相互之间的适用问题等进行了规定,但是并没有对"重大食品安全事故或者其他严重后果"进行界定。导致出现下述几种有关处理方式的争议。

第一,有观点认为,对本罪的特别情节可参考上述司法解释第 143、144 条中关于"严重情节""后果特别严重""对人体健康造成严重伤害"等规定。但是由此带来的问题是,若立法者认为本罪的特别情节适用上述司法解释,则应当在立法的时候就明确说明负有食品监督管理职责的国家机关工作人员的特别情节适用上述规定,可是该司法解释并没有说明,这表明立法人员认为本罪主体并不适用于该司法解释。另根据《刑法》第 143 条和第 144 条的规定,行为人对其行为及其造成的结果应完全具有认识,主观上系故意,但是对本罪的后果是否要求有完全认识则存在理论上的争议,盲目地以上述司法解释的规定来对负有食品监督管理职责的国家机关工作人员进行同等打击,将会明显导致罪、责、刑不统一。故该观点不可取。

第二,另有观点认为可参考《食品安全法》的相关规定,对食品安全事故进行认定。根据该法第 150 条的规定,食品安全事故指食源性疾病、食品污染等源于食品,对人体健康有危害或者可能有危害的事故。但是《食品安全法》并没有规定何谓重大安全事故。所以有学者认为,所谓重大安全事故,是指食物中毒、食源性疾患、食品污染等源于食品、对人体有危害或者可能有危害的重大事故。[21] 但这似乎也没有给出一个清晰的认定标准。根据《国家重大食品安全事故应急预案》

---

〔20〕 宫步坦:《马克昌的最后一课:如何走向市民刑法》,载《南方周末》网络版:http://www.infzm.com/content/63377.2016-7-20,最后访问日期:2017 年 11 月 3 日。

〔21〕 参见王作富:《刑法分则实务研究(下)》(第 5 版),中国方正出版社 2013 年版,第 1808 页。

的规定,按事故的性质、危害程度和涉及的范围,可将重大食品安全事故分为特别重大安全事故(一级)、重大食品安全事故(二级)、较大食品安全事故(三级)和一般安全事故(四级)。从该规定来看,"一般安全事故"以上都属于重大食品安全事故,但是关于重大食品安全事故的界定标准,各地也规定不一,但是都是通过波及的地域、造成的伤害人数或者经县级以上政府认定等方面作综合认定,如有的地方认为,一般安全事故应当符合以下情形:(1)事故影响范围涉及县级行政区域内或者2个以上(含2个)乡镇,给人民群众饮食安全带来严重危害的;(2)造成伤害人数30~99人,未出现死亡病例的;(3)县级以上政府认定的其他一般食品安全事故。[22] 结合相关地方的实践情况,本书认为,可将本罪所要求的重大食品安全事故的标准描述如下:事故影响波及县级行政区域内2个以上乡镇,给大众饮食安全带来严重危害的;造成伤害人数30人以上或死亡人数1人以上的;县级政府认定为一般食品安全事故的。

第三,还有观点认为《刑法》及其相关的司法解释并没有对特别情节作出明确的规定,根据罪刑法定原则的要求,应该有待于相关司法解释的完善规定。但是在刑法分则中,还有很多罪名中的类似于"严重情节""严重后果"等表述均没有明确的规定,立法者考虑到各地实际情况不同,若盲目把各地规定为统一标准,难免会造成"一刀切",故不如留待各地的司法者根据实际情况进行裁判,方能体现《刑法》的公平正义。

本书认为,只有上述第二种观点值得借鉴,但是上述第二种观点只对"发生重

---

〔22〕《郑州食品安全监测体系将全覆盖 事故预警分四级》,载《医源世界》(网络期刊《安全快报栏目》),载中国经济网:district. ce. cn/newarea/roll/t20120401 - 23210246. shtml,最后访问日期:2019年9月25日。郑州除对上述所述的一般安全事故(四级)进行界定外,还规定特别重大安全事故(一级)包括四种情形:(1)事故危害特别严重,对2个以上(含2个)省份造成严重威胁,并有进一步扩散趋势的;(2)超出事发地省政府处置能力的;(3)发生跨国(境)食品安全事故,造成特别严重社会影响;(4)国务院认为需要由国务院或国务院授权有关部门负责处置的。重大食品安全事故(二级)同样包括四种情形:(1)事故危害严重,影响范围涉及省内2个以上(含2个)省辖市行政区域的;(2)造成伤害人数100人以上(含100人),并出现死亡案例的;(3)出现10例以上(含10例)死亡病例的;(4)省政府认定的其他重大食品安全事故。较大食品安全事故(三级)包括三种情形:(1)事故影响范围涉及省辖市行政区域内2个以上(含2个)县级行政区域,给人民群众饮食安全带来严重危害的;(2)造成伤害人数100人以上(含100人),或出现死亡案例的;(3)省辖市级政府认定的其他较大食品安全事故。以上系郑州市认定食品安全事故四个等级的相关标准,是根据《国家重大食品安全事故应急预案》的规定认定事故等级,按事故性质、危害程度、波及范围进行分级的。笔者查看了多个地方的分类标准,大体都如郑州,所以郑州的分类标准具有较强的指导意义。

大食品安全事故”进行了界定，未对“造成其他严重后果”予以说明。本书认为，“造成其他严重后果”至少应当包括以下两种情形：第一，威胁人民群众生命安全。之所以有此一说主要是因为本书引用的案例之所以被最高人民检察院列为指导案例，就是因为本案中关于造成其他严重后果的认定。裁判要旨对此作了如下描述：“负有食品安全监督管理职责的国家机关工作人员，滥用职权或玩忽职守，导致发生重大食品安全事故或者造成其他严重后果的，应当认定为食品监管渎职罪。”本案例判决的事实认定部分指出，“使用已查获的原料无证生产食用猪油并流入社会，对人民群众的生命健康造成较大隐患”，该叙述不符合上文所分析的重大食品安全事故，因而属于其他严重后果。所以本书认为，对人民群众的生命健康安全造成威胁也可认定为属于造成其他严重后果。第二，造成特别恶劣的社会影响。这是本章中许多渎职犯罪的入罪条件之一，如滥用职权罪、玩忽职守罪、非法批准占用土地罪等。造成特别恶劣的社会影响一般是指食品安全的行为造成了群众游行示威、上访、被大量新闻媒体作负面报道等。这些情况往往会给人民群众的生活带来恐慌，给政府的权威造成不良影响，会引起社会的骚乱和不和谐，其引发的后果并不比“重大食品安全事故”小。所以本书认为，造成恶劣社会影响的也应属于造成其他严重后果。

综上，本罪所要求的“发生重大食品安全事故”主要包括以下三种情形：(1)事故影响波及县级行政区域内2个以上乡镇，给大众饮食安全带来严重危害的；(2)造成伤害人数30人以上或死亡人数1人以上的；(3)县级政府认定为一般食品安全事故的。而本罪所要求的“造成其他严重后果”至少应包括给人民群众的健康安全造成威胁和造成恶劣社会影响两种情况。

四、对从重情节的理解

《刑法》第408条之一第2款规定：“徇私舞弊犯前款罪的，从重处罚。”根据最高人民检察院《关于渎职侵权犯罪案件立案标准的规定》的规定，徇私舞弊是指国家机关工作人员为徇私情、私利，故意违背事实和法律，伪造材料，隐瞒情况，弄虚作假的行为。在徇私利的情况下，可能会涉及负有食品监管职责的国家机关工作人员收受贿赂的情况。根据最高人民法院、最高人民检察院《关于办理渎职刑事案件适用法律若干问题的解释（一）》第3条的规定：“国家机关工作人员实施渎职犯罪并收受贿赂，同时构成受贿罪的，除刑法另有规定外，以渎职犯罪和受贿罪数罪并罚。”而《刑法》第408条规定的犯罪主体不属于《刑法》另有规定的类型，所以理论上应该适用数罪并罚,但是该条第3款却又规定了从重处罚,由此可能会带来本罪和受贿罪应如何适用的问题。

《刑法》第408条徇私舞弊食品监管渎职罪法条的主要特征为:在主体上是负有食品监管职责的国家机关工作人员;在主观上表现为徇私情、私利;在客观行为上采取的是舞弊行为就是对危害食品安全的行为不予监管;在定罪限制条件上要求的是发生重大食品安全事故或者造成其他严重后果。《刑法》第385条受贿罪法条的基本要素为:在主体上是国家工作人员;在客观行为上采取的是利用职务上的便利,索取他人财物,或者非法收受他人财物,并有为他人谋取利益的故意行为;在定罪限制条件上要求的是受贿数额3万元以上。从上述两罪法条所规定的犯罪构成要件来看,受贿罪与食品监管渎职罪有密切的联系。我国刑法学界有学者将上述两罪的法条关系解释为法条竞合关系;我国台湾地区刑法学界也有持上述观点的学者。[23] 当然,司法实务部门及刑法理论界也有观点认为徇私舞弊兼有受贿的,属于牵连犯。[24] 还有观点认为兼有徇私舞弊、受贿的,应实行数罪并罚。[25] 由此可见,刑法理论界对此类问题尚未达成较为一致的认识。

持法条竞合论者的认为,从受贿罪与徇私舞弊食品监管渎职罪的法条内涵来着手,两者之间存在交叉重合的关系。具体来说,在主体上,受贿罪主体范围中的国家机关工作人员包括徇私舞弊食品监管渎职罪的主体,也就是食品安全监管机关工作人员;在客观方面,受贿罪是为他人谋取利益,包括徇私舞弊不依法履行监管职能的舞弊行为,也就是为他人谋取非法利益。从以上两方面看,徇私舞弊食品监管渎职罪与受贿罪存在法条重合关系。但是,本书认为,上述的法条关系并不能概括徇私舞弊食品监管渎职罪法条与受贿罪法条的全部关系。事实上,在另一方面,虽然徇私舞弊食品监管渎职罪法条中的"徇私"在内容上都包括徇私情、私利,但受贿罪法条中的受贿内容仅止步于私利,而且具体表现为财产性利益。在这个意义上来看,徇私舞弊食品监管渎职罪的法条包括了受贿罪法条的内容。同时,受贿罪在客观上存在两种形态:一是索贿的形态,不要求具备为他人谋取利益要件;二是受贿的形态,必须同时具备为他人谋取不法利益的要件。上述两种不同形态的受贿对于如何认定徇私舞弊食品监管渎职罪法条与受贿罪法条之间

---

〔23〕 参见蔡墩铭:《刑法分则论文选辑(上)》,五南图书出版股份有限公司1984年版,第37页。
〔24〕 参见朱丽欣、于泓:《渎职、"侵权"案件侦查实务》,中国检察出版社2000年版,第108页。
〔25〕 参见张穹:《贪污贿赂渎职"侵权"犯罪案件立案标准精释》,中国检察出版社2000年版,第240页。

的关系同样具有重要影响。所以，本书认为，对于食品监管渎职罪法条与受贿罪法条关系的价值判断，不能仅仅截取其中的一部分，而应当进行全面的判断。从这个意义上来看，徇私舞弊食品监管渎职罪法条与受贿罪法条存在交叉重合关系，所以，不能归结为典型意义上的法条竞合关系。

在徇私舞弊的食品监管渎职罪案件中，若同时构成渎职罪与受贿罪应如何处理呢？主要有以下两种观点：第一种观点为"数罪并罚说"，即如果收受贿赂并且达到所规定的受贿罪数额标准，就应采取食品监管渎职罪与受贿罪数罪并罚的方式。第二种观点为"从一重处断说"，该学说又可以区分为两种不同的解释：一类认为因收受他人贿赂而实施相应的食品安全舞弊犯罪，则属于牵连犯，应择一重罪处罚；另一类认为徇私舞弊的食品监管渎职犯罪行为所涉嫌的两个罪名属于想象竞合犯，应为实质的一罪，但在最终的处理方式上同牵连犯一样都是以重罪论处。本书采"数罪并罚说"，原因是：第一，相关司法解释已经对此问题进行了明确的解释，在《刑法》没有另外规定的情况下，对此情况一律实行数罪并罚，且本书认为，在实行数罪并罚的情况下，即使行为人有徇私舞弊的情形，也不应当再对食品监管渎职罪进行从重处罚，因为徇私舞弊的情节已经在另外一个罪名即受贿罪中获得了评价，所以再把徇私的情节评价到食品监管渎职罪中就出现了对同一行为而进行两次评价，明显不合适。第二，最高人民检察院的相关指导案例也对该问题进行了明确，本书所引用的赛某、韩某某受贿、食品监管渎职案就是指导案例之一。该指导案例在要旨中明确提出，在渎职过程中受贿的，应当以食品监管渎职罪和受贿罪实行数罪并罚。[26] 第三，实施渎职犯罪并收受贿赂，本身就是两个行为，在法律没有拟制规定的情况下，理所当然地应认定为数罪，按照数罪并罚的规定量刑。特别需要指出的是，若受贿的数额没有达到法定的追诉标准即 3 万元，则应当适用《刑法》第 408 条第 3 款的规定从重处罚。原因是虽然没有达到法定的受贿数额，但是负有食品监管职责的国家机关工作人员接受了贿赂，且为徇私故意违背事实和法律，伪造材料、隐瞒情况、弄虚作假，自然可以用该款之规定予以评价。除此之外，若负有监管职责的国家机关工作人员与他人是特定的关系

---

〔26〕 参见最高人民检察院指导案例：胡林贵等人生产、销售有毒、有害食品，行贿；骆梅等人销售伪劣产品；朱伟全等人生产、销售伪劣产品；黎达文等人受贿、食品监管渎职案【检例第 15 号，2014 年 2 月 21 日印发】。该指导案例在要旨中指出，在渎职过程中受贿的，应当以食品监管渎职罪和受贿罪实行数罪并罚。两案例同时指出该种情况均应数罪并罚。

人,如朋友、亲戚、同学等,则为徇私情而故意违背事实和法律,伪造材料、隐瞒情况、弄虚作假自然也可以适用从重处罚的规定。

▲ 本案分析

一、本案的定性分析

由于本案主要讨论的是食品监管渎职罪,且对本案中两被告人赛某、韩某某构成受贿罪没有什么争议,故对两人构成受贿罪不作讨论。本书认为,根据以上对食品监管渎职罪存在的问题所作的分析可知,两人的行为构成了食品监管渎职罪,原因是:第一,在主体方面,被告人赛某和被告人韩某某系嵩明县质量监督管理局局长和副局长,属于国家机关工作人员,且对食品安全负有监督管理职责。第二,在行为方面,判决书和最高人民检察院的指导案例均认定两人具有玩忽职守或者滥用职权的行为,而没有特意去区分两人究属滥用职权还是玩忽职守,这也与理论上或者实践中对本罪属于故意或过失的争议有关。如上文的分析,本书明确认为本罪为故意与过失并存,故从对我国对刑事案件的证明标准即"事实清楚、证据确实充分"来看,应该明确该罪属食品监管滥用职权罪还是食品监管玩忽职守罪,这也是本案办理过程中的一个最大瑕疵。从本案具体情况来看,本书倾向于认为本案构成食品监管滥用职权罪,即两被告人具有滥用职权的行为,主要表现在:赛某、韩某某等人到杨林丰瑞公司现场检查,查获该公司无生产许可证,发现其生产的毛猪油不符合食品安全标准。后韩某某建议立案查处,赛某同意立案,并召开案审会经集体讨论,决定对杨林丰瑞公司给予行政处罚。后由于两人受贿,赛某、韩某某以企业配合调查及经济困难为由,未经集体讨论,决定减轻对杨林丰瑞公司的行政处罚,最终解除了对毛猪油、活性土、菜油的封存,但实际并未销毁该批原料。致使杨林丰瑞公司在2011年11月至2012年3月使用已查获的原料无证生产食用猪油并流入社会,两人的行为符合司法解释所规定的滥用职权的规定。第三,在特别情节方面。上文的分析已经说明,本罪系结果犯,本案中造成的其他严重后果主要是指对人民群众的生命健康安全造成威胁,这点也得到了最高人民检察院的肯定。此种观点也是本书极力赞成的。第四,在因果关系上,两被告人滥用职权的行为与其所造成的严重后果之间具有因果关系。负有食品监管职责的两被告人因为滥用职权的行为致使杨林丰瑞公司在2011年11月至2012年3月使用已查获的原料无证生产食用猪油并流入社会,对人民群众的生命健康造成较大隐患。其渎职行为对危害后果具有原因力,应当认为与危害后果之间具有因果关系。第五,在主观罪过上,本书认为本罪系故意与过失并存,故应当明确本案中两人的行为系故意还是过失,本书认为两人在主管罪责上系间接故意,因为两被告人明知自己滥用职权的行为会发生损害国家机关公务的合法、公正、有效执行以及对此的信赖效果,而放任这种危害结果的发生。至于本罪所要求的特别情节,在滥用职权之时不需要对此有正确的认识,而只需具有认识的可能性。不符合食品安全标准的食品流入社会对人民群众生命健康安全具有威胁,由于两被告人对此均有认识,但是还是放任其发生,因而构成间接故意。第六,在罪名适用上,上文已经分析过,对于受贿数额达到立案标准的,应当以渎职犯罪和受贿罪数罪并罚,该案例最终也是以此进行裁判认定的,在适用上没有问题,故不再对该问题进行阐述。

二、本案的量刑分析

本案中,法院对赛某犯受贿罪和食品监管渎职罪,数罪并罚,判处有期徒刑6年;韩某某犯受贿罪和食品监管渎职罪,数罪并罚,判处有期徒刑2年6个月;经认定的量刑情节仅有自首,但对此仍有两点需要进行分析:其一,本案因为没有区分滥用职权和玩忽职守,所以也没有区分主从犯,法院在判决书中对两人的地位和作用均未说明。从本书的观点来看,两人在食品监管渎职罪方面构成共同犯罪,从判决书叙述的事实来看,两人的地位和作用相差不大,不宜区分主从犯,〔27〕但是因为赛某职位比韩某某高,故在对共同主犯进行量刑的时候可予以考虑。其二,关于上文所述《刑法》第408条第3款的适用问题,本书认为,若受贿情节涉嫌徇私,则没有必要再在食品监管渎职罪中予以评价,直接用受贿罪对此受贿的行为进行评价即可。本案中,根据受贿的相关事实我们可以认定,两人的行为符合徇私舞弊的相关规定,严格意义上说应该适用第408条第3款的规定,但是上文已经分析,此种情况无适用第3款的必要,而本案判决书也没有引用关于第3款的规定,这与本书的观点是一致的。

---

〔27〕 这是从法院的判决书叙述的事实来看的,在实践中,对主从犯的认定对被告人的量刑影响极大,需要综合审查全案的证据作决定。笔者因为没有阅读全案的证据,仅就描述事实作决定,是为了研究方便。

第三节 刘某某受贿、滥用职权案

——对滥用职权罪中罪质、罪过、情节等问题的研究

■ 案例基本内容

[**案情简介**][28]

1. 受贿犯罪事实

1986~2011年,被告人刘某某先后利用担任郑州铁路局武汉铁路分局党委书记、分局长,郑州铁路局副局长,沈阳铁路局局长,原铁道部(以下简称铁道部)运输总调度长,副部长,部长、党组书记的职务便利,为丁某某等11人在职务晋升、亲友就业、承揽工程、获取铁路运输计划等事项上提供帮助,非法收受上述人员给予的财物,折合人民币共计6460.54万元。

2004~2011年,被告人刘某某利用担任铁道部部长职务上的便利,接受博宥投资管理集团有限公司法定代表人丁某某的请托,为丁某某及其亲属实际控制的公司获得铁路货物运输计划、获取经营动车组轮对项目公司的股权、运作铁路建设工程项目中标、解决企业经营资金困难等事项提供帮助。2007年12月,铁道部政治部原主任何某某因涉嫌严重违纪被调查,刘某某担心自己收受何某某贿赂的事情暴露,指使丁某某疏通关系帮助何某某逃避查处。为此,丁某某先后给予谎称有能力运作此事的刘某甲等人共计人民币4400万元。2008~2010年,刘某某为了给自己职务调整创造条件,指使丁某某疏通关系,为此,丁某某于2010年下半年给予谎称有能力运作此事的于某某500万元。丁某某将上述钱款支付情况均告知了刘某某。其余受贿事实略。[29]

---

〔28〕 参见《中国法律年鉴》2014年第1期;本案例为最高人民检察院指导性案例,参见《最高人民检察院公报》2013年第6号(总第137号)。

〔29〕 因本书所要讨论的主要是滥用职权罪,而刘某某滥用职权的事实主要涉及人员仅为丁某某,故在受贿事实部分仅仅摘录丁某某行贿部分。

2. 滥用职权犯罪事实

被告人刘某某在担任铁道部部长期间,违反规定,徇私舞弊,为丁某某及其亲属实际控制的公司获得铁路货物运输计划、获取经营动车组轮对项目公司的股权、运作铁路建设工程项目中标、解决企业经营资金困难等事项提供帮助,使丁某某及其亲属获得巨额经济利益,致使公共财产、国家和人民利益遭受特别重大损失。

(1)2004~2011年,被告人刘某某接受丁某某的请托,徇私舞弊、滥用职权,违反《公务员法》《铁道部工作规则》等规定,指使、授意时任铁道部运输局副局长苏某某、呼和浩特铁路局局长林某某等人,为丁某某及其亲属实际控制的公司安排铁路货物运输计划,丁某某及其亲属通过倒卖等方式非法获利共计人民币4.1亿元,刘某某的上述行为严重破坏了铁路运营秩序,造成了特别恶劣的社会影响,致使国家和人民利益遭受了特别重大损失。

(2)2006年6月至2009年,被告人刘某某在铁道部开展动车组轮对国产化过程中,接受丁某某的请托,徇私舞弊,违反《公务员法》《招标投标法》《铁道部工作规则》等规定,在未经铁道部党组会或部长办公会集体研究的情况下,擅自决定由丁某某推荐的山西煤炭进出口集团有限公司(以下简称山煤集团)参与动车组轮对组装生产项目,并指使时任铁道部运输局局长张某某等人具体落实。山煤集团成立智波交通运输设备有限公司(以下简称智波公司)参与经营轮对项目,并按照与丁某某的约定,为丁某某出资人民币9000万元,最终使丁某某实际控制的公司无偿持有智波公司60%的股权。经鉴定,立案时该股权价值人民币2.11亿元,刘某某上述行为致使公共财产、国家和人民利益遭受了特别重大损失。

(3)2007~2010年,被告人刘某某在铁路建设工程招标过程中,接受丁某某的请托,徇私舞弊,滥用职权,违反《招标投标法》《关于进一步规范铁路建设项目招标投标工作的通知》等规定,为帮助丁某某推荐的企业中标铁路建设工程项目,非法干预招投标,指令铁道部工作人员具体落实,最终使丁某某推荐的23家企业先后中标53个铁路建设工程项目,丁某某等人以收取约定“中介费”等名义,非法获利折合人民币共计32.3亿元。刘某某的上述行为严重扰乱了铁路建设项目招投标市场的正常秩序,造成了极其恶劣的社会影响,致使公共财产、国家和人民利益遭受特别重大损失。

(4)2010年,被告人刘某某在铁道部主办第七届世界高速铁路大会(以下简称“高铁大会”)过程中,为帮助丁某某实际控制的高铁传媒广告有限公司解决经营资金困难的问题,徇私舞弊,滥用职权,违反《公务员法》《铁道部工作规则》等规定,擅自决定由该公司为高铁大会的赞助企业做宣传,并指令张某某扩大赞助企业范围、提高赞助资金数额,将赞助资金人民币1.25亿元转入高铁传媒广告有限公司。后该公司将该款用于与高铁大会无关的事项,刘某某的上述行为致使公共财产、国家和人民利益遭受特别重大损失。

[**裁判结果**]

北京市第二中级人民法院作出如下判决:被告人刘某某身为国家工作人员,利用职务上的便利,为他人谋取利益,非法收受他人财物,其行为已构成受贿罪,且数额特别巨大,情节特别严重。刘某某身为国家机关工作人员,徇私舞弊,滥用职权,致使公共财产、国家和人民利益遭受特别重大损失,其行为已构成滥用职权罪,且情节特别严重,均应依法惩处并数罪并罚。被告人刘某某犯受贿罪,判处死刑,缓期2年执行,剥夺政治权利终身,并处没收个人全部财产;犯滥用职权罪,判处有期徒刑10年,决定执行死刑缓期2年执行,剥夺政治权利终身,并处没收个人全部财产。一审宣判后,被告人刘某某在法定期限内没有提出上诉,检察机关也没有提起抗诉。北京市第二中级人民法院将该案件报送北京市高级人民法院核准。北京市高级人民法院依法组成合议庭对案件进行了复核。复核认为:原审法院根据刘某某犯罪的事实、性质、情节及对于社会的危害程度所作的判决,事实清楚,证据确实、充分,定罪及适用法律正确,量刑适当,审判程序合法,应予核准。故维持了一审法院的判决。

☐ 问题要点

理解滥用职权的关键是对滥用职权行为的理解,虽然关于滥用职权的行为表现有多种观点,但是都可以归结为超越职权和违反规定行使职权两种。对于渎职犯罪结果的认定标准,虽然在理论界和实务界一直都有争议,但是采用量的标准、质的标准以及质与量相结合的标准的“三元标准说”更加符合司法实践,司法解释在对“致使公共财产、国家和人民利益遭受重大损失”进行解释时采用的亦是此观点。滥用职权的行为一般均与结果的发生之间具有关联性,属于行为人滥用职权造成的直接后果。只要滥用职权的行为与重大损失的危害后果发生之间具有原因力,就可以认定滥用职权行为与危害后果之间具有因果关系。滥用职权的罪过只能是故意,且直接故意和间接故意均可构成。"情节特别严重"和"徇私舞弊"作为法定加重情节,对行为人的量刑具有重大的影响,在司法实践中,我们应注意对这两者的理解和认定。

◇ 问题分析

一、对滥用职权罪中滥用职权行为的理解

根据《刑法》第397条的规定,滥用职权罪,是指国家机关工作人员滥用职权,致使公共财产、国家和人民利益遭受重大损失的行为。《刑法》关于该条文的表述采取的是简单罪状的模式,并没有详细去阐述或者定义何为滥用职权,这难免会带来在理论和实务方面认识的不一致。在司法解释方面,也只有最高人民检察院作的解释《关于渎职侵权犯罪案件立案标准的规定》(2006年7月)(以下简称《关于渎职案件立案标准规定》)中指出:"滥用职权罪是指国家机关工作人员超越职权,违法决定、处理其无权决定、处理的事项,或者违反规定处理公务,致使公共财产、国家和人民利益遭受重大损失的行为。"[30]根据此规定,滥用职权的行为表现为以下两种形式:(1)超越职权,违法决定、处理其无权决定、处理的事项即超越职权违规;(2)违反规定处理公务即违反规定行使职权(不正确行使职权)。但是最高人民检察院的司法解释只是对滥用职权罪给出了一个更为详细的解释,对以下问题还是没有予以明确解释:其一,滥用职权中"职权"的含义是什么?其二,什么是滥用职权中的"滥用"?其三,滥用职权行为的表现形式除了上述是否还有其他?[31]其四,滥用职权是否可由不作为构成?其五,何为超越职权违规?其六,何为违反规定行使职权?本书将对以上问题逐一进行分析。

(一)对滥用职权中"职权"的理解

对于滥用职权中"职权"的含义,学界认识不一,主要有以下几种观点。第一种观点认为,"所谓职权是指国家机关工作人员代表国家处理公共事务的职责和

---

〔30〕 最高人民检察院《关于人民检察院直接受理立案侦查案件立案标准的规定(试行)》(1999年9月)也对滥用职权罪进行了定义。2006年发布的立案标准规定和1999年发布的立案标准规定中关于滥用职权罪的定义完全一样。

〔31〕 《关于渎职案件立案标准规定》虽对滥用职权从超越职权和不正确行使职权方面进行了两分的界定,但是一直以来在实务界和理论界均存在争议。

权力”。[32] 第二种观点认为,职权(职守)是指行为人享有的一般职务权限或者承担的相应职责。[33] 只是从外形上看有一定的权力,但是客观地看没有一般的职务权限的,不是这里的职权(职守)。职权不一定是法律上明文规定的,从法律制度上作综合的、实质的考察,认定行为人享有职权或者得到授权的,就是有职务权限。作为一般的职务权限,职权不一定是法律上有强制力的权力,但若其滥用会使对方承担义务或者不能行使权利,也是职权。[34] 第三种观点认为,“职权是指国家所赋予的,行为人所享有的,对国家事务进行管理的职责和权力”。[35] 第四种观点认为,公务人员的职权,从本质意义上来讲是一种公共权力,具有公共性,其表现为国家为了服务于公共事业,为了完成组织、管理、监督社会职能所设定的一项义务性权力。[36] 综合上述观点,我们可以知道,滥用职权中的“职权”具有以下的特点:(1)国家性。国家性主要彰示了职权来源的合法性和权威性,并迫使行为人正确将权力用于公共管理。(2)公共性。滥用职权中的“职权”必须和公共事务相联系,而且这种公共性的职权具有国家管理的性质,这与上述第四种观点是一个意思。(3)个人职权性和职责性并存。公共权力最终都是赋予给具体的行为人去实施,被赋予权力的具体行为人也因此有了相应的职责,这就是所谓的有权必有责,有责必有权。综合以上“职权”的特点,本书认为,滥用职权罪中的“职权”,是指国家所赋予的,由具体的行为人遵照相关规定所承担的,对公共事务进行管理的权力。行为人往往都享有一般的职务权限或者承担相应的职责。

---

〔32〕 王作富主编:《刑法分则实务研究》(第5版),中国方正出版社2013年版,第742页。有学者也持同样的观点,参见胡弛:《国家机关工作人员滥用职权犯罪界限与定罪量刑研究》(修订版),中国方正出版社2000年版,第9页。另有学者虽持类似的观点,但是将主体扩大为“国家工作人员”,即认为“职权是指国家工作人员代表国家处理公共事务的职责和权力”,参见高铭暄主编:《刑法专论(下编)》,高等教育出版社2002年版,第883页。

〔33〕 也有学者持此观点,参见贾济东:《渎职罪构成研究》,知识产权出版社2005年版,第116页。但其在主体表述方面略有不同,将“行为人”表述为“国家机关工作人员”,即认为“职权,是指国家机关工作人员享有的一般职务权限或者承担的相应的工作职责”。

〔34〕 参见周光权:《厘清职务界限是认定渎职罪的前提》,载《检察日报》2003年9月15日。

〔35〕 郭立新、苏凌主编:《渎职侵权犯罪认定疑难问题解析》,中国检察出版社2008年版,第25页。

〔36〕 参见王秀梅主编:《国家工作人员犯罪的数额认定与立案标准研究》(修订版),中国方正出版社2000年版,第4页。

(二)对滥用职权中"滥用"及"滥用职权"含义的理解

滥用是指胡乱地或过度地使用,[37]该定义是从字面上去理解的,[38]但是关于滥用的汉语我们还是需要从法律方面去理解或界定。对此,周光权教授指出,"职权的滥用,是指违背法律授权的宗旨行使职权,超越职权范围或者违反职权行使程序,以不正当目的或不法方法实施职务行为"。[39] 该定义的作出主要是结合了"职权"的含义,该定义已经近似于是"滥用职权"的含义了。日本的大谷实教授指出,"只要非法实施了对国民造成不利后果的侵害国民自由、权利的职权行为,就是滥用行为"。[40] 大谷实教授主要是从该罪保护的法益[41]和行为方面去定义的。日本相关的判例认为,"所谓职权的滥用是指公务员就属于其一般职务权限的事项,假借行使职权之名,而实质性地、具体地实施违法、不当的行为"。[42] 综上,本书认为,滥用是指行为人违反实体或程序的规范,超越职权或不正确行使职权。

"滥用职权"的含义与"职权"的含义一样,众说纷纭。在日本,学界和实务界的观点也有差异。学界中大谷实教授的观点已在上文提及,大塚仁教授则认为,"滥用职权是指不法地行使职务上的权限,为了不当的目的或采用不法的方法,实施违反职务本旨的行为"。[43] 但日本实务界认为,所谓滥用职权,是指非法使用职务上的权限,实施违反其职务宗旨的行为。[44] 当然,对于日本实务界的看法还要结合以上提及的判例的观点进行考察,大塚仁教授在滥用职权的含义下,加入了行为人的主观目的,应该说是充实了滥用职权的含义。在我国,"滥用职权"在学界主要有以下几种观点:第一种观点认为,滥用职权是指"国家机关工作人员不

---

〔37〕 参见王作富主编:《刑法分则实务研究》(第5版),中国方正出版社2013年版,第742页。

〔38〕 参见吕叔湘、丁声树:《现代汉语词典》(修订本),商务印书馆2001年版,第752页。

〔39〕 周光权:《厘清职务界限是认定渎职罪的前提》,载《检察日报》2003年9月15日。

〔40〕 [日]大谷实:《刑法各论》,黎宏译,法律出版社2003年版,第446~447页。

〔41〕 日本刑法认为滥用职权罪保护的法益不仅仅是公务的适正执行以及国民对此的信赖,还包括国民的自由与权利。参见[日]西田典之:《日本刑法各论》(第6版),王昭武、刘明祥译,法律出版社2013年版,第488~489页。

〔42〕 [日]西田典之:《日本刑法各论》(第6版),王昭武、刘明祥译,法律出版社2013年版,第493页。

〔43〕 [日]大塚仁:《刑法概说(各论)》,冯军译,中国人民大学出版社2004年版,第583页。另外日本的山口厚教授也持同样的观点,认为"滥用职权是指不法行使职务上的权限的行为,即就属于国家机关工作人员一般职务权限的事项,以行使职权的外观,实施实质的、具体的违法、不当的行为"。我国学者张明楷亦持此观点,参见[日]山口厚:《刑法各论》(第2版),有斐阁2010年版,第607页。转引自张明楷:《刑法学》(第5版),法律出版社2016年版,第1245页。

〔44〕 参见黎宏:《日本刑法精义》(第2版)法律出版社2008年版,第540页。

正当行使职权或超越职权”。[45] 第二种观点认为,“滥用职权是指国家机关工作人员超越职权,违法决定、处理其无权决定、处理的事项,或者违反规定处理公务,其本质上是非正当地使用职权”。[46] 第三种观点认为,“滥用职权是指掌握一定职权的国家机关工作人员,在其职权的行使上不符合法定的标准和程序”。[47] 第四种观点认为,“所谓滥用职权是指国家机关工作人员在行使职权、履行职责的过程中,基于一定的动机和目的,故意以不法方法实施违背职责所要求的实体标准和程序标准的行为,足以使职权行使的对方实施没有义务的行为或妨害应该行使的权利”。[48] 实务界的主要依据是最高人民检察院《关于渎职案件立案标准规定》,即认为滥用职权是指国家机关工作人员超越职权,违法决定、处理其无权决定、处理的事项,或者违反规定处理公务。本书认为,最高人民检察院的定义基本上概括了滥用职权所应有的含义,故本书采纳了最高人民检察院对于“滥用职权”的含义作为本书的行文基础。

(三)滥用职权的行为表现形式

是否属于滥用职权的行为表现形式,直接决定行为人的行为是否构成滥用职权罪,故对滥用职权的行为表现形式的认定具有重大的研究意义。尽管上文已阐明了《关于渎职案件立案标准规定》中关于滥用职权的两种表现形式,但是关于滥用职权具体表现形式的争论在学界从来就没有停止过,主要有以下几种观点。

第一种观点根据《关于渎职案件立案标准规定》的规定,将滥用职权的行为分为了超越职权和违反规定行使职权两种,[49] 这种分类的主要根据是权力范围的内、外,此谓通说。第二种观点认为,滥用职权的行为可以分为以下三种:一是擅权妄为,即行为人不正当地行使自己职务范围内的权力;二是超越职权,即行为人超出了职务权限处理了其无权处理的事项;三是不履行自己的职责,即表现为职

---

[45] 马克昌主编:《刑法学》,高等教育出版社 2003 年版,第 684 页。

[46] 王作富主编:《刑法分则实务研究》(第 5 版),中国方正出版社 2013 年版,第 742 页。

[47] 齐文远主编:《刑法学》,法律出版社 1999 年版,第 736 页。

[48] 黄现师:《渎职罪犯罪构成研究》,中国政法大学出版社 2013 年版,第 84 页。

[49] 参见张穹主编:《贪污贿赂渎职侵权犯罪案件立案标准精释》,中国检察出版社 2000 年版,第 122 页;高铭暄、马克昌主编:《刑法学》,北京大学出版社、高等教育出版社 2000 年版,第 648 页。该书在 2010 年进行修订时仍然坚持两分说,认为可以从两方面来理解滥用职权罪中的“滥用职权”行为:一是行为人非法行使职权或者不履行职责;二是行为人任意扩大自己的职务权限,超越职权实施某种危害社会的行为。参见高铭暄、马克昌主编:《刑法学》,北京大学出版社、高等教育出版社 2010 年版,第 724 页。

务上的不作为。[50] 另有观点在第一种观点的基础上为了突出程序在职权行使中的重要意义,将违反特定的程序因为滥用职权的行为表现之一,也即滥用职权的行为表现三分法之一。[51] 第三种观点认为,滥用职权主要包括以下四种情况:一是超越职权,擅自决定或处理没有具体决定、处理权限的事项;二是玩弄职权,随心所欲地对事项作出决定或者处理;三是故意不履行应当履行的职责,或者说任意放弃职责;四是以权谋私、假公济私,不正确地履行职责。[52] 以上的分类从不同的标准对滥用职权的行为进行了划分,均有一定的理由。本书同意第一种观点,即将滥用职权的行为划分为超越职权和违反规定行使职权两种。理由如下:(1)第二种观点之一和第三种观点均同时提到不履行职责,其实质问题就是滥用职权罪可否由不作为构成,我国理论界对此问题一直存在争议。以上观点将不履行职责作为一种单独的行为予以分类,更多的是为了回应争议,是为了突出不作为可以成为一种滥用职权的行为方式这一点。本书认为,所谓的不履行职责完全可以包括在违反规定行使职权中,不履行职责也是违反规定行使职权的一种方式。另有学者认为,司法解释所用"处理"一词,表明了其对于将不作为包含在滥用职权范围内的支持,即处理可以是作为的也可以是不作为的。[53] (2)第二种观点将"违反特定程序"作为一种独立的滥用职权的形式,完全可以评价在第一种观点中。因为违反特定程序也属于违反相关的法律法规,可能是超越职权也可能是违反规定行使职权,具体要根据特定的案件来考虑。(3)第三种观点中的"玩弄职权,随心所欲地对事项作出决定或者处理"更多的是从行为人的主观上去考虑的,即考虑其在滥用职权时是直接故意还是间接故意的问题,但是具体的行为要评价在具体的事实中,应当通过这些具体的事实来分析行为人是超越职权还是违反规定行使职权,即第三种观点中的第三种行为表现方式亦可评价在第一种观点的两类行为之下。综上,本书认为,滥用职权的表现形式有超越职权和违反规定行使

---

〔50〕 参见高铭暄主编:《刑法专论》,高等教育出版社 2006 年版,第 845 ~ 847 页。另有学者将之表述为以下三种:故意不行使职权、故意不正确行使、故意逾越职权,其意思和该著作中基本一致。参见黄现师:《渎职罪犯罪构成研究》,中国政法大学出版社 2013 年版,第 87 ~ 89 页。

〔51〕 参见李希慧、逄锦温:《试论滥用职权罪的客观行为》,载《湘潭工学院学报》(社会科学版)2001 年第 4 期。

〔52〕 参见张明楷:《刑法学》(第 5 版),法律出版社 2016 年版,第 1245 页;陈兴良、周光权:《刑法学的现代展开》,中国人民大学出版社 2006 年版,第 696 ~ 698 页。

〔53〕 参见江岚、祝炳岩:《三则案例再析滥用职权罪中"滥用职权"》,载《中国刑事杂志》2013 年第 11 期。

职权两种。

(四)滥用职权罪是否可由不作为构成

对于滥用职权的行为是否可由不作为构成这一问题,在我国学术界有不同的观点。否定说认为,滥用职权罪只能由作为构成。[54] 否定说的主要理由如下:(1)行为人不履行应当履行的职责,放弃职守,其本质上是属于玩忽职守的行为,不是滥用职权的行为,滥用职权只能由积极的作为构成。(2)滥用职权与放弃职守具有不同的含义,前者是已经行使了职权,即作为;而后者则是未履行职责,即不作为。既然有职不守,有权不用,何来滥用之说?(3)从行政诉讼的角度看,在滥用职权案件中,双方当事人争议的焦点是被诉具体行政行为是否合法或适当;在行政不作为(含放弃职守)案件中,双方当事人争议的焦点是被告是否具有相应的法定职责和是否存在不履行或拖延履行法定职责的事实。对于滥用职权的行为,人民法院应当判决撤销或者部分撤销,并可以判决被告重新作出具体行政行为,对于行政不作为,人民法院应当判决被告在一定期限内履行。根据我国《行政诉讼法》的有关规定,将故意放弃职守的行为确认为滥用职权既不合法,也不科学。(4)从犯罪特征看,故意放弃职守与过失放弃职守同属于玩忽职守的行为,不应将犯罪客观方面特征迥异的滥用职权行为与故意放弃职守的行为合二为一,硬性结合为一个罪名。[55] 否定说的上述理由具有一定的道理,但是本书认为仍存在逻辑漏洞,下文将对此进行分析。

肯定说认为,滥用职权罪的行为方式包括故意不履行应当履行的职责,或者说任意放弃职责。[56] 目前,通说基本为肯定说,本书也赞同肯定说,主要理由如下:(1)国际社会普遍也是持此观点。我国批准加入的《联合国反腐败公约》第19条规定:"各缔约国均应当考虑采取必要的立法和其他措施,将下述故意实施的行为规定为犯罪:滥用职权或者地位,即公职人员在履行职务时违反法律,实施或者

---

〔54〕 参见郎胜主编:《〈中华人民共和国刑法〉释解》,群众出版社1997年版,第523页;李永鑫、吴步钦:《滥用职权罪散论》,载《人民检察》1998年第3期;孙谦主编:《国家工作人员职务犯罪研究》,法律出版社1998年版,第178页;陈兴良主编:《罪名指南(下册)》,中国人民大学出版社2008年版,第750页。

〔55〕 以上第(2)、(3)、(4)点均转引自吴飞飞:《滥用职权客观行为的判定》,载《南京大学法律评论》2013年第2期。

〔56〕 张明楷:《刑法学》(第5版),法律出版社2016年版,第1245页;高铭暄、马克昌主编:《刑法学》,北京大学出版社、高等教育出版社2010年版,第724页。

不实施一项行为,以为其本人或者其他人员或实体获得不正当好处。"[57]可见,该国际公约明确将不履行职责视为滥用职权的行为表现之一。从大陆法系的代表国家日本来看,《日本刑法典》只规定了滥用职权的犯罪,认为滥用职权行为是指对于一般职务权限之内的事项,出于不当目的,以非法的方法实施的行为,包括不作为。[58] 由此可以得出,在国际社会,将不作为认定为滥用职权的一种行为表现方式似为通例。(2)从刑法的理论来看。不作为是指行为人负有实施某特定的义务,有能力履行却不履行导致发生危害后果。上文已述,滥用职权的行为表现为超越职权和违反规定行使职权,行为人在行使权力具体办理某项事务时,明知应当依法履职,却故意拖延、拒绝、置之不理,此不作为的行为完全属于职权的滥用,且以上两个滥用职权的行为方式均可由作为和不作为构成。(3)从刑法条文之间的关系来看。《刑法》第397条两款末尾均规定"本法另有规定的,依照规定"。众所周知,《刑法》第397条是关于渎职犯罪的一个普通条款,特殊的滥用职权罪规定在第399条之后,条文适用时遵守"特别法优于普通法"的原则。而特殊的滥用职权罪,如私放在押人员罪、帮助犯罪分子逃避处罚罪、动植物检疫徇私舞弊罪等滥用职权的犯罪,都是可以由作为构成,也可由不作为构成的。因此,若认为一般的滥用职权罪只能由作为构成,显然不符合逻辑。(4)针对否定说所提出的第二个理由,其实表明了否定说学者是将"滥用职权"与"放弃职守"放在了完全对立的角度,放弃职守中的"职守"其实就是上文所述的滥用职权中"职权"的一种,而放弃职守的行为也是滥用职权表现行为的一种。总体来说,"滥用职权"已经包含了"放弃职守",即两者是包含关系而不是对立的关系。(5)否定说所提出的第三个理由是从行政法的角度进行阐述的。该阐述看似很有道理,但是问题在于没有把握好《刑法》和《行政法》的关系,《行政诉讼法》将滥用职权与行政不作为联系起来作为《行政法》内容之一完全不妨碍《刑法》将不履行职责作为《刑法》中滥用职权的表现形式之一,因为两者的评价标准不同,即具体的构成要件不同,因此,完全可以说《刑法》是将《行政法》中需要予以刑法评价的行政不作为归入了滥用职权的表现形式之一。即使是对同一行为,不同的法律部门也可予以不同的对待,因而不能以《行政诉讼法》中滥用职权行为与故意放弃职守的行为存在区别为

---

〔57〕 转引自郭立新、黄明儒主编:《刑法分则典型疑难问题适用与指导》,中国法制出版社2011年版,第702~703页。

〔58〕 [日]大谷实:《刑法各论》,黎宏译,法律出版社2003年版,第445页。

由,否定《刑法》中故意放弃职守的行为不是滥用职权行为。[59] (6)从否定说的第一、第四个理由来看,玩忽职守并不包含故意放弃职守的行为,既然对职守持有一种"玩忽"——随意、草率、不认真履行、不正确对待的态度,又怎会是故意放弃呢?二者表达的行为人的主观心理是截然不同的。[60] 综上所述,本书认为,在滥用职权的行为方式上,作为和不作为均可构成。

(五)对"违反规定行使职权"和"超越职权"的理解

违反规定行使职权亦称不正确行使职权或者不正当行使职权,是指行为人在职权范围内出于种种动机而实施的背离法定目的、宗旨的行为。[61] 违反规定行使职权具有以下特征:(1)行为人拥有决定、处理某项事项的职权。(2)行为人客观上有不正确行使职权的行为。这种行为通常包括两种:一是违背相关规定行使职权,即实施了有关法律法规等相关规定予以禁止的行为;二是背离职务行为宗旨行使职权,即行为人的行为客观上背离了法定的目的、原则和要求,如使人为无义务之事项或免除应为一定事项人之义务。[62] 这种方式通常与职权中的自由裁量权相关,承担该职权的行为人往往有较大的自由来决定对特定的当事人适用何种标准。[63] 违反规定行使职权和超越职权两者的相同之处在于,均系违反法律规定而行使与其职权密切相关的、看似其所拥有的职权行为。[64] 但是两者之间的区别也是显而易见的,主要在于行为人是否有权决定、处理某一事项。违规行使职权是行为人在本人职务范围内违规行使职权,而超越职权是行为人无权处理、决定某一事项。因违规行使职权系在职权范围内涉及对职权的滥用,故在司法实践中认定起来较为简单,本书不再赘述,下文将重点谈论对超越职权的理解。

超越职权,是指行为人本无职权,而行使该项职权,违法决定、处理其无权决

---

〔59〕 参见李希慧、逄锦温:《试论滥用职权罪的客观行为》,载《湘潭工学院学报》(社会科学版)2001年第4期。

〔60〕 参见吴飞飞:《滥用职权客观行为的判定》,载《南京大学法律评论》2013年第2期。

〔61〕 关于"违反规定行使职权"的定义也有很多种说法。参见黄现师:《渎职罪犯罪构成研究》,中国政法大学出版社2013年版,第87页;孙应征主编:《渎职办案一本通》,中国长安出版社2007年版,第13页。

〔62〕 参见储槐植、杨书文:《滥用职权罪的行为结构——兼论符合罪过形式》,载《法学杂志》1999年第3期。

〔63〕 参见江岚、祝炳岩:《三则案例再析滥用职权罪中"滥用职权"》,载《中国刑事杂志》2013年第11期。

〔64〕 参见张小虎:《论我国滥用职权罪的实行行为》,载《法学杂志》2009年第11期。

定、处理的事项。我国《刑法》并没有规定超越职权罪,故有的学者认为超越职权不是滥用职权,因为超越职权是没有资格行使权力而非法使用了权力,滥用职权是没有资格行使职权但违法行使了职权。[65] 但是随着《关于渎职案件立案标准规定》将该行为写入司法解释,将其规定为滥用职权的一种行为表现形式,这种声音似乎就微弱了很多,大多数学者的观点跟通说观点一致,均认为超越职权为滥用职权行为的一种,本人亦持此观点。

超越职权中的难题来源于对超越职权的具体判断,即超越职权范围的认定问题,也有人称超越职权的类型问题。很多学者从指导实践的角度对超越职权的范围或类型进行了划分,以期指导实践中对超越职权的具体认定工作,并形成了以下几种观点:第一种观点是两分法。该观点认为,超越职权可以表现为"侵犯本领域内其他部门或其他人的有权限的同质超越职权行为"和"侵犯毫无关联的领域或部门,但仍有职务行为前提与基础的无权限超越职权"两种行为形式。[66] 第二种观点是三分法,也是实践中赞同学者最多的观点。该观点认为,超越职权的行为主要有以下三种类型:(1)横向越权,是指国家机关工作人员行使了应由其他机关工作人员行使的权力,超越行使的职权与本职权之间没有隶属关系。(2)纵向越权,是指具有上下级隶属关系的同一性质但不同级别国家机关之间的越权,纵向越权既包括上级对下级职责范围内的工作滥用指令,也包括下级对上级职权范围的侵犯。另外,按照有关规定应由集体研究决定的事务,个人擅自做主决定处理的行为也是一种纵向越权的行为。(3)地域上的越权,也叫时空越权,是指行为人超越职权的时空限制,行使职权的行为,如甲地国家机关工作人员行使了应由乙地国家机关工作人员行使的职权。[67] 第三种观点是四分法。该观点认为,超越职权表现为以下四种类型:(1)公职人员职权活动横向超越职权;(2)公职人员职权活动纵向超越职权;(3)公职人员职权活动超越不同性质职权;(4)公职人员

[65] 参见李永鑫、吴步钦:《滥用职权罪散论》,载《人民检察》1998 年第 3 期。主张此观点的学者还有俞文宁。该学者认为,滥用职权和超越职权分别是两种行为,不宜合并处理。参见俞文宁:《超越职权与滥用职权的区分探析》,载《闽西职业大学学报》2004 年第 12 期。

[66] 参见贾彬:《滥用职权罪里两种具体行为表现形式专论》,载《河北法学》2010 年第 1 期。

[67] 以上三分法的观点可谓我国刑法学界的通说,有很多的学者持此观点。参见李希慧、逄锦温:《试论滥用职权罪的客观行为》,载《湘潭工学院学报》(社会科学版)2001 年第 4 期;陈兴良、周光权:《刑法学的现代展开》,中国人民大学出版社 2006 年版,第 696 ~ 697 页;储槐植、杨书文:《滥用职权罪的行为结构——兼论符合罪过形式》,载《法学杂志》1999 年第 3 期;孙应征主编:《渎职办案一本通》,中国长安出版社 2007 年版,第 13 页 。

职权活动超越同一性质职权。[68] 如果说一定要对超越职权的范围或类型作出一个划分的话,本书同意第二种观点,认为三分法的观点更具可操作性,理由是:(1)三分法的观点基本上把超越职权的行为方式进行了完全的概括,尤其是实践中情形最多的横向越权和纵向越权行为;(2)两分法的观点过于笼统,没有具体指明超越职权的类型,对领域内和领域外的职权始终停留在一个模糊的层次;(3)四分法的观点本身内容之间都有重叠和交叉,如"职权活动超越不同性质的职权"既可能包括在纵向越权里,也可能包括在横向越权里,且其分类还有概括不完全的问题,其分类的方式也是来自三分法,可谓"想脱胎于三分法,但是又没有超越三分法",在实践中也没有太强的指导意义。故本书认为,将超越职权分为横向越权、纵向越权和地域上的越权较合理。其实,以上学者作此分类的原因无非是为了就超越职权形成一个公式化或者模型化的判断,对此,也有学者尝试从构成要件的角度去判断超越职权,其认为对超越职权的判断应当符合如下特征:第一,行为人具有一般的职务权限;第二,超越职权行为利用了其应有职权的便利。[69] 本书认为,上述学者提出的判断方法具有一定的合理性,超越职权的行为本身是一种违法行为,行为人利用其具有的一般职权的职务之便行使了超越其职权的权力,当然构成超越职权。但是本书认为,不需要再给超越职权的行为设定利用其应有职权的职务之便的条件来进行限定,因为利用原有的职务之便相当于是在违规行使职权的体系和框架内进行判断,上述学者的思路似是在违规行使职权的基础上进一步判断超越职权,但是上文已述,超越职权和违规行使职权是两种截然不同的滥用职权的行为表现。故本书认为,既然行为人超越职权,就没有必要对违规行使职权进行判定,即只要行为人具有一定的职务,违法决定、处理其无权决定、处理的事项即属于超越职权。

二、对滥用职权罪结果的理解

《刑法》第397条规定:"国家机关工作人员滥用职权或者玩忽职守,致使公共财产、国家和人民利益遭受重大损失的,处三年以下有期徒刑或者拘役;情节特别严重的,处三年以上七年以下有期徒刑。本法另有规定的,依照规定。"由此可以看出,滥用职权罪是一个结果犯,其中,"致使公共财产、国家和人民利益遭受重大损失"是结果要件,也是构成滥用职权罪的一个必备要件。但是由此带来的问题

---

〔68〕 参见张小虎:《论我国滥用职权罪的实行行为》,载《法学杂志》2009年第11期。
〔69〕 参见吴飞飞:《滥用职权客观行为的判定》,载《南京大学法律评论》2013年第2期。

是,应当如何理解“致使公共财产、国家和人民利益遭受重大损失”如何认定“重大损失”中的“经济损失”? 以上条文的“情节特别严重”应为本罪的情节加重构成要件,由此带来的问题是如何理解“情节特别严重”? 下文将一一述之。

(一)对“致使公共财产、国家和人民利益遭受重大损失”的理解

关于渎职犯罪结果的认定标准,理论界和实务界一直都有争议,且每个时期随着人们认识程度的不同又有所不同。理论界主要有三种观点:(1)一元标准说,即采取量的标准衡量渎职犯罪的损失。此标准认为,渎职罪的损失仅仅包括有形物质性损失,如经济损失和人员伤亡等,而不包括无形物质性损失。[70] 该说基本是人们认识早期所提出的观点,现今已基本被抛弃。(2)二元标准说,即采取量的标准和质的标准分析渎职罪的损失。量的标准应用于有形损害结果的确定,质的标准应用于无形损害结果的确定。[71] (3)三元标准说,即采取量的标准和质的标准以及质与量相结合的标准,对渎职罪的损失进行理论上的分析。针对有些渎职犯罪所造成的损害后果,兼具有形和无形损害结果的问题,在认定时,应当从质与量的统一上来确定损失的数额和程度。[72] 二元标准的主要缺点在于,有些渎职犯罪所造成的损失可能既包括有形损失又包括无形损失,此时就需要加入质与量同时考虑的情况,三元标准说刚好弥补了这一缺憾。故三元标准说基本成为通说,本书亦采此说。

司法实务界关于渎职犯罪结果的相关规定最早应追溯到最高人民检察院《关于人民检察院直接受理立案侦查案件立案标准的规定(试行)》(1999 年 9 月),该规定采取的是三元标准说,但是该规定关于渎职犯罪的结果采取的立法模式是一般渎职犯罪和特殊渎职犯罪分别规定的模式,在一般渎职犯罪中采取的也是滥用职权罪和玩忽职守罪分开规定的模式。2006 年 7 月施行的《关于渎职案件立案标准规定》基本上沿用了 1999 年的规定,只是因为随着时间的推移和变化,在立案标准上进行了细化和些许变动。1999 年的上述规定沿用至今,而 2006 年的规定

---

〔70〕 引自黄现师:《渎职罪犯罪构成研究》,中国政法大学出版社 2013 年版,第 117 页。下面的两种标准的部分表述也转引自该书。另参见高铭暄、马克昌主编:《刑法学》,中国法制出版社 1999 年版,第 265 页;王安异:《论滥用职权罪的“重大损失”》,载李希慧、刘宪权主编:《中国刑法学年会文集(2005 年度)》(第 2 卷),中国人民公安大学出版社 2005 年版,第 588 页。

〔71〕 参见百春华:《试论玩忽职守罪的客观方面》,载《河南省政法管理干部学院学报》2000 年第 5 期。

〔72〕 参见张德东:《浅析渎职犯罪损害后果的正确认定》,载《海之风》2002 年第 11 期;贾济东:《渎职罪构成研究》,知识产权出版社 2005 年版,第 170 页 。

基本上涵盖了所有1999年的规定,故本书仅列举2006年的规定。[73]《关于渎职案件立案标准规定》规定滥用职权涉嫌下列情形,应予立案:(1)造成死亡1人以上,或者重伤2人以上,或者重伤1人、轻伤3人以上,或者轻伤5人以上的;(2)导致10人以上严重中毒的;(3)造成个人直接经济损失10万元以上,或者直接经济损失不满10万元,但间接经济损失50万元以上的;(4)造成公共财产或者法人、其他组织财产直接经济损失20万元以上,或者直接经济损失不满20万元,但间接经济损失100万元以上的;(5)虽未达到(3)(4)两项数额标准,但两项合计经济损失20万元以上,或者直接经济损失不满20万元,但合计间接经济损失100万元以上的;(6)造成公司、企业等单位停业、停产6个月以上,或者破产的;(7)弄虚作假,不报、缓报、谎报或者授意、指使、强令他人不报、缓报、谎报情况,导致重特大事故危害结果继续、扩大,或者致使抢救、调查、处理工作延误的;(8)严重损害国家声誉,或者造成恶劣社会影响的;(9)其他致使公共财产、国家和人民利益遭受重大损失的情形。以上为最高人民检察院相关的规定。在最高人民法院方面,单独作出规定的只有2003年11月13日最高人民法院印发的《全国法院审理经济犯罪案件工作座谈会纪要》(以下简称《2003纪要》)。《2003纪要》规定:"根据刑法规定,玩忽职守、滥用职权等渎职犯罪是以致使公共财产、国家和人民利益遭受重大损失为构成要件的。其中,公共财产的重大损失,通常是指渎职行为已造成的重大经济损失。"从该纪要中我们可以看出,最高人民法院更多的是从"量"上去衡量损失,这难免给人一种只重视物质损失的假象,但是它是在解释有关"公共财产"的损失,可谓是一条有关公共财产损失的特别规定。所以,我们显然不能得出《2003纪要》是对渎职行为造成非财产型危害结果的犯罪予以排除这一结论,[74]这也在2013年1月施行的最高人民法院、最高人民检察院《关于办理渎职刑事案件适用法律若干问题的解释(一)》[以下简称《渎职解释(一)》]中得到了验证。根据《渎职解释(一)》的规定,国家工作人员滥用职权或者玩忽职守,具有下列情形之一,应当认定为《刑法》第397条规定的"致使公共财产、国家和人民利益遭受重大损失":(1)造成死亡1人以上,或者重伤3人以上,或者轻伤

---

〔73〕 参见最高人民检察院法律政策研究室、渎职侵权检察厅编著:《渎职侵权犯罪案件立案标准适用指南》,中国人民公安大学出版社2006年版,第64~71页。

〔74〕 参见陈友聪:《关于对〈全国法院审理经济犯罪案件工作座谈会纪要〉有关渎职犯罪部分的评析》,载《惩治与预防渎职侵权犯罪指南》(2004年第1辑),人民法院出版社2004年版,第30页。

9人以上,或者重伤2人、轻伤3人以上,或者重伤1人、轻伤6人以上的;(2)造成经济损失30万元以上的;(3)造成恶劣社会影响的;(4)其他致使公共财产、国家和人民利益遭受重大损失的情形。对比《关于渎职案件立案标准规定》和《渎职解释(一)》,可以发现以下不同点:(1)前者采用滥用职权罪和玩忽职守罪分离的规定,且对比此规定,滥用职权罪的立案门槛比玩忽职守罪低,而后者则是将玩忽职守罪和滥用职权罪合二为一,两者的入罪门槛完全一样。(2)在具体的构成情形方面,两者也有诸多不一样。(3)前者规定的情形比后者规定的更多。由此带来的问题就是应当如何适用两者?本书认为,两个司法解释均是有效的解释,均具有法律效力,可以从以下方面去把握对两者的适用:(1)两者不是非此即彼的关系,即两者不是对立的关系,而是互补的关系。在实践中,可采纳具体有规定的一项进行适用。(2)若两者出现适用上的冲突,则可根据阶段情形进行适用,在立案审查阶段具体适用《关于渎职案件立案标准规定》,而在最终案件审判阶段可适用《渎职解释(一)》的规定,且可根据有利于被告人原则进行具体的适用。

(二)对重大损失中"经济损失"的理解

"经济损失"属于"重大损失"中的一种,因"经济损失"往往可以进行量化衡量,且在实践中遇到情况也最多,故作单独讨论。"经济损失"主要涉及的问题是"经济损失"起算的时间问题以及对"经济损失"具体类型的认定问题。

对于何时开始计算渎职犯罪行为造成重大损失的时间问题,刑法学界主要有以下几种观点:第一种观点认为,重大损失的数额应从危害结果确实出现之后开始计算;第二种观点认为,应从案件起诉至法院并已开始法庭审理时计算;[75]第三种观点认为,应从检察机关依法准予立案时为起算点,对于确实是因为行为人的玩忽职守行为所导致的经济损失,并且其数额已经达到了法律规定的立案标准,但在检察机关立案之前,行为人或有关部门通过一系列的措施设法将经济损失挽回的,一般不适合立案。[76] 在当今的司法实践中,计算滥用职权的行为造成的经济损失数额采用的是第三种观点,即从依法立案时开始起算。根据《渎职解释(一)》第8条的规定,经济损失,是指渎职犯罪或者与渎职犯罪相关联的犯罪立案时已经实际造成的财产损失,包括为挽回渎职犯罪所造成损失而支付的各种开支、费用等。根据该规定,经济损失的计算时间为立案时,若在渎职犯罪或者与渎

---

〔75〕 参见赵宝安:《简论渎职罪中的"遭受重大损失"》,载《中国刑事法律杂志》1998年第6期。

〔76〕 参见张德东:《浅议渎职犯罪损害后果的正确认定》,载《海之风》2002年第11期。

职犯罪相关联的犯罪立案后,则对于犯罪分子及其亲友自行挽回的经济损失,司法机关或者犯罪分子所在的单位及其上级主管部门挽回的经济损失,或者因客观原因减少的经济损失,不予扣减,但可以作为酌定从轻处罚的情节。之所以作此规定,是因为检察机关准予立案的前提是行为人确实已经造成直接的经济损失,而且已经符合了渎职犯罪的立案标准,在一般情况下,其最终认定的经济损失数额都是在相关部门采取一系列措施予以追缴之后,即在其损失确实无法再予以挽回之后才开始计算的。[77]

《关于渎职案件立案标准规定》将经济损失划分为直接经济损失和间接经济损失,且对两者作出了定义。"直接经济损失",是指与行为有直接因果关系而造成的财产损毁、减少的实际价值;"间接经济损失",是指由直接经济损失引起和牵连的其他损失,包括失去的在正常情况下可以获得的利益和为恢复正常的管理活动或者挽回所造成的损失所支付的各种开支、费用等。《关于渎职案件立案标准规定》除了将经济损失分为直接经济损失和间接经济损失以外,还将这种直接经济损失和间接经济损失分为个人财产和公共财产、法人、其他组织,具体的立案标准上文已述,故不再赘述。

需要特别指出的是,将虽有债权存在但是无法实现债权的情形认定为已经造成经济损失的判断标准。该判断标准一开始规定在《2003 纪要》中,并主要用于公共财产中重大损失的结果认定,后在 2006 年的《关于渎职案件立案标准规定》中扩大到了所有的经济损失。根据该规定,具备以下四种条件之一的即可认定为已经造成了经济损失:(1)债务人已经法定程序被宣告破产,且无法清偿债务;(2)债务人潜逃,去向不明;(3)因行为人责任,致使超过诉讼时效;(4)有证据证明债权无法实现的其他情况。

(三)对"情节特别严重"的理解

关于本罪的情节加重要件,刑法学界一直存在争论。有的学者站在法律批评的立场上,认为现行《刑法》的设计存在着规范性断层现象,因为从规范文字上看,"重大损失"与"情节特别严重"并非同类标准,不能量定不同的刑罚等级。[78] 故有的学者提出,"应将滥用职权罪的定罪标准修改为'造成严重后果或者情节严

---

〔77〕 参见周其华、巩献田:《玩忽职守罪的立法与适用》,中国检察出版社 2000 年版,第 46 页。

〔78〕 参见王安异:《论滥用职权罪的"重大损失"》,载李希慧、刘宪权主编:《中国刑法学年会文集(2005 年度)》(第 2 卷),中国人民公安大学出版社 2005 年版,第 586 页。

重’;对于适用加重法定刑的条件应该修改为‘造成特别严重后果或者情节特别严重’”。[79] 本书认为,没有必要作此修改,现行《刑法》如此表述,并无不妥之处,原因如下:(1)此处涉及刑法解释的问题,上文已述,所谓“致使公共财产、国家和人民利益遭受重大损失”作的是一个质、量及质量统一的解释,即给出了一个损失是一个物质性损失和非物质性损失相结合的解释,基本概括了渎职犯罪所造成的结果,而这种结果跟“情节特别严重”是可以对应起来的,只是语言表述的不同而已。为了维持法的稳定性,我们是可以在维持原有“法语言”表述的情况下,多从法律解释上去下功夫的。(2)立法者之所以采用这一表述,是为了适应一般渎职犯罪和特殊渎职犯罪。我国《刑法》所规定的渎职犯罪包括行为犯、结果犯和情节犯,若单纯采用“情节严重”的表述容易理解为情节犯,而根据现行规定和司法解释对“重大损失”的解释则不会带来理解方面的偏差。(3)立法者之所以采用“致使公共财产、国家和人民利益遭受重大损失”的综合、抽象的表述,是因为面对纷繁复杂的滥用职权、玩忽职守案件,无法通过对行为方式、结果、对象、目的、动机、时间、地点等个别要素的描述,使行为的违法性、有责性达到值得科处刑罚的程度。所以,有学者提出,“重大损失”本身就相当于“情节严重”。[80] 就整体而言,现行《刑法》关于渎职犯罪结果要件和加重要件的表述及其关系设计,并不存在明显的不当之处,实践中更多的问题是如何加以科学解释,如何通过有效适用发挥立法规范的正向效应作用。[81]

关于“情节特别严重”的认定,《渎职解释(一)》进行了具体的规定。根据该规定,具有下列情形之一的,应当认定为“情节特别严重”:(1)造成的伤亡达到入罪标准规定的人数3倍以上的;(2)造成经济损失150万元以上的;(3)造成入罪标准所规定的损失后果,不报、迟报、谎报或者授意、指使、强令他人不报、迟报、谎报事故情况,致使损失后果持续、扩大或者抢救工作延误的;(4)造成特别恶劣社会影响的;(5)其他特别严重的情节。从该规定中我们可以看出,对“情节特别严重”的认定基本上都是建立在“致使公共财产、国家和人民利益遭受重大损失”的基础之上,所以将“重大损失”理解为“情节严重”的说法是有一定道理的,也从侧面反映了现行《刑法》规定的合理性。

---

〔79〕 李希慧、徐光华:《滥用职权罪量刑畸轻及其改进对策》,载《人民检察》2010年第5期。

〔80〕 参见陈洪冰:《贪污贿赂渎职罪解释论与判例研究》,中国政法大学出版社2015年版,第241页。

〔81〕 参见游伟:《渎职犯罪中的“重大损失”问题探讨》,载《法学》2005年第12期。

三、对滥用职权罪因果关系的理解

因果关系是指原因与结果之间引起和被引起的关系,“渎职犯罪中因果关系的确认,历来是认定的难点之一”。[82] 因果关系的判断之所以成为渎职罪认定的难点,是因为“重大损失”的结果通常并非由渎职行为直接造成,而是由他人“自我答责”的行为所引起。[83] 滥用职权罪是结果犯,只有是结果犯,才可能有因果关系的判断问题,行为和结果之间存在因果关系是行为人承担刑事责任的客观依据。如果查明行为人的行为与危害结果之间没有因果关系,决不能要求他对危害结果负刑事责任。[84]

判断因果关系,应区分经验上的因果和评价上的因果。经验上的因果,是指自然现象上的前因与后果,属于感官经验的范畴。对于经验上的因果,我们一般采取的判断方法是条件说。[85] 条件说是刑法上判断因果关系最经典也是最古老的方法,刑法上因果关系的认定大多数都可以采用此种方法。条件说有很多的缺点,会造成因果关系绵长的现象,客观上会扩大因果关系的链条,从而扩大刑事责任,扩大打击面,容易发生冤假错案。故后世的学者创造和发展了诸多学说来完善条件说,这些学说中最具代表性的是限制条件说和相当因果关系说。限制条件说认为,在诸多因素中,只有一个条件是危害结果发生的原因。该说忽视了因果关系的复杂性和多样性,容易导致因果关系链条的部分断裂,尤其是在复杂的渎职犯罪案件中,导致结果发生的原因往往是多样性的,在多因一果的情况下,限制条件说是无力的。相比起来,相当因果关系说更好地适应了实践的需要,所以得到了大多数学者的支持。相当因果关系说并非经验上的因果理论,而是对因果关系作评价,属于价值判断的范畴。滥用职权更多地发生在社会领域中,在判断其行为是否是危害结果上的原因时,我们应当更多地去兼顾价值判断。相当因果关系说所要回答的是,何种条件在法律评价上重要而且有意义,并因此可以将结果归咎一特定的条件。[86] 但是相当因果关系说也只是将结果发生的原因进行了限缩,而且此说加入了许多价值判断的因素,导致其可能失去客观性,这也是其饱受批评的原因之一。本书认为,在判断滥用职权的因果关系时,要综合以上三种学

---

〔82〕 杨新京、黄福涛:《食品监管渎职罪的司法认定》,载《人民检察》2013 年第 8 期。

〔83〕 参见杨志国:《玩忽职守罪因果关系司法认定模式研究》,载《人民检察》2007 年第 19 期。

〔84〕 参见马克昌主编:《犯罪通论》,武汉大学出版社 1999 年版,第 214 页。

〔85〕 参见林东茂:《刑法综览》(增订 8 版),一品文化出版社 2016 年版,第 1、82、83 页。

〔86〕 林东茂:《刑法综览》(增订 8 版),一品文化出版社 2016 年版,第 1 ~ 85 页。

说根据具体个案进行认定，关键是认定行为人滥用职权的行为与客观的损害结果即“重大损失”之间是否有刑法上的因果关系，是否对危害结果的发生实际产生影响。该观点也得到了实务界的基本认可。最高人民检察院发布的指导性案例“杨某玩忽职守、徇私枉法、受贿案”中指出，如果负有监管职责的国家机关工作人员没有认真履行其监管职责，从未能有效防止危害结果的发生，那么，这些对危害结果具有“原因力”的渎职行为，应认定与危害结果之间具有刑法意义上的因果关系。[87] 以上案例虽未有玩忽职守的表述，但是其表达的观点就是，只要国家机关工作人员的职权与危害结果之间的发生具有原因力即具有影响力，就应该认为其有刑法上的因果关系。可见，实践中关于渎职犯罪因果关系的认定更多偏向条件说，亦采其他学说，在具体因果关系认定时似乎比其他结果犯更加宽松。

另外，还需指出的是，在滥用职权犯罪中，对其因果关系的判定比玩忽职守更加明确，这种明确性主要表现在具体条文的表述中。如 2007 年最高人民检察院《关于对林业主管部门工作人员在发放林木采伐许可证之外滥用职权玩忽职守致使森林遭受严重破坏的行为适用法律问题的批复》有：“违法发放林木采伐许可证，致使森林遭受严重破坏”的表述，这就很清楚地界定了滥用职权的行为即违法发放林木采伐许可证和森林遭受严重损害这一后果之间的因果关系。再如 2007 年 5 月施行的最高人民法院、最高人民检察院《关于办理与盗窃、抢劫、诈骗、抢夺机动车相关刑事案件具体运用法律若干问题的解释》第 3 条规定：“国家机关工作人员滥用职权，有下列情形之一，致使盗窃、抢劫、诈骗、抢夺的机动车被办理登记手续，数量达到三辆以上或者价值总额达到三十万元的，依照刑法第三百九十七条第一款的规定，以滥用职权罪定罪，处三年以下有期徒刑或者拘役：(一)明知是登记手续不全或者不符合规定的机动车而办理登记手续的；(二)指使他人为明知是登记手续不全或者不符合规定的机动车而办理登记手续的；(三)违规或者指使他人违规更改、调换车辆档案的；(四)其他滥用职权的行为。”该司法解释明确地界定了国家机关工作人员滥用职权的行为和结果之间的因果关系的认定问题。类似的例子还有 2017 年最高人民法院、最高人民检察院《关于办理药品、医疗器械注册申请资料造假刑事案件适用法律若干问题的解释》第 7 条等。

综上所述，本书认为，滥用职权的行为一般都与结果的发生之间具有关联性，

---

〔87〕 参见最高人民检察院指导性案例：杨某玩忽职守、徇私枉法、受贿案【检例第 8 号，2012 年 11 月 15 日印发】要旨中关于渎职犯罪因果关系的认定。

一般都属于行为人滥用职权直接造成的后果。只要滥用职权的行为与重大损失的危害后果发生之间具有原因力,就可以认定滥用职权行为与危害后果之间具有因果关系。

四、对滥用职权罪罪过形式的理解

关于滥用职权罪的罪过形式应是学者讨论最多的话题,但一直没有形成统一观点,即使有学者观点一致,但是在具体论述理由的时候还是存在差异。总体来说,有以下的几种学说,下文将一一析之。

(一)过失说

该说认为滥用职权罪的罪过形式只能是过失。主要理由如下:

1. 刑法总则对故意与过失的规定表明,立法是以对行为可能造成的危害社会结果的认识与意志划分罪过形式的,因此,滥用职权罪的罪过内容也应以对危害社会结果的认识与意志来认定。

2. 滥用职权罪的危害结果是指法条明确规定的"重大损失"。

3. 本罪的法定刑与《刑法》规定的其他过失犯罪的法定刑一致。换个角度说,若行为人明知自己的滥用职权行为会造成"重大损失",仍希望或放任重大损失发生,法律却只规定其法定最高刑为七年有期徒刑,显然不符合立法精神。[88]

(二)间接故意与过失说

该说主要理由是:

1. 我国《刑法》对罪过心理的鉴定标准采用的是结果说。滥用职权罪的行为人对滥用职权行为是故意,对于滥用职权行为造成的重大损失结果则有可能是过失。

2. 滥用职权罪的主观罪过不包括直接故意。

3.《刑法》第397条对滥用职权罪和玩忽职守罪规定的条件完全一致,都是行为有加严重后果才构成犯罪,法定刑也是完全一致的,因此,两罪主观罪过应当相同。在汉语中,"玩忽"兼有玩弄、疏忽之意,故玩忽职守罪主观方面可以由间接故

---

〔88〕 参见李洁:《论滥用职权罪的罪过形式》,载《法学家》1998年第4期;阮齐林:《论刑法第397条的若干问题》,载《中央检察官管理学院学报》1998年第4期;张智辉:《论滥用职权罪的罪过形式》,载赵秉志主编:《刑法评论》(第1卷),法律出版社2002年版;陈忠林:《滥用职权罪的罪过形态新论》,载《人民检察》2011年第23期;蒋铃:《滥用职权罪罪过形式的深度检讨》,载《云南大学学报》(法学版)2013年第2期。

意或过失构成。同样,滥用职权罪也是既可由过失,又可由间接故意构成。[89] 有学者在该说的基础上进一步提出复合罪过说,认为滥用职权罪的主观罪过形式是间接故意和过于自信的过失。[90] 还有学者提出故意与过于自信的过失说,将故意的范围从间接故意扩大到直接故意。[91]

(三)故意说

故意说认为滥用职权罪的主观罪过只能是故意。这种学说又分为狭义故意说和广义故意说。

1. 狭义的故意说认为滥用职权罪的罪过只能成立直接故意或间接故意中的一种。其中直接故意说认为,滥用职权罪的主观心态只能是行为人希望危害结果的发生;[92] 而间接故意说则认为,滥用职权的行为人在重大损失结果发生可能性有预见的前提下,对该结果持放任的心理态度。[93]

2. 广义的故意说认为,滥用职权罪的罪过形式既可以是直接故意,也可以是间接故意,这是当前刑法学界的通说,但是在具体的明知内容上,学者们之间的表述或论述理由又不一致。有学者认为,行为人明知自己滥用职权的行为会给公共财产、国家和人民利益造成重大损失,而希望或放任这一结果的发生,此谓结果故意说。[94] 与此相对的是,有学者主张,滥用职权罪在主观方面表现为故意,包括直接故意、间接故意两种形式。重大损失程度不是主观认识和意志的内容,而只是一个客观的处罚条件,此谓行为故意说。[95] 张明楷教授在上述观点之外提出:"本罪的责任形式为故意(包括直接故意和间接故意),行为人明知自己滥用职权

---

〔89〕 参见李永鑫、吴步钦:《滥用职权罪散论》,载《人民检察》1998 年第 3 期;田书彩:《滥用职权与玩忽职守罪的异同》,载《人民检察》1998 年第 3 期;张兆松:《滥用职权罪主观要件浅析》,载《人民检察》1998 年第 4 期;侯国云、白岫云:《新刑法疑难问题解析与适用》,中国检察出版社 1998 年版,第 252 页;黄太云、腾伟主编:《中华人民共和国刑法释义与适用指南》,红旗出版社 1997 年版;沈志先主编:《职务犯罪审判实务》,法律出版社 2013 年版,第 291 页。

〔90〕 参见储槐植、杨书文:《滥用职权罪的行为结构——兼论复合罪过形式》,载《法学杂志》1999 年第 3 期;储槐植、杨书文:《复合罪过形式探析》,载《法学研究》1999 年第 1 期。

〔91〕 参见张穹主编:《贪污贿赂渎职侵权犯罪案件立案标准精释》,中国检察出版社 2000 年版,第 123 页。

〔92〕 参见刘家琛主编:《新刑法新问题新罪名通释》,人民法院出版社 1997 年版,第 1087 页。

〔93〕 参见蒋熙辉:《滥用职权罪相关问题之思考》,载《中国刑事法杂志》2000 年第 5 期;周道鸾等主编:《刑法的修改与补充》,人民法院出版社 1997 年版,第 801 页。

〔94〕 参见高铭暄、马克昌主编:《刑法学》(第 6 版),北京大学出版社 2014 年版,第 641 页。

〔95〕 参见王作富主编:《刑法分则实务研究》(第 5 版),中国方正出版社 2013 年版,第 1745 页。

的行为会发生侵害国家机关公务的合法、公正、有效执行以及国民对此信赖的结果,并且希望或者放任这种结果发生。'致使公共财产、国家和人民利益遭受重大损失'的结果,虽然是本罪的构成要件要素,但宜作为客观的超过要素,不要求行为人希望或者放任这种结果发生。至于行为人是为了自己的利益滥用职权,还是为了他人利益滥用职权,则不影响本罪的成立。"[96]张明楷教授认为,"重大损失"只是客观的超过要素,但周光权教授却认为"重大损失"是内在的客观处罚条件,"行为人只需要对于结果有'极有可能发生'的高度模糊性认识、预见。这种认识和预见可能远远低于对直接故意犯罪中典型的违法性要素的认识、预见,而只是对法益侵害(危险)的'未必'预见——客观处罚条件的发生多多少少是有可能的。但即便发生这样的结果,行为人也无所谓、可以接受、可以容忍"。[97]

对比以上各种学说和观点可知,主要的争议在于行为人对"致使公共财产、国家和人民利益遭受重大损失"这一结果要件持有的态度。正如有学者所认为的那样:"对于滥用职权罪,理论关注的是结果,立法落实的却是行为,理论关注的是主观罪过,立法贯彻的却是客观行为方式,正是因为理论与立法之间存在如此巨大的偏差,实践中才会出现激烈的争议。"[98]本书采广义故意说即通说观点,认为滥用职权罪的罪过形式既可以是直接故意,也可以是间接故意。理由如下:(1)从履行国际义务的角度看。我国已经批准加入的《联合国反腐败公约》第19条规定:"各缔约国均应当考虑采取必要的立法和其他措施,将下述故意实施的行为规定为犯罪:滥用职权或者地位,即公职人员在履行职务时违反法律,实施或者不实施一项行为,以为其本人或者其他人员或实体获得不正当好处。"[99]该公约明确将滥用职权规定为"故意实施"的犯罪,其罪过形式就是希望或者放任结果的发生,将我国《刑法》中滥用职权罪的罪过形式认定为是故意,是我国履行国际义务,遵

---

[96] 张明楷:《刑法学》(第5版),法律出版社2016年版,第1245~1246页。关于客观的超过要素,张明楷教授认为,"有些因素虽然属于客观方面的内容,虽然是成立犯罪的客观要件,但他们超出了行为人的主观故意内容,而不需要行为人对之具有认识与放任的态度。在犯罪的客观要件中,有些要素属于故意的认识和意志内容,但是有些要素超出了故意的认识和意志内容,不要求行为人对之具有认识与放任或希望的态度"。参见张明楷:《客观的超过要素概念之提倡》,载《法学研究》1999年第3期;张明楷:《刑法分则解释原理》(第2版),中国人民大学出版社2011年版,第480~481页 。

[97] 周光权:《论内在的客观处罚条件》,载《法学研究》2010年第6期。

[98] 黄现师:《渎职罪犯罪构成研究》,中国政法大学出版社2013年版,第45页。

[99] 转引自郭立新、黄明儒主编:《刑法分则典型疑难问题适用与指导》,中国法制出版社2011年版,第702~703页。

守国家条约的要求之一。(2)从该罪的沿革来看。该罪是在1979年《刑法》中玩忽职守罪的基础上发展起来的,1979年《刑法》中的玩忽职守罪在“客观上表现为不执行或不正确执行自己的职责,致使公共财产、国家和人民利益遭受重大损失。这种犯罪在主观上是出于过失”。[100] 1979年《刑法》之所以增加滥用职权罪这一罪名,是因为实践中还出现了许多国家机关工作人员出于故意滥用职权情节严重的行为,这些行为与过失的玩忽职守罪一样具有极大的社会危害性。[101] 《刑法》中规定的滥用职权罪,作为一种故意犯罪与玩忽职守罪相对应,从根本上解决了司法实践中对滥用职权行为无法可依的情况。[102] 由此可知滥用职权罪的立法原意,我国《刑法》之所以要增设滥用职权罪,主要解决的问题就是行为人故意滥用职权的行为,该行为是与过失型的玩忽职守罪相对应的。(3)从法条的形式理解来看。一般情况下,同一法条所规定的同一罪名只能是一种罪过形式。《刑法》中的故意犯罪多于过失犯罪,且对过失犯罪的刑事处罚需要《刑法》的明确规定。如《刑法》第115条第1款明确规定了以危险方法危害公共安全罪的罪过形式是故意,接着第2款规定的过失以危险方法危害公共安全罪则需要单独规定,其罪过形式为过失。同理,滥用职权罪也应该只能是单一的罪过形式,且只能是故意的罪过形式。(4)从罪过的判断标准来看。我国《刑法》对罪过的判断是从认识因素和意志因素的角度去考察的。从认识因素上讲,行为人要明知自己的行为会发生危害社会的后果,适用于滥用职权犯罪,也就是行为人对自己职权的范围和情况以及违反规定行使职权和超越职权的情况具有明确的认识。从意志因素上讲,行为人要希望或者放任危害结果的发生。若行为人明知自己违反规定行使职权或者超越职权,但仍然继续实施滥用职权的行为,就说明行为人对自己行为的后果所持的态度不是故意就是放任,即不是直接故意就是间接故意。故从罪过的判断来看,滥用职权罪的罪过形式也是故意。(5)从法条竞合的原理来看,只有认定滥用职权罪罪过属于故意,才能做到量刑均衡和刑法体系的协调。渎职犯罪除了一般的滥用职权罪之外,还有若干特殊的滥用职权罪,而若这些特殊的滥用职权罪的罪过形式均为故意,但是作为一般的滥用职权罪罪过却为过失,显然会造成刑法体系的紊乱。如第410条所规定的非法批准征收、征用、占用土地罪,该罪是

---

[100] 高铭暄:《中华人民共和国刑法的孕育和诞生》,法律出版社1981年版,第254页。

[101] 参见伍金平:《论刑法397条的罪过形式归位》,载《法律适用》2009年第11期。

[102] 参见赵秉志:《刑法修改研究综述》,中国人民公安大学出版社1990年版,第405~407页。

一个典型的滥用职权的特殊罪名,该罪要求的是“违反土地管理法规”,若没有“违反土地管理法规”,则只能按照普通的滥用职权罪定罪处罚,故为了实现平衡,只能保持特殊罪名和一般罪名罪过的协调统一。(6)众多学者之所以认为滥用职权罪可能存在过失,只要是从该罪的结果来分析的,即不排除行为人对重大损失的结果发生是一个彻底否定的态度。所以这就涉及怎样理解滥用职权罪犯罪结果的问题。要想理解滥用职权罪就需要明确滥用职权罪的客体是什么。关于滥用职权罪的客体,虽然不同学者之间表述不一,但是基本都是认为“滥用职权罪侵犯的客体是国家机关的正常活动”〔103〕,都是“旨在保护国家机关公务的合法、公正、有效执行以及国民对此的信赖”〔104〕。这种国家机关的正常活动被破坏是行为人滥用职权的行为造成的,而“致使公共财产、国家和人民利益遭受重大损失”是被破坏的结果和最终的载体体现,行为人在滥用职权破坏国家机关的正常活动时,对其应该或者可能造成的后果应该就是有明知的,至于具体的重大损失因果是在一个概括的明知范围内,亦可称为一个概括的故意。综上,本书认为,滥用职权的罪过只能是故意,且直接故意和间接故意均可构成。

五、对“徇私舞弊”的理解

我国《刑法》第 397 条第 2 款规定:“国家机关工作人员徇私舞弊,犯前款罪的,处五年以下有期徒刑或者拘役;情节特别严重的,处五年以上十年以下有期徒刑。本法另有规定的依照规定。”从该规定中我们可以看出,本罪中的“徇私舞弊”是法定刑升格条件。在滥用职权罪中,徇私舞弊并不是该罪的构成要件,只是决定刑事责任轻重的要素。对“徇私舞弊”理解的难点,主要集中在对“徇私”内涵和性质的理解、对“徇私舞弊”总体理解等问题上。下文将一一分析之。

(一)对“徇私”内涵和性质的理解

关于“徇私”内涵的理解虽然也是众说纷纭,但是现今司法实务界和理论界的通说基本一致。根据《2003 纪要》的规定,“徇私舞弊型渎职犯罪中的‘徇私’应理解为徇个人私情、私利”。理论界的通说认为,“徇私即为了私和情而做不合法的事,往往表现为贪图钱财,贪图女色,袒护亲友,照顾关系,打击报复或者为徇其他私情私利”。〔105〕可见,理论界和实务界均认为徇私主要就是徇私情和徇私利。

---

〔103〕 高铭暄、马克昌:《刑法学》,中国法制出版社 1999 年版,第 1162 页。

〔104〕 张明楷:《刑法学》(第 5 版),法律出版社 2016 年版,第 1238 页。

〔105〕 王作富主编:《刑法分则实务研究》,中国方正出版社 2003 年版,第 2136 页。

关于"徇私"的性质,理论上有很多观点,代表性的观点如下:(1)目的说,该说认为,"本罪的主观方面是直接故意,其目的是徇私或者徇情"。[106] (2)行为说,该说认为徇私是客观行为。如有学者认为,"徇私枉法罪客观方面的特征有两点:一是徇私行为,即司法工作人员利用职务之便,为谋取私利或其他个人目的而实施的行为;二是枉法行为"。[107] (3)动机说,该说认为徇私是犯罪动机,这也是通说观点。(4)行为与动机说,该说认为徇私既是行为人的客观行为也是行为人的犯罪动机。如有学者认为,徇私枉法罪的犯罪目的是放纵犯罪或者冤枉好人,动机是徇私、徇情等。客观方面表现为司法工作人员利用职权徇私、徇情枉法的行为,强调徇私必须外化为客观行为才能成立徇私枉法罪。[108]

本书采通说观点,认为徇私属于犯罪动机,主要理由如下:(1)目的说认为渎职犯罪的目的就是为了徇私,该理解显然是混淆了犯罪目的和犯罪动机之间的区别,不当地缩小了渎职罪的处罚范围,理应抛弃。(2)行为说将徇私理解为一种客观行为,会导致刑法理解的失衡。因为徇私往往会包含财产性利益,可能会涉及受贿犯罪等,这样就可能导致出现轻罪包含重罪的局面,这是不能让人接受的。从刑法分则关于渎职罪的规定可以看出,徇私并非表明行为的客观违法性要素,因而不宜将其归入客观要素。根据汉语的通常含义,徇私显然是一种主观内容而非客观事实。[109] 同理,行为与动机说也存在上述的问题,故不再赘述。(3)从《刑法》的规定来看,也应该从此理解。徇私舞弊规定在第 397 条第 2 款,该条第 1 款是滥用职权罪成立的一般规定,第 2 款加入徇私舞弊作为法定加重要件。其目的是说明,"该职责内容都是需要国家机关工作人员具有较高的法律素质、政策水平、技术能力的裁量性事务;刑法之所以将徇私规定为主观构成要件要素,显然是为了将因为法律素质、政策水平。技术能力不高而出现差错的情形排除在渎职罪外"。[110] 故当行为人基于徇私的动机而实施滥用职权犯罪时,对其予以加重处罚,符合《刑法》的立法原意。综上,本书关于徇私的性质采动机说,认为徇私属于犯罪动机。"徇私是指私利,包括金钱、女色和其他利益,徇情是指私情,包括亲

---

[106] 刘生荣:《施刑法典》,中国方正出版社 1998 年版,第 1243 页。

[107] 欧阳涛等:《中华人民共和国新刑法注释与适用》,人民法院出版社 1997 年版,第 783 页。

[108] 参见陈建清:《试论徇私枉法罪》,载《山东法学》1999 年第 1 期。

[109] 参见张明楷:《刑法学》(第 5 版),法律出版社 2016 年版,第 1241 页。

[110] 参见张明楷:《刑法学》(第 5 版),法律出版社 2016 年版,第 1241 页;张明楷:《论渎职罪中的徇私舞弊》,载《中国刑法学年会论文集》,公安大学出版社 2005 年版,第 179 页。

情、友情等。”[111]

(二)对“徇私舞弊”的总体理解

上文已对关于“徇私”的理解进行了详述,之所以没有对“舞弊”进行分析,是因为舞弊往往是作为渎职行为的同位语而出现的。“舞弊”一般指弄虚作假、玩弄职权的行为。“舞弊”一词的出现只是出于语感和习惯的需要,而没有其他特殊的含义,在这种情况下,只要主要行为人是出于徇私的动机而实施滥用职权行为的,就构成条文规定的犯罪。[112]《刑法》第397条中的“舞弊”大抵也可以作此理解;其他分则条文中,舞弊有具体含义的只占很少一部分,包括《刑法》第405条和第418条。

根据《关于渎职案件立案标准规定》的规定,“徇私舞弊是指国家机关工作人员为徇私情、私利,故意违背事实和法律,伪造材料,隐瞒情况,弄虚作假的行为”。该定义其实包含了对“徇私”和“舞弊”的理解,但是还是主要侧重于“徇私”,后面的“故意违背事实和法律,伪造材料,隐瞒情况,弄虚作假的行为”其实可以包括在滥用职权行为中,属于滥用职权行为的一部分,所以滥用职权罪中的“徇私舞弊”侧重点在于“徇私”。《关于渎职案件立案标准规定》中对于“徇私舞弊”所下的定义基本上符合司法实践和理论要求,本书亦同意该定义。

▲ 本案分析

一、本案的定性分析

由于本案主要讨论的是滥用职权罪,故未曾讨论刘某某涉及的受贿罪。本书认为,根据以上对滥用职权罪相关问题的分析,刘某某的行为已经构成了滥用职权罪,原因如下析之。

在主体方面,被告人刘某某利用担任铁道部部长的职务之便,实施相关滥用职权行为。刘某某属于国家机关工作人员,主体方面的要件满足。

在行为上,刘某某利用铁道部部长的职务之便,为丁某某及其亲属实际控制的公司获得铁路货物运输计划、获取经营动车组轮对项目公司的股权、运作铁路建设工程项目中标、解决企业经营资金困难等事项提供帮助,共实施了以

---

[111] 参见赵秉志主编:《中国刑法实用》,河南人民出版社2001年版,第1501页。
[112] 参见黄现师:《渎职罪犯罪构成研究》,中国政法大学出版社2013年版,第109页。

下四起滥用职权的犯罪事实：(1)2004～2011年，被告人刘某某接受丁某某的请托，滥用职权，违反《公务员法》《铁道部工作规则》等规定，指使、授意时任铁道部运输局副局长苏某某、呼和浩特铁路局局长林某某等人，为丁某某及其亲属实际控制的公司安排铁路货物运输计划；(2)2006年6月至2009年，被告人刘某某在铁道部开展动车组轮对国产化过程中，接受丁某某的请托，徇私舞弊，违反《公务员法》《招标投标法》《铁道部工作规则》等规定，在未经铁道部党组会或部长办公会集体研究的情况下，擅自决定由丁某某推荐的山煤集团参与动车组轮对组装生产项目，并指使时任铁道部运输局局长张某某等人具体落实；(3)2007～2010年，被告人刘某某在铁路建设工程招标过程中，接受丁某某的请托，滥用职权，违反《招标投标法》《关于进一步规范铁路建设项目招标投标工作的通知》等规定，为帮助丁某某推荐的企业中标铁路建设工程项目，非法干预招投标，指令铁道部工作人员具体落实；(4)2010年，被告人刘某某在铁道部主办第七届高铁大会过程中，为帮助丁某某实际控制的高铁传媒广告有限公司解决经营资金困难，徇私舞弊，滥用职权，违反《公务员法》《铁道部工作规则》等规定，擅自决定由该公司为高铁大会的赞助企业做宣传。在以上刘某某滥用职权的行为中，违反规定行使职权有之，超越职权有之，两者兼而有的滥用职权事实亦有，符合认定滥用职权行为的要件事实，故应该认定刘某某实施了滥用职权的行为。

在结果上，可以认定刘某某滥用职权的行为造成了公共财产、国家和人民利益遭受重大损失且符合情节特别严重的规定，主要体现在以下几个方面：(1)在第一起行为的事实中，丁某某及其亲属通过倒卖等方式非法获利共计人民币4.1亿元，刘某某滥用职权的行为严重破坏了铁路运营秩序，造成了特别恶劣的社会影响，致使国家和人民利益遭受特别重大损失；(2)在第二起事实中，刘某某造成的国家经济损失至少可以认定为人民币2.11亿元，其行为应当认定为致使公共财产、国家和人民利益遭受特别重大损失；(3)第三起事实中，丁某某等人以收取约定“中介费”等名义，非法获利共计折合人民币32.3亿元，刘某某的行为严重扰乱了铁路建设项目招投标市场的正常秩序，造成了极其恶劣的社会影响，致使公共财产、国家和人民利益遭受特别重大损失；(4)第四起事实中，刘某某造成的国家经济损失至少可以认定为人民币1.25亿元，其行为应当认定为致使公共财产、国家和人民利益遭受特别重大损失。根据《渎职解释(一)》的规定,具有下列情形之一的,应当认定为“情节特别严重”:……(2)造成经济损失150万元以上的……(4)造成特别恶劣社会影响的。本案中刘某某造成的损失后果已经远远超出了规定的经济损失,且造成了特别恶劣的社会影响。

在因果关系上,被告人刘某某滥用职权的行为与危害后果之间具有因果关系。上文已述,只要滥用职权的行为为重大损失的危害后果发生之间具有原因力,就可以认定滥用职权行为与危害后果之间具有因果关系。刘某某滥用职权的行为与丁某某等人非法获利和国家遭受损失等之间具有直接的因果关系,即刘某某滥用职权和本案的结果之间具有直接的因果关联。

在主观方面上,本书认为本罪系故意犯罪。被告人刘某某明知自己滥用职权的行为会导致损害国家机关公务的合法、公正、有效执行以及对此的信赖效果,而希望这种危害结果的发生,主观上可认为是直接故意。

综上,刘某某的行为符合滥用职权罪的构成要件,应当以滥用职权罪追究其刑事责任。

二、本案的量刑分析

本案对被告人刘某某犯受贿罪,判处死刑,缓期2年执行,剥夺政治权利终身,并处没收个人全部财产;犯滥用职权罪,判处有期徒刑10年,决定执行死刑缓期两年执行,剥夺政治权利终身,并处没收个人全部财产。该判决量刑基本适当,所以二审予以维持。但是对本案中滥用职权罪的量刑有两点需要注意:其一,“情节特别严重”属于第390条的情节加重犯,上文在定性部分已经分析,刘某某滥用职权的行为所造成的结果已经构成“情节特别严重”,理应对其适用“情节特别严重的法定刑”;其二,刘某某的行为是否可以认定为“徇私舞弊”。徇私舞弊是指国家机关工作人员为徇私情、私利,故意违背事实和法律,伪造材料,隐瞒情况,弄虚作假的行为,从本案现有的证据材料来看,在刘某某所收受众多贿赂中,丁某某行贿金额是最大的,故本案至少可以认定刘某某有徇私利的行为,即可以认定其构成徇私舞弊,应该适用徇私舞弊的法定加重刑。由此相当于本案对其滥用职权量刑时适用了两次加重刑,在认定其构成徇私舞弊的基础之上,又认定其构成情节特别严重,适用“五年以上十年以下”的量刑标准,最终法院根据其案件的危害程度及其所造成的社会影响,适用了滥用职权的最高刑,即判决其犯滥用职权罪,处10年有期徒刑。

图书在版编目(CIP)数据

刑法原理实务解析：分论 / 魏红主编. -- 北京：
法律出版社，2019
ISBN 978-7-5197-3922-5

Ⅰ. ①刑… Ⅱ. ①魏… Ⅲ. ①刑法－研究－中国
Ⅳ. ①D924.04

中国版本图书馆 CIP 数据核字(2019)第 216865 号

刑法原理实务解析(分论)
XINGFA YUANLI SHIWU JIEXI (FENLUN)

魏 红 主编

责任编辑 陈 慧
装帧设计 凌点工作室

出版 法律出版社
总发行 中国法律图书有限公司
经销 新华书店
印刷 固安华明印业有限公司
责任校对 李景美
责任印制 沙 磊

编辑统筹 法律教育出版分社
开本 710 毫米×1000 毫米 1/16
印张 18.25
字数 300 千
版本 2019 年 12 月第 1 版
印次 2019 年 12 月第 1 次印刷

法律出版社/北京市丰台区莲花池西里 7 号(100073)
网址/www.lawpress.com.cn
投稿邮箱/info@lawpress.com.cn
举报维权邮箱/jbwq@lawpress.com.cn
销售热线/400-660-8393
咨询电话/010-63939796

中国法律图书有限公司/北京市丰台区莲花池西里 7 号(100073)
全国各地中法图分、子公司销售电话：
统一销售客服/400-660-8393/6393
第一法律书店/010-83938432/8433 西安分公司/029-85330678 重庆分公司/023-67453036
上海分公司/021-62071639/1636 深圳分公司/0755-83072995

书号:ISBN 978-7-5197-3922-5
定价:42.00 元
(如有缺页或倒装,中国法律图书有限公司负责退换)